Vertragsärztlicher Abrechnungsbetrug
und Schadensbestimmung

Europäische Hochschulschriften

Publications Universitaires Européennes

European University Studies

Reihe II

Rechtswissenschaft

Série II Series II

Droit

Law

Bd./Vol. 4928

PETER LANG

Frankfurt am Main · Berlin · Bern · Bruxelles · New York · Oxford · Wien

Caspar Luig

Vertragsärztlicher Abrechnungsbetrug und Schadensbestimmung

Zur streng formalen Betrachtungsweise des Sozialrechts im Strafrecht

PETER LANG
Internationaler Verlag der Wissenschaften

Bibliografische Information der Deutschen Nationalbibliothek
Die Deutsche Nationalbibliothek verzeichnet diese Publikation in der Deutschen Nationalbibliografie; detaillierte bibliografische Daten sind im Internet über <http://www.d-nb.de> abrufbar.

Zugl.: Trier, Univ., Diss., 2009

D 385
ISSN 0531-7312
ISBN 978-3-631-59717-0

www.peterlang.de

Für Karin,
Katharina und Hubert

Vorwort

Diese Arbeit wurde im Sommersemester 2009 vom Fachbereich Rechtswissenschaft der Universität Trier als Dissertation angenommen. Die mündliche Prüfung fand am 20. Mai 2009 statt. Neuere Rechtsprechung und Literatur konnten noch bis Juni 2009 eingearbeitet werden.

Mein Dank gebührt zunächst meinem Doktorvater Herrn Prof. Dr. Dr. h. c. Hans-Heiner Kühne. Während meiner Zeit an seinem Lehrstuhl hat er mir die Freiräume gelassen, die zum Schreiben einer solchen Arbeit notwendig sind. Diese Freiräume hat er jedoch stets durch freundliche Gespräche und kritische Anregungen in die richtigen Bahnen gelenkt.

Auch Herrn Prof. Dr. Volker Krey schulde ich Dank: Nicht nur für das wohlwollende Zweitgutachten, sondern auch für die freundliche Aufnahme in seine Lehrstuhl- und Fußballmannschaft.

Meine Eltern, Katharina und Dr. med. Hubert Luig, sowie meine Freundin Karin Sperber haben diese Arbeit erst möglich gemacht – sie sei ihnen daher in Dankbarkeit zugeeignet.

Inhaltsverzeichnis

Abkürzungsverzeichnis

a.A.	andere(r) Ansicht
a.a.O.	am angegebenen Ort
a.E.	am Ende
a.F.	alte Fassung
abl.	ablehnend
Abs.	Absatz
AG	Amtsgericht
AK-StPO	Kommentar zur Strafprozessordnung in der Reihe Alternativkommentar (Hrsg. Rudolf Wassermann)
AMG	Arzneimittelgesetz
Anm.	Anmerkung(en)
Ärzte-ZV	Zulassungsverordnung für Vertragsärzte
ArztR	Arztrecht (Zeitschrift)
AT	Allgemeiner Teil
Aufl.	Auflage
ÄZ	Ärztezeitung
Az.	Aktenzeichen
BÄO	Bundesärzteordnung
BauPreisVO	Baupreisverordnung
BayLSG	Bayrisches Landessozialgericht
BayObLG	Bayrisches Oberstes Landesgericht
Bema-Z	Einheitlicher Bewertungsmaßstab für zahnärztliche Leistungen
Beschl.	Beschluss
BGB	Bürgerliches Gesetzbuch
BGBl.	Bundesgesetzblatt
BGH	Bundesgerichtshof
BGHSt	Entscheidungen des Bundesgerichtshofs in Strafsachen
BGHZ	Entscheidungen des Bundesgerichtshofs in Zivilsachen
BKA	Bundeskriminalamt
BKK	Die Betriebskrankenkasse (Zeitschrift)
BMG	Bundesministerium für Gesundheit
BMV-Ä	Bundesmantelvertrag-Ärzte
BOÄ	Berufsordnung für Ärzte

BSG	Bundessozialgericht
BSGE	Entscheidungen des Bundessozialgerichts
BT	Besonderer Teil
BT-Drucks.	Bundestagsdrucksache
BVerfG	Bundesverfassungsgericht
BVerfGE	Entscheidungen des Bundesverfassungsgerichts
BVerwG	Bundesverwaltungsgericht
bzw.	beziehungsweise
ca.	circa
CR	Computer und Recht (Zeitschrift)
d.h.	das heißt
DÄ	Deutsches Ärzteblatt (Zeitschrift)
DCF-Verfahren	Discounted-Cash-Flow-Verfahren
ddP	Deutscher Depeschendienst
ders.	derselbe
DM	Deutsche Mark
DMW	Deutsche Medizinische Wochenschrift (DMW)
ebd.	ebenda
EBM	Einheitlicher Bewertungsmaßstab für ärztliche Leistungen
EDV	Elektronische Datenverarbeitung
EMRK	Europäische Menschenrechtskonvention
f.	folgende (Seite)
ff.	folgende (Seiten)
Fn.	Fußnote
FraktE	Fraktionsentwurf
FS	Festschrift
GA	Goltdammer's Archiv für Strafrecht
GBA	Gemeinsamer Bundesausschuss
gem.	gemäß
GenStA	Generalstaatsanwalt
GesR	Gesundheitsrecht (Zeitschrift)
GG	Grundgesetz
ggf.	gegebenenfalls
GK	Grundkurs
GKV	Gesetzliche Krankenversicherung

GKV-WSG	Gesetz zur Stärkung des Wettbewerbs in der gesetzlichen Krankenversicherung v. 26.03.2007 (BGBl. 2007 I Nr. 11, S. 378)
GMG	Gesetz zur Modernisierung der gesetzlichen Krankenversicherung v. 14.11.2003 (BGBl. 2003 I Nr. 55, S. 2190)
GOÄ	Gebührenordnung für Ärzte
gpk	Gesellschaftspolitische Kommentare
GS	Gedächtnisschrift / Großer Senat
GSP	Gesundheits- und Sozialpolitik (Zeitschrift)
GVG	Gerichtsverfassungsgesetz
h. A.	herrschende Ansicht
h. L.	herrschende Lehre
h. M.	herrschende Meinung
HeilBG	Heilberufsgesetz
HVM	Honorarverteilungsmaßstab
HVV	Honorarverteilungsvertrag
HWiStR	Krekeler/Tiedemann/Ulsenheimer/Weinmann [Hrsg.], Handbuch des Wirtschafts- und Steuerstrafrechts
i. d. F.	in der Fassung
i. d. R.	in der Regel
i. E.	im Ergebnis
i. S.	im Sinne
i. S. d.	im Sinne des
i. V. m.	in Verbindung mit
JA	Juristische Arbeitsblätter (Zeitschrift)
JR	Juristische Rundschau (Zeitschrift)
Jura	Juristische Ausbildung (Zeitschrift)
JuS	Juristische Schulung (Zeitschrift)
JZ	Juristenzeitung
KassKomm	Kasseler Kommentar Sozialversicherungsrecht
KG	Kammergericht (Berlin)
KK	Krankenkassen; Karlsruher Kommentar zur Strafprozessordnung und zum Gerichtsverfassungsgesetz mit Einführungsgesetz
KKH	Kaufmännische Krankenkasse
krit.	kritisch

KritV	Kritische Vierteljahreszeitschrift für Gesetzgebung und Rechtswissenschaft
KV	Kassenärztliche Vereinigung
KVG	Krankenversicherungsgesetz v. 1892
LG	Landgericht
li. Sp.	linke Spalte
Lit.	Literatur
LK	Leipziger Kommentar, Strafgesetzbuch
LR	Löwe/Rosenberg, Die Strafprozeßordnung und das Gerichtsverfassungsgesetz
LSG	Landessozialgericht
m.E.	meines Erachtens
m.w.N.	mit weiteren Nachweisen
MBO-Ä	Musterberufsordnung für die deutschen Ärztinnen und Ärzte
MedR	Medizinrecht (Zeitschrift)
Münch-KommBGB	Münchener Kommentar zum Bürgerlichen Gesetzbuch
Münch-KommStGB	Münchener Kommentar zum Strafgesetzbuch
NJW	Neue Juristische Wochenschrift
NK	Nomos Kommentar zum Strafgesetzbuch
Nr.	Nummer
NRW	Nordrhein-Westfalen
NStZ	Neue Zeitschrift für Strafrecht
NStZ-RR	NStZ-Rechtsprechungs-Report
NZG	Neue Zeitschrift für Gesellschaftsrecht
NZS	Neue Zeitschrift für Sozialrecht
obj.	objektiv
OLG	Oberlandesgericht
OStA	Oberstaatsanwalt
OVG	Oberverwaltungsgericht
Oz.	Ordnungsziffer
PartGG	Partnerschaftsgesellschaftsgesetz
PKS	Polizeiliche Kriminalstatistik

re. Sp.	rechte Spalte
Recht	Das Recht, Rundschau für den deutschen Juristenstand, begr. von Soergel, 1897-1944 (Zeitschrift)
red.	redaktionell
resp.	respektive
RG	Reichsgericht
RGSt	Entscheidungen des Reichsgerichts in Strafsachen
RLP	Rheinland-Pfalz
RLV	Regelleistungsvolumina
Rn.	Randnummer
Rspr.	Rechtsprechung
RVG	Rechtsanwaltsvergütungsgesetz
RVO	Reichsversicherungsordnung
S.	Seite
s.o.	siehe oben
Schriftl.	Schriftleitung
SdL	Soziale Sicherheit in der Landwirtschaft (Zeitschrift)
SGb	Die Sozialgerichtsbarkeit (Zeitschrift)
SGB IV	Sozialgesetzbuch - Gemeinsame Vorschriften für die Sozialversicherung
SGB V	Sozialgesetzbuch - Gesetzliche Krankenversicherung
SGB X	Sozialgesetzbuch - Sozialverwaltungsverfahren und Sozialdatenschutz
SGG	Sozialgerichtsgesetz
SK	Systematischer Kommentar zum Strafgesetzbuch
SKStPO	Systematischer Kommentar zur Strafprozessordnung
sog.	so genannte(r)
SozR	Sozialrecht - Entscheidungssammlung, bearbeitet von den Richtern des BSG
st. Rspr.	ständige Rechtsprechung
StA	Staatsanwalt
StGB	Strafgesetzbuch
StPO	Strafprozessordnung
str.	strittig
StraFo	Strafverteidiger Forum (Zeitschrift)
StV	Strafverteidiger (Zeitschrift)
u.a.	und andere
u.Ä.	und Ähnliches

UHM-Ausschuss	Ausschuss für Untersuchungs- und Heilmethoden
Urt.	Urteil
USK	Urteilssammlung für die gesetzliche Krankenversicherung
VA	Verwaltungsakt
vgl.	vergleiche
VSSR	Vierteljahresschrift für Sozialrecht (Zeitschrift)
WiKG	Gesetz zu Bekämpfung der Wirtschaftskriminalität
wistra	Zeitschrift für Wirtschaft, Steuer, Strafrecht
z.B.	zum Beispiel
ZaeFQ	Zeitschrift für ärztliche Fortbildung und Qualitätssicherung
ZAkDR	Zeitschrift der Akademie für Deutsches Recht
ZIS	Zeitschrift für Internationale Strafrechtsdogmatik
ZMGR	Zeitschrift für das gesamte Medizin- und Gesundheitsrecht
ZRP	Zeitschrift für Rechtspolitik
zust.	zustimmend

Einleitung

Betrugsstrafverfahren gegen Ärzte wegen falscher Abrechnungen erregen im hohen Maße öffentliches Aufsehen. Sie sind ein Dauerthema in Printmedien und in investigativen Fernsehformaten.[1] Die Gründe für diese überproportionale Medienpräsenz im Vergleich zu anderen Formen der Kriminalität sind sicherlich vielschichtig. Grundsätzlich steigt das Interesse bei Verfahren wegen Wirtschaftskriminalität mit der gesellschaftlichen Stellung des Verdächtigen. Es scheint eine Faszination auf die Öffentlichkeit auszuüben, wenn im Betrugsverdacht gegen einen Arzt das idealisierte gesellschaftliche Bild des Arztberufes als altruistische, geradezu moralische Instanz mit dem rücksichtlosen Streben nach materiellem Vorteil einzelner Berufsangehöriger kollidiert. Der Öffentlichkeit ist zudem der wirtschaftliche Mangel unseres Gesundheitssystems sehr deutlich bewusst, weshalb durch den (vermeintlichen)[2] Entzug von Mitteln aus dem System sich jeder Einzelne betroffen und übervorteilt fühlen kann.

---

1 Z.B.: „Anklage gegen Orthopäden wegen Abrechnungsbetrugs“ Die Welt, 16.08.2008, S.42; „Klinikum: Abrechnungsbetrug? Staatsanwalt ermittelt“ Hamburger Abendblatt, 15.08.2008, S.5; „Zahnersatz: Betrugsvorwurf gegen McZahn“ Rheinische Post, 14.08.2008; „Das heiße Leben des Dr. H.“ Hamburger Abendblatt, 13.08.2008, S.18; „Abzocke bei Privatpatienten“ Augsburger Allgemeine, 28.07.2008; „Haftstrafe für Spritzenwahnsinn“ Stuttgarter Nachrichten, 26.07.2008, S.5; „Hebamme soll Kind geschädigt und Kassen betrogen haben“ Die Welt, 31.05.2008, S.44; „Zahnarzt vor Gericht – Billig-Zahnersatz als Markenware abgerechnet“ ddp-Basisdienst, 16.04.2008; „271 Strafanzeigen Eine Million Euro! AOK holt Geld von Betrügern zurück“ Berliner Zeitung, 20.02.2008; „1.100 Fälle von Abrechnungsbetrug in Niedersachsen aufgedeckt“ Associated Press Worldstream, 19.02.2008; „Korruptionsbekämpfer kritisieren Ärzteschaft“ Wirtschaftsblatt, 07.12.2007, Heft Nr.3006; „Mediziner impfen Tote“ SZ, 08.05.2007; „Abrechnungsbetrug in großem Stil“ taz, 29.09.2007; „Bauchweh, Migräne, Fußpilz“ FAZ, 14.04.2007, S.3. „Schwarze Schafe in weißen Kitteln“ Plusminus, 05.02.2008; „Betrugskomplizen in Weiß“ Frontal21, 08.01.2008; „Abzocke bei der Geburt“ ML, 21.10.2007;„Anleitung zum Abkassieren – Betrügerseminar für Ärzte“ Panorama, 03.07.2003; „Hausbesuch bei Toten – Makabrer Abrechnungsbetrug von Ärzten“ Panorama, 16.01.2003; „Kartell außer Kontrolle – Neue Enthüllungen zum Abrechnungsbetrug mit Toten“ Panorama, 06.02.2003; „Razzia im Behandlungszimmer – Ärztehonorar im Visier der Strafverfolger“ Panorama 09.04.1998.

2 Oft führt der Abrechnungsbetrug nur zu einer fehlerhaften Verteilung der Honorare in der Vertragsärzteschaft. Das insgesamt an die Vertragsärzte gezahlte Honorar wird nicht erhöht, vgl. S.75 ff.

Belastbare statistische Daten zum tatsächlichen Umfang der ärztlichen Abrechnungsbetrügereien liegen nicht vor. Nicht in die Irre führen lassen sollte man sich von der im Jahre 1999 in die Polizeiliche Kriminalstatistik (PKS) eingeführten Schlüsselziffer 5181 („Abrechnungsbetrug"); diese berücksichtigt nämlich die Falschabrechnung von allen Gebührenabrechnern – neben den Ärzten also auch beispielsweise Anwälte und Notare. Aufschlussreicher ist der Bundeslagebericht 2007 zur Wirtschaftskriminalität des BKA,[3] der Zahlen liefert, die sich beschränken auf die betrügerische Erlangung von Geldleistungen von Selbstzahlern, Krankenkassen, Krankenversicherungen und Beihilfestellen durch Angehörige medizinischer oder pharmazeutischer Berufe sowie durch Krankenhäuser und Sanatorien. Demnach sind im Jahre 2007 3.837 Fälle von Abrechnungsbetrug im Gesundheitswesen polizeilich bekannt geworden. Dies weist zwar eine deutliche Steigerung zum Jahr 2006 (2.112 Fälle) auf. Angesichts vergleichbarer Fallzahlen in den Jahren 2003-2005 (2003: 3.411; 2004: 3.672; 2005: 3.781 Fälle) ist dieser Anstieg aber wohl eher auf die erhöhte Verfolgungsaktivität der Strafverfolgungsbehörde sowie den Abschluss umfangreicher Verfahrenskomplexe zurückzuführen, als dass er Aufschluss über die Entwicklung der Kriminalität im Gesundheitswesen geben könnte.[4] Den registrierten Schaden durch Betrug im Gesundheitswesen beziffert der Bundeslagebericht mit 31,6 Millionen Euro für das Jahr 2007 (S. 15). In den Jahren 2005 und 2006 wurde jeweils ein Schaden von knapp über 10 Millionen Euro registriert; in den Jahren 2003 und 2004 hingegen von 140-160 Millionen Euro.[5] Dieser Unterschied in den registrierten Schadenssummen ist durch jeweils zwei Großverfahren in den Jahren 2003 und 2004 zu erklären, er deutet aber auch auf eine hohe Fluktuation zwischen Hell- und Dunkelfeld in diesem Kriminalitätsbereich hin. Verlässliche Schätzungen zum Ausmaß des Dunkelfeldes bestehen nicht. Schätzungen von *Transparency International*, die von einer Größenordnung von sechs bis zwanzig Milliarden Euro Schaden durch korruptionsbedingte Fehl-

---

3 Abrufbar unter: http://www.bka.de/lageberichte/wi.html (aufgerufen im Juni 2009).

4 Ohnehin ist zur Aussagekraft dieser Fallzahlen anzumerken, dass sie nicht die tatverdächtigen Personen, sondern die Verfahren beziffern. Das bedeutet, dass bei dreißig Betrugshandlungen gegenüber dreißig Privatpatienten auch dreißig Fälle registriert werden. Richtet sich dieselbe Anzahl von Handlungen jedoch gegen Patienten einer gesetzlichen Krankenkasse, wird nur ein Verfahren registriert, denn es gibt nur einen Geschädigten, die Krankenkasse (Je nach Berechnung der Gesamtvergütung kann auch die übrige Vertragsärzteschaft als Geschädigte in Frage kommen, s. unten S. 68 ff., 80). Vgl. *Steinhilper* FS Schwind (2006), S. 164 Fn. 7.

5 *BKA* Bundeslagebericht zur Wirtschaftskriminalität 2006, S. 26.

steuerungen im Gesundheitswesen jährlich ausgehen,[6] mögen zwar für das Anliegen dieser Nichtregierungsorganisation durchaus wirksam sein, sie entbehren aber jeglicher ernstzunehmender empirischer Grundlage.

Die ersten Strafverfahren wegen ärztlichen Abrechnungsbetrugs in den 80er Jahre verursachten noch heftige Aufregung unter der gesamten Vertragsärzteschaft. So wird von Drohungen der Ärzteschaft berichtet, Staatsanwälte, die an Sonderkommissionen zur Ermittlung von Abrechnungsbetrügereien beteiligt waren, nicht mehr zu behandeln.[7] Auch wenn heute noch vereinzelt Vertreter der Justiz das Phänomen des vertragsärztlichen Abrechnungsbetrugs als „Versagen eines ganzen Berufsstandes" brandmarken,[8] hat sich die Debatte doch insgesamt beruhigt und versachlicht. Angesichts der komplexen Abrechnungsbestimmungen und des unübersichtlichen Abrechnungsverfahrens birgt der vertragsärztliche Abrechnungsbetrug freilich auch weiterhin Probleme bei der Tatsachenfeststellung. In rechtlicher Hinsicht hingegen handhaben Strafverfolgungsbehörden und Verteidigung sowie die Justiz dieses Verhalten mittlerweile weitestgehend routiniert. Das ist sicherlich auch auf eine Spezialisierung dieser Verfahrensbeteiligten auf diesem Gebiet des Wirtschaftstrafrechts zurückzuführen. Auch die Wissenschaft hat sich dem Abrechnungsbetrug zugewandt und viele der auftretenden Probleme diskutiert und zu einer grundsätzlichen Kategorisierung der Begehungsweisen gefunden.[9]

Wie sich die im Blickpunkt dieser Arbeit stehenden Mediziner selten mit Gesundem befassen, will sich auch diese Arbeit auf die Konstellationen des Abrechnungsbetrugs konzentrieren, deren rechtliche Einordnung zu kranken scheint. Während im privatärztlichen Bereich der Abrechnungsbetrug phänotypisch keine wesentlichen Abweichungen zu sonstigen Betrugsdelikten aufweist, bestehen im System der Gesetzlichen Krankenversicherung noch einige ungelöste Probleme: Im Zusammenhang von Wirtschaftsstrafrecht und öffentlichem Gesundheitswesen ist beispielsweise die Frage sehr umstritten, ob die Vertragsärzte eine Vermögensbetreuungspflicht gegenüber den Krankenkassen tragen und damit bei unwirtschaftlicher Verschreibung von Leistungen auch eine Un-

6 *Transparency International,* Transparenzmangel, Korruption und Betrug im deutschen Gesundheitswesen, Stand Juni 2008, S. 5.

7 Vgl. FAZ, 11.07.1986, S. 3.

8 Vgl. *Mühlhausen* ZaeFQ 1998, 616.

9 Vor allem die Dissertation von *Herffs* hat sich hier verdient gemacht: *Herffs,* Der Abrechnungsbetrug des Vertragsarztes, Berlin u. a. 2002.

treue (§ 266 StGB) zu Lasten der Krankenkassen in Betracht kommt.[10] Daneben wird im Korruptionsstrafrecht diskutiert, ob Vertragsärzte „Amtsträger“ i. S. d. §§ 331 ff. StGB sind.[11] Die Frage, der sich die vorliegende Arbeit widmen will, fällt hingegen in den Kernbereich des Betrugstatbestandes, § 263 StGB. Sie soll sich mit der umstrittenen Feststellung des Vermögensschadens bei Abrechnungsbetrugsverfahren beschäftigen. Die Gerichte übernehmen bei der Schadensbestimmung eine „streng formale Betrachtungsweise“ der Sozialgerichte. Das bedeutet, sie stellen auf die bloße Sozialrechtswidrigkeit ab, um einen Betrugsschaden zu begründen und ziehen nicht – wie in ständiger Rechtsprechung eigentlich üblich – den möglichen Gegenwert einer tatsächlich erbrachten Leistung oder eine sonstige Kompensation in Erwägung. Als Beispiel soll hierfür ein Verfahren des *OLG Koblenz* dienen, das für einiges Aufsehen gesorgt hat: Mehrere Vertragsärzte hatten sich zu einer Gemeinschaftspraxis zusammengeschlossen und als solche vertragsärztliche Leistungen abgerechnet. Tatsächlich – so der Vorwurf – übten sie diese Gemeinschaftspraxis jedoch nicht aus, sondern lebten ein „verdecktes Angestelltenverhältnis“. Nach Auffassung des *OLG* waren die Leistungen der „verdeckten Angestellten“ sozialrechtlich nicht abrechenbar. Obwohl sämtliche Leistungen indiziert und lege artis erbracht worden waren, nahm das Gericht allein aufgrund der fehlenden Abrechenbarkeit einen Vermögensschaden i. S. d. § 263 StGB an.[12]

Anamnetisch – um im Bilde zu bleiben – soll zunächst die Kasuistik dieser Rechtsprechung dargestellt werden (Kap. B). Sinnvollerweise kann dies jedoch nur erfolgen, wenn zuvor das komplizierte System der vertragsärztlichen Versorgung in seinen Grundzügen dargestellt worden ist (Kap. A). In einer Analyse dieser Rechtsprechung soll deren Vereinbarkeit oder Unvereinbarkeit mit den üblicherweise zur Schadensbestimmung vertretenen Auffassungen diagnostiziert werden: Um dabei der Verzahnung der Tatbestandsmerkmale des Betrugs gerecht zu werden, wird die Arbeit zunächst die Besonderheiten des Abrechnungsbetrugs bei den Tatbestandsmerkmalen Täuschung, Irrtum und Vermögensverfügung beleuchten und zu den hier auftretenden Problemen Stellung beziehen (Kap. C). Nur auf dieser Grundlage kann eine eingehende Analyse der Schadensbestimmung erfolgen (Kap. D). Auch um eine Therapie will sich diese Ar-

10 BGHSt 49, 17 ff. (= MedR 2004, 268); BGH NStZ 2004, 568; OLG Hamm MedR 2005, 236; *Geis* GesR 2006, 345 ff.; *Herffs* wistra 2006, 63 ff.; *Ulsenheimer* MedR 2005, 622.

11 Vgl. *Broglie* AusR 1999, 99; *Neupert* NJW 2006, 2811; *Pragal* NStZ 2005, 133; *Ulsenheimer* [Arztstrafrecht] Rn. 13/4 ff. Interessant zur Korruption im Gesundheitswesen auch *Kölbel* wistra 2009, 129 ff.

12 Ausführlich hierzu unten S. 24 ff., 83 ff., 204 ff.

beit bemühen: Die hier bestehenden Unstimmigkeiten bei der Schadensbestimmung werden einer eigenen Lösung zugeführt (Kap. E). Diese Lösung hat sich dann in den relevanten Anwendungsfällen des Abrechnungsbetrugs und in darüber hinausgehenden Problemkreisen der Schadensbestimmung zu bewähren (Kap. F). Abschließend folgen gleichsam als Prophylaxe einige Gedanken zur diskutierten Reform des Betrugstatbestandes im Hinblick auf den vertragsärztlichen Abrechnungsbetrug (Kap. G).

A. System der vertragsärztlichen Versorgung

„Der Prüfung eines gegen einen Kassenarzt erhobenen Betrugsvorwurfs sind die tatsächlichen und rechtlichen Besonderheiten des kassenärztlichen Abrechnungssystems zugrundezulegen.“[13] Diesem Leitsatz des *BGH* ist zuzustimmen. Die Schwierigkeit von vertragsärztlichen Abrechnungsbetrugsverfahren entsteht gerade im Zusammenspiel der strafrechtlichen und sozialrechtlichen Normen. Als Ausgangspunkt der hier vorgenommenen Überlegungen muss daher ein Kapitel stehen, das den Leser in das System der gesetzlichen Krankenversicherung, genauer: das System der vertragsärztlichen Versorgung, einführt. Dabei soll dieses Kapitel bewusst nur einen groben Überblick gewähren: Denn der – in mehrerer Hinsicht untaugliche – Versuch, Ordnung in dieses „Wespennest voller juristischer Probleme“[14] zu bringen, wäre nicht zielführend. Um die komplizierten Beziehungen zwischen sozial- und strafrechtlichen Normen tiefer zu erforschen, erscheint darüber hinaus eine ausführlichere Darstellung entscheidender Themenkomplexe des Gesundheitsrechts an den Stellen der hiesigen Arbeit sinnvoller, wo sie unmittelbare Auswirkungen auf die Anwendung des Betrugstatbestands haben. Bei einer umfangreichen Ausgliederung in einen „Allgemeinen Teil“ bestünde die Gefahr, dass man die sozialrechtlichen Besonderheiten gleichsam aus dem Problembewusstsein zur Lösung der konkreten Betrugsprobleme ausklammerte.

I. Die Parteien des Vertragsarztsystems

Die vertragsärztliche Leistungserbringung und -abrechnung vollzieht sich in einem komplizierten gesetzlichen und vertraglichen Regelungsgeflecht. Die hieran beteiligten Parteien sind der versicherte Patient, der Vertragsarzt, die Kassenärztliche Vereinigung und die Krankenkasse.

Stark verkürzt lässt sich die vertragsärztliche Versorgung wie folgt darstellen: Der Versicherte wird gegen Vorlage seiner Krankenversichertenkarte von dem Vertragsarzt behandelt. Im Gegenzug entsteht jedoch keine Zahlungsverpflichtung des Patienten, sondern der Arzt rechnet die erbrachten Leistungen über die Kassenärztliche Vereinigung ab. Dabei hat er unterschiedliche Regelungen zu beachten, allen voran den Einheitlichen Bewertungsmaßstab (EBM),

---

13 BGH NStZ 1993, 388; BGH NJW 2004, 454; OLG Hamm GesR 2005, 175.

14 *Schnapp* ZM 2005 Nr. 20, 34.

daneben den Bundesmantelvertrag für Ärzte (BMV-Ä) sowie die Gesamtverträge einschließlich der Richtlinien des Gemeinsamen Bundesausschusses (vgl. § 92 i.V.m. § 82 Abs. 1 S. 2 SGB V). In unterschiedlichen Schritten prüft die Kassenärztliche Vereinigung die Abrechnung des Vertragsarztes. Die Krankenkasse zahlt mit befreiender Wirkung eine Gesamtvergütung an die Kassenärztliche Vereinigung. Diese verteilt die erhaltene Gesamtvergütung an die Vertragsärzte. Im Einzelnen:

1. Die Versicherten

72 Millionen Bundesbürger sind gesetzlich krankenversichert, das sind 87 Prozent der Bevölkerung.[15] Diese haben nach § 2 Abs. 2 SGB V einen Anspruch auf Sach- und Dienstleistung (Sachleistungsprinzip). Ein Kostenerstattungsanspruch kommt hingegen nur in Ausnahmefällen in Betracht, vgl. § 13 SGB V. Die Krankenkasse schuldet ihren Mitgliedern also die ärztliche Leistung. Um dieser Pflicht nachzukommen, schließt sie Verträge mit den Kassenärztlichen Vereinigungen, §§ 82 ff. SGB V. Die Kassenärztlichen Vereinigungen und ihre Mitglieder, die Vertragsärzte, stellen die vertragsärztliche Versorgung sicher. Der versicherte Personkreis ist in den §§ 5-10 SGB V umschrieben. Die Mittel für die gesetzliche Krankenversicherung werden im Wesentlichen durch die Beiträge aufgebracht, die die Versicherten nach Maßgabe der §§ 241-258 SGB V zu leisten haben.

Aber auch zwischen dem Patienten und dem Vertragsarzt besteht ein Rechtsverhältnis, dessen Natur jedoch umstritten ist: Die Zivilgerichte und Teile der Literatur gehen dabei von einem zivilrechtlichen Vertrag aus,[16] während das *BSG* und der überwiegenden Teil der sozialrechtlichen Literatur ein gesetzliches Rechtsverhältnis öffentlich-rechtlicher Natur annimmt.[17]

2. Die Krankenkassen

Die Krankenkassen sind selbständige und selbstverwaltete Körperschaften des öffentlichen Rechts, § 4 Abs. 1 SGB V. Die Krankenversicherung ist dezentral

15 *BMG* Gesundheit 2005, 9.1.

16 BGHZ 76, 249, 261; 97, 273, 276; 100, 363, 367; *Eichenhofer* Sozialrecht, Rn. 373 f.; *Muckel* Sozialrecht, § 8 Rn. 148 ff.; Palandt-*Puzo* vor § 611 Rn. 18; Staudinger-*Richardi* vor § 611 Rn. 1252; *Waltermann* Sozialrecht, Rn. 198.

17 BSGE 33, 158, 160 f.; 59, 172, 177; *Bley/Kreikebohm/Marschner* Sozialrecht, Rn. 664; *Isensee* VSSR 1995, 330 f.; *Krause* SGb 1982, 430 ff.; *Schnapp/Düring* NJW 1989, 2916 f.; *Sodan* Freie Berufe, S. 126 ff.

organisiert, § 4 Abs. 2 SGB V, daher sind ihre Träger 280 Krankenkassen.[18] Mitglieder der Krankenkasse sind die Versicherten.[19]

Nach § 1 Abs. 1 S. 1 SGB V ist Aufgabe der gesetzlichen Krankenversicherung als Solidargemeinschaft, die Gesundheit der Versicherten zu erhalten, wiederherzustellen oder ihren Gesundheitszustand zu verbessern. Die hierzu erforderlichen Leistungen stellen die Krankenkassen den Versicherten unter Beachtung des Wirtschaftlichkeitsgebots zur Verfügung, § 2 Abs. 1 S. 1 SGB V. Die Versicherten haben Anspruch auf Krankenbehandlung, wenn sie notwendig ist, um eine Krankheit zu erkennen, zu heilen, ihre Verschlimmerung zu verhüten oder Krankheitsbeschwerden zu lindern, § 27 SGB V. Hier gilt nach § 2 Abs. 2 SGB V das Sachleistungsprinzip und nur in Ausnahmefällen das Kostenerstattungsprinzip (vgl. § 13 SGB V). Die Krankenkassen wirken dazu mit den Ärzten, Zahnärzten, Psychotherapeuten und medizinischen Versorgungszentren zur Sicherstellung der vertragsärztlichen Versorgung zusammen, § 72 Abs. 1 S. 1 SGB V. Gem. § 207 SGB V haben die Krankenkassen Landesverbände zu bilden, diese schließen mit den jeweiligen Kassenärztlichen Vereinigungen die Gesamtverträge ab, § 83 S. 1 SGB V.

3. Die Vertragsärzte

118.000 Ärzte nehmen in Deutschland an der vertragsärztlichen Versorgung teil.[20] Berechtigt und verpflichtet hierzu sind sie nach Erteilung der vertragsärztlichen Zulassung, § 95 Abs. 3 S. 1 SGB V. Die Zulassung zum Vertragsarzt ist an zahlreiche Voraussetzungen geknüpft:[21] Durch die Zulassung darf keine Überversorgung entstehen (§ 103 SGB V).[22] Und es dürfen keine Gründe der Nichteignung oder Ungeeignetheit des zuzulassenden Arztes vorliegen (§ 98 Abs. 2 Nr. 10 i. V. m. §§ 20 f. Ärzte-ZV).[23] Wird der Arzt mit einer Gebietsbezeichnung zugelassen, gelten grundsätzlich nur die auf seinem Gebiet erbrachten Leistungen als abrechenbar (§ 87 Abs. 2a SGB V, I 1.5 EBM 2009).[24]

---

18 *BMG* Gesundheit 2005, 9.4.

19 Zu Mitgliedschaft und Versicherungsverhältnis: *Igl/Welti* § 15 Rn. 1 ff.

20 *BMG* Gesundheit 2005, 6,5.

21 Siehe zu den betrugsrelevanten Auswirkungen einer fehlenden Zulassung unten S. 206.

22 Vgl. Schnapp/Wigge-*Schnath* § 5 c Rn. 7 ff.

23 Zum Zulassungsverfahren siehe Schnapp/Wigge-*Schiller* § 5 d Rn. 1 ff.

24 BSGE 62, 224, 226; BSG SozR 4-2500 § 95 Nr. 5; MedR 2005, 302; MedR 2001, 535 ff.

Die Teilnahme an der vertragsärztlichen Versorgung berechtigt den Arzt, an der Verteilung der Gesamtvergütung durch die Kassenärztliche Vereinigung nach Maßgabe der von ihm ordnungsgemäß erbrachten Leistungen teilzunehmen.[25] Von den zahlreichen Pflichten, die den Arzt treffen, seien nur die wichtigsten genannt: Der Arzt hat die Pflicht, die Versicherten der gesetzlichen Krankenversicherung zu behandeln.[26] Daneben besteht die Pflicht zu Niederlassung und zur Einhaltung von Sprechstunden (§ 24 Ärzte-ZV). Der Vertragsarzt muss am Bereitschaftsdienst teilnehmen.[27] Ihn trifft die Verpflichtung zur fachlichen Fortbildung (§ 95d SGB V). Im Hinblick auf den Abrechnungsbetrug von besonderer Bedeutung sind die Pflicht zur persönlichen Leistungserbringung[28] und das Wirtschaftlichkeitsgebot,[29] sowie die Pflicht zur peinlich genauen Abrechnung.[30]

Die Arbeit des Vertragsarztes wird erheblich bestimmt von öffentlich-rechtlichen Vorschriften. Außerdem ist er bei der Behandlung der gesetzlich versicherten Patienten eingebunden in eine öffentliche Aufgabe. Seine Tätigkeit ist dennoch nicht öffentlicher Dienst, sondern der Vertragsarzt ist Freiberufler.[31]

Auch die Form der vertragsärztlichen Praxisausübung kann im Hinblick auf einen Abrechnungsbetrugsvorwurf relevant werden: Regelmäßig übt der Vertragsarzt seinen Beruf in einer Einzelpraxis aus. Daneben kann er sich aber zwecks gemeinsamer Nutzung einer Praxisinfrastruktur (sachliche und personale Mittel) mit anderen Vertragsärzten zu einer Praxisgemeinschaft zusammenschließen.[32] Oder er kann mit anderen Ärzten in einer Gemeinschaftspraxis nicht nur eine gemeinsame Praxisinfrastruktur nutzen, sondern auch eine gemeinsame Karteiführung und Abrechnung auf gemeinsame Rechnung betreiben.[33] In be-

---

25 Vgl. Schnapp/Wigge-*Hess* § 16 Rn. 98.

26 Schnapp/Wigge-*Wigge* § 2 Rn. 52.

27 KassKomm-*Hess* § 75 SGB V Rn. 27.

28 Hierzu *Peikert* MedR 2000, 352; siehe unten S. 35; 203 ff.

29 Schnapp/Wigge-*Peikert* § 20 Rn. 5; siehe unten S. 197 ff.

30 BSGE 43, 250, 252; 73, 234, 237; Rieger-*Dahm* Oz. 1780 Rn. 2; siehe unten S. 49.

31 Laufs/Uhlenbruck-*Krauskopf* § 24 Rn. 3 ff. Zum Betrugsvorwurf, der an eine „unfreie" Berufsausübung anknüpft siehe Nachweise in Fn. 33.

32 Zu Kooperationsformen im Vertragsarztrecht siehe Schnapp/Wigge-*Wigge* § 6 Rn. 1 ff.; zur „verkappten Gemeinschaftspraxis" und Abrechnungsbetrug siehe unten S. 31; 208.

33 Zur Strafrechtlichen Relevanz eines „verdeckten Angestelltenverhältnisses" in einer Gemeinschaftspraxis siehe unten S. 24 ff.; 83 ff.; 204 ff.

grenztem Maße besteht auch die Möglichkeit, andere Ärzte anzustellen.[34] Neuerdings können auch Medizinische Versorgungszentren an der vertragsärztlichen Versorgung teilnehmen.[35]

4. Die Kassenärztlichen Vereinigungen

Die vertragsärztliche Versorgung ist geprägt vom Prinzip der gemeinsamen Selbstverwaltung von Ärzten und Krankenkassen.[36] Zur Erfüllung der ihnen durch das SGB V übertragenen Aufgaben bilden die Ärzte für den Bereich jedes Landes eine Kassenärztliche Vereinigung, die Zahnärzte entsprechend eine Kassenzahnärztliche Vereinigung, § 77 Abs. 1 S. 1 SGB V.[37] Diese bilden wiederum eine Kassenärztliche Bundesvereinigung, § 77 Abs. 4 SGB V. Die Kassenärztlichen Vereinigungen sind die Träger der ärztlichen Selbstverwaltung.[38] Durch die Zulassung entsteht eine Pflichtmitgliedschaft des Vertragsarztes in der Kassenärztlichen Vereinigung, § 95 Abs. 3 SGB V. Die Kassenärztlichen Vereinigungen und die Kassenärztliche Bundesvereinigung haben die vertragsärztliche Versorgung sicherzustellen und sie müssen gegenüber den Krankenkassen und deren Verbänden die Gewähr dafür übernehmen, dass die vertragsärztliche Versorgung den gesetzlichen und den vertraglichen Anforderungen entspricht, § 75 Abs. 1 S. 1 SGB V. Sie müssen gegenüber den Krankenkassen die Rechte der Ärzte wahrnehmen und haben die Erfüllung der den Vertragsärzten obliegenden Pflichten zu überwachen und sie – ggf. auch unter Anwendung von Disziplinarmaßnahmen – zur Einhaltung dieser Pflichten anzuhalten § 75 Abs. 2 SGB V. Für den Abrechnungsbetrug besonders relevant ist ihre Pflicht zur Prüfung der vertragsärztlichen Abrechnung, §§ 106a, 106 SGB V.[39] Außerdem haben sie nach § 85 Abs. 4 SGB V die von den Krankenkassen erhaltene Gesamtvergütung an die Vertragsärzte zu verteilen.

Die Organe der Kassenärztlichen Vereinigungen und der Kassenärztlichen Bundesvereinigung sind die Vertreterversammlung und ein hauptamtlicher Vorstand, § 79 Abs. 1 SGB V.

---

34 Zu möglichen betrugsrelevanten Auswirkungen siehe unten S. 208.

35 Vgl. Schnapp/Wigge-*Wigge* § 6 Rn. 61 ff.

36 Schnapp/Wigge-*Axer* § 10 Rn. 2 m.w.N.

37 Aus Gründen der Vereinfachung sollen im Folgen immer nur die Kassenärztlichen Vereinigungen genannt werden.

38 Schnapp/Wigge-*Schiller* § 5 a Rn. 28.

39 Details dazu im Folgeabschnitt.

5. Stellen zur Bekämpfung von Fehlverhalten im Gesundheitswesen

Die Kassenärztlichen Vereinigungen sind nach § 81a SGB V und die Krankenkassen nach § 197a SGB V verpflichtet, Stellen zur Bekämpfung von Fehlverhalten im Gesundheitswesen einzurichten. Dies sind organisatorische Einheiten, die Fällen und Sachverhalten nachzugehen haben, die auf Unregelmäßigkeiten oder auf rechtswidrige oder zweckwidrige Nutzung von Finanzmitteln im Zusammenhang mit den Aufgaben von Kassenärztlicher Vereinigung resp. Krankenkassen hindeuten. Jede Person kann sich an diese Stellen wenden. Die Organisationen sollen die Staatsanwaltschaft unverzüglich unterrichten, wenn die Prüfung ergibt, dass ein Anfangsverdacht auf strafbare Handlungen mit nicht nur geringfügiger Bedeutung für die gesetzliche Krankenversicherung bestehen könnte (jeweils Abs. 4).[40] Neben der Kritik an der Unschärfe und Zweifeln an der Effizienz dieser Vorschrift ist vor allem diese Anzeigepflicht kritisch zu hinterfragen.[41] *Rixen* weist zu Recht darauf hin, dass ein derartiges Vorermittlungsverfahren zur Gewinnung eines strafrechtlichen Anfangsverdachts die Gefahr birgt, dass sich die strafrechtliche Fehlvorstellungen der Kontrollstellen im Gesundheitswesen und sozialrechtliche Fehlvorstellungen der Strafverfolgungsbehörden gegenseitig verstärken. Außerdem neigten Strafverfolgungsbehörden dazu, den Vorgaben der Kontrollgremien zu folgen, dies produzierte eine problematische Vorgreiflichkeit der „Vorermittlungen“ auf das Strafverfahren.[42]

II. Die vertragsärztliche Abrechnung

Durch die Gesundheitsreform der Großen Koalition (GKV-WSG) haben sich einige Änderungen für die vertragsärztliche Abrechnung ergeben, die sich auch auf den Abrechnungsbetrug auswirken. Da sich die Strafjustiz aufgrund der nachgelagerten Abrechnungsprüfung durch Kassenärztliche Vereinigung und Krankenkasse erst einige Zeit später mit den betrugsrelevanten Sachverhalten auseinandersetzt, wird auch das bisherige Recht die Strafverfolgungsbehörden

40 Eingehend hierzu mit kritischen Anmerkungen *Rixen* ZFSH 2005, 131; *Steinhilper* MedR 2005, 131 ff.; Bedenken hinsichtlich des Sozialdatenschutzes äußert *Ehlers* FS Schüler-Springorum (1993), S. 170; vgl. schon *Schnapp/Düring* NJW 1988, 738 ff.

41 Bei Nichtbeachtung dieser Pflicht soll den handelnden Personen in KV und KK eine Verurteilung wegen Strafvereitlung nach § 258 StGB drohen, vgl. FraktE-GMG BT-Drucks. 15/1525 zu § 81a Abs. 4 S. 99; vgl. *Ellbogen* MedR 2006, 457 ff.

42 *Rixen* ZFSH 2005, 133 ff.

und Gerichte noch einige Zeit beschäftigen. Im Folgenden sollen daher das alte und das neue Recht nebeneinander dargestellt werden.[43]

1. Rechtliche Instrumente der vertragsärztlichen Abrechnung

Bei der vertragsärztlichen Leistungsabrechnung greifen unterschiedliche rechtliche Instrumente ineinander:

a. BMV-Ä und EBM

Die Kassenärztliche Bundesvereinigung und die Spitzenverbände der Krankenkassen vereinbaren im Bundesmantelvertrag (BMV-Ä) die allgemeinen Grundsätze der Gesamtverträge, § 82 Abs. 1 SGB V.[44] Nach § 87 Abs. 1 S. 1 SGB V ist Bestandteil des Bundesmantelvertrags ein einheitlicher Bewertungsmaßstab für die ärztliche Versorgung (EBM), der von Bewertungsausschüssen festgelegt worden ist. Der EBM legt den Umfang und Inhalt der abrechnungsfähigen Leistungen fest. Er drückt ein wertmäßiges Verhältnis der verschiedenen Leistungen zueinander aus, § 87 Abs. 2 S. 1 SGB V. Nur die im EBM ausdrücklich vorgesehenen Leistungen sind abrechnungsfähig, die Bildung von Analogziffern – wie bspw. bei der GOÄ – ist unzulässig.[45] Seit 1978 wurde keine absolute Bewertung der Leistungen in Geld mehr vorgenommen, sondern lediglich eine in Punkten. Damit stand nur der Wert der Leistung im Verhältnis zu anderen erbrachten Leistungen fest, nicht aber der konkrete Wert der Leistung. Ab 2009 sind regionale Euro-Gebührenordnungen in Kraft getreten.[46] Im EBM werden dazu bundeseinheitlich Punktwerte in Euro als Orientierungswerte festgesetzt, § 87 Abs. 2e S. 1 SGB V. Auf regionaler Ebene soll anhand dieser Orientierungswerte unter Berücksichtigung regionaler Besonderheiten eine regionale Euro-Gebührenordnung vereinbart werden. Für die einzelnen Leistungen ist dann ein Wert in Euro festgelegt.

43 Die Errechnung der vertragsärztlichen Vergütung wird beim Betrug vor allem im Zusammenhang mit der Vermögensverfügung relevant. Die Prüfung der vertragsärztlichen Abrechnung spielt beim Irrtum eine Rolle. Eine genauere Beschreibung dieser beiden Aspekte des Vertragsarztrechts findet sich daher auf S. 62 ff. und S. 43 ff.

44 Ausführlich hierzu Schnapp/Wigge-*Axer* § 8 Rn. 15 ff.

45 BSGE 71, 42, 47; 79, 239.

46 Siehe hierzu *Rompf* GesR 2008, 57 ff.

b. Richtlinien des GBA

Voraussetzungen für die Aufnahme einer Leistung in den EBM ist, dass der Gemeinsame Bundesausschuss (GBA) sie als dem Stand der medizinischen Wissenschaft entsprechend in die Richtlinien nach § 92 Abs. 1 S. 2 Nr. 1 SGB V aufgenommen hat.[47] Die Richtlinien haben nach der Rechtsprechung des *BSG* Rechtsnormcharakter.[48] Sie sind nach § 92 Abs. 8 SGB V Bestandteil der Bundesmantelverträge und als solche für den Vertragsarzt verbindlich. Die Richtlinien konkretisieren Umfang und Grenzen der Leistungspflicht der Kassen und der abrechenbaren Leistungen.[49]

c. Gesamtverträge und Gesamtvergütung

Die Kassenärztlichen Vereinigungen schließen mit den für ihren Bezirk zuständigen Landesverbänden der Krankenkassen Gesamtverträge über die vertragsärztliche Versorgung, § 83 S. 1 SGB V.[50] Diese Gesamtverträge regeln im Rahmen der gemeinsamen Selbstverwaltung die von den Krankenkassen für die gesamte vertragsärztliche Versorgung an die jeweilige Kassenärztliche Vereinigung mit befreiender Wirkung zu leistende Gesamtvergütung (§ 85 SGB V).[51]

Die Höhe der Gesamtvergütung wird ebenfalls in den Gesamtverträgen festgelegt, auch hierbei sind Besonderheiten der Gesundheitsreform zu beachten. Zur Berechnung ihrer Höhe standen den Vertragsparteien unterschiedliche Möglichkeiten offen, sie konnten einen Festbetrag vereinbaren, sie konnten auf Grundlage des EBM nach Einzelleitungen abrechnen, oder sie konnten Kopf- oder Fallpauschalen vereinbaren. Von der Möglichkeit, einen Festbetrag zu vereinbaren, wurde kein Gebrauch gemacht. Eine Abrechnung nach Einzelleistungen wurde nur in Ausnahmefällen vereinbart, weil diese Anreize zur Ausweitung der Vertragsarztpraxis und damit zur Kostensteigerung des Gesundheitssystems gesetzt hätte. Dies wäre dem Grundsatz der Beitragssatzstabilität zuwider gelaufen. Die Gesamtvergütung wurde regelmäßig nach Kopfpauschalen berechnet, d.h. für jedes Mitglied zahlte die Krankenkasse eine Pauschale an die

47 Vgl. *Rompf* GesR 2008, 57.

48 BSG MedR 1998, 320 (str.).

49 Zu den Richtlinien und Abrechnungsbetrug siehe unten S. 199 ff.

50 Auch die Ersatzkassen sind Vertragspartei der Gesamtverträge. Zur Vereinfachung sollen diese im Folgenden aber von dem Verweis auf die Krankenkassen erfasst sein.

51 BSG SGb 2003, 745, 748. Siehe hierzu auch Schnapp/Wigge-*Axer* § 8 Rn. 33 ff.

Kassenärztliche Vereinigung.[52] Das Morbiditätsrisiko trug in diesem System also die Ärzteschaft, denn unabhängig von der tatsächlichen Zahl und Art der Krankheitsfälle erhielt sie einen festen Betrag pro Patient.

Dies ist durch die Gesundheitsreform geändert worden, die eine morbiditätsorientierte Gesamtvergütung vorschreibt. Dazu vereinbaren die Kassenärztliche Vereinigung und die Krankenkassen als Punktzahlvolumen auf der Grundlage des EBM den mit der Zahl und der Morbiditätsstruktur der Versicherten verbundenen Behandlungsbedarf und bewerten diesen entsprechend der regionalen Euro-Gebührenordnung in Euro, § 87a Abs. 3 S. 2 SGB V. Darüber hinausgehende Leistungen, deren Erforderlichkeit sich bei Ermittlung des Behandlungsbedarfs noch nicht abgezeichnet hat, sind ebenfalls nach der Euro-Gebührenordnung zu vergüten (S. 4).

d. Honorarverteilungsmaßstab

Das ärztliche Honorar ist allerdings kein von der Krankenkasse über die Kassenärztliche Vereinigung an den Vertragsarzt durchlaufender Posten. Die Abrechnung im Verhältnis Krankenkasse/Kassenärztliche Vereinigung ist von der im Verhältnis Kassenärztliche Vereinigung/Vertragsarzt streng zu trennen.

Das letztere Verhältnis wurde vor Inkrafttreten des GKV-WSG bestimmt durch den Honorarverteilungsmaßstab (HVM). Ursprünglich handelte es sich dabei um eine Satzung der Kassenärztlichen Vereinigung, § 85 Abs. 4 SGB V a. F. Danach wurde auch der Honorarverteilungsmaßstab vertraglich zwischen den Kassenärztlichen Vereinigungen und den Landesverbänden der Krankenkassen festgelegt, § 85 Abs. 4 S. 2 SGB V.

Die Kassenärztliche Vereinigung verteilte die Gesamtvergütung an die Vertragsärzte § 85 Abs. 4 S. 1 SGB V. Wenn die Gesamtvergütung so ausgestaltet war, dass die Vertragsärzte das Morbiditätsrisiko trugen, war die Summe, die unter den Ärzten verteilt werden konnte, gedeckelt: Dem Volumen aller von den Vertragsärzten abgerechneten Punkten stand eine feste Gesamtvergütung gegenüber. Mit jedem abgerechneten Punkt sank daher der Wert, der einem einzelnen Punkt zugesprochen werden konnte. Dies führte zu einem „Hamsterrad-Effekt“: Es bestand ein Anreiz mehr abzurechnen, um den eigenen Anteil an der Gesamtvergütung zu erhöhen. Wurden jedoch mehr Leistungen abgerechnet, sank der Punktwert. Dieser Punktwertverfall setzte wiederum neue Anreize, die Vertragsarztpraxis auszuweiten und mehr Leistungen abzurechnen. Während für die

52 Die Berechungsart der Gesamtvergütung hat Auswirkungen darauf, wer der Geschädigte des Abrechnungsbetrugs ist, siehe unten S. 68 ff.

Abrechnung im Verhältnis Krankenkasse/Kassenärztliche Vereinigung der Grundsatz der Beitragssatzstabilität prägend ist, wird die Abrechnung im Verhältnis Kassenärztliche Vereinigung/Vertragsarzt wesentlich geprägt vom Grundsatz der Punktwertstabilität. Zu diesem Zweck gab es im HVM unterschiedliche Honorarbegrenzungsregelungen:[53] Z.B. die Einteilung in Arztgruppentöpfe, Fallzahlbegrenzungen und Individualbudgets. Durch die Arztgruppentöpfe wurde die Gesamtvergütung für die verschiedenen Arztgruppen aufgeteilt. Dadurch wurden Ärzte vor einem „Hamsterrad-Effekt“ bei den anderen Arztgruppen geschützt. Bestanden Fallzahlbegrenzungen, so konnten die fraglichen Leistungen nur bis zu einer bestimmten Anzahl voll, darüber hinaus nur abgestaffelt vergütet werden. Wenn für einzelne oder für alle Leistungen einer Praxis ein Budget festgelegt worden war, dann wurden die Leistungen nur bis zu einem bestimmten Punktzahlvolumen vergütet.[54] Darüber hinausgehende Leistungen wurden nicht einzeln vergütet, sondern waren in die Vergütung des abgegoltenen Punktzahlvolumens mit einbezogen.[55]

Die Gesundheitsreform (GKV-WSG) will das Morbiditätsrisiko wieder auf die Krankenkassen übertragen. Deshalb wurden einige Änderungen bei der Honorarverteilung vorgenommen. Auch die ärztlichen Leistungen werden ab dem 01. Januar 2009 auf Grundlage der regionalen Euro-Gebührenordnung vergütet, § 87b Abs. 1 S. 1 SGB V. Damit jedoch auch hier das zu verteilende Honorar mit der Gesamtvergütung vereinbar ist, und um der zu befürchtenden Ausweitung der Vertragsarztpraxis entgegenzuwirken, wird es auch weiterhin Honorarbegrenzungen geben. Dies geschieht durch arzt- und praxisbezogene Regelleistungsvolumina, § 87b Abs. 2 S. 1 SGB V.[56] Ein Regelleistungsvolumen ist die von einem bestimmten Arzt in einem bestimmten Zeitraum abrechenbare Menge der vertragsärztlichen Leistungen. Nach § 87b Abs. 3 SGB V werden auch die Regelleistungsvolumina morbiditätsorientiert ermittelt. Dabei werden Alter und Geschlecht der Patienten beachtet. Differenziert wird nach Arztgruppe und Versorgungsgrad, auch Praxisbesonderheiten können berücksichtigt werden. Überschreitet der Arzt das Regelleistungsvolumen, werden die darüber hinausgehenden Leistungen nur abgestaffelt vergütet. Kommt es zu einem Anstieg der Morbidität sind die Regelleistungsvolumina spätestens im folgenden Abrechnungszeitraum anzupassen, § 87b Abs. 2 S. 5 SGB V.

---

53 Schnapp/Wigge-*Hess* § 16 Rn. 104 ff.

54 Zu Budgetierung und Abrechnungsbetrug siehe unten S. 215 ff.

55 BSGE 78, 98, 108.

56 Die Mengensteuerung erfolgte auch schon zuvor über Regelleistungsvolumina, siehe § 85 Abs. 4 S. 7 SGB V.

Neuerdings kann also der Vergütungsumfang mit dem Leistungsumfang wachsen und die Höhe der Vergütung ist nicht mehr nur davon abhängig, ob der prognostizierte Leistungsumfang nicht überschritten wird.[57]

2. Abrechnungserklärung

Vor Beginn der Behandlung muss der Patient dem Vertragsarzt seine Krankenversichertenkarte (§ 291 SGB V) vorlegen. Die dort hinterlegten Daten (z.B. Personalien, Versichertenstatus, Krankenkasse, Versichertennummer, Gültigkeit) sind Grundlage der vertragsärztlichen Abrechnung. Am Ende jeden Quartals fasst der Arzt alle gegenüber gesetzlich krankenversicherten Patienten erbrachten Leistungen zusammen und reicht die Abrechnungsunterlagen nach Maßgabe der §§ 294 ff. SGB V bei der Kassenärztlichen Vereinigung ein. Seit dem 01. Januar 2005 muss dies in elektronischer Form geschehen.[58]

Der Quartalsabrechnung muss der Arzt eine Sammelerklärung beifügen.[59] In dieser versichert der Arzt, dass die Abrechnung sachlich richtig ist und die abgerechneten Leistungen entweder von dem Arzt persönlich oder in zulässiger Delegation resp. Vertretung erbracht worden sind. Das *BSG* misst dieser Sammelerklärung große Bedeutung zu: Denn der Arzt garantiere mit der Sammelerklärung die Richtigkeit der eingereichten Unterlagen, was für die Kassenärztliche Vereinigung nur begrenzt überprüfbar ist. Diese Garantiefunktion entfalle, wenn die auch nur in einigen Fällen ihre Unrichtigkeit herausstelle, damit sei die Sammelerklärung als Ganzes unrichtig und der Arzt habe nun nachzuweisen, in welchem Umfang er die Leistungen ordnungsgemäß erbracht hat.[60]

3. Prüfung der Abrechnung

Bei der Prüfung der vertragsärztlichen Abrechnung werden üblicherweise drei Schritte unterschieden, die sich zum Teil überschneiden.[61]

a. Sachlich-rechnerische Richtigstellung

Zunächst erfolgt eine sachlich-rechnerische Richtigstellung durch die Kassenärztliche Vereinigung, § 106a Abs. 2 SGB V. Hier wird die Abrechnung rechne-

57 *Sodan* NJW 2007, 1318.

58 § 295 Abs. 4 SGB V. Zum Abrechnungsbetrug und § 263a StGB siehe unten S. 43 ff.

59 Beispiel Sammelerklärung siehe S. 36.

60 BSG SozR 3-5550 § 35 Nr. 1.

61 Die Prüfung der Abrechnung wird beim Irrtum betrugsrelevant, hierzu S. 43 ff.

risch und bezüglich der Anwendung der einzelnen Abrechnungsbestimmungen geprüft. Dazu bedienen sich die Kassenärztlichen Vereinigungen eines so genannten Regelwerks, einem EDV-Programm, das die Abrechnung des Arztes formal überprüft und ggf. korrigiert. Die Regelwerke der einzelnen Kassenärztlichen Vereinigungen enthalten je nach Vereinbarung mit den Krankenkassen unterschiedliche Regeln, die überprüft werden. Standardmäßig werden z.B. überprüft: Die fehlende Berechtigung zur Leistungsabrechnung, etwa weil keine Vertragsarztzulassung besteht oder weil die Leistungen fachfremd sind oder apparative Voraussetzungen fehlen. Auch fallen dem Regelwerk eine Überschreitung von Überweisungsermächtigungen oder nicht nebeneinander abrechenbare EBM-Positionen auf. Bei den herausgefilterten, fehlerhaften Positionen schlägt das Programm Änderungen vor, über die ein Sachbearbeiter der Kassenärztlichen Vereinigung entscheiden muss.[62]

b. Plausibilitätsprüfung

Bestandteil der Prüfung auf sachlich-rechnerische Richtigkeit ist die Plausibilitätsprüfung, § 106a Abs. 2 SGB V. Diese soll insbesondere gar nicht, nicht den Anforderungen entsprechende und nicht persönlich erbrachte Leistungen aufdecken. Dazu werden die Abrechnungen nach systematischen Auffälligkeiten und Implausibilitäten durchsucht, z.B. routinemäßige Eintragung von Diagnosen oder Abrechnungshäufungen an bestimmten Tagen. Kern der Plausibilitätsprüfung ist die Erstellung von Tages- und Quartalsprofilen, vgl. § 106a Abs. 2, S. 2, 3 SGB V. Für die einzelnen Leistungen werden Minimalzeiten eines schnell arbeitenden Arztes in Rechnung gestellt. Eine Abrechnung ist implausibel, wenn sie einen Arbeitstag von zwölf Stunden und eine Quartalsarbeitszeit von 780 Stunden überschreitet. Die Abrechnung gilt dann als auffällig und wird einer genaueren Prüfung unterzogen.[63]

c. Wirtschaftlichkeitsprüfung

Durch einen gemeinsamen Prüfungsausschuss, der paritätisch von der Kassenärztlichen Vereinigung und den Krankenkassen bei neutralem Vorsitz besetzt ist, wird die Abrechnung schließlich auf Verstöße gegen das Wirtschaftlichkeitsgebot aus § 12 SGB V untersucht, § 106 SGB V. Die Verordnungs- und Behandlungsweise des Arztes wird bspw. daraufhin überprüft, ob die Leistungen

62 Vgl. Schnapp/Wigge-*Steinhilper* § 17 Rn. 15 ff.

63 § 8 Abs. 3 Richtlinien der Kassenärztlichen Bundesvereinigung und der Spitzenverbände der Krankenkassen zum Inhalt und zur Durchführung der Abrechnungsprüfungen der Kassenärztlichen Vereinigungen und der Krankenkassen (in Kraft seit 01.01.2005).

medizinisch indiziert waren, ob sie geeignet waren, den therapeutischen oder diagnostischen Erfolg herbeizuführen, ob sie mit den anerkannten Kriterien für ihre fachgerechte Erbringung übereinstimmten und ob die verursachten Kosten im Hinblick auf das Behandlungsziel angemessen waren, § 106 Abs. 2a SGB V. Anhaltspunkte für die Unwirtschaftlichkeit sind z.B. die überdurchschnittliche Häufung von Überweisungen, Krankenhauseinweisungen oder kostenintensiver Behandlung.[64] § 106 Abs. 2 SGB V legt zwei Methoden der Wirtschaftlichkeitsprüfung fest: Zum einen die Auffälligkeitsprüfung bei Überschreitung von Richtgrößen i.S.v. § 84 SGB V. Andererseits eine Zufälligkeitsprüfung, die stichprobenartig mindestens 2 Prozent der Ärzte und Versicherten einer genaueren Prüfung unterzieht.[65] Angesichts der nur schwer zu bewältigenden Datenmenge wird die Wirtschaftlichkeitsprüfung meist erst nach Erlass des Honorarbescheids und Auszahlung des Honorars vorgenommen.[66]

d. Prüfung durch die Krankenkassen

Auch die Krankenkassen sind verpflichtet die Abrechnungen zu prüfen, § 106a Abs. 3 SGB V. Im Fokus liegen hier Abrechnungsfehler, die systembedingt nur den Krankenkassen auffallen können: Z.B. das Bestehen eines Versicherungsverhältnisses, die Zahl der durch einen Patienten in Anspruche genommenen Ärzte oder die Entrichtung der Praxisgebühr.

4. Honorarbescheid

Über das Honorar entscheidet die Kassenärztliche Vereinigung durch Verwaltungsakt gegenüber dem Vertragsarzt. Der Honorarbescheid erfolgt nach Maßgabe des beschriebenen Honorarverteilungsmaßstabs und etwaiger Kürzungen nach den beschriebenen Prüfungen.[67] Der Honorarbescheid ergeht unter Vorbehalt der Rücknahme, weil regelmäßig noch die Wirtschaftlichkeitsprüfung erfolgt.[68] Nach Ablauf einer Frist von vier Jahren nach Erlass des Bescheids werden die Honorarbescheide bestandskräftig.[69] Interessant ist in diesem Zusammenhang, dass einem endgültigem Quartalsbescheid wohl der Wegfall des Ver-

64 KassKomm-*Hess* § 106 SGB V Rn. 28 ff.

65 Eingehend zur Wirtschaftlichkeitsprüfung: Schnapp/Wigge-*Peikert* § 20 Rn. 26 ff.

66 Vgl. Laufs/Uhlenbruck-*Krauskopf* § 34 Rn. 10.

67 Der Honorarberichtigungsbescheid muss konkret angeben, welche Gebührennummern, wie oft und aus welchem Grund gestrichen worden sind, *Steinhilper* a.a.O. Rn. 40.

68 BSGE 74, 44, 47.

69 BSG SozR 3-2500 § 82 Nr. 3.

trauensschutz nach § 45 Abs. 2 SGB X entgegengehalten werden kann, wenn er aufgrund einer vorsätzlichen betrügerischen Abrechnung i.S.d. § 263 StGB ergangen war.[70]

70 Vgl. *Beeretz* ZMGR 2004, 109; Rieger-*Dahm* Oz. 2570 Rn. 12 m.w.N.

B. Anwendungsfälle der streng formalen Betrachtungsweise

Bei ärztlichen Verstößen gegen sozialrechtliche Regeln der Leistungsabrechnung scheint sich eine ständige Rechtsprechung zu etablieren, die auf eine so genannte „streng formale Betrachtungsweise“ des Sozialrechts rekurriert, um einen strafrechtlichen Schaden zu bestimmen. In Abkehr von der herkömmlichen Lesart des Begriffes „Schaden“ in der Vorschrift des § 263 Abs. 1 StGB subsumiert die Rechtsprechung in dieser „streng formalen Betrachtungsweise“ alle diejenigen Sachverhaltskonstellation unter das in Rede stehende Tatbestandsmerkmal, bei denen ein Vertragsarzt Leistungen abrechnet, die nach Maßgabe des Sozialrechts nicht abrechenbar waren. Die Frage einer möglichen Kompensation des erlittenen Vermögensnachteils durch eine tatsächlich erbrachte Leistung oder etwaig ersparte Aufwendungen stellt sie sich dabei jedoch nicht.

Im Folgenden soll eine Übersicht über die Fälle gegeben werden, in denen sich die Rechtsprechung dieser augenscheinlich neuen Rechtsfigur bedient.

I. Delegation vertragsärztlicher Leistung

In einem Beschluss vom 28. September 1994[71] berief sich der *BGH* zum ersten Mal auf die streng formale Betrachtungsweise des Sozialrechts,[72] um einen betrugsrelevanten Schaden zu bestimmen. Im zugrunde liegenden Fall hatte ein als Vertragsarzt zugelassener Radiologe medizinisch indizierte intravenöse Injektionen, Infusionen und Blutentnahmen aufgrund einer Generalanweisung durch sein nichtärztliches Praxispersonal vornehmen lassen, ohne sich zuvor selbst vom Gesundheitszustand des Patienten überzeugt zu haben. Nach dem zum Tatzeitpunkt geltenden § 15 Abs. 3 der Richtlinien der Kassenärztlichen Bundesvereinigung für Radiologie und Nuklearmedizin[73] waren nur die Leistungen ab-

71 BGH Beschl. des 4. Strafsenats v. 28.09.94, Az.: 4 StR 280/94 (LG Frankenthal); =wistra 1995, 29-30; =NStZ 1995, 85-86.

72 BGH NStZ 1995, 85, 86.

73 § 15 Abs. 3 Richtlinie für Radiologie und Nuklearmedizin v. 08.12.1979: *Abrechnungsfähig sind nur Leistungen, welche der nach dem jeweiligen Stand der Wissenschaft zu fordernden Qualität genügen. Dazu gehört auch, daß der Arzt die Leistung persönlich ausführt, d.h. die technische Durchführung überwacht und bei Mitwirkung einer Hilfskraft die im Einzelfall erforderliche Anweisung gibt, zu jeder diagnostischen Leistung persönlich eine Beurteilung niederlegt und zu jeder therapeutischen Leistung ein Bestrahlungsprotokoll erstellt* (wiedergegeben nach DÄ 1980, 89).

rechnungsfähig, welche der nach dem jeweiligen Stand der Wissenschaft zu fordernden Qualität genügten, was insbesondere voraussetzte, dass der Arzt Leistungen durch nichtärztliches Hilfspersonal im jeweiligen Einzelfall angeordnet und deren Durchführung überwacht hatte.

Dem Radiologen standen also für die von ihm per Generalanweisung delegierten Leistungen keine Ansprüche gegenüber der kassenärztlichen Vereinigung zu. Die trotzdem erfolgte Abrechnung sah das *LG*[74] mit Zustimmung des *BGH* als betrügerisch an. Der *BGH* führte hierbei ausdrücklich aus, dass die tatsächlich erbrachten Leistungen des Vertragsarztes (Auswertung der Laborbefunde, Diagnosestellung) und des beauftragten Personals (Infusionen, Blutentnahmen) bei der Berechnung des Schadens nicht zu berücksichtigen seien. Auch eine Kompensation des Vermögensnachteils der Kassenärztlichen Vereinigung durch die Ersparnis von Aufwendungen, weil die betroffenen Patienten keine anderen Ärzte zur Heilbehandlung aufgesucht hatten, die ihrerseits Honorarforderungen gegen die Kassenärztliche Vereinigung erhoben hätten, sei nicht möglich. Zur Begründung führte der *BGH* an:

> *Dies beruht auf einer für den Bereich des Sozialversicherungsrechts geltenden streng formalen Betrachtungsweise, nach der eine Leistung insgesamt nicht abrechnungsfähig ist, wenn sie in Teilbereichen nicht den gestellten Anforderungen genügt.*[75]

Ganz außer Acht ließ der *BGH* diese tatsächlich eingetretenen Ersparnisse der Kassenärztlichen Vereinigung jedoch nicht, denn er wies das *LG* an, diese im Rahmen der Strafzumessung in angemessener Weise zu berücksichtigen.[76]

Die Entscheidung wurde in der Literatur unter dem Schlagwort „Abrechnungsbetrug durch medizinisch indizierte Leistungen" diskutiert und hat erwartungsgemäß unterschiedliche Bewertungen erfahren.[77] Unterstützung widerfuhr dieser Rechtsprechung durch das *BVerfG*, das in einem Nichtannahmebeschluss vom 08. September 1997[78] judizierte, diese Auslegung des Schadensbegriffs

74 LG Frankenthal v. 07.06.1993, Az.: VI KLS 103a Js 12562/84.

75 BGH NStZ 1995, 85, 86.

76 Ebd.

77 Zustimmend: *Hellmann* NStZ 1995, 233; ablehnend: *Gaidzik* wistra 1998, 334; Laufs/Uhlenbruck-*Ulsenheimer* § 151 Rn. 25a, 14b.

78 BVerfG Beschl. des 2. Senats 2. Kammer vom 08.09.1997, Az.: 2 BvR 2414/94; NStZ 1998, 29; NJW 1998, 810.

verstoße nicht gegen Art. 103 Abs. 2 GG, da der mögliche Wortsinn des § 263 StGB nicht überschritten sei.[79]

Ebenfalls in den komplexen Bereich der Leistungsdelegation und Vertretung eines Vertragsarztes fällt eine Entscheidung des *LG Bochums* vom 11. September 1995[80]. Dort war ein niedergelassener Vertragsarzt – ein Facharzt für Urologie – zugleich Belegarzt in einer Privatklinik, die er faktisch in wirtschaftlicher und ärztlicher Sicht leitete. Um daneben seinen Praxisbetrieb aufrechtzuerhalten, ließ er in der Praxis seine Regelleistungspatienten von ärztlichen Mitarbeitern seiner Klinik untersuchen und behandeln. Hierzu setzte er den Oberarzt der Klinik, ebenfalls ein Facharzt für Urologie, einen Assistenten, der approbierter Mediziner war und sich in der Facharztausbildung befand, und einen Arzt im Praktikum ein. Zur Delegation dieser Leistungen an ärztliches Personal fehlte dem Angeklagten allerdings die jeweils erforderliche Genehmigung der Kassenärztlichen Vereinigung. In der Abrechnung der unter Verstoß gegen die Pflicht zur persönlichen Leistungserbringung erbrachten Leistung sah das *LG* einen Betrug. Zum entstandenen Schaden führte das *LG* unter Berufung auf die zuvor behandelte Entscheidung des *BGH* an, dass

> *weder die Tatsache, dass [seine „Vertreter"] die Leistungen erbracht haben, noch der Umstand, dass zugunsten des Angeklagten davon auszugehen ist, dass die von [ihnen] erbrachten Leitungen medizinisch indiziert und nach den Regeln der Kunst durchgeführt wurden, [zu einer Schadenskompensation führen].*

Denn zum einen seien seine „Vertreter" zur vertragsärztlichen Abrechnung nicht zugelassen, sodass sie keine eigenen Ansprüche gegen die Kassenärztliche Vereinigung und die Bundesknappschaft[81] hätten stellen können, von denen diese infolge der Zahlung an den Angeklagten befreit worden wären. Zum anderen führe es auch nicht zu einer Kompensation, dass andere Vertragsärzte nicht in Anspruch genommen werden mussten, da der hierin bestehende Vermögensvorteil nicht in einem unmittelbaren Zusammenhang mit der vermögensschädigenden Verfügung stünde. Weder sei der Vermögensvorteil eine Gegenleistung dieser Verfügung, noch würden Kassenärztliche Vereinigung oder Bundesknappschaft von einer Verbindlichkeit gegenüber anderen Vertragsärzten befreit.

---

79 A. a. O. Rn. 3.

80 Leider unveröffentlicht: Az. 10 KLs 35 Js 169/93. In kurzer Zusammenfassung mit kritischer Würdigung bei *Gaidzik* wistra 1998, 329 ff.; ähnlich auch LG Lübeck MedR 2006, 210 (red. Leitsatz von 7 KLs 21/04 -720 Js 34735/03).

81 Der Angeklagte rechnete als Knappschaftsarzt direkt mit der Bundesknappschaft ab.

Unzulässig kann eine Delegation daher einerseits sein, wenn sie an nichtärztliches Personal erfolgt, zum anderen kann bei fehlender Genehmigung auch eine Delegation an ärztliches Personal honorarrechtlich unzulässig sein.[82]

II. Verdecktes Angestelltenverhältnis

Diese Art der Schadensbestimmung übertrug dann in einer wenig beachteten Entscheidung aus dem Jahr 1998 das *LG Würzburg* auf eine andere Konstellation vertragsärztlichen Fehlverhaltens, nämlich auf eine Beschäftigung eines Vertragsarztes in einem verdeckten Angestelltenverhältnis.[83] In einem umfangreichen Strafverfahren wurde der Betrugsvorwurf gegen einen Vertragsarzt unter anderem darauf gegründet, dass er in Gemeinschaftspraxis mit einer anderen Vertragsärztin praktizierte, die nach außen als selbständige Ärztin auftrat, im Innenverhältnis jedoch nach Auffassung des Gerichts in einem Angestelltenverhältnis zum Angeklagten stand.[84]

Auch das *OLG Koblenz* hatte in einem Haftprüfungsverfahren über einen Fall zu entscheiden, in dem sich ein verkappter Angestellter als Vertragsarzt ausgab. Hier stellte das verdeckte Angestelltenverhältnis den ausschließlichen Vorwurf dar.[85] Diese obergerichtliche Entscheidung sorgte nun für erheblichen

82 Zum Abrechnungsbetrug durch Delegation an ärztliches Personal ohne die erforderliche Genehmigung siehe auch LG Bochum Urt. v. 21.12.2007 – 2 KLs 35 Js 158/07, Rn. 7, 56 (juris); vgl. Laufs/Uhlenbruck-*Ulsenheimer* § 151 Rn. 13a. Eine Konstellation, die oft bei der Ermächtigung von Chefärzten zur Teilnahme an der vertragsärztlichen Versorgung auftritt, vgl. *Rieger* in: Tondorf/Wostry [Hrsg.], Die Ärzteschaft im Spannungsfeld des Strafrechts, S. 80 ff. Zur Pflicht zur persönlichen Leistungserbingung bei ermächtigten Krankenhausärzten: *Kuhla* MedR 2003, 25; *Steinhilper* MedR 2003, 339.

83 Entscheidung unveröffentlicht: LG Würzburg 15.12.1998 Az.: 6 KLs 155 Js 704/97.

84 Daneben stützte das Gericht den Betrugsvorwurf darauf, dass er in Praxisgemeinschaft mit einer anderen Vertragsärztin stand, die nach Auffassung des Gerichts zwar mit der Kassenärztlichen Vereinigung abrechnete, die ärztlichen Leistungen jedoch vom Angeklagten oder von nichtärztlichen Angestellten vorgenommen worden sind. Auf diese Form der Abrechnung durch „Strohleute" wird später zurückzukommen sein, vgl. S. 27. Des Weiteren hatte der Arzt – wohl unproblematisch als Betrug zu qualifizieren – „Analogziffern" zum EBM abgerechnet. Nach EBM 2008 I 1 ist der Katalog der abrechnungsfähigen Leistungen abschließend und einer analogen Berechnung nicht zugänglich. Vgl. auch BSG SozR 4-2500 § 87 Nr. 5 Rn. 11; SozR 4-5533 § 273 Nr. 1 Rn. 7; Laufs/Uhlenbruck-*Krauskopf* § 32 Rn. 16; Schnapp/Wigge-*Steinhilper* § 17 Rn. 6 a. E., 39; *Steinhilper* FS Schwind (2006), S. 168.

85 OLG Koblenz, Beschl. des 2. Strafsenats vom 02.03.2000 (LG Koblenz); = MedR 2001, 144-146.

Widerhall, nicht nur in der strafrechtlichen[86], sondern auch in der gesellschaftsrechtlichen[87], sozialrechtlichen[88] und sogar verfassungsrechtlichen[89] Literatur.

In diesem Fall wandte sich ein Vertragsarzt mit einer weiteren Beschwerde gegen einen Haftbefehl an das *OLG*. Der Beschwerdeführer befand sich wegen des dringenden Tatverdachts des Abrechnungsbetrugs in Untersuchungshaft. Ihm wurde zur Last gelegt, mit insgesamt fünf anderen Ärzten – wenn auch während jeweils unterschiedlicher Abrechnungszeiträume, so doch in stets ähnlicher Vorgehensweise – Scheingesellschaften gegründet zu haben. Nach Auffassung des Gerichts stellten diese sich nach außen hin als in Form der Gesellschaft bürgerlichen Rechts konzipierte Gemeinschaftspraxen dar. Im Innenverhältnis waren seine offiziellen Partner jedoch lediglich Angestellte, die ohne Beteiligung an Gewinn und Verlust oder am Vermögen gegen ein festes Gehalt für den Angeklagten arbeiteten.

In beiden Fällen knüpften die Gerichte den Betrugsvorwurf an § 32 Abs. 1 S. 1 der Zulassungsverordnung für Ärzte (Ärzte-ZV). Danach hat der Vertragsarzt die vertragsärztliche Tätigkeit persönlich in freier Praxis auszuüben. Mit der Anforderung, die ärztliche Tätigkeit in „freier Praxis" auszuüben, sei es nicht vereinbar, dass die vermeintlichen Partner tatsächlich nur Angestellte waren. Die Zulassung zum Vertragsarzt und die Genehmigung der gemeinsamen Ausübung der vertragsärztlichen Tätigkeit nach § 33 Abs. 2 S. 1 Ärzte-ZV seien unter Verheimlichung dieses tatsächlichen Status erschlichen. Ärztliche Leistungen, die im Hinblick auf diese erschlichene Vertragsarztzulassung abgerechnet worden sind, seien nicht abrechenbar; die trotzdem erfolgte Abrechnung damit betrügerisch. Dem Einwand, dass auch hier eine Leistung erbracht worden sei, entgegnete das *OLG Koblenz* mit dem – der Entscheidung des *BGH* zur unzuläs-

86 *Duttge* in: Schnapp [Hrsg.], Rechtsfragen der gemeinschaftlichen Berufsausübung von Vertragsärzten, S. 79 ff.; *Grunst* NStZ 2004, 533 ff.; *Herffs* wistra 2004, 281 ff.; *Stein* MedR 2001, 124 ff.; *Volk* NJW 2000, 3385 ff.; *Wessing/Dann* GesR 2006, 150 ff.

87 *Wagner/Hermann* NZG 2000, 520 ff.; siehe schon *v. Hoyningen-Huene* NJW 2000, 3233 ff.; *Möller* MedR 1999, 493 ff.

88 *Butzer* MedR 2001, 604 ff. (wobei eine strikte Trennung der Rechtsgebiete freilich nicht zu halten ist); *Kahlert* GesR 2003, 35 ff.; *Spoerr/Fenner* MedR 2002, 109 ff., 114; *Wigge* NZS 2001, 293 ff.

89 *Sodan* NZS 2001; 169 ff. Eine rechtsgebietsübergreifende Darstellung findet sich bei *Preißler/Soz. Rehborn* [Hrsg.], Ärztliche Gemeinschaftspraxis versus Scheingesellschaft, 2002; *Schnapp* [Hrsg.], Rechtsfragen der gemeinschaftlichen Berufsausübung von Vertragsärzten, 2002.

sigen Delegation[90] wortgleichen – Verweis auf die streng formale Betrachtungsweise des Sozialrechts.[91] Einem wesentlichen Unterschied zum Delegationsfall des *BGH* zollte das *OLG* bei dieser Einschätzung keinen Tribut: Der *BGH* hatte im Delegationsfall über die Konstellation zu entscheiden, dass hierzu von vorneherein unbefugtes nichtmedizinisches Hilfspersonal die fraglichen Leistungen erbracht hatte. Demgegenüber wurden im Koblenzer Fall tatsächlich erbrachte ärztliche Leistungen abgerechnet, die bei ordnungsgemäßer Zulassung der Assistenten zweifelsfrei zu vergüten gewesen wären. Dessen ungeachtet waren Gericht und Staatsanwalt so sehr vom Unwert der Scheinverträge überzeugt, dass sie im Koblenzer Fall selbst gegen den Anwalt des Arztes als Mitbeschuldigten ermittelten, der diese vertragliche Konstruktion ersonnen hatte.[92] Die Einschätzung des *OLG Koblenz* wurde im Hauptsacheverfahren vom *LG Koblenz* geteilt, das den Angeklagten zu einer Freiheitsstrafe von vier Jahren und neun Monaten verurteilte. Das Urteil ist unveröffentlicht, jedoch für die hier interessierenden Fragen auch unergiebig, da die Urteilsgründe gem. § 267 Abs. 4 StPO abgekürzt sind. Die Tatsache, dass tatsächliche Leistungen erbracht worden waren, berücksichtigte das Gericht lediglich bei der Strafzumessung.[93]

Folge dieser Koblenzer Entscheidung waren neben der oben angeführten erheblichen literarischen Resonanz weitere Strafverfahren gegen „Scheingesellschafter". Einzig das *LG Lübeck* stellte sich dieser Rechtsauffassung entgegen und ließ den Teil einer Anklage nicht zur Hauptverhandlung zu, dem der Vorwurf der Scheinselbständigkeit zugrunde lag.[94] Zwar befand auch das *LG Lübeck* die Abrechnung der erbrachten Leistungen als sozialrechtswidrig. Es hielt jedoch den Vermögensschaden, den die Krankenkassen durch die Abrechnung der Scheingesellschafter erleiden, in strafrechtlicher Hinsicht für kompensiert. Die Kostenträger würden nämlich durch die ärztliche Leistung von einer Verbindlichkeit gegenüber ihren Patienten befreit.[95] Damit kehrte das *LG Lübeck* also dem sozialrechtlichen Schadensbegriff im Strafrecht den Rücken, da es nicht mehr nur strengformal nach der sozialrechtlichen Abrechenbarkeit der Leistung fragt, sondern auch eine mögliche Kompensation berücksichtigt.

---

90 BGH NStZ 1995, 85, 86.

91 OLG Koblenz MedR 2001, 144, 145.

92 OLG Koblenz (Fn. 85) Rn. 30, 45 (in MedR 2001, 144 nicht veröffentlicht).

93 LG Koblenz, Urt. v. 20.06.2001 – 2030 Js. 29.806/99 -9 Kls-.

94 LG Lübeck, Beschl. v. 25.08.2005 – 6 KLs 22/04 = GesR 2006, 176-178. Im Übrigen stellte die StA das Verfahren später ein.

95 LG Lübeck GesR 2006, 176, 177.

Die Gründe für eine innere Organisation einer Gemeinschaftspraxis als Angestelltenverhältnis sind mannigfaltig: Wesentliche Motivation war hier wohl die ehemalige Fassung des § 95 Abs. 9 SGB V und des § 32b Abs. 1 Ärzte-ZV, wonach der Vertragsarzt nur einen ganztags beschäftigten Arzt oder höchstens zwei halbtags beschäftigte Ärzte anstellen durfte. Diese Begrenzung der Anzahl der Assistenten soll nun allerdings zumindest dann wegfallen, wenn keine Zulassungsbeschränkungen vorliegen.[96] Auch der Praxisinhaber, der seinen eintretenden Partner nicht unmittelbar an Praxisvermögen und -gewinn beteiligen will, wird – gerade bei gerät- und damit kostenintensiven Spezialisierungen des Arztberufs (z. B. Radiologie) – geneigt sein, diese Organisationsform zu wählen. Darüber hinaus werden einem Juniorpartner bei dem Berufseinstieg oftmals wohl auch die Mittel zur Beteiligung fehlen. Allerdings darf auch nicht verschwiegen werden, dass die diskutierte Organisationsform gewählt wird, um einen abrechnungstechnischen Vorteil, wie eine Erhöhung des Budgets, zu erlangen.

III. Strohmann

Zumeist auch um eine Erhöhung des Budgets geht es denjenigen selbständigen Ärzten, die einen einsteigenden Arzt als Strohmann gebrauchen.[97] In dem schon erwähnten Fall des *LG Würzburg*[98] beschäftigte der Angeklagte nicht nur einen scheinselbständigen Partner in der Gemeinschaftspraxis, sondern auch einen Strohmann, der vermeintlich mit ihm in Praxisgemeinschaft praktizierte.[99] Tatsächlich wurden dessen abgerechnete Leistungen aber vom Angeklagten oder von dessen nichtärztlichem Personal vorgenommen.

Aus Sicht des Hintermanns kann ein Strohmann auch dann vonnöten sein, wenn er selbst keine Vertragsarztzulassung erhält oder deren Beantragung für aussichtslos erachtet. So in einem Fall, mit dem sich der *BGH* in einer Revisi-

96 Vgl. *Andreas* ArztR 2006, 145; *Orlowski/Halbe/Karch* S. 70, 75.

97 In einem Verfahren des LG Augsburg wurde dem Angeklagten vorgeworfen, er habe durch die Beschäftigung von vier „Strohleuten" sein Budget erhöhen wollen. Das Gericht sah die lediglich wissenschaftliche und konsiliarische Tätigkeit der vermeintlichen Strohleute jedoch als ausreichenden Beitrag zur Gemeinschaftspraxis an und sprach den Angeklagten vom Betrugsvorwurf frei. LG Augsburg Urt. v. 28.03.2000 – Az. 502 Js 114771/98 (Fall „Schottdorf"). Vgl. *Haft/Imbeck* gpk Sondernummer 2/2002, 12 ff.

98 Fn. 83, S. 43, 66: Hier standen dem Angekl. die Budgets zweier Praxen zur Verfügung.

99 Zur Abgrenzung der „Gemeinschaftspraxis" von der „Praxisgemeinschaft": Laufs/Uhlenbruck-*Uhlenbruck/Schlund* §81 Rn. 9 ff., 12 ff.; siehe auch *Ehmann* MedR 1994, 141 ff.

onsentscheidung befasste.[100] Dort sah der angeklagte Zahnarzt seinen Antrag auf Vertragsarztzulassung wegen seiner Vorstrafen nicht als Erfolg versprechend an. Damit er trotzdem Kassenpatienten behandeln konnte, stellte er gegen festes Gehalt einen als Vertragsarzt zugelassenen Zahnarzt ein, der seine eigene Praxis wegen zu hoher Schulden aufgeben musste. Der Angeklagte behandelte 90 Prozent der Kassenpatienten, der offiziell als Vertragsarzt zugelassene nur die übrigen 10 Prozent. Dennoch rechnete letzterer alle Fälle mit der Kassenzahnärztlichen Vereinigung ab. Zur Schadensbestimmung berief sich der *BGH* auch hier wieder auf die streng formale Betrachtungsweise. Es genüge, dass der Angeklagte ohne Kassenarztzulassung nicht berechtigt ist, an der Honorarverteilung durch die Kassenzahnärztliche Vereinigung teilzunehmen. Weder könnten die tatsächlich durch den Angeklagten erbrachten ärztlichen Leistungen in Rechnung gestellt werden, noch werde der Schaden dadurch kompensiert, dass dem Kostenträger Aufwendungen für Honorarforderungen ordnungsgemäß zugelassener Vertragsärzte erspart bleiben.[101] Bemerkenswert an dieser Entscheidung ist, dass der *BGH* Verständnis für die Kritik an der streng formalen Betrachtungsweise zur Schadensbestimmung im Falle des Vertragsarztes im verdeckten Angestelltenverhältnis andeutet,[102] diese jedoch nicht auf die vorliegende Konstellation überträgt.

> *Anders als die Ärzte in den genannten Fällen, die immerhin wirksam zugelassen waren und im Übrigen – nach Genehmigung – auch als Angestellte eines Kassenarztes hätten tätig werden dürfen, gehört der Angeklagte nicht zum Kreis der Anspruchsberechtigten; mit den Rechnungen, die er und der Mittäter R. vorgelegt haben, ist nicht lediglich über berufsständische Statusfragen getäuscht worden.*[103]

Der Gerichtshof lässt also offen, ob bei bloßen Statusfragen, wie im Falle des verdeckten Angestellten, eine andere Form der Schadensbestimmung angebracht

---

100 BGH Beschl. des 3. Strafsenats vom 05.12.2002 – Az.: 3 StR 161/02 (LG Düsseldorf); mit Anm. *Beckemper/Wegner* NStZ 2003, 313 ff.; mit Anm. *Krack* JR 2003, 382 ff.; mit Anm. *Krüger* wistra 2003, 297 f.; = NJW 2003, 1198 ff.; = MedR 2003, 298 ff.; = wistra 2003, 142;

101 BGH JR 2003, 382, 384.

102 „In solchen Fällen mag tatsächlich zweifelhaft sein, ob der Irrtum der Verantwortlichen bei der kassenärztlichen Vereinigung nicht allein eine ‚Statusfrage', nicht aber die Abrechnungsvoraussetzungen betrifft und ob nicht die Auszahlung des Honorars deswegen auch keinen Vermögensschaden begründet." BGH JR 2003, 382, 384.

103 BGH JR 2003, 382, 384. Der Schadensberechnung im vorl. Fall stimmen *Beckemper/Wegner* NStZ 2003, 316 f. zu; abl. hingegen *Idler* JuS 2004, 1040 f.

sei. Abgesehen von diesen Bedenken hält der *BGH* aber grundsätzlich an der streng formalen Betrachtungsweise bei der Schadensbestimmung fest: Im Strohmann-Fall sei gerade nicht eine bloße Statusfrage betroffen, denn der Hintermann, der eigentlich von den Honoraren profitiert, ist an der Vertragsarztzulassung grundsätzlich gehindert. Sei es, weil er bereits mit einer eigenen Praxis als Vertragsarzt zugelassen ist,[104] sei es, weil sein Zulassungsantrag wegen seiner Vorstrafen keine Aussicht auf Erfolg hätte.[105]

IV. Zwischenergebnis

1. Vergleich der Anwendungsfälle

Möglicherweise können schon an dieser Stelle phänotypische Gemeinsamkeiten dieser Kasuistik ermittelt werden:

Im ersten Fall (Delegation) wird gegen das Gebot der persönlichen Leistungserbringung verstoßen.[106] Aus seiner Natur als freier Beruf folgt für den Arztberuf, dass seine Vertreter ihre Leistungen grundsätzlich höchstpersönlich erbringen müssen.[107] Dies findet seinen Niederschlag in zahlreichen gesetzlichen Bestimmungen (vgl. § 613 BGB; § 15 Abs. 1 SGB V; § 32 Ärzte-ZV; § 19 MBO-Ä; § 15 BMV-Ä i.V.m. § 82 Abs. 1 SGB V). Von dem grundsätzlichen Verbot, ärztliche Leistungen an Dritte zu übertragen,[108] gibt es freilich zahlreiche Ausnahmen, denn selbstverständlich kann der Arzt nicht jeden noch so kleinen Handgriff selbst vornehmen.[109] Solche Übertragungen betrifft die hier erwähnte erste Fallgruppe. Aber auch der Vorwurf, einen Strohmann als Vertragsarzt zu beschäftigen, zielt auf denselben Verstoß gegen berufs- und sozialrechtliche Normen, nämlich die Pflicht zur persönlichen Leistungserbringung, ab. Schließlich erbringt der als Vertragsarzt zugelassene Strohmann die Leistung nicht selbst, sondern der Hintermann, der – aus welchen Gründen auch immer – an einer eigenen Zulassung gehindert ist.[110] Etwas anders gelagert ist die Konstellati-

104 So im Falle des LG Würzburg (Fn. 83). In seiner Person kann ein Vertragsarzt stets nur eine Zulassung erhalten, *Heinemann/Liebold* § 95 SGB V Rn. C 95-30.

105 So im eben erwähnten BGH-Fall.

106 Hierzu im Überblick m.w.N. *Peikert* MedR 2000, 352; Wenzel-*Steinhilper* Kap. 11 Rn. 333 ff. Siehe auch unten S. 35 ff.

107 Vgl. *Peikert* MedR 2000, 353.

108 Vgl. Laufs/Uhlenbruck-*Uhlenbruck/Laufs* § 47 Rn. 1.

109 Zu den Ausnahmen siehe unten S. 36.

110 Vgl. LG Würzburg (Fn. 83) S. 66 f.

on des Arztes im verdeckten Angestelltenverhältnis: Hier erbringt der Arzt die fraglichen Leistungen unzweifelhaft persönlich – der Vorwurf wird daran geknüpft, dass er sie nicht in freier Berufsausübung erbringt.[111]

In allen beschriebenen Fallgruppen wurde eine Leistung erbracht, die jedoch jeweils an einem Mangel leidet, der dazu führt, dass die Leistung im Sozialrecht nicht mehr abrechnungsfähig ist, denn dort ist eine Leistung insgesamt nicht erstattungsfähig, wenn sie in Teilbereichen nicht den gestellten Anforderungen entspricht.[112] Bei der Schadensbestimmung stellt die Rechtsprechung lediglich auf das Fehlen dieser Abrechnungsvoraussetzungen ab,[113] und nicht wie in den klassischen Konstellation des Abrechnungsbetrugs (z.B. Abrechnung von Luftleistungen oder unwirtschaftlichen Leistungen)[114] auf Mängel der Leistung selbst. Der Mangel der Leistung liegt in einer „Formalität"[115] (fehlerhafte Delegation, mangelnde Freiberuflichkeit, fehlerhafte Zulassung). Auf eine Beurteilung der Leistung selbst verzichtet die Rechtsprechung ganz ausdrücklich: Weder berücksichtigt sie, dass die Leistungen medizinisch indiziert waren, noch dass sie lege artis durchgeführt worden sind.[116] Die Frage, ob und inwieweit der Schaden bei einer wirtschaftlichen Betrachtung kompensiert wurde, stellt die Rechtsprechung ebenfalls nicht.

2. Ähnliche Konstellationen formeller Abrechnungsmängel

Möglicherweise gibt es neben den genannten Fallgruppen weitere Konstellationen formeller Abrechnungsmängel, die zu einem Betrugsvorwurf führen könnten, aber noch nicht in den Fokus der höchstrichterlichen Rechtsprechung geraten sind.

Das Sozialrecht knüpft die Abrechenbarkeit zahlreicher Leistungen an eine gesonderte Zulassung ihres Erbringers. Zum Beispiel wurde in der Fallgruppe des Arztes in einem verdeckten Angestelltenverhältnis bereits der Fall dargelegt, dass der Arzt die Vertragsarztzulassung erschlichen hat. Dem vergleichbar ist

---

111 Vgl. OLG Koblenz MedR 2001, 144, 145; LG Würzburg a.a.O S. 67.

112 BGH NStZ 1995, 85, 86.

113 Vgl. BGH JR 2003, 382, 384, wonach der Irrtum die Abrechnungsvoraussetzungen betreffen muss.

114 Übersicht über verschiedene Konstellationen des Abrechnungsbetrugs bei Laufs/Uhlenbruck-*Ulsenheimer* § 151 Rn. 6 ff., der die vorliegenden Fallkonstellationen – zumindest teilweise – als untypische Fallgestaltungen bezeichnet.

115 *Hellmann* NStZ 1995, 232.

116 Vgl. oben S. 22 f.

die erschlichene Approbation aufgrund einer gefälschten ausländischen Diplomurkunde.[117]

Ebenfalls ähnelt dem Fall des Arztes im verdeckten Angestelltenverhältnis die im Sozialrecht diskutierte Konstellation, dass mehrere Ärzte formell eine Praxisgemeinschaft betreiben, es sich tatsächlich jedoch um eine genehmigungspflichtige Gemeinschaftspraxis handelt. Erstere Organisationsform birgt nämlich für die beteiligten Ärzte erhebliche Honorarvorteile.[118] Als Indiz für einen solchen „Gestaltungsmissbrauch" wird eine wechselseitige Gewinnbeteiligung bewertet. Auch in einer „verkappten Gemeinschaftspraxis" wird also eine medizinisch indizierte ärztliche Leistung lege artis erbracht, die allerdings nach h.A. so nicht abrechenbar ist.[119]

Unabhängig von möglicherweise tatsächlich bestehenden Kenntnissen auf fachfremden Gebieten dürfen Vertragsärzte nur Leistungen abrechnen, die sie auf eigenem Fachgebiet erbracht haben. Leistungen außerhalb des durch die Weiterbildungsverordnung festgelegten Fachgebiets dürfen nicht abgerechnet werden.[120] Daneben bedarf die Abrechnung zahlreicher Einzelleistungen besonderer fachlicher Qualifikation oder bestimmter apparativer Ausstattung.[121] Liegen diese Voraussetzungen vor, erteilt die Kassenärztliche Vereinigung ihre Genehmigung zur Abrechnung der entsprechenden Leistungen.[122] Ein Beispiel ist die Genehmigung zur Erbringung und Abrechnung von Dialyseleistungen.[123] Auch die Abrechnung von ambulanten Operationen in Krankenhäusern ist nach § 115b Abs. 2 S. 2 SGB V von einer Mitteilung des Krankenhauses an die Lan-

117 So BGH NJW 1994, 808, der jedoch keine näheren Ausführungen zur Schadensermittlung macht. Schon RG Recht 1918, Beil. Nr. 302 führt aus, dass es bei der Vorspiegelung einer Approbation durch einen Kurpfuscher auf dessen tatsächliche medizinische Kenntnisse bei der Schadensbestimmung nicht ankomme. Vgl. auch BSG USK 8447.

118 Zur Unterscheidung dieser beiden Praxisformen siehe Nachweise in Fn. 99.

119 BSGE 96, 99; LSG Niedersachsen-Bremen MedR 2007, 623; MedR 2003, 429 ff.; vgl. *Krafczyk* MedR 2003, 313 mit Hinweis auf mögliche strafrechtliche Implikationen der „verkappten Gemeinschaftspraxis".

120 Vgl. BSGE 30, 83; Schnapp/Wigge-*Steinhilper* § 17 Rn. 28.

121 Beispielsfall für die nicht genehmigte apparative Ausstattung BSGE 80, 48.

122 Vgl. Schnapp/Wigge-*Steinhilper* § 17 Rn. 27.

123 Vgl. BSGE 74, 154; *Arning-Hövelmann* MedR 1999, 393. In einem Strafverfahren vor dem AG Tiergarten wurde einem Vertragsarzt vorgeworfen, Dialyseleistungen abgerechnet zu haben, obwohl ihm die hierfür erforderliche Zulassung fehlte. Das Verfahren wurde gegen Geldauflage eingestellt; der Richter äußerte dabei Zweifel an dem Vorliegen eines Vermögensschadens, vgl. ddp-Meldung v. 26.02.2007.

desverbände der Krankenkassen abhängig.[124] Derartige Fälle fehlender Leistungsgenehmigung können ebenfalls zum Vorwurf des Abrechnungsbetruges führen, wenn die Strafverfolgungsbehörden lediglich auf den formellen Abrechnungsmangel abstellen und nicht die erbrachte Leistung nach ihrem wirtschaftlichen Wert beurteilen.

Daneben wird sogar erwogen, einen Abrechnungsbetrug bei unzureichender Erfüllung der ärztlichen Dokumentationspflicht anzunehmen.[125]

Schließlich kann die „streng formale Betrachtungsweise" nicht nur für die Frage relevant sein, ob überhaupt ein Schaden vorliegt, sondern auch für die Höhe eines feststehenden Schadens. Rechnet ein Arzt nämlich anstatt der tatsächlich erbrachten Leistung eine höherwertige ab, so kann der Schaden entweder in der Differenz der erbrachten und der abgerechneten Leistung liegen, oder in Anwendung der „streng formalen Betrachtungsweise" in voller Höhe der abgerechneten Leistung zu Buche schlagen.[126]

In ähnlicher Weise spielt die sozialrechtliche Schadensbestimmung auch in einem *BGH*-Fall[127] eine Rolle, der oft als eigentlicher Ausgangspunkt der streng formalen Betrachtungsweise gesehen wird:[128] Darf der Vertragsarzt eine Leistung nach verbindlicher Entscheidung des UHM-Ausschusses (damals § 23 BMV-Ä) nicht unter einer bestimmten Ziffer abrechnen, so ist die dennoch erfolgte Abrechnung ungeachtet der tatsächlich erfolgten Leistung nach Auffassung der Rechtsprechung betrügerisch.[129]

3. Statistische Relevanz

Statistische Aussagen über die Häufigkeit von Abrechnungsbetrugsverfahren aufgrund formeller Abrechnungsmängel, bei denen also die streng formale Betrachtungsweise relevant wird, können bisher nicht zuverlässig getroffen werden. Interessant sind in diesem Zusammenhang Zwischenergebnisse eines Forschungsprojekts „Betrug im Gesundheitswesen" an der Universität Hannover.

---

124 Vgl. BSGE 92, 223, 231.

125 So *Mühlhausen* ZaeFQ 1998, 615, der als OStA Leiter der Abteilung für Abrechnungsbetrug und Korruption im Gesundheitswesen der StA Wuppertal gewesen ist; dagegen *Badle* NJW 2008, 1032, StA beim Hess. GenStA.

126 Vgl. *Ellbogen/Wichmann* MedR 2007, 15, die die erste Ansicht vertreten.

127 BGH NStZ 1993, 388.

128 *Hellmann/Herffs* Rn. 302; *Stein* MedR 2001, Fn. 21; *Weidhaas* ZMGR 2005, 53

129 BGH NStZ 1993, 388, 389.

Ziel des Projekts ist eine kriminologische Untersuchung von betrügerischem Verhalten im Gesundheitswesen. Stichprobenartig werden ca. 300 Abrechnungsbetrugsverfahren ausgewertet. Vorläufig konnte festgestellte werden, dass 3,5 Prozent der untersuchten Verfahren nicht persönlich erbrachte Leistungen zum Gegenstand hatten und 4,3 Prozent der Verfahren Leistungen, für die keine ausreichende Zulassung besteht. Die übrigen der eben beschriebenen Fallkonstellationen sind entweder nicht statistisch belegt oder unter den sonstigen Arten der Tatbegehung (immerhin 17,1 Prozent) erfasst. Angesichts des erst vorläufigen Charakters dieser Ergebnisse ist Vorsicht geboten, sie deuten jedoch an, dass möglicherweise knapp ein Zehntel der Abrechnungsbetrugsverfahren, die hier interessierenden formellen Abrechnungsfehler betrifft.[130]

4. Weitere Vorgehensweise

Die Zulässigkeit und Zweckmäßigkeit der „streng formalen Betrachtungsweise" soll im Folgenden untersucht werden. Während die höchstrichterliche Rechtsprechung zu dieser Vorgehensweise noch überschaubar ist, so hat sie nämlich schon erhebliche Beachtung in der Literatur durch Rechtswissenschaftler[131] und vor allem Praktiker[132] gefunden.

Die folgende grundsätzliche rechtliche Würdigung des Abrechnungsbetruges (Kap. C) will sich auf die schon durch die höchstrichterliche Rechtsprechung behandelten Fallgruppen konzentrieren, da die Erkenntnisse zur Täuschung, Irr-

130 Die Untersuchungen werden unter Leitung von Prof. Dr. Bernd-Dieter *Meier* und Durchführung seiner wissenschaftlichen Mitarbeiterin Denise *Homann* an der Universität Hannover vorgenommen. Die Zwischenergebnisse sind einem Vortrag *Meiers* auf einer Fachtagung „Betrug im Gesundheitswesen" der KKH vom 28.02.2008 entnommen. Abschließende Ergebnisse der Untersuchung dürfen mit Spannung für das Jahr 2009 erwartet werden (Im Folgenden als „*Meier* Zwischenergebnisse" zitiert).

131 *Beckemper/Wegner* NStZ 2003, 316; Schönke/Schröder-*Cramer/Perron* § 263 Rn. 112; *Duttge* in: Schnapp [Hrsg.], Rechtsfragen der gemeinschaftlichen Berufsausübung (...), S. 93; *Grunst* NStZ 2004, 533; MünchKommStGB-*Hefendehl* § 263 Rn. 523; *Hellmann* NStZ 1995, 232; *Idler* JuS 2004, 1040; Roxin/Schroth-*Schroth* S. 135; *Stein* MedR 2001, 124; *Ulsenheimer* [Arztstrafrecht] Rn. 14/32; *Volk* NJW 2000, 3385.

132 *Badle* NJW 2008, 1029; *Ellbogen/Wichmann* MedR 2007, 13; *Gaidzik* wistra 1998, 329; *Hancok* S. 199, 218; *Heberer* S. 509; *Herffs* wistra 2004, 285 ff.; *Herffs* [Abrechnungsbetrug] S. 117 ff., 149 ff.; Hellmann/*Herffs* Rn. 258 ff., *Kondziela* Kriminalistik 2004, 38; *Mühlhausen* a. a. O.; *Wasserburg* NStZ 2003, 357; *Weidhaas* ZMGR 2005, 53; *Wessing/Dann* GesR 2006, 153. Insbesondere aus den Beiträgen der Staatsanwälte *Kondziela* und *Mühlhausen* wird deutlich, wie selbstverständlich die Strafverfolgungsbehörden offenbar mit der Rechtsfigur der „streng formalen Betrachtungsweise" arbeiten.

tum und Vermögensverfügung weitgehend unproblematisch auf die angesprochenen ähnlichen Fallkonstellationen übertragen werden können. Spätestens bei der Entwicklung eines eigenen Lösungsvorschlages (Kap. E) müssen diese Konstellationen jedoch wieder in den Blickpunkt rücken, da ein solcher Vorschlag nur sinnvoll ist, wenn er auch auf zukünftige, anders gelagerte Fälle des Abrechnungsbetrugs, die ebenfalls an formellen Mängeln anknüpfen, übertragen werden kann.

C. Einführung in die rechtliche Würdigung der Anwendungsfälle

Zwar soll die Schadensbestimmung in Fällen des vertragsärztlichen Abrechnungsbetrugs im Fokus dieser Arbeit stehen, diese kann aber nicht sinnvoll erfolgen, ohne dass zuvor die anderen Merkmale des objektiven Tatbestands des § 263 Abs. 1 StGB eine gebührliche Behandlung erfahren haben. Denn der Schaden wird bestimmt durch Vergleich der Vermögenslagen vor und nach einer Verfügung, die durch einen Irrtum motiviert wurde, der durch eine Täuschung verursacht worden ist. Die Merkmale des objektiven Betrugstatbestandes sind also durch Kausalitätserfordernisse verschränkt,[133] sodass eine Schadensbestimmung nur bei Klarheit hinsichtlich der übrigen objektiven Tatbestandsmerkmale Sinn ergeben kann. Darüber hinaus kann eine intensive Auseinandersetzung mit der Schadensbestimmung beim vertragsärztlichen Abrechnungsbetrug nur dann zu einem fruchtbaren Ergebnis führen, wenn man diese besondere Begehungsform des Betrugs in ihrer gesamten Struktur mit allen Besonderheiten erfasst hat.

I. Grundfall: Delegation

Am Grundfall der Delegation sollen deshalb im Folgenden Probleme des Abrechnungsbetrugs bei Täuschung, Irrtum und Vermögensverfügung erläutert werden, die zum Teil von spezifischer Relevanz für diese Fallgruppe sind, die meist jedoch allgemeine Gültigkeit für viele Fallgruppen des Abrechnungsbetrugs haben. Anschließend wird die Darstellung auf einige darüber hinausgehende Probleme der übrigen hier behandelten Konstellationen eingehen.[134]

In den Fällen unzulässiger Delegation wird der Vorwurf des Abrechnungsbetrugs darauf gegründet, dass ein Vertragsarzt eine Leistung nicht persönlich erbracht hat. Eines der grundlegenden Elemente der vertragsärztlichen Leistungserbringung ist nämlich die Pflicht zur persönlichen Leistungserbringung (vgl. § 613 BGB; § 15 Abs. 1 SGB V; § 32 Ärzte-ZV; § 19 MBO-Ä; § 15 BMV-Ä i.V.m. § 82 Abs. 1 SGB V). Sie ist zugleich auch eine wesentliche Voraussetzung für die Berechtigung eines Honoraranspruchs.

133 *Krey/Hellmann* Rn. 336.

134 Siehe unten S. 83 ff.

1. Täuschung

Dementsprechend gibt der Vertragsarzt bei jeder Quartalsabrechnung eine Sammelerklärung etwa folgenden Inhalts ab:

> *Ich bestätige hiermit, dass die abgerechneten Leistungen persönlich (...) oder von einem genehmigten angestellten Arzt oder einem Vertreter oder von einem unter meiner Verantwortung stehenden nichtärztlichen Mitarbeiter erbracht worden sind und dass die von mir eingereichte Abrechnung sachlich richtig ist.*[135]

Diese Sammelerklärung – und nicht etwa das Ausfüllen der jeweiligen Krankenscheine – ist die betrugsrelevante Tathandlung.[136] Durch die fehlerhaften Eintragungen in den Krankenscheinen wird zwar die täuscherische Honorarabrechnung vorbereitet, im Hinblick auf den getäuschten Sachbearbeiter bei der Kassenärztlichen Vereinigung ist sie jedoch noch eine neutrale Handlung. Erst in der Sammelerklärung versichert der Arzt die Richtigkeit seiner Angaben und beruft sich auf die geltenden Honorarregelungen.

a. Täuschung über Tatsachen oder bloßes Werturteil?

Nun könnte man meinen, eine Täuschung über die persönliche Leistungserbringung sei dank dieser Sammelerklärung einfach zu konstatieren. Dies würde jedoch außer Acht lassen, dass der Arzt selbstredend nicht verpflichtet sein kann, jeden Handgriff in seiner Praxis selbst auszuführen.[137] Selbstverständlich kann der Arzt sich für bestimmte Handlungen seines ärztlichen oder nichtärztlichen Praxispersonals bedienen, was auch die oben genannten Vorschriften so vorsehen (vgl. nur § 15 Abs. 1 S. 2 SGB V oder § 15 Abs. 1 S. 2, 3 BMV-Ä; I 2.2 EBM 2009). Diese Leistungen sind daher, auch wenn sie nicht eigenhändig erbracht worden sind, als persönliche abrechenbar. Entscheidend für eine sozialrechtskonforme Abrechnung ist daher die Delegationsfähigkeit der Leistung.

---

135 Sammelerklärung der KV Rheinland-Pfalz, abrufbar im Internet unter http://www.kv-rlp.de/fileadmin/user_upload/Downloads/Mitglieder/Abrechnung/Formular_Sammelerklaerung_Honorarabrechung.pdf (zuletzt aufgerufen im Juni 2009). Vgl. zur Sammelerklärung auch Schnapp/Wigge-*Steinhilper* § 17 Rn. 8 ff. Insbesondere zur Versicherung der persönlichen Leistungserbringung Rn. 29.

136 BGH NJW 1994, 808, 809; Rieger-*Dahm* Oz. 1780 Rn. 43.

137 Vgl. Schnapp/Wigge-*Wigge* § 2 Rn. 47.

aa. Delegationsfähigkeit der Leistung

Grob vereinfacht kann man festhalten, dass nur Leistungen, die nicht wegen ihrer Schwierigkeit, ihrer Gefährlichkeit oder der Unvorhersehbarkeit etwaiger Reaktionen den Kern ärztlichen Handelns betreffen, delegationsfähig sind.[138] Dementsprechend dürfen durch eine generelle Anweisung beispielsweise einfache Verbände, Laborleistungen und radiologische Untersuchung an geeignetes und entsprechend ausgebildetes nichtärztliches Personal übertragen werden.[139] Im Einzelfall sind insbesondere die für unseren Ausgangsfall relevanten einfachen Injektionen, Infusionen und Blutentnahmen delegationsfähig, sofern nicht die Schwere von Krankheitsbild und Eingriff entgegensteht.[140] Stets muss der Vertragsarzt sein nichtärztliches Personal jedoch stichprobenweise überwachen, außerdem muss er bei der Vornahme der delegierten Handlung erreichbar sein.[141] In den nicht delegationsfähigen Kernbereich ärztlicher Tätigkeit fallen hingegen unzweifelhaft die Diagnosestellung und operative Leistungen.[142] Auch kann eine Leistung nicht delegiert werden, wenn ihre Vornahme durch nichtärztliches Personal die Gefährlichkeit einer Vornahme durch medizinisches Personal übersteigt,[143] z.B. bei schwierigen Injektionen und Infusionen.[144]

Angesichts der unterschiedlichsten Möglichkeiten ärztlicher Heileingriffe wird – auch ohne eingehende Einblicke in die alltägliche Praxis eines Vertragsarztes – allerdings schnell deutlich, dass die Entscheidung, ob eine konkrete Leistung delegationsfähig ist und damit abrechenbar ist, sehr schwierig und um-

138 So zum Beispiel operative Eingriffe, ärztliche Untersuchung, Diagnostik und Beratung, wie auch schwierige Injektionen und Infusionen. Vgl. *Hellmann/Herffs* Rn. 222; Laufs/Uhlenbruck-*Uhlenbruck/Laufs* § 47 Rn. 4.

139 Wenzel-*Steinhilper* Kap. 11 Rn. 378 ff.; *Uhlenbruck/Laufs* a. a. O.

140 *Uhlenbruck/Laufs* a. a. O.

141 Eingehend *Peikert* MedR 2000, 356 ff.; auch Wenzel-*Steinhilper* Kap. 11 Rn. 379, 381 ff.

142 *Peikert* MedR 2000, 355.

143 *Peikert* ebd.

144 Vgl. Laufs/Uhlenbruck-*Ulsenheimer/Laufs* § 47 Rn. 4.

stritten sein kann.[145] Die Problematik der persönlichen Leistungserbringung wird gar als eine der umstrittensten Fragen des Arztrechts eingeordnet.[146]

bb. Subsumtion als Werturteil

Wenn der Vertragsarzt zwar unbewusst, aber zu Unrecht eine Leistung als delegationsfähig erachtet und diese abrechnet, dann entfällt nach h.M. der Vorsatz.[147,148] Meines Erachtens tritt diese Problem jedoch schon früher in der Deliktsprüfung auf: §263 Abs. 1 StGB erfordert als tatbestandsmäßige Handlung eine Täuschung, die das Gesetz als eine Vorspiegelung falscher oder Entstellung oder Unterdrückung wahrer Tatsachen beschreibt. Ohne in die nachvollziehbaren Klagen über die mangelnde Präzision und logische Unzulänglichkeit dieser Umschreibung einzusteigen,[149] bedarf schon das Merkmal der Tatsache einiger Klärung. Nach h.M. sind Tatsachen etwas „Geschehenes oder Bestehendes, das zur Erscheinung gelangt und in die Wirklichkeit getreten und daher dem Beweis zugänglich ist."[150] Nicht erfasst sind dagegen bloße Werturteile.[151]

---

145 *Hess* in: Steinhilper [Hrsg.], Arzt und Abrechnungsbetrug, S. 43, 82; KassKomm-*Hess* §98 SGB V Rn. 51; Laufs/Uhlenbruck-*Uhlenbruck/Laufs* §47 Fn. 1; Hauck/Noftz-*Noftz* §15 SGB V Rn. 15 ff.; Siehe auch die zahlreichen hierzu ergangenen Richtlinien und Stellungnahmen der ärztlichen Berufsorganisationen: So von den Spitzenverbänden der Krankenkassen und Kassenärztlichen Bundesvereinigung DÄ 1988, 2197 ff.; weitere Nachweise bei Laufs/Uhlenbruck-*Uhlenbruck/Laufs* §47 Fn. 9.

146 *Peikert* MedR 2000, 352 m.w.N.

147 OLG Hamm NStZ 1997, 130, 131; vgl. BGH MedR 1992, 36, 39; Schulin-*Clemens* §34 Rn. 7; Wenzel-*Geilen* Kap. 4 Rn. 680; Rieger-*Steinhilper* Oz. 4060 Rn. 75; wohl auch *Hancok* S. 135; ohne Stellungnahme Schönke/Schröder-*Cramer/Perron* §263 Rn. 16c; Rieger-*Dahm* Oz. 1780 Rn. 35 ff. Anders *Ulsenheimer* [Arztstrafrecht] Rn. 14/27; Laufs/Uhlenbruck-*Ulsenheimer* §151 Rn. 16; im Anschluss daran Roxin/Schroth-*Schroth* S. 132 f.

148 Interessant *Meier* Zwischenergebnisse (Fn. 130): Als vorläufiges Ergebnis wird hier festgestellt, dass etwa 20 Prozent der gem. §170 Abs. 2 StPO eingestellten Verfahren deswegen eingestellt werden, weil der subj. Tatbestand verneint oder nicht nachgewiesen werden kann.

149 Vgl. Schönke/Schröder-*Cramer/Perron* §263 Rn. 7; SK-*Hoyer* §263 Rn. 9; *Krey/Hellmann* Rn. 337.

150 RGSt 24, 385, 387; 41, 193; 55, 129, 131; Schönke/Schröder-*Cramer/Perron* §263 Rn. 8; *Fischer* §263 Rn. 6; *Krey/Hellmann* Rn. 339; *Lackner/Kühl* §263 Rn. 4; LK-*Tiedemann* §263 Rn. 9. A.A. *Pawlik* S. 94 ff.

151 Schönke/Schröder-*Cramer/Perron* §263 Rn. 9; *Krey/Hellmann* Rn. 341 jeweils m.w.N.

Trotz seines erheblichen Umfangs kann der EBM die Realität ärztlicher Leistungen und die mannigfaltigen Ansätze zur medizinischen Behandlung naturgemäß nur unvollständig und kursorisch wiedergeben – selbst bei größter Regelungsdichte bleibt er interpretationsfähig und -bedürftig.[152] Die Abrechnung verlangt eine Subsumtion der tatsächlich erbrachten Leistung unter eine Position des EBM. Der Vertragsarzt äußert sich also zunächst einmal nicht über einen objektiv verifizierbaren Sachverhalt, sondern gibt seiner Rechtsauffassung Ausdruck, seine Leistung sei unter eine bestimmte Position des EBM zu subsumieren, auch wenn er sie im konkreten Fall delegiert hat. Die Koordination von Realität und Norm hängt von einer subjektiv wertenden Einstufung des abrechnenden Arztes ab – einem Werturteil, das als solches nach h.M. nicht Gegenstand des §263 StGB sein kann.[153] Die Richtigkeit dieser Auffassung wird auch durch einen Blick auf den Zivilprozess gestützt: Es wäre offensichtlich widersinnig, wenn derjenige, der vor dem Zivilgericht eine unterlegene Rechtsauffassung vertreten hat, sich anschließend vor dem Strafgericht wegen Prozessbetrugs verantworten müsste.

So ist z.B. die Einschätzung im Einzelfall, ob eine Injektion einen derartigen Schwierigkeitsgrad erreicht hat, dass sie nur vom Vertragsarzt selbst vorgenommen werden darf, eine Bewertung des Arztes. Rechnet der Arzt diese delegierte Leistung als persönlich erbracht ab, so kann dies grundsätzlich keine Täuschung darstellen, selbst wenn die Verantwortlichen der Kassenärztlichen Vereinigung die Delegationsfähigkeit der Leistung im konkreten Fall anders beurteilen würden.

cc. Täuschung über Tatsachenkern

Andererseits setzt aber diese Bewertung eine Aussage über eine Tatsache voraus, nämlich über die Leistung, die erbracht worden ist. Zweifelsohne kann über diesen tatsächlichen Teil getäuscht werden:[154] Rechnet der Arzt eine reine Luftleistung ab, so täuscht er.[155] Verlangt für die vorliegenden Beispielsfälle das Gesetz eindeutig, dass der Arzt die Leistung im Einzelfall anordnet und ihre Ausführung durch das nichtärztliche Personal überwacht, so täuscht er, wenn An-

152 Vgl. auch *Hellmann/Herffs* Rn.224; Schnapp/Wigge-*Steinhilper* § 17 Rn.39; *Steinhilper* FS Schwind (2006), S.169; *Ulsenheimer* [Arztstrafrecht] Rn.14/4.

153 So auch *Broglie* in: Steinhilper [Hrsg.], Arzt und Abrechnungsbetrug, S.124; *Ulsenheimer* [Arztstrafrecht] Rn.14/27.

154 Vgl. BGH NStZ 2002, 144, 145; *Fischer* §263 Rn.8; SK-*Hoyer* §263 Rn.19; *Kindhäuser* §263 Rn.89 m.w.N.; LK-*Tiedemann* §263 Rn.18f.

155 Rieger-*Dahm* Oz.1780 Rn.12.

ordnung und Überwachung nie erfolgt sind, weil das Personal die Handlungen aufgrund einer Generalanweisung vornimmt.[156]

Weicht der Arzt aber von der Auslegung des EBM durch die Kassenärztliche Vereinigung oder Krankenkasse ab, kann ihm vor dem Hintergrund der diffizilen Abgrenzung delegationsfähiger Leistungen keine Täuschung vorgeworfen werden. Vielmehr äußert er lediglich eine Rechtsauffassung, die vielleicht nicht geteilt wird, jedoch nicht strafbar ist.[157]

dd. Rechtliche Konkretisierungen der Abrechenbarkeit

Etwas anderes könnte gelten, wenn der Arzt bei der Subsumtion unter den EBM durch Vorschriften konkretisierte Voraussetzungen der Delegierbarkeit zu beachten hat. Würde die Kassenärztliche Bundesvereinigung die Delegierbarkeit für bestimmte Einzelfälle durch eine Richtlinie konkretisieren, so wäre diese gem. § 81 Abs. 3 SGB V für die einzelnen Vertragsärzte verbindlich.[158] Eine Abrechnung entgegen der Richtlinie wäre eine Täuschung über die Abrechenbarkeit dieser Leistung. Ob der Arzt die Konkretisierungen kannte und damit auch die subjektiven Voraussetzungen eines Strafbarkeitsvorwurfs – zumindest in Form des bedingten Vorsatzes – erfüllt, ist allerdings Tatfrage.[159]

Dies ist allerdings nicht zu verwechseln mit der Richtlinie zur persönlichen Leistungserbringung, die von der Bundesärztekammer und Kassenärztlichen Bundesvereinigung in Übereinstimmung mit den Spitzenverbänden der Krankenkassen erstellt worden ist.[160] Diese hat wie alle Empfehlungen, Verlautbarungen, Richt- und Leitlinien der ärztlichen Berufsorganisationen keinen Rechtsnormcharakter und stellt eine bloße Leitlinie und Auslegungshinweis dar.[161] Auch die Rundschreiben der KV sind für den Vertragsarzt unverbindlich, denn sie geben lediglich die Auffassung der jeweiligen KV zur Abrechenbarkeit

156 So auch im vorliegenden Fall BGH NStZ 1995, 85-86.

157 Vgl. zur Täuschung über Rechtsauffassungen auch BGH JR 2002, 23; OLG Karlsruhe JZ 2004, 101, 102.

158 Schnapp/Wigge-*Axer* § 10 Rn. 26; *Hellmann/Herffs* Rn. 225 mit Nachweisen zu verfassungsrechtlichen Bedenken gegen diese Vorschrift.

159 Zur schwierigen Ermittlung des subjektiven Tatbestandes des Abrechnungsbetrugs siehe BGH wistra 1992, 95, 97; NStZ 1994, 585, 586.

160 DÄ 1988, 2604.

161 KassKomm-*Hess* § 98 SGB V Rn. 52; *Hellmann/Herffs* Rn. 226; Laufs/Uhlenbruck-*Laufs* § 5 Rn. 11.

der Leistung wieder.[162] Der abrechnende Arzt kann durchaus anderer Meinung sein und dementsprechend abrechnen. Er muss dann allerdings mit Honorarkürzungen rechnen, die er vor den Sozialgerichten prüfen lassen kann.

Letztlich kommt allein diesen das Recht einer bindenden Interpretation der Abrechnungspositionen zu.[163] Bindend ist sie allerdings nur für den zu entscheidenden Fall;[164] der Arzt ist nicht an Entscheidungen, die gegen seine Kollegen ergangen sind, gebunden.

ee. Täuschung über innere Tatsachen

Eine gefestigte sozialrechtliche Rechtsprechung sowie Stellungnahmen ärztlicher Standesorganisationen oder Rundschreiben der Kassenärztlichen Vereinigung, die der Interpretation des Arztes entgegenstehen, können allenfalls als Indiz für eine fehlende innere Überzeugung des Vertragsarztes gewertet werden.[165] Die Vorgabe einer gewissenhaften Subsumtion unter die Position des EBM wird in einem solchen Fall zu einer bloßen Schutzbehauptung – es kommt eine Täuschung über die innere Tatsache in Betracht, der Arzt sei von der Richtigkeit seiner Subsumtion überzeugt.[166] Die Gegenauffassung, die selbst eine wissentlich falsche Berühmung eines Rechtsanspruches für ein reines Werturteil hält und einen Betrug ablehnt[167] machte Deutschland zu einem „Dorado für Abrechnungsschwindler".[168] Im vertragsärztlichen Bereich wäre letztlich bloß noch die

162 *Hellmann/Herffs* Rn. 226f.; *Hess* in: Steinhilper [Hrsg.], Arzt und Abrechnungsbetrug, S. 43, 81 f.

163 *Hess* in: Steinhilper [Hrsg.], Arzt und Abrechnungsbetrug, S. 82. Zu den Besonderheiten der Auslegung von EBM-Bestimmungen siehe Schulin-*Clemens* § 34 Rn. 4.

164 Laufs/Uhlenbruck-*Laufs* § 5 Rn. 8.

165 Hält der Arzt jedoch nach einer Honorarrückforderung und einer von ihm hiergegen erhobenen Klage an seiner Interpretation fest, kann dies i.d.R. nicht also solches Indiz verstanden werden. Durch seine sozialrechtliche Klage untermauert der Arzt gerade, dass er von seiner Interpretation überzeugt ist. In dem Falle muss die KV davon ausgehen, dass der Arzt weiterhin seine Leistungen in der ihr missfallenden Art abrechnet.

166 Grds. für die Berücksichtigung innerer Tatsachen: RGSt 55, 129, 131; BGHSt 15, 24, 26; OLG Stuttgart NJW 1958, 1833; Schönke/Schröder-*Cramer/Perron* § 263 Rn. 10; *Fischer* § 263 Rn. 7; SK-*Hoyer* § 263 Rn. 13; *Krey/Hellmann* Rn. 342 ff.; *Kühne* [Geschäftstüchtigkeit] S. 11; *Lackner/Kühl* § 263 Rn. 4; LK-*Tiedemann* § 263 Rn. 12. Gegen die Berücksichtigung von inneren Tatsachen: *Naucke* [1964] S. 110 ff.; gegen ihre Berücksichtigung in Konstellationen wie der vorliegenden: Schönke/Schröder-*Cramer/Perron* § 263 Rn. 10 a.E., allerdings erst seit der 27. Aufl.

167 So wohl Schönke/Schröder-*Cramer/Perron* § 263 Rn. 10 m.w.N.

168 *Puppe* JZ 2004, 102.

Abrechnung reiner Luftleistung betrügerisch, alles andere straflose Schwindelei. *Puppes* Kritik an dem Ergebnis dieser Auffassung ist zuzustimmen.[169] Ihre Einstufung von Rechtsauffassungen vermag allerdings vor dem Hintergrund der hier behandelten Fallgruppe ebenfalls nicht zu überzeugen. Sie geht davon aus, dass im positiven Recht die Frage, ob ein Anspruch besteht oder nicht, immer entscheidbar ist, dass das Recht also schon vor der Beantwortung dieser Frage besteht. Die Berühmung eines Anspruches sei daher immer eine Tatsachenaussage. Die Unterscheidung, ob dieser Anspruch nicht nur behauptet, sondern geltend gemacht wird, sei das maßgebliche Kriterium für die Betrugsrelevanz der Anspruchsbehauptung.[170] Es kann nicht Aufgabe dieser Arbeit sein, den schon von *Puppe* selbst geäußerten rechtstheoretischen Zweifeln[171] an ihrer Auffassung nachzugehen. Insbesondere vor dem Hintergrund der vielschichtigen Interpretation des EBM (vgl. Fn. 152 oben) wird aber klar, dass die Rechtsfindung kein empirisches, sondern ein normatives Verfahren ist, sie hängt immer von den Wertungen des Rechtsanwenders ab. Der Normgeber bedient sich oft auch ganz ausdrücklich dieser späteren Ausfüllung des Rechts durch den Rechtsanwender. Es wäre reine Theorie und lebensfremd, zu fingieren, dass die punktgenaue Anwendung des EBM schon vor dessen Interpretation feststünde. Auch bei der vertragsärztlichen Abrechnung ist daher zweckmäßigerweise an dem Tatsachenbegriff der h.M. festzuhalten: Die Abrechnung des Arztes ist betrugsrelevant bei einer Täuschung über den Tatsachenkern, der seiner Rechtsauffassung zu Grunde liegt. Darüber hinaus kommt eine betrügerische Handlung nur in Frage, wenn ihm nachgewiesen werden kann, dass er über die innere Tatsache des Für-Richtig-Haltens seiner Interpretation täuscht.

b. Begehungsweise

Die in § 263 StGB missverständlich formulierte Begehungsweise des Betrug wird ganz überwiegend konkretisiert als ausdrückliche oder konkludente Täuschung oder als solche durch Unterlassen.[172] Gemeinhin wird angenommen, dass mit der Einforderung einer Leistung schlüssig zum Ausdruck gebracht wird, dass hierauf ein Anspruch bestehe.[173] Rechnungen im Allgemeinen und vertragsärztliche Abrechnungen im Besonderen beinhalten aber wohl nicht nur

---

169 Ebd.

170 *Puppe* JZ 2004, 103.

171 *Puppe* a.a.O. li.Sp.

172 Statt vieler: LK-*Tiedemann* § 263 Rn. 21.

173 Vgl. Schönke/Schröder-*Cramer/Perron* § 263 Rn. 16c; *Fischer* § 263 Rn. 21; Laufs/Uhlenbruck-*Ulsenheimer* § 151 Rn. 14.

die schlüssige Behauptung eines Anspruchs, sondern die ausdrückliche:[174] Der Aussagegehalt einer Rechnung geht über eine bloße Zahlungsaufforderung hinaus und besteht in der Forderung „Zahle, weil du schuldest." Eine haarscharfe Trennung zwischen konkludenter und ausdrücklicher Aussage wird jedoch meist schwer fallen und kann – sofern zu einem Unterlassen streng abgegrenzt wird – auch dahin stehen.[175]

c. Zusammenfassung

Nicht nur bei der Fallgruppe der unzulässigen ärztlichen Delegation, sondern beim Abrechnungsbetrug im Allgemeinen ist im Hinblick auf das Tatbestandsmerkmal Täuschung sorgfältig zwischen einer zulässigen Rechtsauffassung des Arztes, also einem Werturteil, und der betrugsrelevanten Täuschung über den dem Werturteil zugrunde liegenden Tatsachenkern zu trennen. In Ausnahmefällen kommt auch eine Täuschung über eine innere Tatsache in Betracht.

2. Irrtum

Erst dann ist zu untersuchen, inwiefern diese Täuschung einen Irrtum erregt hat.

a. Betrug oder Computerbetrug?

Man kann die Frage, ob ein Widerspruch zwischen der Vorstellung des Opfers und der Wirklichkeit – also ein Irrtum – vorliegt,[176] nicht beantworten, ohne sich den Bearbeitungsverlauf der vertragsärztlichen Abrechnung seitens der Kassenärztlichen Vereinigung und Krankenkasse verdeutlicht zu haben.

Schon die Tatsache, dass die Quartalsabrechnung elektronisch eingereicht wird, ist im Hinblick auf den § 263 Abs. 1 StGB nicht unproblematisch. Zusammen mit der schon oben erwähnten Sammelerklärung (s. S. 36) muss der Arzt seine übrigen Abrechnungsunterlagen übermitteln. Diese enthalten u. a. Daten wie den Tag und die Art der Behandlung und die abgerechneten Gebührenpositionen, § 295 Abs. 2 SGB V. Gem. § 295 Abs. 2, 4 SGB V hat der Arzt die zur Abrechnung erforderlichen Angaben im Wege elektronischer Datenübertragung oder maschinell verwertbar auf elektronischen Datenträgern zu übermitteln. Die Daten können daher sowohl seitens der Kassenärztlichen Vereinigung als auch

174 So auch *Puppe* JZ 2004, 102. I. E. ebenso *Hellmann/Herffs* Rn. 152.

175 Vgl. zu dieser Abgrenzung *Kühne* [Geschäftstüchtigkeit] S. 15 ff. Zum ärztlichen Abrechnungsbetrug durch Unterlassen vgl. *Noack* MedR 2002, 76 ff.

176 Statt vieler Schönke/Schröder-*Cramer/Perron* § 263 Rn. 33.

seitens der Krankenkasse EDV-unterstützt geprüft werden. Der Irrtum als psychologischer Sachverhalt verlangt nun aber eine menschliche Fehlvorstellung[177] – inwiefern diese angesichts der automatisierten Prüfung der umfangreichen Abrechnungsunterlagen noch angenommen werden kann, bedarf genauer Untersuchung. Freilich kann der einschlägigen Literatur und Rechtsprechung nicht vorgeworfen werden, diese Abgrenzung versäumt zu haben, denn die moderne Form der Abrechnungsprüfung ist natürlich Tribut an den rasanten Fortschritt elektronischer Datenverarbeitungsmöglichkeiten; so besteht die Pflicht, Daten ausschließlich in elektronischer Form einzureichen, erst seit dem 01. Januar 2005.

aa. Abrechnungsprüfung

Die Abrechnungsprüfung vollzieht sich üblicherweise in drei Schritten:[178]

Zunächst erfolgt eine sachlich-rechnerische Richtigstellung durch die Kassenärztliche Vereinigung, § 106a Abs. 2 SGB V.[179] Die Abrechnung des Arztes wird hier anhand eines so genannten Regelwerks, einer Art elektronischem Raster, auf seine Übereinstimmung mit dem EBM überprüft. Die einzelnen Kassenärztlichen Vereinigungen bedienen sich unterschiedlicher Regelwerke, standardmäßig werden jedoch z.B. geprüft: die fehlende Berechtigung zur Leistungsabrechnung, die Abrechnung fachfremder Leistung, fehlende apparative Voraussetzungen, Überschreitung von Überweisungsermächtigungen oder nicht nebeneinander abrechenbare EBM-Positionen.[180]

Insbesondere zur Aufdeckung betrügerischer Abrechnung wurde als besondere Form der sachlich-rechnerischen Prüfung die Plausibilitätsprüfung eingeführt, § 106a Abs. 2 S. 1, 2, 3 SGB V.[181] Diese soll aufdecken, ob die Leistungen nicht den Anforderung entsprechend, nicht persönlich oder gar überhaupt nicht erbracht worden sind – was der reinen sachlich-rechnerischen Prüfung entgeht. Dazu wird die Abrechnung nach systematischen Auffälligkeiten überprüft, wie z.B. routinemäßiger Eintragung von Diagnosen bzw. Abrechnungs-

177 Schönke/Schröder-*Cramer/Perron* § 263 Rn. 36; MünchKommStGB-*Hefendehl* § 263 Rn. 198; LK-*Tiedemann* § 263 Rn. 92; § 263a Rn. 2. Gegen den Irrtum als psychologischen Sachverhalt: *Pawlik* S. 227.

178 Umfassend hierzu: *Beeretz* ZMGR 2004, 103 ff. Zur Abrechnungs- und Wirtschaftlichkeitsprüfung in der vertragszahnärztlichen Versorgung: *Axer* NZS 2006, 228 ff.

179 Seit dem GMG ausdrücklich geregelt, zuvor jedoch st. Rspr. BSGE 27, 146; 42, 268.

180 KassKomm-*Hess* § 106a SGB V Rn. 4.

181 KassKomm-*Hess* § 106a SGB V Rn. 5.

blöcken oder Leistungshäufungen an bestimmten Tagen. Zur Prüfung der Plausibilität werden Zeitprofile erstellt, § 106a Abs. 2 S. 2, 3 SGB V. Hier werden für die einzelnen Leistungen Minimalzeiten eines erfahrenen, schnell arbeitenden Arztes in Rechnung gestellt. Überschreitet die Arbeitszeit des Arztes zweimal pro Quartal zwölf Stunden am Tag oder insgesamt 780 Stunden pro Quartal, gilt die Abrechnung des Arztes als auffällig und wird einer genaueren Prüfung unterzogen. Die Plausibiliätsprüfung erfolgt regelmäßig bei allen Ärzten, daneben werden die Abrechnungen stichprobenartig eingehender geprüft.[182]

Darüber hinaus sind auch die Krankenkassen verpflichtet, die Abrechnung auf Auffälligkeiten zu prüfen, die systembedingt nur ihr bekannt werden können, etwa im Hinblick auf das Bestehen eines Versicherungsverhältnisses, die Zahl der durch einen Patienten in Anspruch genommenen Ärzte oder die Entrichtung der Praxisgebühr, § 106a Abs. 3 SGB V.

Während diese Prüfungen die vertragsärztliche Abrechnung vorwiegend auf formale Unstimmigkeiten untersuchen, wird die gem. § 12 SGB V gebotene Wirtschaftlichkeit schließlich durch einen gemeinsamen Prüfungsausschuss untersucht, der paritätisch durch Kassenärztliche Vereinigung und Krankenkassen bei neutralem Vorsitz besetzt ist, § 106 SGB V. Hier wird die Wirtschaftlichkeit der Verordnungs- und Behandlungsweise des abrechnenden Arztes geprüft, beispielsweise ob die Leistungen medizinisch indiziert waren oder ob sie geeignet waren, den gewünschten Behandlungserfolg mit angemessenen Kosten herbeizuführen, vgl. § 106 Abs. 2a SGB V. Anhaltspunkte für die Unwirtschaftlichkeit sind z. B. die überdurchschnittliche Häufigkeit von Überweisungen, Krankenhauseinweisungen oder kostenintensiver Behandlung.[183] Es gibt zwei Methoden der Wirtschaftlichkeitsprüfung: Zum einen die Auffälligkeitsprüfung nach einer Überschreitung bestimmter Richtgrößen (§ 106 Abs. 2 S. 1 Nr. 1 SGB V) zum anderen eine Zufälligkeitsprüfung, bei der stichprobenweise einzelne Abrechnungen eingehend geprüft werden (Nr. 2). Letztere ist der Regelfall.[184]

In Anbetracht des überwältigenden Umfangs der zu bearbeitenden Datenmenge ist es nicht möglich, die Wirtschaftlichkeitsprüfung vor Erlass des Honorarbescheids durchzuführen. Also erfolgen der Erlass des Honorarbescheids und

182 KassKomm-*Hess* § 106a SGB V Rn. 8.

183 KassKomm-*Hess* § 106 SGB V Rn. 28 ff.

184 KassKomm-*Hess* § 106 SGB V Rn. 10.

die damit verbundene Auszahlung des Honorars – als die hier relevante Vermögensverfügung – bereits nach der sachlich-rechnerischen Richtigstellung.[185]

bb. Menschlicher Irrtum

Auf den ersten Blick ist es nicht offensichtlich, ob die eingereichten fehlerhaften Abrechnungsunterlagen zu einem menschlichen Irrtum i.S.d. §263 StGB führen oder eine Inputmanipulation nach §263a StGB darstellen. Ein Computerbetrug kommt nur in Betracht, wenn die Vermögensverfügung ausschließlich und unmittelbar vom Computer vorgenommen worden ist.[186] Das Computerprogramm (Regelwerk) wirft allerdings nur Widersprüche zum EBM aus, die dann von einem Sachbearbeiter geprüft werden. Das Programm schlägt dabei allenfalls eine Handhabung des Widerspruchs vor, die letzte Entscheidung verbleibt dem Sachbearbeiter. Es ist seine Aufgabe, die Abrechnung auf nicht erbrachte Leistungen zu prüfen.[187] Wenn eine Kontrollperson eingeschaltet ist, die nicht nur den technischen Vorgang der Prüfung, sondern auch dessen inhaltliches Ergebnis kontrollieren muss, dann liegt §263 StGB vor.[188] Der Sachbearbeiter, der die durch EDV-Abgleich aufgeworfenen Fragen entscheidet und der damit den Erlass des Honorarbescheides vorbereitet, sorgt also für eine menschliche Komponente im Abrechnungsverfahren, die regelmäßig eine Unmittelbarkeit i.S.d. §263a StGB ausscheiden lässt. Ob seine eventuelle Fehlvorstellung auch einen Irrtum darstellt, ist eine hiervon unabhängig zu entscheidende Frage.

Angesichts des auch weiterhin zu erwartenden technischen Fortschritts ist jedoch eine EDV vorstellbar, die den Honorarbescheid vollautomatisiert nach einer Prüfung erlässt. Denkbar ist auch, dass sich in solchen Fällen nicht mehr klären lässt, ob eine Kontrollperson selbst über die Abrechnungsvoraussetzungen geirrt hat. Da hier allerdings notwendigerweise entweder ein menschlicher Irrtum nach §263 Abs. 1 StGB oder eine „Inputmanipulation" nach §263a Abs. 1 Alt. 2 StGB vorliegt, wird man wahldeutig wegen Betruges oder Computerbetruges verurteilen können.[189] Wohlgemerkt ist dies jedoch nur dann der Fall, wenn die Abwicklung seitens der Kassenärztlichen Vereinigung dem oben

185 *Beeretz* ZMGR 2004, 108; Laufs/Uhlenbruck-*Krauskopf* §34 Rn. 10; Schnapp/Wigge-*Steinhilper* §17 Rn. 48.

186 Schönke/Schröder-*Perron* §263a Rn. 21; *Lenckner/Winkelbauer* CR 1986, 660.

187 BSGE 61, 19, 23 f.; KassKomm-*Hess* §106a SGB V Rn. ff.

188 *Fischer* §263a Rn. 20; Schönke/Schröder-*Perron* §263a Rn. 21.

189 *Lenckner/Winkelbauer* CR 1986, 660; *Fischer* §263a Rn. 23; LK-*Tiedemann* §263 Rn. 92, §263a Rn. 74; MünchKommStGB-*Wohlers* §263a Rn. 76.

erwähnten Unmittelbarkeitserfordernis des § 263a entspricht – der Computerbetrug kann nicht dort als Auffangtatbestand dienen, wo der Sachbearbeiter sich vor der von ihm vorgenommen Verfügung überhaupt keine Gedanken über die Richtigkeit der Abrechnung macht.[190]

b. Intensität der Fehlvorstellung

Wirft das Regelwerk bei der maßgeblichen Prüfung der sachlich-rechnerischen Richtigkeit jedoch keine Inkompatibiliäten aus, so vertraut der Sachbearbeiter der Kassenärztlichen Vereinigung auf das Ergebnis der EDV. Bei 350 Millionen Berechtigungsscheinen und 500 Millionen Verordnungen im Jahr[191] wird eindrucksvoll deutlich, dass dieses Vertrauen in die computergestützte Abrechnungsauswertung angesichts der beschränkten personellen Mittel der Prüfeinrichtungen den weit überwiegenden Regelfall darstellt. Dies beschwört freilich die Frage, ob das Vorstellungsbild des Sachbearbeiters in diesem Regelfall als Irrtum i. S. d. Betrugstatbestandes qualifiziert werden kann. Nach dem eben Gesagten ist eindeutig, dass der Sachbearbeiter unmöglicherweise über jede einzelne Gebührenposition und der mit ihr verbundenen tatsächlich erbrachten – oder auch nicht erbrachten – Leistung reflektiert. Dies gilt insbesondere, wenn man berücksichtigt, dass der Sachbearbeiter, der mit der Honorarfestsetzung die relevante Vermögensverfügung vornimmt, ein anderer ist als derjenige, der die Abrechnung geprüft hat.[192] Er wird allenfalls eine konkrete Vorstellung hinsichtlich einiger weniger Leistungen haben und darüber hinaus die Abrechnung in ihrer Gesamtheit beurteilen. Allerdings verlangt auch niemand in Rechtsprechung und Literatur eine aktive Reflektion hinsichtlich jedes Details der Täuschung.[193] Dies wäre bei der Datenflut der vertragsärztlichen Abrechnung realitätsfremd und würde die zweifelsohne erforderliche Strafbewährung gravierender Abrechnungsmanipulationen außer Kraft setzen.

Wenn man auf der anderen Seite aber lediglich die Vorstellung des Verfügenden fordert „alles sei in Ordnung“,[194] so ist auch das nicht sonderlich zielfüh-

190 *Herffs* [Abrechnungsbetrug] S. 57.

191 KassKomm-*Hess* § 106 SGB V Rn. 39. *Steinhilper* [Honorarabrechnung], S. 1, errechnet 250 Millionen Einzelpositionen bei 8.000 abrechnenden Vertragsärzten der KV Westfalen-Lippe im Jahre 1993.

192 So zu Recht *Hancok* S. 138 ff.; siehe hierzu auch unten S. 54, 79.

193 Schönke/Schröder-*Cramer/Perron* § 263 Rn. 39; MüKoStGB-*Hefendehl* § 263 Rn. 201.

194 Vgl. BGH MedR 2006, 721, 724; den hierzu ergangenen Leitentscheidungen des BGH ist diese Formulierung allerdings noch nicht zu entnehmen: BGHSt 2, 325, 326 (Deputatkohle); 24, 257, 260 f. (Prozessbetrug); 24, 386, 389 (Scheckkarte).

rend, denn man wird bei jedem Verfügenden annehmen können, er halte alles für „in Ordnung" – sonst würde er wohl kaum verfügen.[195] Den hierzu ergangenen Leitentscheidungen[196] des *BGH* ist gemein, dass die Verfügenden nicht hätten verfügen dürfen, wenn sie die wahre Intention des Täuschenden gekannt hätten. Allein dies kann jedoch für die Annahme eines Irrtums nicht ausreichen, man müsste diesen nämlich auch dann bejahen, wenn der „Getäuschte" sich überhaupt keine Vorstellung bei der Verfügung macht. Eine derartige Berücksichtigung der *ignorantia facti* ist allerdings mit der Wortlaut des § 263 StGB nicht zu vereinen. Dort wird ein Irrtum verlangt, der erregt oder unterhalten wird, also durch eine wahrheitswidrige Beeinflussung entstanden ist.[197] Bei der *ignorantia facti* bleibt die Vorstellung des Verfügenden identisch, fehlerhaft wird sie nur, weil ihr Bezugspunkt verändert wird (z.B. eine richtige oder eine manipulierte Abrechnung).

Der Grad der Vorstellung des Verfügenden muss also über das unreflektierte „Alles-in-Ordnung-Halten" hinausgehen. In der *Deputatkohlenentscheidung* verlangt der *BGH* daher, der Verfügende müsse als selbstverständlich davon ausgehen, dass der Antragsteller die Kohle tarifvertragsgemäß verwendet. Jüngst beruft sich der *BGH* hierauf in einer Entscheidung zum Abrechnungsbetrug, in der er ausführt, dass der Sachbearbeiter in der selbstverständlichen Erwartungshaltung handele, dass die angesetzten Kosten tatsächlich angefallen sind.[198] Die Literatur konkretisiert dies als sachgedankliches Mitbewusstsein oder als ständiges Begleitwissen.[199]

Demnach braucht der Sachbearbeiter nicht alle tatsächlichen und rechtlichen Umstände der Abrechnung zu reflektieren; es genügt, wenn er als selbstverständlich voraussetzt, der Abrechnung lägen nur tatsächlich erbrachte und abrechenbare Leistungen zu Grunde.

Als Indiz für eine derartige Vorstellung des Sachbearbeiters kann auf die durchgeführte Überprüfung abgestellt werden: Er vertraut darauf, dass die EDV

---

195 *Kühne* [Geschäftstüchtigkeit] S. 49; siehe auch MünchKommStGB-*Hefendehl* § 263 Rn. 210; *Krey/Hellmann* Rn. 383 m.w.N.

196 Vgl. Fn. 194.

197 Schönke/Schröder-*Cramer/Perron* § 263 Rn. 37; LK-Tiedemann § 263 Rn. 78.

198 BGH MedR 2006, 721, 724.

199 Vgl. Schönke/Schröder-*Cramer/Perron* § 263 Rn. 39; MünchKommStGB-*Hefendehl* § 263 Rn. 201; *Maurach/Schoeder/Maiwald* BT 1 § 41 Rn. 59; LK-*Tiedemann* § 263 Rn. 83; *Wessels/Hillenkamp* Rn. 509 jeweils m.w.N.

alle Inkompatibilitäten auswirft, die sie erkennen kann.[200] Allerdings soll dem Sachbearbeiter an dieser Stelle keine Naivität vorgeworfen werden. Freilich weiß auch er, dass die Prüfung auf sachlich-rechnerische Richtigkeit die meisten Unstimmigkeiten nicht erkennen kann, weswegen im weiteren Verfahren schließlich auch noch andere Prüfabschnitte folgen. Tatsächlich wird die Prüfung der sachlich-rechnerischen Richtigkeit nur selten einen Betrugsverdacht begründet können.[201] Der Sachbearbeiter weiß also, dass die in diesem Prüfabschnitt unauffälligen Abrechnungen sich später durchaus als betrügerisch erweisen könnten. Die vorangegangene Abrechnungsprüfung stellt also allenfalls ein schwaches Indiz für das erforderliche Bewusstsein des Sachbearbeiters dar.

Daneben gibt es aber noch andere Indizien für die Vorstellung des Verfügenden: Auf eine Fehlvorstellung kann auch aufgrund eines rechtlichen oder sozialen Rahmens geschlossen werden.[202] Der rechtliche Rahmen in der Beziehung zwischen dem abrechnenden Arzt und der Kassenärztlichen Vereinigung wird wesentlich geprägt vom Vertrauensgrundsatz.[203] Das Vertrauen ist nicht nur nötig, weil der Arzt durch etwaige Falschabrechnungen seinen gesamten Berufsstand in Misskredit ziehen kann.[204] Das gesamte System beruht auf dem Vertrauen in die ordnungsgemäße Abrechnung durch den Vertragsarzt. Jenseits eines akuten Verdachts haben die Krankenkassen und Kassenärztlichen Vereinigungen nur selten die Kapazität, die Abrechnung des Arztes detailliert zu prüfen, sie sind daher wesentlich von dem Vertrauen in die korrekte Abrechnung ihrer Mitglieder abhängig. Dem Arzt wird Sicherheit für sein verdientes Honorar gewährt und im Gegenzug ist er dem Gesundheitssystem daher zur „peinlich genauen Abrechnung“ verpflichtet – damit leistet er einen wesentlichen Beitrag zur Sicherstellung eines funktionsfähigen Gesundheitssystems.[205] Auch die

200 Vgl. BGH MedR 2006, 721, 724.

201 So berichtet *Herffs* [Abrechnungsbetrug] S. 62, dass in Berlin zwischen 1987 und 2001 kein Fall des Abrechnungsbetrugs aufgrund der „engeren Honorarprüfung“ aufgedeckt wurde. Nicht berücksichtigt hierbei ist allerdings die Plausibilitätsprüfung.

202 *Sieber* [Computerkriminalität] S. 2/6 f.; LK-*Tiedemann* § 263 Rn. 79.

203 BVerfG NJW 1985, 2187, 2188; BSGE 15, 177, 183 f.; 43, 250, 252; 66, 6, 8; 73, 234, 237; OVG Münster MedR 1988, 51, 53; MedR 1988, 104, 105; *Ehlers* FS Schüler-Springorum (1993), S. 169; *Herffs* [Abrechnungsbetrug] S. 65 f; *ders.* in *Hellmann/Herffs* Rn. 156; *Ulsenheimer* [Arztstrafrecht] Rn. 14/11.

204 So OVG Münster MedR 1988, 51, 53 re. Sp.

205 BSGE 43, 250, 252; 73, 234, 237; Beschl. v. 09.04.2008 – B 6 KA 18/07 B, Rn. 14. Siehe auch Rieger-*Dahm* Oz. 1780 Rn. 2. Pflicht zur peinlich genauen Abrechnung geht sogar so weit, dass sie Ärzten verbietet, weniger als die erbrachten Leistungen abzurechnen: LSG Nordrhein-Westfalen MedR 2001, 103, 104 f.

strafrechtliche Rechtsprechung hat den Stellenwert des dem Arzt gegenüber aufgebrachten Vertrauens verinnerlicht: Wesentlicher Strafzumessungsgesichtspunkt sei neben dem entstanden Schaden der verursachte Vertrauensbruch.[206] Bei einem Abrechnungsbetrug über mehrere Quartale könne angesichts des gravierenden Vertrauensbruchs nur ausnahmsweise auf die Verhängung einer Freiheitsstrafe verzichtet werden.[207] Die Rechtsprechung hält das Verhältnis des Arztes zu den Kassen schließlich sogar für so eng, dass sie eine Vermögensbetreuungspflicht des Arztes gegenüber der Krankenkasse annimmt und im Falle der Verordnung nicht notwendiger Medikamente wegen Untreue, § 266 Abs. 1 StGB, verurteilt.[208] Mit jeder Quartalsabrechnung manifestiert der Arzt aufs Neue, dass er dieses Vertrauen des Systems in Anspruch nehmen will. Dort versichert der Arzt, dass er die Leistungen persönlich erbracht hat und dass seine Angaben sachlich richtig sowie vollständig sind.[209]

Der zuständige Sachbearbeiter der Kassenärztlichen Vereinigung geht also nicht lediglich davon aus, „alles sei in Ordnung." Aufgrund des im Vertragsarztrecht geltenden Vertrauensgrundsatzes kann er als selbstverständlich voraussetzen, dass die abgerechneten Leistungen erbracht worden sind. Er hegt ein grundsätzliches Vertrauen in die Richtigkeit der Abrechnung des Arztes als positives Begleitwissen seiner Abrechnung.[210]

c. Zweifel des Sachbearbeiters

Auch der Sachbearbeiter kennt die Problematik des Abrechnungsbetrugs. Gerade er weiß um die Existenz einiger „schwarzer Schafe". Oftmals muss er sogar trotz eines konkreten Verdachts aufgrund interner Anweisungen verfügen.[211] Im Folgenden soll daher untersucht werden, inwiefern das Vorliegen von Zweifeln der Annahme eines Irrtums entgegensteht.

---

206 BGHSt 36, 320, 322.

207 BGH wistra 1992, 296.

208 BGH MedR 2004, 268, 270; mit Anm. *Herffs* wistra 2006, 63 ff.; krit.: *Geis* GesR 2006, 345 ff. m.w.N. Vgl. auch BGH NStZ 2004, 568; OLG Hamm MedR 2005, 236.

209 Vgl. S. 36.

210 BGH MedR 2006, 721, 724; Schönke/Schröder-*Cramer/Perron* § 263 Rn. 39 a.E.; *Herffs* [Abrechnungsbetrug] S. 65 f; *ders.* in *Hellmann/Herffs* Rn. 156; *Ulsenheimer* [Arztstrafrecht] Rn. 14/11.

211 So im Falle BGH NJW 2003, 1198, wo im Hinblick auf mögliche Regressforderungen der Vorstand der Kassenzahnärztlichen Vereinigung anordnete, maximal 50.000 DM einzubehalten.

Eine BGH-Entscheidung zum vertragsärztlichen Abrechnungsbetrug hat in jüngster Zeit grundsätzlich Stellung zur vieldiskutierten Zweifelsproblematik bezogen und einige Resonanz in der Literatur hervorgerufen.[212] In dieser Entscheidung judiziert der *BGH*, dass Zweifel solange nicht geeignet sind, die Annahme eines tatbestandsmäßigen Irrtums in Frage zu stellen, als das Opfer gleichwohl noch die Wahrheit der behaupteten Tatsache für möglich hält und deswegen die Vermögensverfügung trifft, also trotz seiner Zweifel, seien sie auch noch so erheblich, der List des Täters zum Opfer fällt.[213] Hiermit bestätigt der *BGH* nicht nur seine ständige Rechtsprechung zur Unbeachtlichkeit von Zweifeln bei der Feststellung eines betrugsrelevanten Irrtums,[214] sondern geht noch über diese Entscheidungen hinaus. Er verlangt nämlich nicht mehr, dass der „Irrende" die Möglichkeit der Unwahrheit für geringer hält als die der Wahrheit (wenngleich er dies im zu entscheidenden Fall jedoch ebenfalls bejaht). Aus Gründen der Praktikabilität wendet sich der *BGH* damit gegen eine Abgrenzung nach Wahrscheinlichkeitsgraden.[215]

Darüber hinaus erteilt der *BGH* auch viktimodogmatischen Ansätzen eine Absage, die zweifelnde Opfer für weniger schutzwürdig erachten und deshalb unter Umständen zu einer Ablehnung eines Irrtums kommen.[216] Dieser Ansatz fände keine Stütze im Wortlaut der Norm und nähme den Schutz vor Angriffen auf das Vermögen unangemessen weit zurück. Außerdem liefe er auf eine dem Strafrecht unbekannte Berücksichtigung des Mitverschuldens hinaus.[217] Den viktimodogmatischen Ansichten begegnet der *BGH* auch mit einem – besonders für den vertragsärztlichen Abrechnungsbetrug – interessanten Verweis auf das Prozessrisiko. Die Entscheidungsfreiheit sei bereits faktisch begrenzt, da der Zweifelnde das Prozessrisiko trage, wenn er sich wegen seiner Zweifel weigert,

212 BGH Beschl. des 3. Strafsenat vom 05.12.2002 – Az.: 3 StR 161/02 (LG Düsseldorf); = MedR 2003, 298 ff.; wistra 2003 ff., 142; NJW 2003, 1198 ff.; mit Anm. *Beckemper/Wegner* NStZ 2003, 313 ff.; mit Anm. *Krack* JR 2003, 382 ff.; mit Anm. *Krüger* wistra 2003, 297 f. Vgl. oben S. 28. Siehe auch MüKoStGB-*Hefendehl* § 263 Rn. 218.

213 BGH NStZ 2003, 313, 314. So auch Schönke/Schröder-*Cramer/Perron* § 263 Rn. 40 mit zahlreichen weiteren Nachweisen.

214 BGHSt 2, 325, 326; BGH wistra 1990, 305; 1992, 95.

215 Für eine Abgrenzung nach Wahrscheinlichkeitsgraden jedoch ganz ausdrücklich: *Krey* BT 2 (12. Aufl.) Rn. 373 f.

216 *Amelung* GA 1977, 1 ff.; *Ellmer*, Betrug und Opfermitverantwortung, S. 281 ff.; *Hassemer*, Schutzbedürftigkeit des Opfers und Strafrechtsdogmatik, S. 131 ff.; vgl. auch *Schünemann* NStZ 1986, 439 ff.

217 BGH NStZ 2003, 313, 314.

zu verfügen. Eine These, die im Bereich der vertragsärztlichen Abrechnung auf den ersten Blick scheinbar nicht ganz von der Hand zu weisen ist. So hat die Kassenärztliche Vereinigung, die im vom *BGH* zu entscheidenden Fall betroffen war, aufgrund schlechter Erfahrungen im sozialgerichtlichen Verfahren satzungsweise angeordnet, Honorare nur bei „sehr weit konkretisiertem Verdacht" zurückzubehalten. Sie hatte sogar die Höhe des zurückzubehaltenden Honorars bei 50.000 € gedeckelt.[218] Bei genauerer Betrachtung verfängt diese Argumentation des *BGH* jedoch nicht, denn in ebendiesem Fall verfügt der Sachbearbeiter der Kassenärztlichen Vereinigung nicht aufgrund der Täuschung des Arztes, sondern aufgrund der organisationsinternen Weisung. Die Vermögensverfügung ist hier also abgekoppelt von Kenntnis oder Unkenntnis der Richtigkeit der vertragsärztlichen Abrechnung. Verneint man hier noch nicht naheliegenderweise einen Irrtum des Sachbearbeiters, so fehlt es in jedem Fall an der erforderlichen Kausalität zwischen Irrtum und Verfügung.[219] Aus Erwägungen des Opferschutzes ist die Argumentation des *BGH* nachvollziehbar, sie taugt jedoch nicht, um viktimodogmatische Erwägungen grundsätzlich zu entkräften, schließlich kann man diesen nicht die Falschbehandlung einer Fallgruppe zum Vorwurf machen, die man bei konsequenter Anwendung der gesetzlichen Vorschrift nicht anders behandeln dürfte.[220] Dementsprechend verurteilte das Instanzgericht in den Fällen, in denen das Honorar trotz Zweifel aufgrund einer internen Weisung ausgezahlt worden ist, auch nur wegen versuchten Betrugs.[221]

Der Irrtum als psychologischer Sachverhalt verlangt eine innerliche Stellungnahme des „Irrenden" zu den vorgetäuschten Tatsachen, denn er fällt dann nicht der List des Täters zum Opfer, wenn er – der Täuschung gegenüber indifferent – aufgrund äußerer Einflüsse (wie bspw. einer Weisung in der Satzung der Kassenärztlichen Vereinigung) verfügt. Jenseits dieser Gleichgültigkeit muss man einen Irrtum des Zweifelnden mit der h. M. aber solange annehmen, wie das

218 Vgl. Fn. 211.

219 Vgl. *Krack* JR 2003, 386.

220 Es ist zuzugeben, dass der Prozessbetrug bei einer Entscheidung nach Beweislastregeln oder nach einer Schlüssigkeitsprüfung beim Versäumnisurteil unserer Konstellation ähnelt, hier ist der Richter kraft Gesetzes gezwungen, seine etwaigen Zweifel zu überwinden und in eine bestimmte Richtung zu entscheiden. Anerkanntermaßen bildet der Prozessbetrug jedoch eine Ausnahme, vgl. LK-*Tiedemann* § 263 Rn. 86 a. E.

221 LG Düsseldorf, Urt. v. 20.12.2001 – III 9/01. Der BGH konnte diese Entscheidung letztlich dahinstehen lassen, da nur der Angeklagte Revision eingelegt hatte und die Annahme einer Versuchsstrafbarkeit ihn nicht beschwerte.

Opfer die Richtigkeit der vorgetäuschten Tatsachen noch für möglich hält.[222] Wer sich nach einer Abwägung über die Richtigkeit der vorgetäuschten Tatsache trotz Zweifeln zu einer Verfügung motivieren lässt, ist auch Opfer des betrugstypischen Angriffsmittels, der Überlistung. Gerade angesichts einer wirtschaftlichen Realität, in der Zweifel an Zahlungsfähigkeit und -willigkeit unvermeidliche Begleiterscheinungen des Geschäftsverkehrs sind, ist nicht ersichtlich, warum das gewissenhafte Opfer, das sich skrupulös Gedanken macht, weniger schutzwürdig sein soll, als dasjenige, das gedankenlos verfügt.[223] Darüber hinaus leuchtet nicht recht ein, warum die dem Opfer vorgeworfene Mitverantwortung vollkommen zu seinen Lasten gehen soll, wo doch die Mitverantwortung des Täters ungleich größer ist, denn ohne seine wahrheitswidrigen Erklärungen wäre es nie zu einem Vermögensschaden gekommen.[224] Ob damit der gesamte viktimodogmatische Ansatz bei der Diskussion über die Irrtumsproblematik verworfen werden muss, ist eine Frage, die hier nicht entschieden werden kann und auch nicht muss. In Fällen bewusster Risikoentscheidung mag das letzte Urteil über diesen Ansatz – trotz einer gewissen Verebbung der Diskussion – noch nicht gefällt sein. Dies betrifft aber beispielsweise hoch spekulative Wirtschaftgeschäfte, die für unseren Fall des vertragsärztlichen Abrechnungsbetrugs irrelevant sind.

Im Ergebnis zu Recht hält also der *BGH* für Fälle des Abrechnungsbetrugs bei der Irrtumsfeststellung Zweifel des Opfers für unbeachtlich, sofern es sich trotz dieser Zweifel zur Vermögensverfügung durchringt. Genau das liegt allerdings dann nicht mehr vor, wenn der Sachbearbeiter der Kassenärztlichen Vereinigung aufgrund anderer Einflüsse zur Verfügung motiviert wird, wie z.B. einer interne Weisung (siehe oben S. 51). Eine solche Weisung ist aus Tätersicht reiner Zufall. Allerdings nicht notwendigerweise ein glücklicher, denn eine Verurteilung wegen versuchten Betruges bleibt in solchen Fällen unberührt.

d. Arbeitsteilige Organisation der Kassenärztlichen Vereinigung

Schließlich stellt sich bezüglich des Irrtums seitens der Kassenärztlichen Vereinigung noch ein grundsätzliches wirtschaftstrafrechtliches Problem. Denn auch die Kassenärztlichen Vereinigungen organisieren sich zur Effizienzsteigerung arbeitsteilig. Daraus resultieren für den Strafrechtler Fragen nach der Zurechen-

---

222 BGH NStZ 2003, 313, 314; Schönke/Schröder-*Cramer/Perron* § 263 Rn. 40; *Krey/Hellmann* Rn. 372a ff.; LK-*Tiedemann* § 263 Rn. 86; *Wessels/Hillenkamp* Rn. 510.

223 Siehe auch LK-*Tiedemann* § 263 Rn. 86.

224 Vgl. *Krey/Hellmann* Rn. 373.

barkeit von Wissen und Irrtum.[225] Zunächst einmal ist denkbar, dass nicht der Prüfer die Vermögensverfügung vornimmt, sondern möglicherweise ein anderer Sachbearbeiter z.B. in der Abrechnungsabteilung (aa.). Fraglich ist zudem, wie zu verfahren ist bei möglicherweise besserem Wissen einer anderen Einheit innerhalb der arbeitsteiligen Organisation (bb.). Schließlich stellt sich auch ein rein faktisches Problem der prozessualen Nachweisbarkeit, denn bei einem EDV-unterstützten Verfahren wie der Abrechnungsprüfung wird oft nicht mehr feststellbar sein, welcher konkrete Sachbearbeiter die Prüfung vorgenommen hat und welche Vorstellung er bei der Verfügung hatte (cc.).

aa. Person des Irrenden

Das Problem, dass der Prüfer und der Verfügende personenverschieden sind, ist ohne Vorgriff auf den nächsten Abschnitt zur Vermögensverfügung nicht zu klären. Die relevante Vermögensverfügung – dies soll vorweggenommen werden – ist nämlich nicht erst die Anweisung des Honorars, sondern bereits die Honorarfestsetzung durch den Honorarverteilungsmaßstab. Ersteres ist bloße Durchführung der vorher ergangenen Verfügung.[226] Damit rücken Prüfer und Verfügender schon wieder näher aneinander. Nach unbestrittener Ansicht müssen Irrender und Verfügender beim Betrug jedoch identisch sein.[227] Wenn wie im Regelfall Abrechnungsprüfung und Erlass des Honorarbescheids von unterschiedlichen Personen vorgenommen werden, so ist auch dies eine dem Strafrecht bekannte Situation: Der Prüfer wird zum Werkzeug des abrechnenden Arztes, wenn er die zwar geprüften, jedoch täuschungsrelevanten Unterlagen weiterleitet. Aufgrund dieser vom Prüfer vermittelten Täuschung irrt derjenige Sachbearbeiter, der den Honorarbescheid erlässt über die Richtigkeit der geprüften Abrechnung. Es liegt also ein Abrechnungsbetrug in mittelbarer Täterschaft (§25 Abs.1 Alt.2 StGB)vor.[228]

---

225 Im Hinblick auf die strafrechtliche Zurechnung von Wissen bespricht den oben genannten BGH-Fall *Eisele* ZStW 116 (2004), 15ff.

226 Siehe unten S.79; vgl. auch *Herffs* [Abrechnungsbetrug] S.86.

227 Statt vieler BGHSt18, 221, 223; Schönke/Schröder-Cramer/Perron §263 Rn.65; LK-*Tiedemann* §263 Rn.112.

228 So wohl auch LK-*Tiedemann* §263 Rn.82. *Hancok* S.138ff. hingegen übergeht diese Form der Vermittlung der Fehlvorstellung in ihren umfangreichen Erläuterungen zur Zurechnung von Irrtum und Wissen. Grds. hierzu *Cramer/Perron* a.a. O. Rn.180.

bb. Wissenszurechnung in der Kassenärztlichen Vereinigung

Schwieriger ist die bisher wenig diskutierte Frage[229] nach der Behandlung besseren Wissens innerhalb einer arbeitsteiligen Organisation zu beantworten. Exemplarisch kann hier ein jüngst in Rheinland-Pfalz angestrengtes Ermittlungsverfahren angeführt werden. Hier sind Vorstandmitglieder der Kassenärztlichen Vereinigung in der Plausibilitätsprüfung aufgefallen, weil sie mehr als die in ihren Arbeitsverträgen zulässigen 13 Stunden in ihrer Praxis gearbeitet haben sollen. Dies lässt unter Umständen nicht nur eine reine Vertragsverletzung vermuten, sondern es kommt – wie bei jeder Überschreitung von Zeitprofilen – auch eine Abrechnungsmanipulation, möglicherweise wegen des Verstoßes gegen die Pflicht zu persönlichen Leistungserbringung, in Betracht. Nicht überraschend wurde daher gegen eines der nunmehr ehemaligen Vorstandsmitglieder ein Ermittlungsverfahren eingeleitet.[230] Unterstellt man hier Täuschung und Irrtum des Sachbearbeiters, so kommt man zu dem Problem, wie es zu bewerten ist, dass ein Vorgesetzter in der arbeitsteilig organisierten Kassenärztlichen Vereinigung – nämlich der abrechnende Arzt selbst – von der Manipulation gewusst hat.[231]

In der erwähnten Leitentscheidung des *BGH* zum Irrtum wirft auch der 3. Senat diese Frage auf, lässt sie jedoch unbeantwortet. Er hält sie nämlich nicht für entscheidungsbedürftig, da nach Überzeugung des Tatsachengerichts sowohl Prüfungsabteilung als auch die Geschäftsführung der Kassenärztlichen Vereinigung lediglich einen vagen Verdacht hegten, der einen Irrtum nicht in Frage stellt.[232]

Derselbe Senat bezieht zu dieser Frage aber in einer jüngeren Entscheidung Stellung:[233] Innerhalb einer hierarchisch organisierten Stadtverwaltung komme es zur Feststellung eines täuschungsbedingten Irrtums auf die Kenntnis eines Beigeordneten und nicht auf die eines nachgeordneten, möglicherweise gutgläu-

229 Siehe *Eisele* ZStW 116 (2004), 15 ff.; *Tiedemann* FS Klug Bd. 2 (1983), S. 413 f; LK-*Tiedemann* § 263 Rn. 82.

230 Siehe Ärzte Zeitung, 08.12.06; 13.12.06; **14.12.06**; 18.12.06; 01.02.07; auch Trierischer Volksfreund, 09.12.06; 12.12.06; 13.12.06; 18.12.06.

231 Ähnliche Konstellation auch im Falle des LG Lübeck Urt. v. 01.08.2005 – 7 KLs 21/04; red. Leitsatz in MedR 2006, 210 (zitiert nach Wenzel-*Steinhilper* Kap. 11 Rn. 383), bei der ein Vorstandsmitglied der Kassenärztlichen Vereinigung wegen Abrechnungsbetrugs (Verstoß gegen Pflicht zur per. Leistungserbringung) verurteilt worden ist. Ähnlich auch ein Verdachtsfall bei der Kassenärztlichen Vereinigung Schleswig-Holstein, Kieler Nachrichten vom 15.02.2008.

232 BGH NStZ 2003, 313, 315.

233 BGH wistra 2006, 185 ff.

bigen Sachbearbeiters an, weil letzterer seine Verfügungsbefugnis ausschließlich aus den Befugnissen seines Vorgesetzten ableite. Der *BGH* schließt sich damit einer im Ergebnis auch in der Literatur vertretenen Auffassung an, leider jedoch ohne auf die mit ihr verbundenen schwierigen dogmatischen Fragestellungen der Wissenszurechnung im Strafrecht einzugehen.

(1.) Zurechnungszusammenhang

Aufgrund der erforderlichen Kausalität zwischen Irrtum, Verfügung und Schaden wird herkömmlich allein auf die Vorstellung des tatsächlich Verfügenden abgestellt.[234] Ein Irrtum beschreibt die psychische Realität des Getäuschten und ist einer normativen Interpretation – wie man sie im Zivilrecht beispielsweise bei § 166 BGB kennt – nicht zugänglich.[235] Gerade der Irrtum des Verfügenden ist notwendige Bedingung für den Betrug.

Nach den zutreffenden und anerkannten Regeln des Dreiecksbetrugs ist es jedoch unbeachtlich, dass Verfügender und Geschädigter personenverschieden sind, solange nur ein Näheverhältnis zwischen ihnen besteht.[236] Der Dreiecksbetrug ermöglicht also, dass Getäuschter/Verfügender einerseits und der Geschädigte andererseits auseinander fallen.

Eine vordringende Literaturmeinung verlangt nun einen Zurechnungszusammenhang zwischen Irrtum und Schaden. Dieser Zusammenhang entfalle in Fällen der eigenverantwortlichen Selbstgefährdung, wenn also der Vermögensinhaber/Geschädigte von der Vermögensgefährdung weiß, aber dennoch den Verfügenden nicht hindert.[237] Hier läge eine täuschungsunabhängige bewusste Selbstschädigung des vermeintlichen Betrugsopfers vor.[238]

---

234 *Fischer* § 263 Rn. 38.

235 *Eisele* ZStW 116 (2004), 22.

236 Statt vieler LK-*Tiedemann* § 263 Rn. 112 ff.

237 *Beckemper/Wegner* NStZ 2003, 316; *Brand/Vogt* wistra 2007, 409 f.; Schönke/Schröder-*Cramer/Perron* § 263 Rn. 41a; *Eisele* ZStW 116 (2004), 22 ff.; *Rengier* FS Roxin (2001), 819 ff.; Grds. ebenfalls für eine obj. Zurechenbarkeit *Krey/Hellmann* Rn. 373a. Im Ergebnis ebenso NK-*Kindhäuser* § 263 Rn. 181; Ähnlich LK-*Tiedemann* § 263 Rn. 82, der bei der umgekehrten Konstellation (besseres Wissen des Sachbearbeiters bei verfügendem Prinzipal) die Zurechnung zwischen Täuschung und Irrtum verneint. Vgl. schon *Klauser* NJW 1959, 2245; *Weidemann* GA 1967, 238.

238 *Eisele* ZStW 116 (2004), 23.

Der Schaden ist der tatbestandliche Erfolg des Betrugs – es ist daher dogmatisch folgerichtig, wenn man auch hier ein Zurechnungsverhältnis zwischen der tatbestandlichen Handlung und dem Erfolg fordert.[239] Es leuchtet darüber hinaus nicht ein, warum der Vermögensinhaber, der die Vermögensminderung wissentlich auf sich nimmt, ohne sie zu verhindern, schutzbedürftig sein sollte. In dieser einwilligungsähnlichen Situation sind zu Recht die Grenzen einer betrugsrelevanten Schadenszurechnung erreicht. (Womit jedoch keine Aussage über eine Versuchsstrafbarkeit getroffen ist.) Bei einer anderen Betrachtung würde man über die im Grunde sinnvolle Konzeption des Dreiecksbetrugs dem Delikt seinen Charakter einer unbewussten Selbstschädigung rauben. Nach meinem Dafürhalten ist ein Zurechnungszusammenhang zwischen Täuschung und Schaden daher notwendige Konsequenz aus der Rechtsfigur des Dreiecksbetrugs, denn erst diese ermöglicht das personelle Auseinanderfallen von Getäuschtem und Geschädigtem. Damit wird auch deutlich, dass es sich hier also nicht um eine Wissenszurechnung zwischen dem Irrenden und einer möglicherweise besser informierten Person handelt, sondern dass das eigene Wissen des Vermögensinhabers hier dazu führt, dass ein Zurechnungszusammenhang zwischen Täuschung und Schaden entfällt.[240]

(2.) Einwilligungsbefugnis des Vorstands

Der Abrechnungsbetrug weist jedoch insofern eine Besonderheit auf, als der Vorstand der Kassenärztlichen Vereinigung nicht der Vermögensinhaber ist. Er ist lediglich ein Organ der selbstverwalteten Körperschaft[241] – geschädigt ist im Regelfall vielmehr die Gesamtheit der honorarberechtigten Vertragsärzte.[242] Ob bei besserem Wissen eines Organs von einer eigenverantwortlichen Selbstgefährdung der Körperschaft ausgegangen werden kann und damit der Zurechnungszusammenhang zwischen Täuschung und Schaden unterbrochen wird, er-

239 Vgl. *Rengier* FS Roxin (2001), 819 ff.

240 So auch *Eisele* ZStW 116 (2004), 24; *Brand/Vogt* wistra 2007, 409 f. Im Ergebnis ebenso aber in der dogmatischen Konzeption offensichtlich anders BGH wistra 2006, 185, 186; wobei sich dies wie *Fischer* § 263 Rn. 39b richtig anmerken nicht aus der vom Gericht zitierten Lit. ergibt. *Hancok* S. 158 ff. wählt einen anderen Ansatz und konstruiert eine strafrechtliche Wissenszurechnung, die letztlich auch zu einem anderen Ergebnis als hier vertreten führt.

241 Vgl. Schnapp/Wigge-*Schiller* § 5 a Rn. 60.

242 Siehe unten S. 75; vgl. auch Rieger-*Dahm* Oz. 1780 Rn. 20; *Stein* MedR 2001, 130; *Ulsenheimer* [Arztstrafrecht] Rn. 14/22. Diesbezügliche Änderungen ergeben sich durch das GKV-WSG ab dem 01.01.2009, dann ist regelmäßig die Krankenkassen die Geschädigte, vgl. S. 82.

scheint zweifelhaft. Hier nun kommt es tatsächlich auf eine Wissenszurechnung an – nämlich zwischen dem Vermögensinhaber und dem für ihn handelnden Organ. Für eine derartige Zurechnung könnte man anführen, dass es in den Verantwortungsbereich der sich selbst verwaltenden Ärzte fällt, sich so zu organisieren, dass das Wissen in ihrer Organisation nicht zu ihrem Schaden eingesetzt wird; eine Argumentation, die allerdings an oben verworfene viktimodogmatische Erwägungen erinnert. Will man jedoch das bessere Wissen innerhalb der arbeitsteiligen Organisation als bewusste Selbstschädigung des Opfers im Rahmen eines Zurechnungszusammenhangs zwischen Täuschung und Schaden berücksichtigen, so ist m.E. darauf abzustellen, welche Befugnisse dem Organ innerhalb der Körperschaft eingeräumt sind. Nur wenn der Vermögensinhaber (die Gemeinschaft der honorarberechtigten Ärzte) das handelnde Organ (den Vorstand) zu den fraglichen Verfügungen befugt hat, kann von einer bewussten Selbstschädigung gesprochen werden, die den Zurechnungszusammenhang durchbricht. Dies ist dann der Fall, wenn das handelnde Organ kraft der ihm verliehenen Befugnisse auch wirksam in die Vermögensschädigung hätte einwilligen können.[243]

Ganz offensichtlich fällt aber die Zahlung von Honoraren für nicht oder nicht ordnungsgemäß erbrachte Leistungen nicht in den Aufgabenbereich eines Vorstandes einer Kassenärztlichen Vereinigung. Wenn er dies trotzdem tut, handelt er grob pflichtwidrig, verletzt seine Vermögensbetreuungspflicht und muss sich – bei Vorliegen der übrigen Voraussetzungen – wegen Untreue verantworten.[244] Diese veruntreuende Handlung des Vorstands kann erst recht keine wirksame Einwilligung in die Vermögensschädigung der Gesamtheit der Vertragsärzte darstellen. Eine Einwilligungsbefugnis kann auch deshalb nicht bestehen, weil letztlich nicht über das Vermögen der Körperschaft verfügt wird, sondern über die unter allen Vertragsärzten zu verteilende Gesamtvergütung § 85 Abs. 4 S. 1 SGB V. Der Vorstand kann also in diese schädigende Handlung des abrechnenden Vertragsarztes nicht einwilligen. Nach dem oben Gesagten kann daher sein besseres Wissen auch nicht dazu führen, dass der Zurechnungszusammenhang zwischen Täuschung und Schaden aufgehoben wird. Also hat das möglicherweise bessere Wissen des Vorstandes keinen Einfluss auf die Feststellung eines Betruges, wenn ein gutgläubiger Sachbearbeiter der Kassenärztli-

243 Ähnlich *Eisele* ZStW 116 (2004), 26 f.; *Fischer* § 263 Rn. 39b.

244 Vgl. OLG Karlsruhe MedR 2006, 350 ff., welches davon ausgeht, dass sich der Vorstand einer Kassenärztlichen Vereinigung, der einen sozialrechtlich nicht mehr vertretbaren Vergleich schließt, wegen Untreue strafbar ist. Allgemein hierzu: MünchKommStGB-*Dierlamm* § 266 Rn. 224.

chen Vereinigung verfügt und der Vorstand seine Befugnisse überschreitet, indem er den Sachbearbeiter gewähren lässt.[245]

(3.) Weitere Fälle

Freilich handelt es sich in dem hier beschriebenen Fall, in dem der täuschende Vertragsarzt und das Vorstandsmitglied der Kassenärztlichen Vereinigung identisch sind, um eine Extremkonstellation. Es liegt eine offensichtliche Überschreitung der Befugnisse vor. Anders wird man die objektive Zurechnung beurteilen müssen, wenn der Vorstand im Rahmen seiner Befugnisse handelt. Beispielsweise wenn eine zweifelhafte Interpretation der Abrechnungsvorschriften durch einen Vertragsarzt bereits in der Plausibilitätsprüfung aufgefallen ist, und der Arzt den Vorstand darüber informiert hat, dass er auch weiterhin an dieser Interpretation festhält und diese Form der Abrechnung fortsetzt. Unterlässt es der Vorstand – im Rahmen seiner Befugnisse –, die Vergütung der abgerechneten Leistungen zu unterbinden, dann liegt hierin eine freiverantwortliche Selbstgefährdung und die Zurechnung zwischen einer etwaigen Täuschung[246] und einem Vermögensschaden wird unterbrochen.

Nach der hier vertretenen Auffassung hindert besseres Wissen vorgesetzter Organe in der Kassenärztlichen Vereinigung also nur in Ausnahmefällen die Betrugsfeststellung. Mangels abrechnungsbetrugsspezifischer Relevanz sollen die Folgen der umgekehrten Sachverhaltskonstellation, dass der untergeordnete Sachbearbeiter mehr weiß als sein Vorgesetzter und die damit verbundene Frage nach einer möglichen Anwendung des Rechtsgedanken der zivilrechtlichen Wissenszurechnung hier nicht behandelt werden.[247]

cc. Prozessuale Nachweisbarkeit des Irrtums

Auch die dritte aufgeworfene Frage nach der prozessualen Feststellung eines Irrtums innerhalb der kassenärztlichen Vereinigung muss nicht über eine Wissenszurechnung gelöst werden. Dem *BGH* ist zuzustimmen, wenn er fordert, dass

245 Wendet man diese Konzeption auf den Fall BGH wistra 2006, 185 an, so kommt man auch hier zu dem Ergebnis, dass das bessere Wissen des Beigeordneten die Feststellung eines Betrugs nicht hindert. So auch *Fischer* § 263 Rn. 39b.

246 In derart gelagerten Fällen wird man aber nur schwerlich eine Täuschung feststellen können, vgl. S. 36 ff.

247 Siehe dazu beispielsweise *Fischer* § 263 Rn. 39a; NK-*Kindhäuser* § 263 Rn. 179 ff.; LK-*Tiedemann* § 263 Rn. 82; *Tiedemann* FS Klug Bd. 2 (1983), S. 413 f. Für den vertragsärztlichen Abrechnungsbetrug *Hancok* S. 149 ff.

die Urteilsgründe regelmäßig darlegen müssen, wer die Verfügung getroffen hat und welche Vorstellungen er dabei hatte.[248] Allerdings wird dies angesichts des EDV-gestützten, standardisierten Prüfverfahrens oft schwer fallen, insbesondere, wenn sich die strafrechtlichen Ermittlungen auf weit zurückliegende Quartale beziehen. Der *BGH* ersetzt diese schwierige Beweiswürdigung jedoch nicht durch eine komfortablere Zurechnungslösung, wenn er es für möglich hält, die tatrichterliche Überzeugung auch in anderer Weise zu erlangen, z.B. durch Vernehmung eines Innenrevisors oder eines Abteilungsleiters, der von den Vorstellungen der einzelnen Sachbearbeiter berichten kann.[249] Erst bei konkreten Anhaltspunkten für ein besseres Wissen des im Einzelfall tatsächlich zuständigen Sachbearbeiters sei diese mittelbare Beweiserhebung nicht mehr zulässig. Der *BGH* rechnet also kein Wissen zu, sondern stellt weiterhin auf die Vorstellungen des konkret Verfügenden ab – nur gewinnt er Erkenntnisse über das Wissen in mittelbarer Weise, nämlich durch die Befragung von Vorgesetzten. Diese mittelbare Form der Beweiserhebung ist aus praktischer Sicht zwingend erforderlich. Und sie bietet gerade wegen der immer gleichen, standardisierten Abrechnungsprüfung eine vollkommen ausreichende Grundlage, damit der Richter einen Irrtum mit an Sicherheit grenzender Wahrscheinlichkeit bejahen kann.[250] Letzteres ist Voraussetzung für die hinreichende richterliche Überzeugung am Ende seiner Beweiswürdigung nach § 261 StPO.[251]

e. Irrtum des Sachbearbeiters der Krankenkasse

Die Trennung des Abrechnungsverfahrens zwischen der Gesamtvergütung im Verhältnis Krankenkasse/Kassenärztliche Vereinigung und der Honorarverteilung im Verhältnis Kassenärztliche Vereinigung/Vertragsarzt führt dazu, dass nicht bloß auf einen Irrtum seitens der Kassenärztlichen Vereinigung abgestellt werden kann, sondern auch die Kassenseite berücksichtigt werden muss. Quartalsweise übermitteln die Kassenärztlichen Vereinigungen den Krankenkassen alle für die vertragsärztliche Versorgung erforderlichen Daten über die abgerechneten Leistungen, § 295 Abs. 2 S. 1 SGB V.[252] Dementsprechend wird die Kassenärztliche Vereinigung zum Tatmittler des Vertragsarztes, wenn sie die täuschungsrelevanten Daten an die Kasse übermittelt. Die Kasse ist keine ledig-

248 BGH NStZ 2003, 313, 314 f.

249 BGH a.a.O., 314.

250 So auch *Beckemper/Wegner* NStZ 2003, 316.

251 Vgl. hierzu *Kühne* Rn. 947 m.w.N.

252 Näher hierzu KassKomm-*Hess* § 295 SGB V Rn. 4-4b.

lich der Kassenärztlichen Vereinigung nachgeordnete Zahlstelle,[253] sondern sie ist zu einer eigenen Abrechnungsprüfung verpflichtet, § 106a Abs. 3 SGB V.[254] Außerdem ist sie involviert in die Wirtschaftlichkeitsprüfung nach § 106 SGB V. Wie der Sachbearbeiter der Kassenärztlichen Vereinigung geht auch derjenige der Krankenkasse von der Richtigkeit der vertragsärztlichen Abrechnung aus, er vertraut nicht nur in das Ergebnis der Prüfungsorgane der eigenen Organisation, sondern zusätzlich noch in die vorgeschaltete Prüfung der vertragsärztlichen Selbstverwaltung. Das Vertrauen in die rechtmäßige Leistungsabrechnung durch den Vertragsarzt wird bei ihm ebenfalls positives Begleitwissen bei der Leistung der Gesamtvergütung sein.[255] Auch der Angestellte der Krankenkasse erliegt daher einem Irrtum i. S. d. § 263 StGB.[256]

f. Zusammenfassung

Wird eine Falschabrechnung von den zuständigen Sachbearbeitern bei der Kassenärztlichen Vereinigung resp. der Krankenkasse nicht erkannt, so liegt eine menschliche Fehlvorstellung vor, sodass § 263 StGB und nicht § 263a StGB als maßgebliches Delikt in Betracht kommt. Es genügt dabei, dass der Sachbearbeiter die Richtigkeit der eingereichten Abrechnung als selbstverständlich voraussetzt. Seine Zweifel sind solange unbeachtlich, wie er diese überwinden kann und sich trotz Bedenken zu einer Verfügung durchringt. Besseres Wissen eines Vorgesetzten in der arbeitsteiligen Organisation kann regelmäßig nicht dazuführen, dass ein Irrtum entfällt.

3. Vermögensverfügung

Aufgrund des Irrtums – sei es des Kassenangestellten, sei es des Sachbearbeiters der Kassenärztlichen Vereinigung – muss nun eine Vermögensverfügung vorgenommen worden sein. Dieses Merkmal des Betrugs findet sich zwar nicht im Gesetzestext, ist jedoch nach einhelliger Ansicht erforderlich, um den Kausalzusammenhang zwischen Irrtum und Vermögensschaden herzustellen. Dabei trägt

253 BGH MedR 2006, 721, 724.

254 Vgl. oben S. 45.

255 Zum positiven Begleitwissen beim Sachbearbeiter der KV siehe oben S. 50.

256 So auch *Herffs* [Abrechnungsbetrug] S. 74. Für den Fall der Einzelleistungsvergütung auch *Hancok* S. 164, wobei ihre Trennung zwischen Einzelleistungsvergütung einerseits und einer pauschalisierten Vergütung andererseits nicht ganz einleuchtet, denn zum einen wird bei der Errechnung der Gesamtvergütung nicht ohne weiteres feststehen, ob sich die Gesamtvergütung erhöht hat (so auch *Herffs* a. a. O.). Zum anderen ist die Krankenkasse auch im Falle einer Kopfpauschale zur Prüfung verpflichtet.

es insbesondere dem Charakter des Betrugs als Selbstschädigungsdelikt Rechnung.[257] Anerkanntermaßen wird diese Vermögensverfügung definiert als jedes Tun, Dulden oder Unterlassen, das unmittelbar eine Vermögensminderung herbeiführt.[258] Welche Handlungen seitens der Kassenärztlichen Vereinigung oder Krankenkasse hier in Betracht kommen und vor allem welche vermögensrelevante Wirkung sie entfalten, kann nur bei Kenntnis des vertragsärztlichen Abrechnungs- und Vergütungssystems sinnvoll bestimmt werden.

a. Gang der vertragsärztlichen Abrechnung

Der Gang der vertragsärztlichen Abrechnung hat sich durch die Gesundheitsreform der Großen Koalition (GKV-WSG), die seit Anfang 2009 in Kraft ist, in für den Abrechnungsbetrug wesentlichen Teilbereichen verändert. Die bisherige Rechtslage wird die Ermittlungsbehörden und Gerichte zunächst auch weiterhin vornehmlich beschäftigen, weil erfahrungsgemäß in Abrechnungsbetrugsverfahren die relevanten Quartale weit zurückliegen können. Es soll daher zunächst die bisherige Rechtslage untersucht werden und daran anschließen soll ein Abschnitt über die Auswirkungen der Gesundheitsreform, insbesondere auf die Feststellung einer betrugsrelevanten Vermögensverfügung.[259]

aa. Überblick/EBM

Die Abrechnung im System der Gesetzlichen Krankenversicherung erfolgte im Wesentlichen aufgrund von drei Instrumenten: Dem Einheitlichen Bewertungsmaßstab für ärztliche Leistungen (EBM), der Gesamtvergütung und dem Honorarverteilungsmaßstab (HVM).

Der EBM bestimmt auch heute noch die Abrechnung des Vertragsarztes gegenüber der Kassenärztlichen Vereinigung.[260] Nur die im EBM ausdrücklich vorgesehenen Leistungen sind abrechnungsfähig, § 87 Abs. 2 S. 1 SGB V – eine Bildung von Analogziffern wie beispielsweise bei der GOÄ ist ausgeschlossen.[261] Der Arzt ordnet also die erbrachten Leistungen den Gebührenpositionen des EBM zu und übermittelt dies in seiner Quartalsabrechnung der zuständigen

257 Schönke/Schröder-*Cramer/Perron* § 263 Rn. 54 m.w.N; LK-*Tiedemann* § 263 Rn. 98.

258 BGHSt 14, 170, 171; *Arzt/Weber* § 20 Rn. 69; Schönke/Schröder-*Cramer/Perron* § 263 Rn. 55; *Fischer* § 263 Rn. 40; *Lackner/Kühl* § 263 Rn. 22; *Krey/Hellmann* Rn. 385; LK-*Tiedemann* § 263 Rn. 97.

259 Siehe unten S. 80.

260 Vgl. S. 39 ff.

261 Schnapp/Wigge-*Hess* § 16 Rn. 27.

Kassenärztlichen Vereinigung, §295 Abs.2 SGB V. Die Positionen des EBM sind jeweils mit einer bestimmten Punktzahl verbunden. Allerdings ließ sich vor der Gesundheitsreform aus den „in Rechnung gestellten" Punkten nicht unmittelbar das ärztliche Honorar errechnen. Die Punkte drückten lediglich ein Verhältnis der möglichen Leistungen zueinander aus, §87 Abs.2 S.1 SGB V. Zur Berechnung des Honorars kamen an dieser Stelle vielmehr die beiden anderen Instrumente, Gesamtvergütung und HVM, ins Spiel. Die Krankenkassen leisten nämlich gem. §§85ff. SGB V eine Gesamtvergütung an die einzelnen Kassenärztlichen Vereinigungen. Nach Maßgabe des HVM wurde diese an die Vertragsärzte verteilt.

bb. Gesamtvergütung

Mit der Gesamtvergütung werden alle im Rahmen des Sicherstellungsauftrags vorgenommenen Leistungen abgegolten.[262] §85 Abs.2 S.2 SGB V sah unterschiedliche Möglichkeiten der Berechnung dieser Gesamtvergütung vor:

Zunächst war es möglich, einen Festbetrag zwischen Krankenkasse und Kassenärztlicher Vereinigung zu vereinbaren. Hiervon wurde jedoch aufgrund des nicht zu kalkulierenden Risikos der Mitgliederentwicklung kein Gebrauch gemacht.

Daneben war es auch möglich, jede einzelne erbrachte Leistung zu vergüten (Einzelleistungsvergütung). Flächendeckend bestand ein System der Einzelleistungsvergütung nur während der sechziger Jahre. Diese ist abgeschafft worden, weil in der Folgezeit die Berechnung der Gesamtvergütung wegen der stetig steigenden Kosten des Gesundheitswesens und der daraus resultierenden negativen volkswirtschaftlichen Effekte vom Grundsatz der Beitragssatzstabilität geprägt wurde. Dieser besagt, dass Beitragssatzerhöhungen ausgeschlossen sind, es sei denn, die notwendige medizinische Versorgung wäre auch nach Ausschöpfung von Wirtschaftlichkeitsreserven ohne Beitragssatzerhöhungen nicht zu gewährleisten, §71 Abs.1 S.1 SGB V. Im Gegensatz hierzu setzt eine konsequente Einzelleistungsvergütung Anreize zur Ausweitung der Vertragsarztpraxis. Dies würde zu einer Gesamtvergütung führen, die stärker steigt als die vorhandenen Mittel, daher ist diese Form der Errechnung der Gesamtvergütung nur schwer mit dem Grundsatz der Beitragssatzstabilität zu vereinbaren, sodass eine

262 KassKomm-*Hess* §85 SGB V Rn.7. Zum Sonderfall der Kostenerstattung nach §13 Abs.2 S.1 SGB V siehe S.72.

Vergütung nach Einzelleistungen nur in seltenen Ausnahmefällen, wie z.B. Impfleistungen erfolgte.[263]

Schließlich konnte auch eine Fall- oder Kopfpauschale vereinbart werden. Ersteres bedeutet einen bestimmten Betrag für alle von demselben Arzt in demselben Quartal an demselben Patienten vorgenommenen Leistungen und wurde in der Vergangenheit nur für gewisse Laborleistungen praktiziert.

Vor dem GKV-WSG wurde die Gesamtvergütung regelmäßig aufgrund von Kopfpauschalen ermittelt, d.h. es wurde eine Kostenpauschale pro Mitglied der Krankenkasse gezahlt.[264] Die Gesamtvergütung war daher unabhängig von der Entwicklung des Leistungsbedarfs, z.B. Erhöhung der Fallzahlen und Morbidität[265], und der Anzahl der teilnehmenden Vertragsärzte. Eine Erhöhung der Gesamtvergütung konnte hierdurch weitestgehend auf den Anstieg der Einnahmen der Krankenkasse durch Beiträge begrenzt werden.[266]

Durch das GKV-WSG ist ab dem 01. Januar 2009 das Morbiditätsrisiko wieder auf die Krankenkassen übertragen worden.[267]

cc. Honorarverteilungsmaßstab

Die Folge dieser Gesamtvergütung mit befreiender Wirkung ist nun, dass sich die Leistungserbringer, also die Vertragsärzte, mit ihren Ansprüchen nicht mehr an die Krankenkasse, sondern lediglich an die für sie zuständige Kassenärztliche Vereinigung wenden dürfen.[268] Diese wiederum ist nämlich verpflichtet, die Gesamtvergütung an die Vertragsärzte zu verteilen, § 85 Abs. 4 S. 1 SGB V. Dabei ist sie grundsätzlich nicht an die Berechnung der Gesamtvergütung gebunden; das bedeutet, die Gesamtvergütung ist kein lediglich an die Vertragsärzte weiterzureichender „durchlaufender Posten."

Die Verteilung erfolgte vor der Gesundheitsreform auf Grundlage des dritten oben angesprochenen Instruments dem Honorarverteilungsmaßstab (HVM).

263 Wohl wichtigster Bereich der Einzelleistungsvergütung sind die Vorsorge und Früherkennungsmaßnahmen, wie genannte Impfleistungen, hierzu sowie zu weiteren Anwendungsgebieten: Schnapp/Wigge-*Hess* § 16 Rn. 63.

264 Schnapp/Wigge-*Hess* § 16 Rn. 61; KassKomm-*Hess* § 85 SGB V Rn. 16 ff.

265 Ein Indikator mit dem die Höhe der Erkrankungsfälle für eine bestimmte Bevölkerungsgruppe in einem bestimmten Zeitraum gemessen wird.

266 Schnapp/Wigge-*Hess* § 16 Rn. 68.

267 Siehe unten S. 80 ff..

268 Schnapp/Wigge-*Hess* § 16 Rn. 3.

Ursprünglich handelte es sich dabei – ganz im Zeichen der vertragsärztlichen Selbstverwaltung – um eine Satzung der Kassenärztlichen Vereinigung, § 85 Abs. 4 SGB V a.F. Nach dem 01. Juli 2004 wurde der HVM vertraglich zwischen den Kassenärztlichen Vereinigungen, den Landesverbänden der Krankenkassen und den Verbänden der Ersatzkassen vereinbart, § 85 Abs. 4 S. 2 SGB V.[269] Da jede Kassenärztliche Vereinigung mit den zuständigen Krankenkassenverbänden einen eigenen entsprechenden Vertrag abschloss, bestanden nebeneinander zahlreiche, zum Teil höchst unterschiedliche Honorarverteilungsmaßstäbe.

Die Folgen des Grundsatzes der Beitragssatzstabilität im Verhältnis zwischen Krankenkassen und Kassenärztlichen Vereinigungen schlugen an dieser Stelle durch: Denn mehr als die Gesamtvergütung konnte die Kassenärztliche Vereinigung nicht an ihre Mitglieder verteilen. Da sich aber schon die Gesamtvergütung nicht an der Entwicklung des Leistungsbedarfs orientierte, war es auch den Kassenärztlichen Vereinigung bei der Verteilung unmöglich, die einzelnen Leistungen mit festen Euro-Werten zu berücksichtigen. Sie musste sich daher bei ihrer – sit venia verbo – Mangelverwaltung verschiedenster Mittel der Honorarverteilung bedienen:

In der Grundkonstellation wurden die von den Vertragsärzten insgesamt erwirtschafteten Punkte zur Gesamtvergütung in ein Verhältnis gestellt, sodass sich ein Geldwert ergab, der einem einzelnen Punkt entsprach. Das Vertragsarzthonorar folgte nun aus der Multiplikation dieses Punktwertes mit der vom Arzt abgerechneten und anerkannten Gesamtpunktzahl. Der Punktwert war also variabel, er war – wegen der Deckelung der Gesamtvergütung – in seiner Höhe von der Anzahl der insgesamt abgerechneten Punkte abhängig: Stieg die Anzahl der abgerechneten Leistungen, so sank der Geldwert pro Punkt. Diese Form der Honorarberechnung hätte in ihrer Reinform zu einem „Hamsterrad-Effekt" geführt.[270] Um den eigenen Anteil an der Gesamtvergütung zu erhöhen, hätten zahlreiche Vertragsärzte sich verleitet fühlen können, die Menge der abgerechneten Leistungen auszuweiten. Dadurch hätte sich jedoch notwendigerweise der Punktwert verringert. Aufgrund dieses verfallenden Punktwertes hätten die Ärzte nun ihre Abrechnungsmöglichkeiten noch weiter auszureizen versuchen können, was die Spirale des Punktwertverfalls weiter angetrieben hätte. In ihrer

269 Daher wird nunmehr auch oft von einem Honorarverteilungsvertrag (HVV) geredet, vgl. Wenzel-*Clemens* Kap. 11 Rn. 197; *Hellmann/Herffs* Rn. 52. Wie das Gesetz bleibt auch diese Darstellung bei der Bezeichnung Honorarverteilungsmaßstab (HVM).

270 *Clemens* MedR 2000, 17, 19; *Herffs* [Abrechnungsbetrug] S. 30; Laufs/Uhlenbruck-*Krauskopf* § 32 Rn. 5; Rieger-*Steinhilper* Oz. 4430 Rn. 67.

Massenwirkung ist diese Verhaltensweise belegbar: Durch Änderung des EBM ab dem 01. Januar 1996 wurde die Bewertung von Gesprächsleistungen erheblich erhöht. Damit stieg auch deren abrechnungsrelevante Attraktivität, sodass sie in einem solchen Ausmaß geltend gemacht wurden, dass sich der Punktwert um 30 Prozent verringerte.[271]

Ist die Abrechnungsbeziehung zwischen den Krankenkassen und den Kassenärztlichen Vereinigungen geprägt durch den Grundsatz der Beitragssatzstabilität, so wird die Beziehung zwischen Kassenärztlicher Vereinigung und den Vertragsärzten wesentlich bestimmt durch das Bestreben nach einer Punktwertstabilität.[272]

Die hierzu angewandten Honorarbegrenzungsregelungen waren vielfältig: Sie reichten von Arztgruppentöpfen über Fallzahlbegrenzungen bis hin zu Budgetierungen.[273] Bei ersteren wurde die Gesamtvergütung vor der Honorarverteilung in verschiedene Töpfe aufgeteilt, die den einzelnen (Fach-)Arztgruppen oder einzelnen Leistungsbereichen (z. B. Laborleistungen) zugeordnet wurden. Das Honorar der Angehörigen der jeweiligen Arztgruppen wurde dann nur aus dem der Gruppe zugewiesenen Topf bestritten. Somit wurde das Risiko eines schwindenden Punktwerts den einzelnen Arztgruppen zugeordnet, die anderen Gruppen wurden vor einem etwaigen Punktwertverfall geschützt.[274] Das Problem des „Hamsterrad-Effekts“ wurde dadurch jedoch lediglich in die einzelnen Arztgruppentöpfe verschoben.

Um es auch hier zu bannen, bediente man sich der beiden anderen genannten Honorarbegrenzungsregelungen. Beide verfolgten das Ziel, die honorierten Leistungen des Vertragsarztes zu kappen. Bestanden Fallzahlbegrenzungen, so konnten die in Rede stehenden Leistungen nur bis zu einer bestimmten Grenze voll abgerechnet werden. Leistungen, die die Fallzahlgrenze überschritten, wurden nur abgestaffelt vergütet.[275] Diese Grenze orientierte sich an dem Arztgruppendurchschnitt oder an vorangegangen Quartalsabrechnungen der betroffenen Praxis.[276] Dabei hat es die Berufsfreiheit geboten, den Ärzten – zumindest

271 Laufs/Uhlenbruck-*Krauskopf* § 32 Rn. 5; *Steinhilper* FS Schwind (2006), S. 168.

272 KassKomm-*Hess* § 85 SGB V Rn. 55.

273 Siehe hierzu *Clemens* MedR 2000, 17 ff.; Schnapp/Wigge-*Hess* § 16 Rn. 106 ff. Zu der Möglichkeit Regelleistungsvolumina einzurichten siehe unten S. 81.

274 *Clemens* MedR 2000, 18.

275 Schnapp/Wigge-*Hess* § 16 Rn. 110 f.

276 Vgl. *Clemens* MedR 2000, 19.

bis zum Fachgruppendurchschnitt – eine Steigerung der Fallzahlen zu ermöglichen, dementsprechende Regelungen musste der HVM vorsehen.[277]

Die Budgetierungen erlaubten dem Arzt eine Abrechnung vertragsärztlicher Leistungen nur bis zu einem bestimmten Honorarvolumen. Überschritt der Arzt sein Budget, so erhielt er für die darüber hinausgehenden Leistungen kein zusätzliches Honorar. Das Budget wurde festgelegt aufgrund bundesweiter Kostenerhebungen für die einzelnen Arztgruppen und Kalkulationen der Arzteinkommen.[278] Daneben bestanden noch einige Zusatzbudgets und budgetfreie Leistungen,[279] sodass trotzdem das tatsächliche Einkommen variieren konnte.

Das *BSG* hat dazu ausgeführt, dass dies aber nicht bedeute, die zusätzlichen Leistungen würden nicht vergütet. Vielmehr beziehe sich das Honorar nach Überschreitung des Budgets auf eine größere Zahl von Leistungen.[280] Damit war also das Risiko des Punktwertverfalls durch Ausdehnung der Kassenpraxis beim einzelnen Vertragsarzt angelangt.[281]

Der Punktwertverfall für die Gesamtheit der Vertragsärzte wurde damit zwar eingedämmt, konnte allerdings nicht vollständig verhindert werden.[282]

dd. Honorarfestsetzung

Aufgrund des Honorarverteilungsmaßstabes ließ sich nun ein konkretes Honorar des Vertragsarztes in Euro feststellen.

Die Kassenärztliche Vereinigung erlässt einen Honorarbescheid in Form eines Verwaltungsakts. Dieser ergeht unter Vorbehalt.[283] Denn zum einen wird der Honorarbescheid meist (vgl. S. 46) schon nach bloßer Prüfung auf sachlich-rechnerische Richtigkeit – daher unter Vorbehalt der Wirtschaftlichkeitsprüfung

---

277 *Clemens* MedR 2000, 19.

278 Hierzu Schnapp/Wigge-*Hess* § 16 Rn. 108.

279 Siehe hierzu auch BSG MedR 2003, 586 ff.

280 BSGE 78, 98, 108.

281 Aufgrund der Konzentration auf die strafrechtliche Perspektive kann an dieser Stelle auf hiermit verknüpfte Fragen nach der Leistungsproportionalität der Vergütung (vgl. KassKomm-*Hess* § 85 SGB V Rn. 58), dem Gebot der Verteilungsgerechtigkeit (ebd. Rn. 59) und der Angemessenheit der Vergütung (ebd. Rn. 62 f. jeweils m.w.N.) nicht weiter eingegangen werden. Zur Verfassungsmäßigkeit der Budgetierungen vgl. *Schmiedel* MedR 2002, 116.

282 KassKomm-*Hess* § 85 SGB V Rn. 51.

283 BSGE 89, 90, 94; Schnapp/Wigge-*Schiller* § 5 a Rn. 129; ebd. *Steinhilper* § 17 Rn. 48.

und zudem weiterer Prüfung auf sachlich rechnerische Richtigkeit – erlassen. Zum anderen kann auch aus Gründen auf Seiten der Kassenärztlichen Vereinigung ein Vorbehalt angebracht sein (z.B. eine lediglich vorläufige Berechnungsgrundlage, weil die Gesamtvergütung noch nicht feststeht). Vier Jahre nach Erlass wird der Bescheid bestandskräftig.[284] Entsprechend dem (vorläufig) erlassenen Bescheid wird das Honorar ausgezahlt.[285]

ee. Zusammenfassung

Für die weitere Betrachtung sollte zusammenfassend festgehalten werden, dass bei der vertragsärztlichen Abrechnung zwischen dem Verhältnis Krankenkasse/Kassenärztliche Vereinigung und dem Verhältnis Kassenärztliche Vereinigung/Vertragsarzt zu trennen ist. Die Abrechnung im ersteren Verhältnis vollzog sich mit Hilfe einer Gesamtvergütung, die im Regelfall aufgrund von Kopfpauschalen errechnet wurde. Die Abrechnung im zweiten Verhältnis erfolgte aufgrund eines Honorarverteilungsmaßstabes, der durch zahlreiche Pauschalierungen und Budgetierungen geprägt war. Aufgrund dieses HVM erfolgte dann der Erlass des Honorarbescheides und die Auszahlung des Honorars.

Es kommen daher als tatbestandsmäßige Vermögensverfügungen folgende vermögensrelevante Maßnahmen in Betracht (in zeitlicher Reihenfolge): Die Leistung der Gesamtvergütung durch die Krankenkassen, die Honorarfestsetzung qua Honorarverteilungsmaßstab durch die Kassenärztliche Vereinigung, der Erlass des Honorarbescheids sowie die Auszahlung des Honorars. Dies ist mit der Frage verknüpft, wer die relevante Vermögensverfügung vornimmt, die Krankenkasse oder die Kassenärztliche Vereinigung.

b. Vermögensverfügung der Krankenkasse

Zunächst ist die Gesamtvergütung der Krankenkassen als mögliche Vermögensverfügung zu untersuchen.[286] Eine Vermögensverfügung ist jedes Tun, Dulden oder Unterlassen, das sich unmittelbar vermögensmindernd auswirkt.[287] Durch

---

284 BSGE 89, 90, 103. Interessant ist in diesem Zusammenhang der Wegfall des Vertrauensschutz nach § 45 Abs. 2 SGB X bei einer betrügerischen Abrechnung i.S.d. § 263 StGB, vgl. *Beeretz* ZMGR 2004, 109.

285 Zum Teil mit Einbehaltungen, siehe hierzu: Laufs/Uhlenbruck-*Krauskopf* § 32 Rn. 10; Schnapp/Wigge-*Steinhilper* § 17 Rn. 56 ff.

286 Siehe S. 63 f.

287 Schönke/Schröder-*Cramer/Perron* § 263 Rn. 55; LK-*Tiedemann* § 263 Rn. 97 jeweils mit weiteren Nachweisen.

die Auszahlung der Gesamtvergütung mindert sich unproblematisch das Vermögen der Krankenkasse.[288]

aa. Gesamtvergütung nach Kopfpauschalen

Wie gezeigt wurde die Gesamtvergütung vor der Gesundheitsreform (GKV-WSG) jedoch überwiegend aufgrund von Kopfpauschalen errechnet,[289] das bedeutet, die Krankenkassen zahlten mit befreiender Wirkung an die Kassenärztlichen Vereinigungen einen Festbetrag pro versichertem Mitglied mit Wohnsitz im Bezirk der jeweiligen Kassenärztlichen Vereinigung. Dies bedeutet gleichermaßen, dass die Höhe der Gesamtvergütung unabhängig von den abgerechneten ärztlichen Leistungen ist. Gleich was die Vertragsärzte – sei es auch mit Täuschungsabsicht – abrechnen, die Gesamtvergütung erhöht sich nicht, sofern eine Kopfpauschale vereinbart ist. Weil jedoch die Merkmale des objektiven Betrugstatbestandes durch Kausalitätserfordernisse verschränkt sind, muss der Irrtum des Verfügenden kausal für seine Verfügung sein.[290] Selbst wenn man hier eine Täuschung unterstellt, die zu einem Irrtum des Kassensachbearbeiters geführt hat, so ist diese nicht Bedingung für die Vermögensverfügung geworden, denn diese wäre ohnehin in unveränderter Höhe zu zahlen gewesen. Ist eine Gesamtvergütung nach Kopfpauschalen vereinbart, so liegt keine aufgrund des Irrtums geleistete Vermögensverfügung der Krankenkasse vor.[291]

bb. Gesamtvergütung nach Einzelleistungen

Kausalität zwischen dem Irrtum und der Vermögensverfügung in Form der Gesamtvergütung kann also nur dann bestehen, wenn sich letztere aufgrund der zu Unrecht abgerechneten Leistungen erhöht hat. Dies kam vor in Inkrafttreten des GKV-WSG in den seltenen Ausnahmefällen in Betracht, in denen eine Einzel-

---

288 Dies unabhängig von der Vermögenslehre; hierzu jedoch eindringlich: *Hancok* S. 170 f.

289 Siehe S. 64. Vgl. Schnapp/Wigge-*Hess* § 16 Rn. 61.

290 Schönke/Schröder-*Cramer/Perron* § 263 Rn. 72; LK-*Tiedemann* § 263 Rn. 121.

291 *Hancok* S. 169 ff.; *Hellmann/Herffs* Rn. 158 ff.; *Herffs* [Abrechnungsbetrug] S. 75 f.; *Ulsenheimer* [Arztstrafrecht] Rn. 14/22. *Herffs* problematisiert daneben eine Betrugsstrafbarkeit, weil durch die unzutreffende Darlegung eines erhöhten Behandlungsbedarfs in zukünftigen Verhandlungen zwischen Kassenärztlicher Vereinigung und Krankenkasse eine erhöhte Gesamtvergütung durchgesetzt werden könnte, *Herffs* [Abrechnungsbetrug] S. 93 ff.; *Hellmann/Herffs* Rn. 170 ff. Es wundert nicht, dass die hierzu erforderliche konzertierte Falschabrechnung einer großen Gruppe von Vertragsärzten (vgl. *Herffs* [Abrechnungsbetrug] S. 47) in der Rechtspraxis nicht zu belegen ist, erscheint sie doch hochgradig hypothetisch.

leistungsvergütung vorgenommen wird.[292,293] Errechnet sich die Gesamtvergütung nach Einzelleistungen, verursacht die fälschliche Abrechnung dieser Leistungen kausal eine Vermögensminderung der Krankenkassen.

Aufgrund wessen Tun (respektive Dulden oder Unterlassen) diese Vermögensminderung eintritt, ist jedoch nicht ganz unproblematisch – man könnte auf die Honorarfestsetzung der Kassenärztlichen Vereinigung[294] oder auf die Leistung der Gesamtvergütung durch die Krankenkasse abstellen.[295] Dazu führt *Hancok* aus, dass – um die Frage nach der Tatvollendung beantworten zu können – auf den frühestmöglichen Zeitpunkt der Vermögensverfügung abzustellen sei.[296] Die Honorarfestsetzung durch die Kassenärztliche Vereinigung ginge der Zahlung der Gesamtvergütung denknotwendig voraus, deshalb verfüge die Kassenärztliche Vereinigung – bei Vorlage der Voraussetzungen des Dreiecksbetrugs –[297] über das Vermögen der Krankenkasse.

Dies ist m.E. unrichtig: Sowohl das Handeln der Kassenärztlichen Vereinigung als auch das Handeln der Krankenkasse kann man grundsätzlich als Tun, das sich vermögensmindernd auswirkt, subsumieren. Denn durch die Zahlung der Gesamtvergütung an die Kassenärztliche Vereinigung wird das Vermögen der Krankenkasse verringert und die genaue Honorarfestsetzung der Kassenärztlichen Vereinigung ist hierfür eine notwendige Bedingung.

Damit kommt beim Abrechnungsbetrug dem Erfordernis der Unmittelbarkeit der Vermögensminderung die entscheidende Bedeutung zu: Grundsätzlich bringt man es zwar mit dem Fehlen weiterer deliktischer Zwischenhandlungen des Täters in Verbindung.[298] Das Merkmal der Unmittelbarkeit entfaltet jedoch auch Wirkungen auf Seiten des Verfügenden. Diese wird insbesondere in Fällen

---

292 Anwendungsfälle der Einzelleistungsvergütung: Schnapp/Wigge-*Hess* § 16 Rn. 63.

293 Theoretisch kann eine Erhöhung auch bei einer Berechnung nach Fallpauschalen eintreten, nämlich dann, wenn die Abrechnung der Behandlung einen neuen Behandlungsfall auslöst (Grundsätzlich zu Recht: *Hancok* S. 169). Allerdings findet in der Praxis eine Berechnung nach Fallpauschalen nicht statt (siehe oben S. 64), sodass diese Konstellation ohne Relevanz ist.

294 So *Hancok* S. 171 ff.; wohl auch *Ellbogen/Wichmann* MedR 2007, 13.

295 So *Herffs* [Abrechnungsbetrug] S. 75, 91.

296 *Hancok* S. 175, Fn. 662.

297 *Hancok* S. 176.

298 Schönke/Schröder-*Cramer/Perron* § 263 Rn. 61; LK-*Tiedemann* § 263 Rn. 98 m.w.N.

so genannter „mehraktiger Verfügungen“ diskutiert.[299] Dabei ist schon der erste Teilakt dann eine Verfügung, wenn er zu einer dem Schaden gleich kommenden konkreten Vermögensgefährdung führt. Verursacht erst der zweite Teilakt eine Vermögensminderung, so wird ein Betrug in mittelbarer Täterschaft vorliegen.[300] Bei mehraktigen Geschehen liegt also schon im ersten Akt eine unmittelbare Vermögensminderung, wenn durch diesen Akt das Vermögen des Geschädigten konkret gefährdet ist.

Beim Abrechnungsbetrug ist dies mit der Honorarfestsetzung durch die Kassenärztliche Vereinigung noch nicht der Fall: Freilich ist zuzugeben, dass schon die fehlerhafte Honorarfestsetzung durch die Kassenärztliche Vereinigung die Gefahr birgt, sich bei der Berechnung der Gesamtvergütung fortzuerben. Andererseits wickelt jedoch die Krankenkasse nicht bloß als eine der Kassenärztlichen Vereinigung nachgeordnete Zahlstelle die vertragsärztliche Abrechnung zahlungstechnisch ab.[301] Ihr kommt vielmehr nicht nur eine eigene Prüfungsmöglichkeit zu, sie ist hierzu sogar verpflichtet, § 106a Abs. 3 SGB V.[302] Es stellt sich also nicht so dar, dass die Kassenärztliche Vereinigung durch ihre Honorarfestsetzung zwingend über das Vermögen der Krankenkasse verfügen kann. Damit ist die Honorarfestsetzung allenfalls eine vage Gefährdung für das Vermögen der Krankenkasse, die für eine Subsumtion unter den Begriff der Vermögensverfügung nicht ausreicht. Darüber hinaus ist zu beachten, dass die Arzthonorare auch bei der Berechnung der Gesamtvergütung nicht zwangsläufig zu durchlaufenden Posten im Honorarverteilungsmaßstab werden. Auch hier ist zwischen den Rechtsbeziehungen „Gesamtvergütung“ und „Honorarverteilungsmaßstab“ zu trennen, denn bei einer Berechnung der Gesamtvergütung nach Einzelleistungen kann die Kassenärztliche Vereinigung die Honorare durchaus aufgrund anderer Kriterien verteilen und wird dies zur Fallzahlbegrenzung auch tun.[303] Unmittelbar zu einer Vermögensminderung der Krankenkasse führt daher also erst die geleistete Gesamtvergütung.

Die dem vorausgehende Honorarfestsetzung durch die Kassenärztliche Vereinigung wird sich in diesem Zusammenhang meist als Vermittlung der Täu-

---

299 Vgl. Schönke/Schröder-*Cramer/Perron* § 263 Rn. 62; LK-*Tiedemann* § 263 Rn. 111 jeweils mit Beispielen und weiteren Nachweisen.

300 LK-*Tiedemann* § 263 Rn. 111.

301 BGH MedR 2006, 721, 724.

302 Hierzu KassKomm-*Hess* § 106a SGB V Rn. 11 ff.

303 Siehe hierzu Schnapp/Wigge-*Hess* § 16 Rn. 98.

schung des Vertragsarztes an die Krankenkasse darstellen, sodass ein Betrug in mittelbarer Täterschaft gegeben ist.[304]

Demnach ist festzuhalten, dass die Krankenkasse über eigenes Vermögen verfügt, wenn sich aufgrund einer Einzelleistungsvergütung die Gesamtvergütung bei einer Abrechnungsmanipulation erhöht.[305]

cc. Kostenerstattung

Ein Sonderfall der Abrechnung ist gegeben, wenn das Kassenmitglied gem. § 13 Abs. 2 SGB V anstatt der Sachleistung die Kostenerstattung gewählt hat.[306] In diesem Fall treten die Versicherten gegenüber dem Leistungserbringer in Vorleistung und erhalten ihre Kosten später von ihrer Krankenkasse erstattet. Nach § 13 Abs. 2 S. 7 SGB V besteht der Anspruch auf Erstattung jedoch allenfalls in Höhe der Vergütung, die die Krankenkasse bei Geltung des Sachleistungsprinzips zu tragen gehabt hätte. Die Höhe des Erstattungsanspruch richtet sich also wiederum nach § 85 SGB V und den aufgrund dieser Vorschrift abgeschlossenen Verträgen.[307] Dies führt dazu, dass sich das gesamte Ausgabevolumen der Krankenkassen wiederum nur im Falle der Einzelleistungsvergütung erhöht, da ansonsten die erstatteten Kosten auf die Gesamtvergütung angerechnet werden, § 85 Abs. 2 S. 8 SGB V.[308] Trotzdem ist die zu Unrecht abgerechnete Leistung conditio sine qua non für die konkrete Verfügung der Krankenkasse, denn ohne sie könnte der Patient (sei es als Tatwerkzeug oder als Mittäter respektive Gehilfe) keine Kostenerstattung verlangen und die Krankenkasse würde keine Zahlung vornehmen. Die Art der Errechnung der Gesamtvergütung (Kopfpauschale oder Einzelleistungsvergütung) spielt dann erst bei der Schadensberechnung ei-

---

304 Zum Irrtum seitens der Krankenkasse siehe oben S. 60.

305 *Herffs* [Abrechnungsbetrug] S. 91; *Herffs* wistra 2004, 285.

306 Rieger-*Dahm* Oz. 1780 Rn. 19; *Hellmann/Herffs* Rn. 163.

307 KassKomm-*Höfler* § 13 SGB V Rn. 25.

308 Anderes gilt bei der Kostenerstattung nach § 13 Abs. 3 SGB V (bei Nichtleistung der Krankenkassen), diese war u. a. Gegenstand des bei *Gaidzik* wistra 1998, 329 mitgeteilten Strafverfahrens. Dort spiegelte ein Arzt ohne Vertragsarztzulassung den Krankenkassen vor, dass eine bestimmte Leistung im Rahmen eines Notfalls erbracht werden musste (S. 105, 147 des Urteils). Im Unterschied zum Abs. 2 werden bei Abs. 3 jedoch die notwendigen Behandlungskosten ersetzt, auch wenn sie höher liegen als die Kosten, die bei einer Sachleistung angefallen wären (KassKomm-*Höfler* § 13 SGB V Rn. 41); sie werden nicht auf die Gesamtvergütung angerechnet.

ne Rolle.[309] Allerdings sei an dieser Stelle angemerkt, dass eben auch wegen dieser komplizierten Berechnung im Falle einer pauschalisierten Gesamtvergütung die Kostenerstattung in der Praxis kaum eine Rolle spielt.[310]

c. Vermögensverfügung der Kassenärztlichen Vereinigung

War – wie im Regelfall – eine Vergütung nach Kopfpauschalen vereinbart, so erhöhte sich die Gesamtvergütung bei Falschabrechnungen nicht. In diesem Fall kommt nur eine tatbestandsmäßige Vermögensverfügung der Kassenärztlichen Vereinigung in Betracht, und zwar entweder durch die Honorarfestsetzung, den Honorarbescheid oder die Auszahlung des Honorars.

aa. Verfügung über eigenes Vermögen

Zunächst soll jedoch der Frage nachgegangen werden, über welches Vermögen die Kassenärztliche Vereinigung verfügt, wenn sie das vertragsärztliche Honorar verteilt. In Betracht kommt nämlich sowohl eine Verfügung über eigenes Vermögen[311] als auch über das Vermögen der übrigen an der vertragsärztlichen Versorgung teilnehmenden Ärzte.[312] In wessen Vermögen fällt also die zu verteilende Gesamtvergütung?

Nach Überweisung der Gesamtvergütung von der Krankenkasse an die Kassenärztliche Vereinigung steht Letzterer eine Forderung in gleicher Höhe gegenüber ihrer Hausbank zu. Würde man unter dem Vermögen allein die

---

309 Verringert sich die Gesamtvergütung, weil sie nach Kopfpauschalen berechnet wird, so liegt der Schaden bei den übrigen Vertragsärzten (Dreiecksbetrug, vgl. S. 76 f.) – Erhöht sich die Gesamtvergütung wegen einer Berechnung nach Einzelleistungen, liegt der Schaden bei der Krankenkasse.

310 Schnapp/Wigge-*Schmidbauer* § 3 Rn. 21.

311 So BGH MedR 1992, 36 ff.; = wistra 1992, 95; BGH NStZ 1993, 388, 389; BGH MedR 2004, 613, 615 (1. Sp. oben); LG Bochum Urt. v. 11.09.1995 – KLs 35 Js 169/93 (S. 145); LG Düsseldorf Urt. v. 20.12.2001 – 810 Js 42/99 (S. 38), nicht bemängelt von der Revisionsinstanz BGH NStZ 2003, 313; *Becker* S. 18; *Goetze/Teyssen* DMW 1987, 1185; *Plagemann* Kassenarztrecht Rn. 455; wohl grds. auch LG Lübeck GesR 2006, 178; *Wessing/Dann* GesR 2006, 153; sowie *Stein* MedR 2001, 124, der auch die Alternative erkennt (S. 130); dagegen bereits *Gaidzik* wistra 1998, 331 (Nr. 3 a. E.).

312 *Beckemper/Wegner* NStZ 2003, 316; Rieger-*Dahm* Oz. 1780 Rn. 20; *Ellbogen/Wichmann* MedR 2007, 13; Wenzel-*Geilen* Kap. 4 Rn. 680; *Grunst* NStZ 2004, 537; *Hancok* S. 165; *Herffs* [Abrechnungsbetrug] S. 78 ff.; *Hellmann/Herffs* Rn. 161 f.; *Schmitt-Homann* ZRP 2001, 485; *Ulsenheimer* [Arztstrafrecht] Rn. 14/22 (siehe aber Laufs/Uhlenbruck-*Ulsenheimer* § 151 Rn. 14a).

Summe der Vermögensrechte und -pflichten einer Person verstehen, würde man das Vermögen also allein nach juristischen Gesichtspunkten bestimmen, so fiele die Forderung der Kassenärztlichen Vereinigung gegenüber ihrer Hausbank ganz unzweifelhaft in das juristische Vermögen der Kassenärztlichen Vereinigung. Denn nur sie alleine ist Vertragspartnerin der Bank und forderungsberechtigt. Nach dem juristischen Vermögensbegriff ist also die Gesamtvergütung, die die Krankenkasse an die Kassenärztliche Vereinigung überweist, Teil des Vermögens der Kassenärztlichen Vereinigung. Allerdings wird ein derartiger juristischer Vermögensbegriff in seiner Extremform heute nicht mehr vertreten.[313]

Wenn auch die Menge der unterschiedlichen zum Vermögen vertretenen Positionen kaum überschaubar ist, so kann doch festgehalten werden – und dies sei an dieser Stelle in verkürzender Zusammenfassung erlaubt –[314], dass überwiegend verlangt wird, der Vermögensbestandteil müsse auch wirtschaftlich der fraglichen Vermögensmasse zugeordnet werden können.[315] So ist nach ständiger Rechtsprechung das Vermögen die Summe der geldwerten Güter einer Person nach Abzug der Verbindlichkeiten.[316] Im Hinblick auf die Pflicht der Kassenärztliche Vereinigung aus § 85 Abs. 4 S. 1 SGB V, die Gesamtvergütung an die Vertragsärzte zu verteilen, erscheint eine Zuordnung der Gesamtvergütung zum wirtschaftlichen Vermögen der Kassenärztlichen Vereinigung nicht ganz unproblematisch: Aufgrund dieser Pflicht wird die Funktion der Kassenärztlichen Vereinigung mit der eines Treuhänders verglichen,[317] denn die Kassenärztliche Vereinigung steht nach außen als alleinige Berechtigte der Forderung dar, im Innenverhältnis hat sie jedoch das Geld lediglich für die Gesamtheit der Vertragsärzte zu verwalten[318] und entsprechend dem Honorarverteilungsmaßstab zu verteilen. Halten die Verantwortlichen der Kassenärztlichen Vereinigung sich

313 So aber noch *Binding* BT 1 S. 238; *Merkel* Krim Abh. II S. 101; *Gerland* S. 560, 637. Zur Kritik siehe *Cramer* S. 71 ff. Vgl. auch LK-*Lackner* (10. Aufl.) § 263 Rn. 121; LK-*Tiedemann* § 263 Rn. 128 m. w. N.

314 Zur Auseinandersetzung mit den verschiedenen Vermögensbegriffen: S. 99 ff.

315 Streng wirtschaftliche Betrachtungsweise: BGHSt 2, 364, 365; 8, 254, 256; *Krey/Hellmann* Rn. 433 ff.; juristisch-ökonomische Betrachtungsweise: *Cramer* S. 90; Schönke/Schröder-*Cramer/Perron* § 263 Rn. 82; LK-*Tiedemann* § 263 Rn. 132; personaler Vermögensbegriff: *Otto* GK 2 § 51 Rn. 54; *ders.* [Struktur] S. 44; dynamischer Vermögensbegriff: *Eser* GA 1962, 295.

316 BGHSt 3, 99, 102; 34, 199, 203.

317 *Ellbogen/Wichmann* MedR 2007, 13; *Gaidzik* wistra 1998, 331; *Hancok* S. 168; *Herffs* [Abrechnungsbetrug] S. 78 f.

318 So auch OLG Koblenz MedR 2001, 144, 145.

nicht an die Regeln des HVM und den Grundsatz der Honorarverteilungsgerechtigkeit, so können sie sich möglicherweise sogar wegen Untreue strafbar machen.[319] Ein eigener wirtschaftlicher Vermögenswert der Kassenärztlichen Vereinigung käme allenfalls im Hinblick auf die jeweils von der Gesamtvergütung abzuziehende Verwaltungskostenumlage in Betracht. Durch diese beschaffen sich die Kassenärztlichen Vereinigungen die zur Aufgabenerfüllung nötigen Mittel; sie wird meist pauschalisiert durch einen bestimmten Prozentsatz von der Gesamtvergütung berechnet.[320] Eben weil sie jedoch durch einen Prozentsatz (z.B. in Rheinland-Pfalz derzeit 2,95 Prozent) errechnet wird, bleiben etwaige Falschabrechnungen im Bereich der nach Kopfpauschalen berechneten und daher unveränderlichen Gesamtvergütung auf sie ohne Einfluss. Sie kann daher nicht Gegenstand der betrügerischen Handlung sein.[321]

Die darüber hinausgehenden Mittel muss die Kassenärztliche Vereinigung gem. § 85 Abs. 4 S. 1 SGB V an ihre Mitglieder verteilen. Sie haben für die Selbstverwaltungskörperschaft keinen Handels- resp. Tauschwert und sind bei der maßgeblichen wirtschaftlichen Betrachtungsweise[322] nicht dem wirtschaftlichen Vermögen der Kassenärztlichen Vereinigung zuzuordnen.[323] Bei Vereinbarung einer Kopfpauschale kommt daher keine Verfügung der Kassenärztlichen Vereinigung über eigenes Vermögen in Betracht.

bb. Verfügung über das Vermögen der teilnehmenden Vertragsärzte

Bei der Vereinbarung einer Kopfpauschale, die dazu führt, dass die Gesamtvergütung unabhängig von den abgerechneten Leistungen besteht, haben Falschabrechnungen den Effekt, dass sich die Zahl der insgesamt abgerechneten Punkte erhöht und sich dadurch der jedem Punkt zugeordnete Punktwert verringert. Im Resultat erhalten also die übrigen teilnehmenden Vertragsärzte für ihre berechtigterweise in Rechnung gestellten Punkte weniger Geld, denn jeder einzelne Punkt ist aufgrund der Falschabrechnungen weniger wert.[324] Bei der Untersu-

319 Siehe schon oben S. 58.

320 Z.B. § 13 Abs. 3 Satzung KV RLP 23.03.04. Vgl. KassKomm-*Hess* § 81 SGB V Rn. 11.

321 *Herffs* [Abrechnungsbetrug] S. 80.

322 Vgl. hierzu *Tiedemann* Wirtschaftsstrafrecht AT, Rn. 124; auch LK-*Dannecker* § 1 Rn. 320 („faktische Betrachtungsweise").

323 *Hancok* S. 168; *Herffs* [Abrechnungsbetrug] S. 81. Auch der personale Vermögenswert (*Otto* GK 2 § 38 Rn. 1 ff.) käme hier zu keinem anderen Ergebnis, denn die KV „vermag" die Gesamtvergütung nicht wirtschaftlich zu nutzen, sie darf sie nur an die übrigen Vertragsärzte verteilen.

324 Siehe zur Errechnung des Punktwertes schon oben S. 65 f.

chung, ob hierin eine relevante Vermögensverfügung über das Vermögen der übrigen Vertragsärzte liegen kann, verdient zum einen besondere Beachtung, dass nicht die Vertragsärzte, deren Vermögen betroffen ist, die Verfügung vornehmen, sondern die Kassenärztliche Vereinigung (1.). Zum anderen muss geklärt werden, durch welche Handlung genau über das Vermögen der redlichen Vertragsärzte verfügt worden sein könnte (2.).

(1.) Dreiecksbetrug

Dass nicht die Vertragsärzte verfügen, sondern die Kassenärztliche Vereinigung stellt die moderne Betrugsdogmatik weder in Wissenschaft noch in Rechtsprechung vor größere Probleme. Zwar müssen beim Betrug nach einhelliger Ansicht Irrender und Verfügender identisch sein.[325] Nach den Regeln des Dreiecksbetrugs können Verfügender und Geschädigter jedoch verschieden sein, sofern sie in einem Näheverhältnis zueinander stehen.[326] Die verfügende Kassenärztliche Vereinigung müsste also in einem Näheverhältnis zu den möglicherweise geschädigten Vertragsärzten stehen, das ihr eine engere Beziehung zu dem Vermögen der Vertragsärzte vermittelt, als sie der täuschende Vertragsarzt hat.

Zur Bestimmung dieses Näheverhältnisses werden unterschiedliche Kriterien herangezogen: Bereits nach der engsten Auffassung ist beim vertragsärztlichen Abrechnungsbetrug ein derartiges Näheverhältnis gegeben. Diese verlangt die Befugnis des Getäuschten, über das Vermögen des Geschädigten zu verfügen.[327] Es ist nach § 85 Abs. 4 S. 1 SGB V gerade die Aufgabe der Kassenärztlichen Vereinigung, die Gesamtvergütung unter ihren Mitgliedern zu verteilen. Sie ist dabei an die Regeln des Honorarverteilungsmaßstabs und an den Grundsatz der Honorarverteilungsgerechtigkeit gebunden, diese wendet sie formal korrekt an, allerdings unter Zugrundelegung einer täuschungsvermittelt falschen Sachlage. Obwohl sie objektiv betrachtet vielleicht zu einem falschen Ergebnis kommt, überschreitet die Kassenärztliche Vereinigung nicht ihre Befugnisse bei der Honorarverteilung.

Auch die Rechtsprechung und ein Teil der Literatur kommen zu keinem anderen Ergebnis, wenn sie für ein Näheverhältnis ausreichen lassen, dass der

---

325 Siehe oben S. 54 m.w.N.

326 Schönke/Schröder-*Cramer/Perron* § 263 Rn. 65; NK-*Kindhäuser* § 263 Rn. 209; LK-*Tiedemann* § 263 Rn. 115 jeweils m.w.N.

327 *Amelung* GA 1977, 14 f.; *Backmann* S. 127 ff.; SK-*Hoyer* § 263 Rn. 145; *Krey/Hellmann* Rn. 417.

Verfügende im Lager des Geschädigten steht.[328] Die Kassenärztliche Vereinigung ist die Selbstverwaltungskörperschaft der Vertragsärzte, sie verteilt die von den Krankenkassen gezahlte Gesamtvergütung unter ihren Mitgliedern. Im Hinblick auf die Honorarverteilung steht die Kassenärztliche Vereinigung im Machtbereich des benachteiligten Vertragsarztes: Sie stehen in einem Lager. Nach beiden Auffassungen besteht also die erforderliche Nähebeziehung.

Die Annahme eines Dreiecksbetrugs fällt in unserer Konstellation aber auch deswegen leicht, weil es sich beim Abrechnungsbetrug um einen Forderungsbetrug handelt, bei dem eine Verfügung nur deswegen tatsächlich möglich ist, weil schon eine rechtliche Beziehung zwischen den Parteien besteht, die – im Sinne der strengeren Befugnistheorie – zur Verfügung ermächtigt. (Wäre die Kassenärztliche Vereinigung nicht rechtlich ermächtigt, über die Gesamtvergütung zu verfügen, hätte sie keine tatsächliche Zugriffsmöglichkeit auf diesen Vermögenswert.) Ob deswegen beim Forderungsbetrug grundsätzlich auf ein Näheverhältnis verzichtet werden sollte, ist eine dogmatische Schlacht, die auf anderem Felde geschlagen werden muss.[329]

Die Verfügung der Kassenärztlichen Vereinigung kann also den Vertragsärzten zugerechnet werden, sodass bei der Berechnung der Gesamtvergütung nach Kopfpauschalen eine Verfügung der Kassenärztlichen Vereinigung über das Vermögen ihrer Mitglieder in Betracht kommt.[330]

(2.) Maßgebliche vermögensrelevante Handlung

Soll die genaue Handlung der Kassenärztlichen Vereinigung, die zu einer Vermögensminderung der redlichen Vertragsärzte führt, festgestellt werden, so müssen zwei Momente betrachtet werden. Zum einen natürlich die verschiedenen vermögensrelevanten Handlungen, die seitens der Körperschaft vorgenommen werden: In Frage kommen hier die Feststellung des genauen Punktwertes, die Honorarfestsetzung, der Honorarbescheid oder die Auszahlung des Honorars. Zum anderen muss geklärt werden, ab welchem Zeitpunkt sich die Aussichten des Vertragsarztes auf eine Vergütung zu einer strafrechtlich geschützten Vermögensposition verdichtet haben. Auch hier kommen unterschiedliche Zeitpunkte in Betracht, angefangen mit der Zulassung zum Vertragsarzt über die

328 BGHSt 18, 221, 223 f.; *Cramer/Perron* a.a.O. Rn. 66; *Lenckner* JZ 1966, 321; LK-*Ruß* § 242 Rn. 38; LK-*Tiedemann* § 263 Rn. 116; *Wessels/Hillenkamp* Rn. 641.

329 Siehe hierzu: SK-*Hoyer* § 263 Rn. 177; LK-*Lackner* (10. Aufl.) § 263 Rn. 115; LK-*Tiedemann* § 263 Rn. 117 jeweils m.w.N.

330 Ebenso *Hancok* S. 182 f.; *Herffs* [Abrechnungsbetrug] S. 88 ff.

Leistungserbringung oder die Leistungsabrechnung bis hin zur Honorarverteilung durch die Kassenärztliche Vereinigung.[331]

(a.) Strafrechtlich geschützte Vermögensposition

Die Zulassung zum Vertragsarzt berechtigt (und verpflichtet) zur Teilnahme an der vertragsärztlichen Versorgung, § 95 Abs. 3 S. 1 SGB V. Sie ist damit eine notwendige Voraussetzung zur Abrechnung vertragsärztlicher Leistungen und damit eines Vergütungsanspruches.[332] Im Hinblick auf mögliche Falschabrechnungen anderer Vertragsärzte begründet sie jedoch noch keine hinreichende strafrechtlich geschützte Vermögensposition, denn zu diesem Zeitpunkt sind noch keinerlei Leistungen erbracht, die der zugelassene Vertragsarzt vergütet verlangen könnte.[333]

Das Recht zur Teilnahme an der vertragsärztlichen Versorgung wird allerdings konkretisiert durch die ordnungsgemäße Erbringung einer vertragsärztlichen Leistung. Diese könnte grundsätzlich schon einen Vergütungsanspruch des Vertragsarztes auslösen. Zu Recht verlangt jedoch die Rechtsprechung im Hinblick auf das Auseinanderfallen der Beziehungen bei der Leistungserbringung (Arzt/Patient) und der Vergütung (Arzt/Kassenärztliche Vereinigung) noch die ordnungsgemäße Einreichung der Abrechnungsunterlagen samt Sammelerklärung als Voraussetzungen eines Vergütungsanspruches.[334] Denn die Kassenärztliche Vereinigung hat regelmäßig keinen Einblick in die Beziehungen bei der Leistungserbringung und nur eingeschränkte Prüfmöglichkeiten, sie ist daher wesentlich auf die Abrechnungsunterlagen und das Vertrauen in deren Richtigkeit angewiesen.[335] Sofern die erbrachten Leistungen nach dem EBM und HVM abrechenbar sind, darf der Vertragsarzt ab diesem Zeitpunkt verlangen, dass sie

---

331 Ob *Schneider*, Handbuch des Kassenarztrechts, Rn. 1144 (Zulassung zum Vertragsarzt); *Jörg* Rn. 398; im Anschluss daran *Grunst* NStZ 2004, 536; *Laufs* Rn. 124 (Leistungserbringung); BSG SozR 3-2500, § 295 Nr. 1 (Abrechnung); Schnapp/Wigge-*Steinhilper* § 17 Rn. 5; *Preißler* MedR 1996, 164, Fn. 15 (Honorarverteilungsmaßstab) tatsächlich eine Festlegung auf den jeweiligen Zeitpunkt als denjenigen der Anspruchsentstehung entnommen werden kann, erscheint zweifelhaft, so aber *Hancok* S. 178 ff.; *Herffs* [Abrechnungsbetrug] S. 84 ff. Darauf kommt es m. E. aber auch gar nicht an, wie im Folgenden gezeigt werden soll.

332 Vgl. Schnapp/Wigge-*Steinhilper* § 17 Rn. 24.

333 Umgekehrt stellt auch die erschlichene Zulassung lediglich eine vorbereitende, nicht jedoch die eigentliche betrügerische Handlung dar, BGH NJW 1994, 808, 809.

334 BSG MedR 1998, 338; SozR 3-2500 § 295 Nr. 1.

335 Ebd.

bei der Honorarverteilung unter Beachtung des Grundsatzes der Honorarverteilungsgerechtigkeit berücksichtigt werden. Zwar steht der konkrete Vergütungsanspruch in seiner Höhe zu diesem Zeitpunkt noch nicht fest. Er konkretisiert sich erst nach Aufstellung eines endgültigen Honorarverteilungsmaßstabes. Hierauf kann es jedoch nicht ankommen: Nicht nur weil eine Auszahlung oftmals schon vor Vereinbarung eines endgültigen HVM stattgefunden hat,[336] sondern auch weil der Vertragsarzt sich gegen die unberechtigte Nichtberücksichtigung bei der Honorarverteilung nötigenfalls durch Klage vor den Sozialgerichten wehren kann. Selbst wenn man mit dem *personalen Vermögensbegriff* der Berücksichtigung potentieller Vermögenspositionen skeptisch gegenübersteht,[337] so ist hier zu konstatieren, dass es nicht um eine bloße Wahrscheinlichkeit des Erwerbs geht, sondern die Berücksichtigung bei der Vergütung dem Grunde nach als gesichert gilt.[338] Gleich ob man sozialrechtlich nun von einer Anwartschaft[339] oder von einem Anspruch redet,[340] ist die Rechtsposition nach Einreichung der Abrechnungsunterlagen derart gesichert, dass sie sich zu einer strafrechtlich geschützten Vermögensposition verdichtet hat.[341]

(b.) Konkrete Handlung der Kassenärztlichen Vereinigung

Nun bleibt festzustellen, welche konkrete Handlung der Kassenärztlichen Vereinigung sich auf diese strafrechtlich geschützte Vermögensposition unmittelbar vermögensmindernd auswirkt. Mit der Errechnung eines Punktwertes, der aufgrund der inflationären Wirkung der Falschabrechnung geringer ist als bei einer von allen Seiten redlich vorgenommenen Abrechnung, schafft die Kassenärztliche Vereinigung die Grundlage für eine spätere Vermögensminderung.[342] Unmittelbar zu einer Vermögensminderung führt jedoch erst die Honorarfestsetzung: Durch eine Berücksichtigung der unzulässigerweise erbrachten Leistungen wird der oben beschriebene Anspruch (respektive die Anwartschaft) in seinem tatsächlichen Wert verringert. Qua Honorarfestsetzung verfügt die Kassen-

336 Siehe S. 46, 67.

337 *Otto* [Struktur] S. 45 ff.

338 Dies würde auch *Otto* [Struktur] S. 46 genügen.

339 So *Schnapp* FS Krasney (1997), S. 458.

340 Vgl. Fn. 331. So auch das BSG SozR 3-2500 § 85 Nr. 30 S. 29 f.: *„...ein Anspruch auf einen seiner Leistung entsprechenden Anteil an dieser Gesamtsumme..."*

341 Grundsätzlich gegen einen Vermögensabfluss zu Lasten der übrigen Vertragsärzte jedoch *Duttge* in: Schnapp [Hrsg.], Rechtsfragen der gemeinschaftlichen Berufsausübung von Vertragsärzten, S. 101.

342 So zu Recht: *Hancok* S. 182.

ärztliche Vereinigung über das Vermögen der redlich abrechnenden Vertragsärzte.[343] In den folgenden vermögensbezogenen Handlungen, wie Erlass des Honorarbescheids und Überweisung des Honorars, wird diese Vermögensverfügung lediglich perpetuiert. Diese Maßnahmen stellen mangels Verletzung eines neuen Rechtsguts keine selbständigen betrugsrelevanten Vermögensverfügungen dar.[344]

d. Zusammenfassung

Es kann daher zusammengefasst werden, dass die Beurteilung der Vermögensverfügung beim Abrechnungsbetrug wesentlich davon abhängt, wie die Gesamtvergütung zwischen Kassenärztlicher Vereinigung und Krankenkasse berechnet wird. Soweit die Gesamtvergütung nach Einzelleistungen berechnet wurde, kam es zu einer Vermögensverfügung der Krankenkasse über eigenes Vermögen. Regelmäßig waren jedoch eine Berechnung nach Kopfpauschalen und damit eine leistungsunabhängige Gesamtvergütung vereinbart. In diesem Fall kam es zu einer Verfügung der kassenärztlichen Vereinigung über das Vermögen der übrigen, ordnungsgemäß abrechnenden Vertragsärzte.

e. Auswirkungen des GKV-Wettbewerbsstärkungsgesetzes

aa. Relevante Änderungen

Einer der Zentralpunkte der Gesundheitsreform der Großen Koalition (GKV-WSG) ist eine Veränderung der vertragsärztlichen Vergütungsstruktur, die zum 01. Januar 2009 in Kraft getreten ist, vgl. § 87a Abs. 1 SGB V.[345]

Fixpunkt der neuen vertragsärztlichen Vergütungsstruktur ist ein neuer einheitlicher Bewertungsmaßstab. Dieser bestimmt zwar nach § 87 Abs. 2 S. 1 SGB V auch weiterhin den Inhalt der abrechnungsfähigen Leistungen und ihr wertmäßiges, in Punkten ausgedrücktes Verhältnis zueinander. Neu ist jedoch, dass diesen Punkten feste Werte in Euro zugeordnet sind, § 87 Abs. 2e S. 1 SGB V. Auf Grundlage dieses EBM wird unter Berücksichtigung regionaler Be-

343 Im Ergebnis ebenso *Herffs* [Abrechnungsbetrug] S. 86; anders *Hancok* S. 182, die auf die Errechnung eines endgültigen Punktwerts abstellt, was letztlich jedoch wohl nie zu anderen Ergebnissen führen wird.

344 So auch *Herffs* [Abrechnungsbetrug] S. 86; *Ulsenheimer* [Arztstrafrecht] Rn. 14/23.

345 Zum GKV-WSG im Überblick: *Sodan* NJW 2007, 1313 ff. Kritische Würdigung der Abrechnungsregeln aus Sicht der Krankenkassen: *Schauenburg/Behrend/Staffeldt* GSP 2007, 54 ff. Dagegen aus Ärztesicht: *Maus/Rieser* DÄ 2007, A 1201.

sonderheiten wie einer abweichenden Kosten- oder Versorgungsstruktur durch Auf- bzw. Abschläge eine regionale Euro-Gebührenordnung für Vertragsärzte erstellt, § 87a Abs. 2 S. 2 SGB V. Diese beinhaltet in der hausärztlichen Versorgung weitestgehend Pauschalen für die einzelnen Versicherten, die den Hausarzt aufsuchen. In der fachärztlichen Versorgung bestehen Grund- und Zusatzpauschalen für die einzelnen Leistungen.

Es ist zentrales Anliegen der Reform, das Morbiditätsrisiko wieder auf die Krankenkassen zu übertragen.[346] Dementsprechend vereinbaren die Kassenärztlichen Vereinigungen und die Kassenverbände – auf Grundlage des eben erläuterten EBM – den mit der Zahl der Versicherten und der Morbiditätsstruktur verbundenen Behandlungsbedarf als Punktzahlvolumen, § 87a Abs. 3 S. 2 SGB V. Dieses Punkzahlvolumen wird nun mit den Euro-Punktwerten der regionalen Gebührenordnung bewertet und somit eine morbiditätsbedingte Gesamtvergütung ermittelt. Diese zahlen die Krankenkassen – wie gehabt – mit befreiender Wirkung für die gesamte vertragsärztliche Versorgung der Versicherten an die Kassenärztlichen Vereinigungen. Leistungen aufgrund eines nicht vorhergesehenen Anstiegs des morbiditätsbedingten Behandlungsbedarfs sind von den Krankenkassen nachträglich entsprechend der regionalen Euro-Gebührenordnung zu vergüten, § 87a Abs. 3 S. 4 SGB V.

Dies bedeutet also, dass zukünftig zwar das Risiko eines vermehrten Honorar- und Behandlungsbedarfs aufgrund einer erhöhten Arztdichte weiterhin von der Gemeinschaft der Ärzte getragen wird, das Risiko eines Anstiegs der Krankheitsfälle jedoch auf die Krankenkassen übergeht.

Auch die Honorare der Ärzte (also die Verteilung der Gesamtvergütung) werden nach der regionalen Euro-Gebührenordnung errechnet, § 87b Abs. 1 SGB V. Damit jedoch die Honorare der Ärzte mit dem Volumen der Gesamtvergütung vereinbar sind, werden sie begrenzt durch so genannte Regelleistungsvolumina, § 87b Abs. 2 SGB V. Ein Regelleistungsvolumen ist die von einem Arzt in einem bestimmten Zeitraum abrechenbare Menge von vertragsärztlichen Leistungen. Bewegt sich der Arzt innerhalb dieser Menge, werden seine Leistungen mit vollem Wert der Euro-Gebührenordnung honoriert. Überschreitet er das Volumen, so werden die Leistungen nur abgestaffelt vergütet.[347] Nach § 87b Abs. 3 SGB V werden auch die Regelleistungsvolumina „morbiditätsgewichtet“ ermittelt. Differenziert wird dabei nach Arztgruppe und Versorgungsgrad, auch Praxisbesonderheiten werden berücksichtigt.

346 Vgl. *Wille* SDL 2008, 78; siehe schon S. 64.

347 § 87b Abs. 2 S. 2, 3 SGB V.

Zwar wird auch nach der Gesundheitsreform das Arzthonorar nicht zu einem „durchlaufenden Posten" von der Krankenkasse zum Leistungserbringer, wie dies durch §§ 85a, 85b SGB V i.d.F. des GMG der Fall gewesen wäre.[348] Aber der Vergütungsumfang kann mit dem Leistungsumfang wachsen; die Höhe der Vergütung ist nicht mehr allein davon abhängig, ob das prognostizierte Behandlungsvolumen erreicht respektive nicht überschritten wird.[349] Für den Vertragsarzt hat dies also zur Folge, dass sein Honorar wesentlich besser kalkulierbar sein wird. Die Folgen für die Bewertung von Abrechnungsmanipulationen werden im Folgenden erörtert.

bb. Betrugsrelevante Auswirkungen

Nach Inkrafttreten der Gesetzesänderungen ist die Gesamtvergütung nicht mehr gedeckelt, das bedeutet, das Problem des „floatenden Punktwertes" entfällt. Der konkrete Geldwert der erbrachten Leistung steht im Wesentlichen schon bei der Erbringung fest und muss nicht erst durch einen Dreisatz mit den übrigen von der Vertragsärzteschaft erbrachten Leistungen und der Gesamtvergütung ermittelt werden. Zwar gibt es mit den Regelleistungsvolumina auch nach der Gesundheitsreform ein Steuerungselement, das der übermäßigen Ausdehnung der Vertragsarztpraxis entgegensteuern soll. Aber dieses führt nicht zu einer vollkommenen Deckelung der vergütungsfähigen Leistungen, sondern zu einer Abstaffelung des Honorars für die Leistungen, die das Regelleistungsvolumen überschritten haben.

Mit der Gesundheitsreform wird also das zum Regelfall, was es es zuvor nur im Ausnahmefall der Einzelleistungsvergütung gegeben hat: Die Menge der erbrachten vertragsärztlichen Leistungen hat eine Auswirkung auf die Höhe der Gesamtvergütung. Das bedeutet, dass die Täuschung und der korrespondierende Irrtum seitens der Krankenkasse über nicht oder nicht ordnungsgemäß erbrachte Leistungen auch kausal für die Auszahlung der überhöhten Gesamtvergütung sind. Nach Inkrafttreten der neuen morbiditätsorientierten Gesamtvergütung (§ 87a SGB V) und der vertragsärztlichen Vergütung entsprechend einer regionalen Euro-Gebührenordnung unter Berücksichtigung von Regelleistungsvolumina ist bei einer Falschabrechnung also das Vermögen der Krankenkasse betroffen. Wie im Falle der Einzelleistungsvergütung vor Inkrafttreten des GKV-WSG,[350]

348 Siehe hierzu Schnapp/Wigge-*Hess* § 16 Rn. 116 ff.

349 *Sodan* NJW 2007, 1318.

350 Siehe oben S. 69 ff.

verfügt die Krankenkasse über dieses Vermögen mit Leistung der Gesamtvergütung an die Kassenärztliche Vereinigung.

II. Besonderheiten: Verdecktes Angestelltenverhältnis

Nachdem anhand des Grundfalles „Delegation" nun neben einigen Spezifika die grundsätzlichen Strukturen des Abrechnungsbetrugs hinsichtlich der Tatbestandsmerkmale Täuschung, Irrtum und Vermögensverfügung erläutert worden sind, soll im Folgenden auf die Besonderheiten der übrigen Fallgruppen eingegangen werden.

Ausgangspunkt für die Konstellation des Vertragsarztes im verdeckten Angestelltenverhältnis[351] ist § 32 Ärzte-ZV, der anordnet, dass der Vertragsarzt die vertragsärztliche Tätigkeit persönlich in freier Praxis auszuüben hat. Der Täuschungsvorwurf wird nun daran geknüpft, dass die beschuldigten Ärzte vorgespiegelt hätten, der verdeckte Angestellte sei Gesellschafter der Arztpraxis und dort als freiberuflicher Arzt tätig.[352] Tatsächlich hätten die Ärzte jedoch eine bloße „Scheingesellschaft" gelebt: Es hätte nämlich ein Angestelltenverhältnis bestanden, kraft dessen der eine Arzt wirtschaftlich und fachlich vom anderen abhängig war. Die „Scheingesellschafter" hätten also über die Ausübung der vertragsärztlichen Tätigkeit in freier Praxis getäuscht.

Als Zeitpunkt für diese Täuschung kommt einerseits – wie gehabt – das Einreichen der Quartalsabrechnung in Betracht. Andererseits muss der Arzt bei einem Zulassungsausschuss seine Zulassung zur vertragsärztlichen Versorgung beantragen, § 18 Ärzte-ZV i.V.m. § 95 SGB V.[353] Möglicherweise enthält schon dieser Antrag die erforderliche Täuschung.

351 Darstellung dieser Fallgruppe oben S. 24.

352 OLG Koblenz MedR 2001, 144, 145. Klargestellt sei an dieser Stelle, dass sowohl beim Zulassungsantrag als auch bei der Quartalsabrechnung beide nominellen Gesellschafter der Arztpraxis zusammenwirken, sodass regelmäßig eine mittäterschaftliche Begehung in Frage kommt, insofern richtig *Hancok* S. 210, mittlerweile auch *Herffs* wistra 2004, 284. Davon geht wohl auch das OLG Koblenz aus, wenn es feststellt, der vom vermeintlich angestellten Vertragsarzt eingereichte Antrag könne dem Beschuldigten (also dem anstellenden Vertragsarzt) „zugerechnet" werden, MedR 2001 144, 145. Siehe hierzu auch die Sammelerklärung der KV Rheinland-Pfalz (Fn. 135), die die Unterschrift aller Praxisinhaber verlangt.

353 Zum Zulassungsverfahren: Schnapp/Wigge-*Schiller* § 5 d Rn. 1 ff.

1. Betrug durch „Erschleichen“ der Vertragsarztzulassung

Für Letzteres spricht sich das *OLG Koblenz* aus, demzufolge schon durch den Antrag auf eine Vertragsarztzulassung über das Vorliegen der Zulassungsvoraussetzungen getäuscht wird.[354]

Selbst wenn man unterstellt, der Antrag des Arztes auf Zulassung zum Vertragsarzt enthalte eine Täuschung über die Absicht, die vertragsärztliche Tätigkeit in freier Praxis auszuüben,[355] bleibt es problematisch, die bloße Zulassung zum Vertragsarzt als die erforderliche betrugsrelevante Vermögensverfügung einzuordnen:[356]

Denn die Zulassungserteilung führt bei keinem der beiden in Frage kommenden Betrugsopfern zu einer direkten Vermögensminderung: Weder das Vermögen der Krankenkassen noch das der bereits an der vertragsärztlichen Versorgung teilnehmenden Ärzte wird durch die Zulassung unmittelbar tangiert. Eine Vermögensverfügung kann daher allenfalls dann angenommen werden, wenn die Zulassung zu einer schadensgleichen konkreten Vermögensgefährdung, ähnlich wie bei einem Eingehungs- oder Anstellungsbetrug, führen würde. Nach Auffassung des *OLG Koblenz* räumt der Zulassungsausschuss den neu zugelassenen Vertragsärzten durch die Zulassung die Befugnis ein, gegenüber der Kassenärztlichen Vereinigung abzurechnen. Dies führe zu einer Gefährdung der von der Kassenärztlichen Vereinigung verwalteten Gelder, was bereits eine ausreichende Vermögensgefährdung darstelle.[357] Nach h.L. steht jedoch das faktische Erfordernis weiterer Akte, die das Opfer selbst vornehmen muss, damit sich die Vermögensminderung realisiert, der Annahme einer hinreichenden Vermögensgefährdung entgegen.[358] Nach der Zulassung durch den Zulassungsausschuss muss die Kassenärztliche Vereinigung, die zumindest im Lager des Opfers steht, die quartalsweise eingereichten Abrechnungen noch prüfen. Sie muss daher selbst überhaupt noch einem Irrtum erliegen, bevor es zu ei-

---

354 OLG Koblenz MedR 2001, 144, 145. So schon *Herffs* [Abrechnungsbetrug] S. 164 ff.

355 Zur „Unwahrheit“ dieses Antrages siehe unten S. 89.

356 Dafür: OLG Koblenz MedR 2001, 144, 145; *Herffs* [Abrechnungsbetrug] S. 164 f.; dagegen BGH NJW 1994, 808, 809 (=NStZ 1994, 236, 237); *Duttge* in: Schnapp [Hrsg.], Rechtsfragen (…), S. 91 f.; *Ellbogen/Wichmann* MedR 2007, 15; *Grunst* NStZ 2004, 534; *Hancok* S. 216 f.; *Stein* MedR 2001, 125.

357 OLG Koblenz MedR 2001, 144, 145.

358 LK-*Tiedemann* § 263 Rn. 172; auch Schönke/Schröder-*Cramer/Perron* § 263 Rn. 145; *Fischer* § 263 Rn. 45; SK-*Hoyer* § 263 Rn. 158 ff. jeweils m.w.N.

ner Vermögensminderung kommt.[359] Schon diese noch nötige Handlung des Opfers selbst würde das Schrifttum daran hindern, eine Vermögensgefährdung anzunehmen. Aber auch die Rechtsprechung würde wegen des noch ausstehenden Irrtums der Kassenärztlichen Vereinigung keine Vermögensgefährdung annehmen, denn nach ihr müssen die Tatsachen, die die Gefährdung begründen, feststehen. Es genügt nicht, wenn sie nur wahrscheinlich oder möglicherweise vorliegen.[360] Hinzu kommt dann noch, dass für eine Konkretisierung der Gefahr nicht nur weitere Akte des mutmaßlichen Opfers selbst, sondern auch des vermeintlichen Täters erforderlich sind: Denn der abrechnende Arzt muss die fraglichen Leistungen überhaupt erst noch erbringen und abrechnen. Deren Art und Umfang und damit auch die Höhe der Vergütung stehen „im Zeitpunkt der kassenärztlichen Zulassung nicht oder allenfalls in groben Umrissen" fest.[361] Diese groben Umrisse begründen jedoch keineswegs einen hinreichend konkreten Gefährdungsschaden.[362]

Zwar stellt die erschlichene Zulassung zur vertragsärztlichen Versorgung zugegebenermaßen eine notwendige Bedingung für spätere Abrechnungsbetrügereien dar.[363] Anders als beim Anstellungsbetrug, wo der Angestellte für die Dauer seines Anstellungsverhältnisses einen unmittelbaren Vergütungsanspruch erhält, ist die Vergütung nach der Vertragsarztzulassung aber von den soeben aufgezeigten, vage in der Zukunft liegenden Umständen abhängig.[364] Die bloße Zulassung zum Vertragsarzt bedeutet also keine schadensgleiche konkrete Vermögensgefährdung.

Der auf die Zulassung gerichtete Antrag mag damit zwar fehlerhaft sein, jedenfalls führt er aber mangels Vermögensrelevanz nicht zu einem Betrug zu Lasten der Krankenkasse oder der redlich abrechnenden Vertragsärzte.[365]

359 Vgl. *Grunst* NStZ 2004, 534. Zum Irrtum der Krankenkasse siehe oben S. 60.

360 BGH StV 1995, 24.

361 BGH NJW 1994, 808, 809.

362 Der Gefährdungsschaden lässt sich auch nicht durch einen geschätzten Mindestbetrag konkretisieren, der aufgrund von Erfahrungswerten mit hoher Wahrscheinlichkeit anfallen wird, so aber *Stein* MedR 2001, 125.

363 BGH NJW 1994, 808, 809.

364 Vgl. BGH NJW 1994, 808, 809.

365 BGH NJW 1994, 808, 809; *Duttge* in: Schnapp [Hrsg.], Rechtsfragen der gemeinschaftlichen Berufsausübung von Vertragsärzten, S. 91 f.; *Ellbogen/Wichmann* MedR 2007, 15; *Grunst* NStZ 2004, 534; *Hancok* S. 216 f.; im Ergebnis ebenso *Stein* MedR 2001, 125; LK-*Tiedemann* § 263 Rn. 225. Zu einem Betrug zu Lasten der übrigen Bewerber auf den Vertragsarztsitz siehe *Herffs* [Abrechnungsbetrug] S. 170 ff.

2. Betrug durch falsche Quartalsabrechnungen

Maßgeblich für einen Betrug zu Lasten der Krankenkassen oder der übrigen, redlich abrechnenden Vertragsärzte kann daher nur eine Täuschung in der Quartalsabrechnung des Vertragsarztes sein. Durch diese müsste er über die Erbringung der Leistung in freier Praxis getäuscht haben. Dies wirft für die Konstellation des Vertragsarztes in einem verdeckten Angestelltenverhältnis zwei Fragen auf: Zum einen muss geklärt werden, inwiefern der Arzt mit der Quartalsabrechnung überhaupt eine Aussage über den beruflichen Status trifft, in dem er die Leistungen erbringt. Ob er also, zumindest konkludent, behauptet, er erbringe die Leistungen als freiberufliches Mitglied einer Gemeinschaftspraxis. Kommt man zu dem Ergebnis, über den beruflichen Status wird auch mit der Quartalserklärung eine Aussage getroffen, knüpft daran die Frage an, ob diese Aussage in concreto der Wahrheit widerspricht.

a. Aussagegehalt der Quartalsabrechnung

Ausgangspunkt für eine Täuschung durch das Einreichen der Quartalsabrechnung kann wieder nur die in diesem Zusammenhang abgegebene Sammelerklärung sein. Durch sie versichert der Vertragsarzt, er selbst oder ein angestellter Arzt oder ein Vertreter habe die abgerechnete Leistung persönlich erbracht und die eingereichte Abrechnung sei sachlich richtig (siehe oben S. 36). Die Sammelerklärung enthält keine ausdrückliche Angabe über die Erbringung der Leistung in freier Praxis oder den tatsächlichen beruflichen Status der abrechnenden Ärzte, weshalb man dies also allenfalls dem konkludenten Aussagegehalt der Sammelerklärung entnehmen könnte. Weitestgehend unumstritten ist es nämlich, dass über die ausdrückliche Erklärung des Täters hinaus auch sein Gesamtverhalten im Rahmen der konkreten Umstände und der Verkehrsauffassung zu würdigen und nach einem täuschungsrelevanten Erklärungswert zu untersuchen ist.[366] Bestimmt sich der Aussagegehalt also wesentlich nach der Verkehrsauffassung, so kann nur das Rücksicht finden, was für den Erklärungsempfänger von Belang ist. Die Frage nach einer konkludenten Täuschung über den beruflichen Status des Vertragsarztes wäre also leicht zu verneinen, wenn sie für die Kassenärztliche Vereinigung überhaupt keine Rolle spielt.[367] Das wäre dann der Fall, wenn sie die Vergütung unabhängig von dieser Frage ohnehin zu leisten

---

366 BGHSt 3, 69, 71; 16, 120, 121; 29, 165, 167; NJW 1995, 539; Schönke/Schröder-*Cramer/Perron* § 263 Rn. 12, 14; *Fischer* § 263 Rn. 10; *Krey/Hellmann* Rn. 358 ff.; LK-*Tiedemann* § 263 Rn. 28 jeweils m. w. N.

367 Mit dieser Begründung verneint das LG Lübeck eine Täuschung durch den Vertragsarzt, MedR 2006, 176. Zust. *Wessing/Dann* GesR 2006, 150 ff.

hätte – dann kann der berufliche Status nach der Verkehrsauffassung nicht als mitgeäußert betrachtet werden.

Ob die Leistungen des Vertragsarztes als „Scheinselbständiger" erbracht worden sind, könnte deshalb für die Kassenärztliche Vereinigung ohne Belang sein, weil über die berufs- bzw. gesellschaftsrechtlichen Verhältnisse der Vertragsärzte zueinander allein der Zulassungsausschuss zu urteilen hat. Die Zulassungserteilung ist ein statusbegründender Verwaltungsakt, der – solange nicht aufgehoben oder nichtig (vgl. § 40 SGB X) – selbst dann formell rechtswirksam ist, wenn er rechtswidrigerweise erteilt worden ist.[368] Aus dieser konstitutiven Wirkung der Zulassung könnte man nun den Schluss ziehen, die Kassenärztlichen Vereinigungen könnten nicht einmal dann die Honorarauszahlung verweigern, wenn sie von der erschlichenen Zulassung wüssten.[369] Einige stimmen in der Literatur vertreten daher, dass allein die bestehende Zulassung maßgeblich sei – ob deren Voraussetzungen von Anfang an fehlten oder nachträglich weggefallen sind, sei bei der Abrechnungsprüfung nicht mehr relevant.[370] In Anbetracht der üblichen Rechtswidrigkeitsfolgen von Verwaltungsakten (vgl. § 43 VwVfG) ist dies eine durchaus schlüssige Einstufung der Zulassung zum Vertragsarzt, der jedoch die Realität der vertragsärztlichen Abrechnung entgegensteht: Zwar wird auch hier grundsätzlich der statusrelevante Charakter der Zulassung zum Vertragsarzt anerkannt, allerdings nur mit Ausnahmen.[371] Es kann als gefestigte Rechtsprechung bezeichnet werden, dass derjenige, der sich die Zulassung zum Vertragsarzt erschlichen hat, nicht unter Berufung auf den dadurch erhaltenen formalrechtlichen Status vertragsärztliche Leistungen erbringen oder bewirken darf.[372] Bei einer durch Täuschung erlangten Zulassung oder Approbation ist eine Rückforderung des bereits gezahlten Honorars rechtmäßig.[373] Dementsprechend betreiben die Kassenärztlichen Vereinigungen auch Honorarrückforderungen gegen Vertragsärzte, die sich ihrer Meinung nach die Zulassung zum Vertragsarzt erschlichen haben, weil sie eigentlich in einem ver-

368 *Schallen* § 33 Rn. 843; *Spoerr/Fenner* MedR 2002, 111.

369 *Duttge* in: Schnapp [Hrsg.], Rechtsfragen der gemeinschaftlichen Berufsausübung von Vertragsärzten, S. 93; *Peikert* GesR 2003, 115; *Spoerr/Fenner* MedR 2002, 112 ff.; *Wagner/Hermann* NZG 2000, 525; *Wessing/Dann* GesR 2006, 152.

370 *Wessing/Dann* GesR 2006, 152.

371 BSGE 94, 50, 86.

372 BSG SozR 2200 § 368f Nr. 1; BSGE 76, 153, 155; USK 8447; MedR 2006, 307, 309, siehe auch *Schallen* § 33 Rn. 846.

373 BSG MedR 2006, 307, 309 m. zahlreichen w.N.; kritisch hierzu LSG Niedersachsen-Bremen MedR 2002, 540, 546.

deckten Angestelltenverhältnis arbeiten.[374] Man mag nun diese Vorgehensweise der Kassenärztlichen Vereinigungen, die von der höchstrichterlichen Rechtsprechung gedeckt wird, kritisieren.[375] Für die strafrechtliche Beurteilung lässt sie jedoch auf die konkreten Umstände und die Verkehrsauffassung schließen, mit Hilfe derer der konkludente Aussagegehalt der quartalsweise abzugebenden Sammelerklärung zu ermitteln ist: Aus Sicht der Kassenärztlichen Vereinigung spielt der formale berufliche Status, in dem die Leistung erbracht wird, durchaus eine Rolle – sie kann und wird das Honorar kürzen, wenn sie weiß, dass die Leistungen nicht in freier Praxis erbracht worden sind.

Dass für die Kassenärztliche Vereinigung der berufliche Status des Vertragsarztes durchaus relevant ist, wird auch dadurch belegt, dass in der Sammelerklärung die Assistenten aufgelistet werden müssen.[376] Wäre der verdeckte Angestellte als solcher offiziell zugelassen, so müsste er in der Sammelerklärung angegeben werden, was gewisse Leistungsbegrenzungen zur Folge hätte.[377] Der berufliche Status der in der Gemeinschaftspraxis Beschäftigten setzt vergütungsrechtliche Abstaffelungsmechanismen in Gang und hat unmittelbare Folgen für die Budgetierung und Honorarfestsetzung, die selbstverständlich von Interesse für die Kassenärztlichen Vereinigungen sind.[378] Für die Kassenärztliche Vereinigung ist die Erbringung der vertragsärztlichen Leistung in freier Praxis also eine wesentliche Abrechnungsvoraussetzung.

Wie diese Arbeit bereits dargelegt hat, wird mit der vertragsärztlichen Abrechnung zugleich erklärt, dass ein entsprechender Anspruch gegenüber der Kassenärztlichen Vereinigung besteht.[379] Dies umfasst nicht nur die Aussage des Arztes, er habe die fraglichen Leistungen erbracht und dies auch nach den An-

---

374 Siehe Urteile des BayLSG v. 10.05.2006 – Az. L 12 KA 14/03, Rn. 28 ff.; L 12 KA 64/01, Rn. 20; L 12 KA 10/03, Rn. 29 ff.; und v. 21.06.2005 – Az. L 12 KA 42/02, Rn. 35. Auch das Urt. des LSG NRW v. 13.09.2006 – L 11 KA 20/06 verweist auf ein gleichzeitig laufendes Rückforderungsverfahren, Rn. 5.

375 *Peikert* GesR 2003, 115; *Wagner/Hermann* NZG 2000, 525; *Wessing/Dann* GesR 2006, 152. Siehe auch *Spoerr/Fenner* MedR 2002, 112 ff., die jedoch in Fällen von erschlichener Zulassung ebenfalls eine Rückforderung für möglich halten, S. 113.

376 Fundstelle der Sammelerklärung siehe oben Fn. 135. In der Sammelerklärung der KV Niedersachsen muss ggf. ausdrücklich erklärt werden, dass keine Assistenten beschäftigt worden sind, abrufbar im Internet unter: www.kvn.de/kvn/content/internet/kvs/-hauptgeschaeftsstelle/04/010/sammelerkl012006.pdf (zuletzt aufgerufen im Juni 2009).

377 *Schallen* § 32b Rn. 765.

378 Siehe zu den Auswirkungen auf die Honorarabrechnungen *Wigge* NZS 2001, 299.

379 Siehe oben S. 42.

forderungen der entsprechenden Gebührenordnung.[380] Er bringt darüber hinaus auch konkludent zum Ausdruck, dass die Leistungen in Übereinstimmung mit den abrechnungsrelevanten, formellen Erfordernissen der vertragsärztlichen Versorgung erbracht worden sind. Mit der Sammelerklärung erklärt er daher schlüssig, dass seine Leistungen, wie es für eine Berücksichtigung bei der Honorarverteilung erforderlich ist, in freier Praxis erbracht worden sind.[381]

b. Täuschung durch die Quartalsabrechnung

Damit ist jedoch noch keine endgültige Aussage darüber getroffen, ob der Vertragsarzt mit der Sammelerklärung über die Erbringung der Leistung in freier Praxis täuscht. Dazu müsste nämlich die Aussage, die Leistung in freier Praxis erbracht zu haben, der Wahrheit widersprechen.

aa. Begriffsbestimmung „freie Praxis"

Das hängt davon ab, welche Anforderungen der unbestimmte Rechtsbegriff „in freier Praxis" an die Tätigkeit eines Vertragsarztes stellt. Er knüpft an zwei wesensbestimmende Merkmale der vertragsärztlichen Berufsausübung an: Zum einen hat der Arzt seine Tätigkeit freiberuflich auszuüben (siehe auch § 98 Abs. 2 Nr. 13 SGB V), zum anderen muss dies in eigener Praxis erfolgen.[382]

Der Begriff des freien Beruf ist ein Typusbegriff, was bedeutet, dass keine Definition des Begriffes möglich ist, sondern lediglich eine Umschreibung typischer Merkmale, die nicht notwendigerweise kumulativ vorliegen müssen.[383] Die wesentlichen Merkmale des Typus „freier Beruf" hat der Gesetzgeber nunmehr in § 1 Abs. 2 S. 1 PartGG zusammengefasst, wo es heißt, „die freien Berufe haben im allgemeinen auf der Grundlage besonderer beruflicher Qualifikation oder schöpferischer Begabung die persönliche, eigenverantwortliche und fach-

380 Dies versichert der Arzt sogar schon ausdrücklich in der Sammelerklärung.

381 Im Ergebnis ebenso: *Ellbogen/Wichmann* MedR 2007, 12; *Grunst* NStZ 2004, 535, *Hancok* S. 210 f; *Herffs* [Abrechnungsbetrug] S. 138 f.; *ders.* wistra 2004, 282; *Stein* MedR 2001, 129. Schönke/Schröder-*Cramer/Perron* § 263 Rn. 16c, 20 in Anlehnung an *Duttge* in: Schnapp [Hrsg.], Rechtsfragen der gemeinschaftlichen Berufsausübung von Vertragsärzten, S. 91 ff. lehnen eine konkludente Täuschung ab, bejahen aber eine Täuschung durch Unterlassen. Grds. ablehnend hingegen: LG Lübeck GesR 2006, 176; im Anschluss daran *Wessing/Dann* GesR 2006, 150 ff.; wohl auch *Wagner/Hermann* NZG 2000, 525.

382 *Butzer* MedR 2001, 609 f.

383 *Butzer* MedR 2001, 610; Meilicke-*Lenz* PartGG § 1 Rn. 27 ff.; *Sodan* Freie Berufe, S. 63 ff.; *Taupitz* Standesordnungen, S. 23 ff.; Schnapp/Wigge-*Wigge* § 2 Rn. 9.

lich unabhängige Erbringung von Dienstleistungen höherer Art im Interesse der Auftraggeber und der Allgemeinheit zum Inhalt".[384] Die Freiberuflichkeit der ärztlichen Berufsausübung macht das *BVerfG* zudem davon abhängig, ob der freipraktizierende Arzt das wirtschaftliche Risiko seines Berufes selber trägt.[385]

Wenn nun der Arzt, der freiberuflich praktizieren soll, als verdeckter Angestellter beschäftigt ist, könnte seine wirtschaftliche Selbständigkeit und Unabhängigkeit sowie seine Eigenverantwortlichkeit, wie sie sich in der fachlichen Unabhängigkeit und der Weisungsfreiheit ausdrückt, in Frage stehen.

Dementsprechend stützt das *OLG Koblenz* den Vorwurf fehlender Freiberuflichkeit auf die mangelnde Übernahme des vollen wirtschaftlichen Risikos, die fehlende wirtschaftliche Selbständigkeit und betriebliche Dispositionsfreiheit sowie die fehlende Beteiligung an Gewinn und Verlust und am materiellen und immateriellen Vermögen der Praxis.[386] Es lehnt also die Freiberuflichkeit im Wesentlichen wegen einer fehlenden wirtschaftlichen Unabhängigkeit Vertragsarztes ab. Das *OLG Koblenz* ließ dabei jedoch abweichende Auffassungen von der wirtschaftlichen Unabhängigkeit eines Vertragsarztes außer Acht,[387] die sich in Folge der Entscheidung noch potenzierten.[388]

bb. Gesellschaftsrechtliche Bewertung

Die gesellschaftsrechtliche Rechtsprechung vertritt schon seit längerem die Auffassung, ein Gesellschafter einer Gesellschaft bürgerlichen Rechts müsse weder zwingend an Gewinn und Verlust noch am Vermögen der Gesellschaft beteiligt sein.[389] Übertragen auf eine Gemeinschaftspraxis kommt dies sowohl den Bedürfnissen von etablierten Praxisinhabern als auch von jungen Berufsanfängern entgegen: Erstere haben mitunter Jahrzehnte eigener Arbeit in den Aufbau ihrer Praxis investiert und dabei oftmals nicht nur medizinisches Gerät von erheblichem Wert eingebracht, sondern auch wertvolle Patientenbeziehungen und eine

384 Siehe auch BVerfGE 9, 339, 351; *Butzer* MedR 2001, 610; *Sodan* Freie Berufe, S. 66; *Taupitz* a.a.O., S. 38 ff.; Laufs/Uhlenbruck-*Laufs* § 3 Rn. 1; *Wigge* a.a.O., Rn. 9.

385 BVerfGE 9, 339, 351; 16, 286, 298.

386 OLG Koblenz MedR 2001, 144, 145.

387 Vgl. nur *Möller* MedR 1999, 493; *Taupitz* NJW 1996, 3033; *v. Hoyningen-Huene* NJW 2000, 3233;

388 LSG Niedersachsen-Bremen MedR 2002, 540; *Butzer* MedR 2001, 604; *Gummert/Meier* MedR 2007, 1 ff.; *Herffs* wistra 2004, 281; *Sodan* NZS 2001, 169; *Preißler/Soz. Rehborn* S. 9 ff.; *Wagner/Hermann* NZG 2000, 520; *Wessing/Dann* GesR 2006, 150.

389 BGH NJW 1987, 3124, 3125.

guten Ruf (good will) aufgebaut. Nachvollziehbarerweise wird es ihnen meist widerstreben, unerfahrene Ärzte ohne eine vorherige Bewährungsprobe an ihrem Vermögen zu beteiligen. Aber auch die Berufsanfänger, deren aktuelle Lebenssituation von familiären Unwägbarkeiten geprägt ist, werden oft wenig Interesse daran haben, sich nach Aufnahme eines erheblichen Kredits über Jahre an die unbekannte Praxis zu binden. Es besteht also auch im vertragsärztlichen Bereich ein dringendes, reales Bedürfnis nach einer „Nullbeteiligungsgesellschaft“ und die Möglichkeit einer societas leonina unter Vertragsärzten wird daher zumindest in einer anfänglichen verbreitet gefordert.[390]

Wenn man sich diese wirtschaftlichen Verhältnisse zwischen den (Schein-)Partnern vor Augen führt, so kann man aber auch bei dem Schluss von der Nullbeteiligungsgesellschaft auf eine wirtschaftliche Abhängigkeit durchaus zu einer anderen Beurteilung gelangen: Bei dem Arzt, der sich vielleicht mit mehreren hunderttausend, ratenweise zu erbringenden Euro in die Praxis eingekauft hat und damit existentiell auf die Zusammenarbeit mit dem Seniorpartner angewiesen ist, wird die tatsächliche wirtschaftliche Abhängigkeit zumindest nicht geringer sein als bei dem Arzt, der monatlich ein festes Gehalt bezieht.[391] Ob nun aber berufs- und sozialrechtliche Besonderheiten eine dauerhafte gesellschaftsrechtliche Organisation ohne Gewinn und Vermögensbeteiligung verbieten, ist bisher ungeklärt.[392]

cc. Strafrechtliche Bewertung

Eine strafrechtliche Arbeit sollte sich nicht anmaßen, an dieser Stelle en passant das kontrovers diskutierte Problem der gesellschaftsrechtlichen Gestaltung von Gemeinschaftspraxisverträgen zu lösen. Aus zweierlei Gründen muss sie dies allerdings auch nicht:

Zunächst führt diese umstrittene Rechtslage mit der ihr immanenten Rechtsunsicherheit auf dem Gebiet des Strafrechts, das wesentlich vom Bestimmtheitsgrundsatz geprägt wird, dazu, dass zumindest der Vorwurf eines vorsätzlichen Handelns regelmäßig nicht erhoben werden kann. Vielmehr ist es das gute Recht eines Arztes, in einem rechtlich so umstrittenen Gebiet seine eigene Rechtsauffassung für die richtige zu halten und die ärztliche Kooperation dem-

390 *U. Cramer* MedR 1994, 239; *Wigge* NZS 2001, 295;

391 Ausführlich in diesem Sinne LSG Niedersachsen-Bremen MedR 2002, 541, 543.

392 Hierzu *Saenger* NZS 2001, 234 ff.; *Wigge* NZS 2001, 293 ff.

entsprechend zu leben.[393] An dieser Stelle soll jedoch nicht verschwiegen werden, dass die Ärzte im Falle des *OLG Koblenz* wohl nicht unbedingt von der Rechtmäßigkeit ihrer Vertragsgestaltungen ausgegangen sind, da sie beim Zulassungsausschuss anstatt der tatsächlich befolgten „Kooperationsverträge" fingierte Gesellschaftsverträge eingereicht haben.[394] Dies macht auch deutlich, dass anstelle der oben genannten Gründe für die Annäherung einer Gemeinschaftspraxisbeziehung an ein Arbeitverhältnis auch reine abrechnungstechnische Gründe motivierend sein können: Nämlich dann, wenn der Seniorpartner unter Umgehung der beschränkten Möglichkeiten zur Einstellung eines angestellten Arztes oder Assistenten seine Abrechnungskapazitäten erhöhen will.

Meines Erachtens liegt der wahre strafrechtliche Angriffspunkt hier jedoch nicht in einem begriffsjurisprudentisch anmutenden Abstellen auf die Voraussetzungen einer Gesellschaft bürgerlichen Rechts. Vielmehr sollte im Zentrum des strafrechtlichen Vorwurfs stehen, dass die Leistungen nicht eigenverantwortlich erbracht worden sind. Die Eigenverantwortlichkeit ist nun deutlich zu trennen von der wirtschaftlichen Unabhängigkeit, denn dem Arztberuf ist die eigenverantwortliche Leistungserbringung in einem abhängigen Beschäftigungsverhältnis durchaus nicht fremd: Niemand wird behaupten, dass hochqualifizierte Chefärzte ihre Leistungen in einem geringeren Maße eigenverantwortlich erbringen als ihre niedergelassenen Kollegen – trotzdem sind sie Angestellte eines Klinikums. Daneben hat der Gesetzgeber mit der Einführung der Medizinischen Versorgungszentren eine Organisationsform geschaffen, die sich bei der Teilnahme an der vertragsärztlichen Versorgung ausschließlich angestellter Ärzte bedienen kann.[395] Daher kann keine Rede davon sein, dass die Eigenverantwortlichkeit durch eine wirtschaftliche Unabhängigkeit charakterisiert wird, vielmehr ist ihr unbestrittener Kern die Erbringung der Leistungen in fachlicher Unabhängigkeit.[396] Dies bedeutet, dass der Arzt seiner Tätigkeit nachgehen kann, ohne Weisungen eines Vorgesetzten unterworfen zu sein. Vielmehr muss er selbst weisungsbefugt gegenüber dem Praxispersonal sein.[397] Er muss in der Lage sein, medizinische Aufträge selbst anzunehmen oder abzulehnen, also selbst Behandlungsverträge abzuschließen.[398] Er kann daher

393 So auch LSG NRW Urt. v. 13.09.2006 – L 11 KA 20/06, Rn. 27 Zur Täuschung über Rechtsauffassungen siehe oben S. 39.

394 Vgl. OLG Koblez (Fn. 85) Rn. 72 f. (in MedR 2001 nicht veröffentlicht).

395 Vgl. Schnapp/Wigge-*Wigge* § 6 Rn. 81.

396 Vgl. auch OLG Niedersachsen-Bremen MedR 2002, 540, 543 ff., 545; *Herffs* wistra 2004, 283; *Möller* MedR 1999, 496; *Taupitz* NJW 1996, 3036.

397 BSGE 80, 130 ff.

selbst Behandlungsverträge abzuschließen.[398] Er kann daher über die persönlichen und sachlichen Mittel der Praxis disponieren. An dieser Stelle schließt sich der Kreis zu der oben geforderten Leistungserbringung in eigener Praxis: Dies verlangt nach ständiger Rechtsprechung nämlich nicht eine Eigentümerstellung, sondern es kommt auf die medizinische Funktion an, also die Möglichkeit, die Praxismittel eigenverantwortlich einzusetzen.[399]

Nicht in freier Praxis erbringt der Arzt seine Leistungen daher dann, wenn er weisungsgebunden ist und wenn er nicht unabhängig über Diagnose und Therapie entscheiden kann, wenn ihm also von seinem Mitgesellschafter Ort, Zeit und Inhalt der Tätigkeit vorgeschrieben werden.[400]

Diese Eingrenzung der strafrechtlichen Relevanz des Begriffes „in freier Praxis" wird den Anforderungen des Bestimmtheitsgebots gerecht, konzentriert sie sich doch auf den wesentlichen, jedem Arzt bekannten Begriffskern. Zudem ermöglicht sie es, sinnvoll zwischen einer lediglich spitzfindigen gesellschaftsrechtlichen Gestaltung und der tatsächlich strafwürdigen Beschäftigung eines verdeckten Angestellten zu differenzieren.

Inwiefern der Arzt nun die Leistungen in fachlicher Abhängigkeit und damit nicht in „freier Praxis" erbringt, ist eine im Einzelfall zu beantwortende Tatfrage. Die Leistungserbringung in ärztlicher Unabhängigkeit ist nachprüfbarer Tatsachenkern der ärztlichen Anspruchsbehauptung.[401] Verneint man die ärztliche Unabhängigkeit, so ist die konkludente Aussage der Quartalssammelerklärung, der Arzt habe die Leistung in „freier Praxis" erbracht, unwahr – und eine Täuschung liegt vor.[402]

c. Irrtum und Vermögensverfügung

Wie im Grundfall verursacht diese Täuschung bei den verfügenden Sachbearbeitern der Kassenärztlichen Vereinigung und der Krankenkasse eine Irrtum (siehe oben S. 43 ff., 60). Wenn die Gesamtvergütung nach Einzelleistungen oder neuerdings gem. § 87a Abs. 2 SGB V morbiditätsbedingt berechnet wird, kommt es zu einer Vermögensverfügung der Krankenkasse über eigenes Vermögen

398 *Butzer* MedR 2001, 610.

399 BSGE 35, 247, 252. Vgl. auch *Saenger* NZS 2001, 237; *Preißler/Soz. Rehborn* S. 58.

400 Siehe auch LSG NRW Urt. v. 13.09.2006 – L 11 KA 30/06, Rn. 28 (=MedR 2008, 50, 53). *Wigge* NZS 2001, 298 f. fordert dagegen für den Vertragsarzt eine Gewinn- und Verlustbeteiligung, um die vertragsärztliche Unabhängigkeit zu wahren.

401 Schönke/Schröder-*Cramer/Perron* § 263 Rn. 16c m.w.N. Vgl. auch oben S. 39.

402 Auf die wirtsch. Unabhängigkeit stellt ab: OLG Koblenz MedR 2001, 144, 145.

(vgl. oben S. 68 ff.); wird sie jedoch anhand von Kopfpauschalen berechnet, kommt es zu einer Vermögensverfügung der Kassenärztlichen Vereinigung über das Vermögen der übrigen, an der Honorarverteilung teilnehmenden Vertragsärzte (vgl. oben S. 73 ff.). Auch insofern ergeben sich keine Unterschiede zum Grundfall.

III. Besonderheiten: Strohmann

Bei der Fallgruppe des Abrechungsbetrugs durch einen Strohmann wird der Vertragsarztsitz mit einem Strohmann besetzt, der auch gegenüber der Kassenärztlichen Vereinigung abrechnet. Tatsächlich erbringt jedoch ein anderer Arzt die vom Strohmann abgerechneten Leistungen.[403] Diese Konstellation ähnelt dem Grundfall der unerlaubten Delegation vertragsärztlicher Leistungen. In beiden Fällen liegt die Täuschung in der unrichtigen Angabe über die persönliche Erbringung der Leistung.

Anders als bei der unerlaubten Delegation wird der Vertragsarzt seinen Verstoß gegen die Pflicht zur persönlichen Leistungserbringung allerdings nicht mit einer bloßen Fehlsubsumtion, resp. einer zulässigen abweichenden Interpretation der Abrechnungsregeln begründen können.[404] Versichert der Arzt in der Sammelerklärung, „er persönlich oder ein genehmigter angestellter Arzt oder ein Vertreter oder ein unter seiner Verantwortung stehender nichtärztlicher Mitarbeiter“ habe die Leistungen erbracht,[405] so lässt sich hierunter keinesfalls subsumieren, dass ein fremder Arzt, der in keinerlei offizieller Verbindung zum Vertragsarztsitz steht, die fraglichen Leistungen vorgenommen hat. Hat der nicht zugelassene Arzt die Leistungen erbracht, so ist die Sammelerklärung in dieser Hinsicht unwahr; der Vertragsarzt täuscht.

1. Mittäterschaftliche Täuschung

Eingereicht wird die Quartalsabrechnung von dem zugelassenen Strohmann, während die zentrale Gestalt dieser Falschabrechnung dagegen meist der Hintermann ist, der schließlich oft zu den Abrechnungsmanipulationen den Anstoß gegeben hat und auch finanziell am meisten von ihnen profitiert.[406] Die tatbestandsmäßige Ausführungshandlung nimmt also alleine der Strohmann vor, der

403 Zu dieser Fallgruppe siehe oben S. 27.

404 Siehe hierzu oben S. 36 ff.

405 Vgl. Sammelerklärung S. 36.

406 So auch in den erwähnten Fällen des LG Würzburg (Fn. 83) und des BGH NStZ 2003, 313 ff., in denen sich jeweils der Hintermann zu verantworten hatte.

Hintermann hingegen tritt überhaupt nicht mit der Kassenärztlichen Vereinigung in Kontakt. Regelmäßig wird man die Handlung des Strohmanns jedoch dem Hintermann zurechnen können und zwar gem. §25 Abs.2 StGB über die Rechtsfigur der Mittäterschaft: Die h.M. erfordert hierfür nämlich keinen Tatbeitrag im Ausführungsstadium. Nach der subjektiven Theorie der Rechtsprechung ist derjenige Täter, der mit Täterwillen handelt.[407] Indizien für diesen Täterwillen sind der Grad des eigenen Tatinteresses, der Umfang der Tatbeteiligung und die Tatherrschaft oder der Wille zur Tatherrschaft.[408] In den Strohmannfällen wurde regelmäßig vereinbart, dass der Strohmann ein festes Gehalt bezieht, während der Hintermann, der den Großteil der Patienten behandelt, die Gelder aus der Abrechnung gegenüber der Kassenärztlichen Vereinigung erhält. Der Hintermann hat daher ein stark überwiegendes Interesse an der Tat. Auch dominiert sein Tatbeitrag, schließlich ist er es, der die fraglichen Leistungen erbringt – der Strohmann rechnet lediglich ab. In den hier untersuchten Fällen war regelmäßig der Hintermann Initiator der Falschabrechnung, weshalb er zumindest auch den Willen zur Tatherrschaft hatte. Nach der Rechtsprechung sind Strohmann und Hintermann also Mittäter.[409]

Geht man – wie der wesentliche Teil der Literatur – davon aus, dass die Tatherrschaft, also die vom Willen getragene beherrschende Steuerung der Tat,[410] das entscheidende Merkmal zur Bestimmung der Täterschaft ist,[411] so kann man nur dann eine Mittäterschaft zwischen dem Hintermann und seinem Strohmann annehmen, wenn man auf einen zwingenden Tatbeitrag im Ausführungsstadium verzichtet. Dies hält ein Teil der Lehre für möglich, wenn der Beitrag des Mittäters im Vorbereitungsstadium seine fehlende Beteiligung bei der Tatausführung aufwiegt.[412] Der Hintermann erbringt die später abgerechneten Leistungen, es ist also sein Tatbeitrag im Vorbereitungsstadium, der die spätere Falschabrechnung überhaupt erst ermöglicht. Eigentlich ist der Hintermann die zentrale Figur des Tatgeschehens. Fordert man jedoch eine zwingende Beteili-

407 RGSt 74, 84; BGHSt 18, 87, 89 ff.; 28, 346, 348 f.; 43, 381, 396.

408 BGHSt 37, 289, 291; 38, 315, 319; 43, 219; NStZ 2002, 200, 201.

409 So BGH NJW 2003, 1198, 1200 (=NStZ 2003, 313 ff., dort jedoch nicht abgedruckt, weshalb *Beckemper/Wegner* NStZ 2003, 317 vermutlich davon ausgehen, der BGH habe den Angeklagten als Alleintäter verurteilt).

410 *Jescheck/Weigend* § 61 V 1.

411 SK-*Hoyer* vor § 25, Rn. 11 ff.; *Jescheck/Weigend* § 61 V; *Krey* AT 2 Rn. 67 ff.; *Roxin* AT 2 § 25 Rn. 27 ff.; *Wessels/Beulke* Rn. 512 ff. jeweils m.w.N.

412 Schönke/Schröder-*Cramer/Heine* § 25 Rn. 66; *Jescheck/Weigend* § 63 III 1; *Wessels/Beulke* Rn. 528 ff.

gung im Ausführungsstadium, so kann der Hintermann, der gegenüber der getäuschten Kassenärztlichen Vereinigung überhaupt nicht in Erscheinung tritt, bloß Anstifter sein.[413] Ob dies seiner zentralen Stellung bei dieser Form des Abrechnungsbetrugs gerecht wird, erscheint fraglich, wenn auch angesichts derselben Strafdrohung für Anstifter und Täter jedoch rechtspolitisch nicht unvertretbar.

2. Irrtum und Vermögensverfügung

Auch hier ergeben sich hinsichtlich der Tatbestandsmerkmale Irrtum und Vermögensverfügung keine Besonderheiten: Aufgrund der unrichtigen Abrechnung des Strohmanns irrt entweder ein Sachbearbeiter der Kassenärztlichen Vereinigung oder der Krankenkasse. Das Vermögen Letzterer ist betroffen, wenn sich die Gesamtvergütung nach Einzelleistungen oder neuerdings gem. § 87a Abs. 2 SGB V morbiditätsbedingt berechnet, bei der Vereinbarung einer Kopfpauschale geht die falsche Abrechnung zu Lasten der korrekt abrechnenden Ärzte.[414]

---

413 So für den hier in Rede stehenden BGH-Fall *Beckemper/Wegner* NStZ 2003, 316 f.; *Krack* JR 2003, 386. Grundsätzlich für diese „Tatherrschaftslehre im engeren Sinne“: *Krey* AT 2 Rn. 199; *Roxin* AT 2 § 25, Rn. 198 ff.; *Rudolphi* FS Bockelmann (1979), S. 372 ff.; *Zieschang* ZStW 107 (1995), 361 jeweils m.w.N.

414 Siehe im Detail oben S. 43 ff., 61 ff.

D. Einzelheiten der Schadensproblematik

Nachdem nun ausführlich die Merkmale des Betrugstatbestandes, Täuschung, Irrtum und Vermögensverfügung unter Berücksichtigung ihrer beim Abrechnungsbetrug zu beachtenden Besonderheiten dargestellt wurden, ist die Grundlage gelegt, damit sich die Arbeit ihrem eigentlichen Schwerpunkt, der Schadensfeststellung, widmen kann. Diese setzt nämlich eine vertiefte Kenntnis der Einflüsse des vertragsärztlichen Abrechnungssystems auf die Betrugsfeststellung und die hieraus resultierenden Besonderheiten voraus, wie beispielsweise die Art und Weise der Täuschung sowie die Person des Irrenden und des Verfügenden.

I. Die streng formale Betrachtungsweise der Rechtsprechung

Wie schon ausführlich in Kap. B (S. 21 ff.) dargestellt, bedient sich die Rechtsprechung zur Schadensfeststellung einer streng formalen Betrachtungsweise. Ausgangspunkt für diese streng formale Betrachtungsweise ist eine Leitentscheidung des *BGH* aus dem Jahr 1994.[415] Hier judiziert der Gerichtshof, dass zur Schadensbestimmung bei der erläuterten Fallgruppe der unzulässigen Delegation weder die tatsächlich erbrachten Leistungen noch eine Kompensation des Vermögensverlusts durch ersparte Aufwendungen in Betracht zu ziehen sind.

> *Dies beruht auf einer für den Bereich des Sozialversicherungsrechts geltenden streng formalen Betrachtungsweise, nach der eine Leistung insgesamt nicht abrechnungsfähig ist, wenn sie in Teilbereichen nicht den gestellten Anforderungen genügt.*[416]

Die höchstrichterliche Rechtsprechung beachtet bei der tatbestandlichen Feststellung eines Schadens also allein die sozialrechtliche Abrechenbarkeit der fraglichen Leistung: Ist eine Leistung nach den Regeln des Sozialrechts nicht abrechenbar – sei es, weil der abrechnende Vertragsarzt sie nicht persönlich erbracht hat; sei es, weil er in einem verdeckten Angestelltenverhältnis beschäftigt war –, so führt die Vergütung dieser Leistung immer zu einem Vermögensschaden. Die tatsächlich erbrachten Leistungen sowie etwaige ersparte Aufwendungen berücksichtigt die Rechtsprechung allein bei der Strafzumessung. Auf Tat-

415 BGH NStZ 1995, 85, 86.

416 Ebd.

bestandsebene findet eine solche Kompensation – so der *BGH* apodiktisch – nicht statt.[417]

Diesen Ansatz hat die Rechtsprechung auf andere Fälle mit zweifelhaftem Vorliegen der Abrechnungsvoraussetzungen übertragen.[418] Charakteristisch hierfür sind die Ausführungen des *OLG Koblenz* zum Arzt im verdeckten Angestelltenverhältnis:

> *Durch die Beantragung der Vertragsarztzulassung für die jeweiligen Ärzte [...] bei dem Zulassungsausschuss hat der Beschuldigte diesem vorgespiegelt, die Betroffenen seien als Gesellschafter in der Gemeinschaftspraxis aufgenommen und dort als freiberuflich praktizierende Ärzte tätig. [...] Aufgrund dieses Irrtums hat der Zulassungsausschuss die jeweilige Vertragsarztzulassung und Genehmigung erteilt. Dadurch hat er eine Verfügung über die von der Kassenärztlichen Vereinigung verwalteten öffentlichen Gelder getroffen [...].[419] Diese Verfügung hat aber auch zu einem Vermögensschaden geführt. Dieser liegt in der Erstattung der von den jeweiligen Vertragsärzten geforderten Honorare. Dabei steht der Annahme eines Schadens nicht entgegen, dass die Honorare für tatsächlich erbrachte ärztliche Leistungen berechnet wurden und auch dann zu bezahlen gewesen wären, wenn die Behandlung der Patienten durch ordnungsgemäß zugelassene Vertragsärzte erfolgt wäre. Dies beruht auf einer für den Bereich des Sozialversicherungsrechts geltenden streng formalen Betrachtungsweise, nach der eine Leistung insgesamt nicht erstattungsfähig ist, wenn sie in Teilbereichen nicht den gestellten Anforderungen genügt.*[420]

Dies verdeutlicht, dass die Rechtsprechung aufgrund ihrer streng formalen Betrachtungsweise schon in der irrtumsbedingten Verfügung einen Vermögensschaden sieht. Eine Betrachtung nicht nur der abgehenden Vermögensflüsse, sondern auch der eingehenden Vermögensflüsse – wie es dem in ständiger Rechtsprechung[421] vertretenen wirtschaftlichen Vermögensschadensbegriff entsprechen würde – nimmt die Rechtsprechung nicht vor.

---

417 BGH NStZ 1995, 85, 86; JR 2003, 382, 384.

418 Siehe hierzu die ausführliche Darstellung in Kap. B (S. 21 ff.).

419 Wie bereits besprochen, sieht das OLG die Vermögensverfügung in der Erteilung der Kassenarztzulassung – richtigerweise liegt diese jedoch erst mit der Honorarfestsetzung vor, vgl. oben S. 79, 84 ff.

420 OLG Koblenz MedR 2001, 144, 145.

421 RGSt 16, 1, 3; 74, 129; BGHSt 3, 99; 16, 325; 47, 8.

II. Dogmatische Einordnung der „streng formalen Betrachtungsweise“

Die streng formale Betrachtungsweise weckt in der Literatur die Furcht vor einem Wiederaufleben des juristischen Schadensbegriffs.[422] Dies soll im Folgenden näher beleuchtet werden, indem der Rechtsprechungsansatz in Bezug zu den verschiedenen Vermögens- und Schadensbegriffen gesetzt wird, und gezeigt wird, dass die Rechtsprechung zur „streng formalen Betrachtungsweise“ in der Tat einigen dogmatischen Zündstoff birgt.

Zunächst sind also die unterschiedlichen Vermögens- und Schadensbegriffe darzustellen und kritisch zu würdigen. Selbstverständlich sind die Begriffe Vermögen und Schaden dabei miteinander verknüpft, sie sind jedoch – was in der Literatur oft nicht durchgehalten wird – streng voneinander zu unterscheiden.[423] Ersteres behandelt allein die Frage, welche Positionen überhaupt zum strafrechtlich geschützten Vermögen zu zählen sind. Erst danach stellt sich die Frage, ob der Verlust einer solchermaßen geschützten Position zu einem Schaden ihres Inhabers gereicht. Dabei sei auch klargestellt, dass die Stellungnahme für einen bestimmten Vermögensbegriff nicht notwendigerweise auch die Methode der Schadensermittlung festlegt. Ein prominentes Beispiel hierfür liefert *Merkel*, der einerseits ein Vertreter des juristischen Vermögensbegriffs ist, andererseits aber den Schaden aufgrund einer objektiven, also wirtschaftlichen, Betrachtung bestimmen will.[424, 425]

1. Zum Vermögensbegriff

Die Darstellung der Vermögensbegriffe ist traditionell geprägt vom Antagonismus zwischen dem juristischen und dem wirtschaftlichen Vermögensbegriff. Wenngleich die juristische Vermögenslehre in ihrer Reinform heute wohl nicht mehr vertreten wird und die streng wirtschaftliche Lehre nur noch vereinzelt, so sollen sie auch hier die Darstellungen beginnen, da sie die Pole abstecken zwischen denen ein Vermögensbegriff gefunden werden muss.

---

422 Vgl. *Hellmann/Herffs* Rn. 261; *Ulsenheimer* [Arztstrafrecht] Rn. 14/33a.

423 Maurach/Schroeder/*Maiwald* BT 1 § 41 Rn. 86.

424 *Merkel* KrimAbh. II S. 101, 103 ff.

425 Es sei jedoch auch klargestellt, dass sich die verschiedenen Vermögens- und Schadensbegriffe nicht beliebig miteinander kombinieren lassen, sondern bestimmte Konstellationen logisch ausgeschlossen sind, vgl. *Cramer* S. 39.

a. Der juristische Vermögensbegriff

Nach dem juristischen Vermögensbegriff ist das Vermögen die Summe aller Vermögensrechte und -pflichten einer Person.[426] Dabei sei der Geldwert dieser Rechte und Pflichten unbeachtlich.[427] Nach dieser Auffassung unterfallen also nur subjektive Rechte dem strafrechtlichen Vermögensbegriff. Prominenteste Vertreter dieser Auffassung waren *Binding, Köstlin* und *Merkel.*

Kritisiert an dieser Auffassung wurde, dass sie die wirtschaftliche Realität ignoriert. Im Wirtschaftsverkehr finden sich zahlreiche geldwerte Positionen, die keine subjektiven Rechte darstellen (z.B. die Arbeitskraft oder Anwartschaften). Die betrügerische Erlangung solcher Positionen würde nach der juristischen Vermögenslehre nicht in den Strafrechtsschutz fallen, während gleichzeitig objektiv wertlose Rechte geschützt wären.[428]

b. Der wirtschaftliche Vermögensbegriff

Dieser Kritik entgeht der wirtschaftliche Vermögensbegriff, indem er postuliert, das Vermögen sei „die Summe der geldwerten Güter einer Person“.[429] Diese Auffassung zählt also jede Position zum strafrechtlich geschützten Vermögen, der im Wirtschaftsverkehr ein materieller Wert zukommt. Dabei sei es unbeachtlich, ob diese Position auch von der übrigen Rechtsordnung gebilligt werde, sodass nicht nur die oben erwähnten Anwartschaften oder die Arbeitskraft strafrechtlichen Schutz genießen, sondern auch das seinerseits betrügerisch erlangte Vermögen und andere von der Rechtsordnung missbilligte Positionen (das hier traditionell angeführte Beispiel des Dirnenlohns ist durch § 1 ProstG[430] hinfällig geworden). Die plakative Formulierung dieses Ansatzes, es gebe kein rechtlich ungeschütztes Vermögen,[431] verdeutlicht dementsprechend auch gleich ihren entscheidenden Kritikpunkt. Eine streng wirtschaftliche Betrachtungsweise setzt sich in Widerspruch zur übrigen Rechtsordnung, indem sie strafrechtlich unter

---

426 *Binding* BT 1 S. 238.

427 *Binding* a.a.O. S. 239.

428 Zur Kritik siehe LK-*Tiedemann* § 263 Rn. 128 m.w.N.

429 RGSt 44, 230.

430 Gesetz vom 20. Dezember 2001 (BGBl. I S. 3983). Vgl. noch BGH JR 1988, 125.

431 BGHSt 2, 364, 366. Zur logischen Unzulänglichkeit dieses Satzes vgl. Maurach/Schroeder/*Maiwald* BT 1 § 41 Rn. 100: Es geht ja schließlich darum festzustellen, ob eine bestimmte Position zum Vermögen gehört, tut sie dies, so wird sie nach allen Auffassungen geschützt.

Schutz stellt, was das öffentliche Recht oder das Zivilrecht missbilligt.[432] Obwohl sich das RG in der Plenarentscheidung von 1910[433] auf eine streng wirtschaftliche Betrachtungsweise festlegt, wurde diese von der Rechtsprechung nur selten in aller Konsequenz verfolgt und immer wieder rechtliche Bewertungen der fraglichen Vermögenspositionen vorgenommen.[434] Auch in der Literatur wird dieser Ansatz nur noch vereinzelt vertreten.[435]

c. Der juristisch-ökonomische Vermögensbegriff

Entgegen anders lautender Bekundungen[436] wird man auch die Rechtsprechung daher letztlich wohl den juristisch-ökonomischen Vermittlungslehren zurechnen können.[437] Diese gehen zunächst von einer wirtschaftlichen Betrachtung aus und zählen zum Vermögen alle geldwerten Positionen – sie scheiden dann jedoch aus dem strafrechtlichen Vermögen alle von der übrigen Rechtsordnung missbilligten Positionen aus.[438] Dadurch vermeiden sie die oben genannten Wertungswidersprüche: Wenn eine Vermögensposition der übrigen außerstrafrechtlichen Rechtsordnung widerspricht, dann gestehen ihr die juristisch-öknomischen Vermittlungslehren auch keinen strafrechtlichen Schutz zu. Diese Auffassung stellt die heute ganz h.M. dar.[439]

432 *Cramer* S.90.

433 RGSt 44, 230.

434 BGHSt 4, 373; 31, 178, 179; NStZ 1987, 407; BGH JR 1988, 125; vgl. LK-*Lackner* (10. Aufl.) § 263 Rn. 122.

435 *Haft* BT 1 S.97f.; *Krey/Hellmann* Rn.433; mit Einschränkungen *Arzt/Weber* § 20 Rn.91; vgl. auch *Bruns* FS Mezger (1954), S.353; Schönke/Schröder-*Cramer* 17. Aufl. 1974, § 263 Rn. 58 ff., 63b; Maurach/Schroeder BT 1, 6. Aufl. 1977, § 46 II A d.

436 BGHSt 2, 364, 365; 3, 99, 102; 16, 220, 211; 45, 1, 4.

437 Vgl. *Berger* S.71 mit zahlreichen weiteren Nachweisen; vgl. auch *Fischer* § 263 Rn. 54.

438 Der Begriff „juristisch-ökonomische Vermögenslehre“ geht wohl auf *Nagler* ZAkDR 1941, 294 zurück, dessen Ansicht jedoch noch viel stärker von dem juristischen Vermögensbegriff geprägt war.

439 Schönke/Schröder-*Cramer/Perron* § 263 Rn. 82 ff., 84; *Gössel* BT 2 § 21 Rn. 121; LK-*Lackner* (10. Aufl.) § 263 Rn. 123; *Lenckner* JZ 1967, 105; Maurach/Schroeder/*Maiwald* BT 1 § 41 Rn. 99; LK-*Tiedemann* § 263 Rn. 132; *Wessels/Hillenkamp* Rn. 535; der Sache nach auch *Cramer* S. 106 ff. („materialer“ Vermögensbegriff).

d. Die personalen Vermögensbegriffe

Einen individualisierenden Ansatz wählen die verschiedenen personalen Vermögensbegriffe.[440] Ihr Ausgangspunkt ist der eigentliche Wortsinn des Begriffes „Vermögen": Sie untersuchen, was eine Person mit bestimmten Gütern zu tun „vermag". Vermögen ist demnach „eine personal strukturierte Einheit, die die Entfaltung der Person im gegenständlichen Bereich gewährleistet. Sie konstituiert sich in von der Rechtsordnung anerkannten Herrschaftsbeziehungen der Person zu Objekten (Vermögensgütern), die von der Rechtsgesellschaft als selbständige Gegenstände des wirtschaftlichen Verkehrs anerkannt werden".[441] Setzt man diese Definition in Bezug zu dem bisher zu den Vermögensbegriffen Gesagten, so kann man an dieser Stelle zwei relevante Kernelemente destillieren: Zum einen muss es sich um Güter handeln, die wirtschaftlich verkehrsfähig sind. Darüber hinaus müssen sie, respektive die Herrschaftsbeziehungen zu ihnen, von der Rechtsordnung anerkannt sein. Auch die personalen Vermögenslehren gehen also der Sache nach von einem wirtschaftlichen Vermögensbegriff mit rechtlichem Korrektiv aus.[442] Ihre Besonderheit, eine Individualisierung des

---

440 *Bockelmann* JZ 1952, 461; *Hardwig* GA 1956, 6; *Geerds* S. 125; *Otto* [Struktur] S. 69 f.; *Schmidhäuser* BT 11/1 – 3.
Ähnlich auch *Hefendehl* in: Schünemann [Hrsg.], Strafrechtssystem und Betrug, S. 185 ff., der dem Ausgangspunkt der personalen Lehren zustimmt, dass das Vermögen eine Herrschaftsposition beschreibe (a.a.O. S. 227). Nach seinem „normativ-ökonomischen Vermögensbegriff" ist „Herrschaft (und damit Vermögen) [...] immer dann zu begründen, wenn eine Person über mit der Rechtsordnung vereinbare Potentiale wirtschaftlicher Betätigung mit Hilfe zivilrechtlich anerkannter Durchsetzungsmöglichkeiten nach ihrem Belieben verfügen und externen Störfaktoren effektiv begegnen kann" (a.a.O. S. 228).
Auch *Weidemanns* „funktionaler Vermögensbegriff" ist weitestgehend den personalen Vermögenslehren zuzuordnen (so auch LK-*Tiedemann* vor § 263 Rn. 31 Fn. 44). Dieser definiert Vermögen als den Bestand an Gegenständen von wirtschaftlichem Wert, der dazu bestimmt ist, den vom Vermögensträger verfolgten Zwecken zu dienen, *Weidemann* S. 377; siehe auch NK-*Kindhäuser* § 263 Rn. 17, 35 ff.
Wenn nach *Pawlik* S. 259 Vermögen „das gegenständliche Potential [darstellt], mithilfe dessen eine Rechtsperson sich in der Interaktion mit anderen Rechtspersonen eine bestimmte Identität zu geben vermag," dann geht dies trotz der Bezeichnung als „neuformulierter juristischer Vermögensbegriff" von einem personalen Ausgangspunkt aus (vgl. hierzu auch LK-*Tiedemann* § 263 Rn. 129). Allerdings kommt für ihn als Vermögensgegenstand „nur dasjenige in Betracht, was der betreffenden Rechtsperson rechtlich zugeordnet, und zwar gerade deshalb zugeordnet ist, um ihr eine freie Selbstdarstellung zu ermöglichen". Vgl. auch Fn. 467.

441 *Otto* [Struktur] S. 69 f.

442 Vgl. LK-*Tiedemann* vor § 263 Rn. 33 a.E.

Vermögens, wirkt sich erst bei der Schadensberechnung aus, wenn diese nämlich nicht nur nach allgemeinen Kriterien, sondern nach den Maßstäben der konkret betroffenen Person vorzunehmen ist.[443] Nach der zu befolgenden Trennung zwischen Vermögen und Schaden soll eine eingehende Beschäftigung mit diesen Lehren daher auch erst später vorgenommen werden.

e. Abrechnungsbetrug und Vermögensbegriff

Die erste Hürde in der zweischrittigen Prüfung eines Vermögensschadens – nämlich die Feststellung, ob es sich überhaupt um strafrechtlich geschütztes Vermögen handelt – ist beim Abrechnungsbetrug nach dem eben Gesagten schnell genommen: Bei der Gesamtvergütung, die die Krankenkassen an die Kassenärztlichen Vereinigungen leisten,[444] handelt es sich, wie bei den Honoraren, die die Kassenärztlichen Vereinigungen festsetzen,[445] unbezweifelbar um ein geldwertes Gut, das zudem keineswegs von der Rechtsordnung missbilligt wird. Nach allen vertretenen Auffassungen ist also beim vertragsärztlichen Abrechnungsbetrug strafrechtlich grundsätzlich geschütztes Vermögen betroffen.

2. Zum Vermögensschaden

Problematischer ist jedoch die Feststellung eines Vermögensschadens – auch hierzu werden unterschiedliche Ansichten vertreten.

a. Vermögensschadenslehren im Allgemeinen

aa. Der juristische/subjektive Schadensbegriff

Binding kombiniert seinen juristischen Vermögensbegriff mit einem juristischen Schadensbegriff: „Im Rechtssinne ist Jeder an seinem Vermögen geschädigt, der ohne die Billigung des Gesetzes um sein Vermögensrecht oder um die Sache, an der es besteht, oder um die Möglichkeit seiner vollen Ausübung gebracht wird – ganz einerlei, ob wirtschaftlich jene Einbuße, wie in den weitaus meisten Fällen, sich auch als Verlust oder Ausnahme an Gewinn darstellt.“[446] Dieser juristische Schadensbegriff wird auch als eine subjektive Schadensberechnung bezeichnet:[447] Ein Schaden liege dann vor, wenn das Opfer eine Verfügung getroffen

443 So auch Maurach/Schroeder/*Maiwald* BT 1 § 41 Rn. 114.

444 Bei Berechnung der Gesamtvergütung nach Einzelleistungen, vgl. oben S. 68 ff.

445 Bei Berechnung der Gesamtvergütung nach Kopfpauschalen, vgl. oben S. 73 ff.

446 *Binding* BT 1 S. 240. Vgl. auch *Gerland* S. 560, 637.

447 Zu den Begrifflichkeiten *Cramer* S. 42, Fn. 111.

hat, die es in Kenntnis der wahren Umstände nicht vorgenommen haben würde. Für diese Ansicht liegt dementsprechend bei jeder Verfügung, die durch einen Irrtum motiviert worden ist, ein Vermögensschaden vor.

Bei gegenseitigen Verträgen sei das Opfer geschädigt, wenn es nicht das „erhält, was [es] von Rechts wegen beanspruchen kann.[448]" Dies bedeutet also, dass zur Schadensfeststellung die Leistung, die das Opfer erhalten hat, mit seinem Anspruch gegenüber dem Täter zu vergleichen ist.[449] Subjektiviert ist der Schadensbegriff daher deshalb, weil es von der subjektiven Vorstellung des Opfers abhängig ist, ob ein bestimmter Vermögensverlust zu einem Vermögensschaden führt.

Hintergrund dieser Ansicht ist, dass sie das Vermögen eben nicht als eine Wertsumme betrachtet, sondern als Summe der einzelnen Rechte und Pflichten.[450] Geht der Betroffene eines dieser Rechte verlustig, ohne dass es einen rechtlichen Grund dafür gibt, so ist sein Vermögen geschädigt. Dies führt gleichsam dazu, dass ein etwaiger Wertzuwachs durch die Vermögensverfügung unberücksichtigt bleibt, weil das Vermögen eben nicht in seinem Wert bilanziert wird.[451,452]

bb. Der wirtschaftlich-individuelle/objektiv-individuelle Schadensbegriff

Gerade von einer solchen Betrachtung der Wertsumme geht jedoch der wirtschaftliche Schadensbegriff aus.[453] Nach ihm kommt allen in das Vermögen einzubeziehenden Gütern ein wirtschaftlicher Wert zu.[454] Daher kann das gesamte Vermögen (objektiv) bilanziert werden, also eine Wertsumme der einzelnen Vermögensbestandteile gebildet werden. Erst wenn diese Gesamtsumme nach

---

448 *Binding* BT 1 S. 357.

449 *Binding* BT 1 S. 240.

450 Vgl. oben S. 100.

451 *Binding* BT 1 S. 238.

452 *Pawlik* S. 259 vertritt einen „neuformulierten juristischen Vermögensbegriff" (vgl. schon Fn. 440 a. E.). Zwar verlangt seine Ansicht eine rechtliche Zuordnung des Vermögens zur betreffenden Rechtsperson, diese sei wesentlich vorgeprägt durch das bürgerliche Recht und Zivilrecht. Die Vermögenspositionen müssen jedoch „unmittelbare Ausprägung eines Selbstdarstellungsrechts ihres Inhabers" sein (a. a. O. S. 260). Dies rückt diesen neuen Ansatz in die Nähe der personalen Schadenslehren (vgl. auch Fn. 467).

453 RGSt 16, 1, 3; 44, 230; 74, 129; BGHSt 1, 264; 3, 99; 15, 83; 16, 220; 325; 47, 8.

454 Wobei umstritten ist, ob das Abstellen auf einen abstrakten wirtsch. Wert genügt, oder ob dieser in Geld messbar sein muss, vgl. LK-*Lackner* (10. Aufl.) § 263 Rn. 125.

der Verfügung niedriger ist als vor der Verfügung, liegt ein Vermögensschaden vor.[455] Dies bedeutet, dass nicht nur der reine Abfluss von Vermögen Berücksichtigung findet, sondern auch das durch das Geschäft – und sei es auch irrtumsbedingt – Erlangte. Je nachdem, ob man einen rein wirtschaftlichen Vermögensbegriff, einen juristisch-ökonomischen Vermögensbegriff oder gar einen rein juristischen Vermögensbegriff vertritt, entscheidet sich, welche Positionen Eingang in die Saldierung finden. Es ist Konsequenz dieser wirtschaftlichen Gesamtbetrachtung, dass bei der Schadensfeststellung die Leistung und ihre Gegenleistung die bei der Saldierung in Bezug zu setzenden Größen sind.[456]

Der gleichen Sache kann bei dieser Saldierung – je nach wirtschaftlichem Kontext – durchaus ein unterschiedlicher Wert zukommen; so bestehen unterschiedliche Preise im Groß- und Einzelhandel oder für Erzeuger und Verbraucher.[457] Dies ist jedoch nicht der einzige Aspekt, der zu einer Individualisierung der objektiven Schadensbestimmung führt. Die h.M. anerkennt, dass nicht jede Vermögensposition für jeden Vermögensinhaber den gleichen Wert hat, sondern dieser nach persönlicher Brauchbarkeit der Sache und einer individuellen Zwecksetzung variieren kann. Es kann also sein, dass man einen Vermögensschaden zu bejahen hat, obwohl man nach einer Saldierung der Vermögensflüsse zu dem Ergebnis kommt, dass der Betroffene für seine (irrtumsbedingte) Leistung eine wirtschaftlich adäquate Gegenleistung erhalten hat. Ein Schaden ist dann dennoch gegeben, wenn die Gegenleistung nach den individuellen wirtschaftlichen Verhältnissen des Verfügenden für diesen vollkommen oder weitestgehend unbrauchbar ist (persönlicher Schadenseinschlag). Instruktiv hierfür ist der Melkmaschinen-Fall des *BGH*: Dort hatte ein Provisionsvertreter für Melkmaschinen einer Bäuerin – unter Vorschwindelung eines besonders günstigen Angebotes – eine Melkmaschine verkauft. Diese war objektiv ihren Preis wert, konnte allerdings nur für zwei Kühe verwendet werden, obwohl die Bäuerin eine für zehn Kühe benötigte. Der *BGH* erkannte einen Vermögensschaden trotz objektiver Wertgleichheit von Leistung und Gegenleistung, weil die

455 „Nachteilige Vermögensdifferenz“ RGSt 44, 249; BGH NJW 1964, 874. Wobei allerdings keine „Gesamtsaldierung“ aller Vermögenspositionen vorgenommen werden muss, sondern es genügt, lediglich die Auswirkung der im konkreten Fall relevanten Vermögensverfügung zu beachten, LK-*Tiedemann* § 263 Rn. 159.

456 Auf den ersten Anschein anders ist es beim sog. „echten Erfüllungsbetrug“, bei dem sich der Täuschende erst nach Eingehung der Verpflichtung entschließt, mit einer minderwertigen Sache zu erfüllen. Hier habe der Vertragspartner durch das Verpflichtungsgeschäft eine Expektanz erworben, die durch die Erfüllung mit einer schlechteren Sache vereitelt wird, vgl. LK-*Tiedemann* § 263 Rn. 202 m.w.N.

457 Schönke/Schröder-*Cramer/Perron* § 263 Rn. 81.

Melkmaschine zu dem vertraglich vorausgesetzten Zweck nicht verwendbar war.[458]

Noch weitergehend individualisiert ein Teil von Rechtsprechung und Lehre den Vermögensschaden mit der Zweckverfehlungslehre. Nach dieser verfolgt eine Person nicht nur streng wirtschaftliche Zwecke, sondern es können auch übergeordnete wirtschafts- und sozialpolitische Zwecke eine Rolle spielen.[459] Leistung und Gegenleistung können dementsprechend auch dann in Ungleichgewicht geraten, wenn ein solcher übergeordneter Zweck verfehlt wird. Im Einzelnen ist diese Zweckverfehlungslehre jedoch sehr umstritten und soll daher in späterem Zusammenhang ausführlich beleuchtet werden.[460]

cc. Die personalen Schadensbegriffe

Die Individualisierung des Schadens wird von den personalen Schadensbegriffen in den Mittelpunkt gestellt.[461] Demnach sei das Vermögen nicht als „zufälliges Konglomerat von Vermögensgütern" schützenswert, sondern „weil es Grundlage der persönlichen Lebensgestaltung des Vermögensträgers im gegenständlichen Bereich und in seiner konkreten Zusammensetzung zugleich Ausdruck der Person ist".[462] Das Vermögen sei dementsprechend nicht allein nach seinem objektiven Wert zu bestimmen, sondern subjektiv nach den individuellen Wertungen und Zwecksetzungen des Vermögensinhabers.[463] Demnach stellt die personale Vermögenslehre zur Schadensbestimmung allein auf das Verfehlen des wirtschaftlichen Zwecks der Verfügung ab – die Zweckverfehlungslehre ist also nicht eine bloße Ausnahme vom wirtschaftlichen Schadensbegriff, sondern das „Grundprinzip des Schadensbegriffs".[464] Damit ähnelt dieser Ansatz zwar

---

458 BGHSt 16, 321, 325 ff. (Fallgruppe a), darüber hinaus bejaht der BGH auch dann einen Vermögensschaden, wenn der Erwerber durch die eingegangene Verpflichtung zu einer vermögensschädigenden Maßnahme genötigt wird (Fallgruppe b, BGH a. a. O. 326 ff.) oder wenn der Erwerber durch das Geschäft in existenzbedrohender Weise in seiner Liquidität eingeschränkt wird (Fallgruppe c, BGH a. a. O. 328 ff.). Ausführlich zum Melkmaschinen-Fall und persönlichem Schadenseinschlag unten S. 176 ff.

459 Siehe an dieser Stelle nur Maurach/Schroeder/*Maiwald* BT 1 § 41 Rn. 120 als einen der Hauptvertreter dieser Lehre.

460 Siehe unten S. 159 ff.

461 *Bockelmann* JZ 1952, 461; *Hardwig* GA 1956, 6; *Geerds* S. 125; *Otto* [Struktur] S. 69 f.; *Schmidhäuser* BT 11/1–3.

462 *Geerds* S. 125.

463 *Otto* [Struktur] S. 66.

464 *Geerds* S. 126; *Otto* [Struktur] S. 288.

insofern dem juristischen Schadensbegriff, als er den Schaden subjektiv bestimmt. Einschränkend hält der personale Schadensbegriff jedoch nur wirtschaftliche Zwecksetzungen für schadensrelevant.[465] Eine scharfe Abgrenzung dieser wirtschaftlichen Zwecke zu den ihnen gegenüberstehenden ideellen Zwecken erscheint aber schwierig.[466,467]

b. Vermögensschadenslehren und Abrechnungsbetrug

Es gilt nun zu untersuchen, wie sich die unterschiedlichen zum Vermögensschaden vertretenen Ansichten beim vertragsärztlichen Abrechnungsbetrug auswirken. Hierzu sollen die unterschiedlichen in Rechtsprechung und Literatur zum Schaden beim Abrechnungsbetrug vertretenen Ansichten zu den verschiedenen Schadensbegriffen in Bezug gesetzt werden. Erst danach soll eine grundsätzliche Stellungnahme zu den verschiedenen Vermögens- und Schadensbegriffen erfolgen.

aa. Abrechnungsbetrug und juristischer Schadensbegriff

Die streng formale Betrachtungsweise der Rechtsprechung hat insofern schon eine begriffliche Gemeinsamkeit mit der juristischen Schadenslehre, als *Lackner*

465 *Geerds* S. 127 ff.; *Otto* [Struktur] S. 74 ff.

466 Vgl. SK-*Hoyer* § 263 Rn. 191. Was auch Vertreter des personalen Schadensbegriffes zugeben, *Geerds* S. 128.

467 Weitgehend ähnlich ist auch der „funktionale Schadensbegriff“ *Weidemanns*, demnach eine Störung der „Nutzwerteinheit“ des Vermögens einen Vermögensschaden bedeutet. So eine Störung liege dann vor, wenn eine Leistung nicht den vom Vermögensinhaber verfolgten Zweck erreicht und der Nutzwert des Gesamtvermögens gemindert wird, *Weidemann* S. 279.
Trotz erheblicher Unterschiede vor allem in der dogmatischen Herleitung und Fundierung steht *Pawliks* „normativ-personale“ Lehre auch nach eigenem Bekunden den personalen Lehren nahe (*Pawlik* S. 294; vgl. auch schon Fn. 440). Ausgehend von seiner Konzeption des Betrugs als ein Verstoß gegen das Recht auf Wahrheit vergleicht *Pawlik* zur Schadensermittlung die Leistung, die das Opfer vom Täter erhält, mit dem, was das Opfer entsprechend ebendiesem Recht auf Wahrheit als Leistung beanspruchen durfte (a. a. O. S. 287). Die persönlichen Erwartungen des Opfers spielen also insofern eine Rolle, als es diese gegenüber dem Täter vermittels seine Rechtes auf Wahrheit verbindlich gemacht hat (a. a. O. S. 289). Entsprechend seiner Auffassung von Vermögen als eine Verkörperung von Handlungsfreiheit (siehe oben Fn. 440) sei nur die Erwartung relevant, „ein wirtschaftliches Potential zu erhalten, das jenem Gegenstand wertmäßig in dem Sinne entspricht, daß es das Opfer in den Stand setzt, sich (…) den vom ihm begehrten Gegenstand zu verschaffen.“ (a. a. O. S. 292).

eben diese rein juristische Form der Schadensermittlung als einen „formellen Schadensbegriff" bezeichnet.[468] Aber auch inhaltlich weisen die streng formale Betrachtungsweise der Rechtsprechung und der juristische Schadensbegriff Gemeinsamkeiten auf:

Wenn nach *Binding* derjenige geschädigt ist, „der nicht erhält, was er von Rechts wegen beanspruchen kann",[469] und ein möglicher Vermögenszuwachs in Folge der Verfügung ausdrücklich nicht beachtlich sein soll,[470] so wundert es nicht, dass durch die streng formale Betrachtungsweise beim Abrechnungsbetrug Erinnerungen an den juristischen Schadensbegriff geweckt werden.[471] Die streng formale Betrachtungsweise des Sozialrechts führt nämlich dazu, dass eine Leistung insgesamt nicht erstattungsfähig ist, wenn sie in Teilbereichen nicht den gestellten Anforderungen genügt, und dies ist nach Ansicht der Rechtsprechung ausreichend, um einen Vermögensschaden zu begründen.[472]

Mit anderen Worten: Wenn der Patient nicht entsprechend den sozialrechtlichen Regeln behandelt wird – also der Patient, respektive die Krankenkassen, nicht das erhalten, was ihnen nach dem Sozialrecht zusteht – so ist die ärztliche Leistung nicht abrechenbar. Eine Honorierung aufgrund einer dennoch erfolgten Abrechnung begründet einen Vermögensschaden, und zwar ohne Bewertung der tatsächlich erbrachten Leistungen oder etwaiger ersparter Aufwendungen. Beim Abrechnungsbetrug vergleicht die Rechtsprechung also nicht – wie üblich – die Leistung von Patient, respektive der Krankenkasse, mit der Gegenleistung des Arztes, sondern allein den Anspruch des Patienten, respektive Krankenkasse, mit der Leistung des Arztes. Umfasst dieser Anspruch die Einhaltung bestimmter – und sei es auch rein formeller – sozialrechtlicher Regeln, dann liegt ein Vermögensschaden vor, wenn der Arzt diese Regeln nicht einhält. Eine wirtschaftliche Bewertung der erbrachten Leistung wird nicht vorgenommen. Die Anwendung der „streng formalen Betrachtungsweise des Sozialrechts" in Abrechnungsbetrugsfällen führt also in der Tat zu einer ähnlichen Schadensbestimmung wie beim juristischen Schadensbegriff, indem eine Akzessorietät zwi-

468 LK-*Lackner* (10. Aufl.) § 263 Rn. 121.

469 *Binding* BT 1 S. 357.

470 *Binding* a.a.O. S. 238.

471 Vgl. Fn. 422.

472 BGH NStZ 1995, 85, 86; JR 2003, 382, 384; OLG Koblenz MedR 2001, 144, 145.

schen der strafrechtlichen Schadensbestimmung und den sozialrechtlichen Abrechnungsvoraussetzungen hergestellt wird.[473]

bb. Abrechnungsbetrug und wirtschaftlicher Schadensbegriff

Auf Grundlage des ganz herrschenden wirtschaftlichen Schadensbegriffes versuchen diejenigen Stimmen in der Literatur, die sich zur Problematik der „streng formalen Betrachtungsweise“ äußern, die in Rede stehenden Fälle des vertragsärztlichen Abrechnungsbetrugs zu lösen; sie versuchen dementsprechend, eine Bewertung von Leistung und Gegenleistung vorzunehmen.[474]

(1.) Geldwert der vertragsärztlichen Leistung

Die Klärung einer Prämisse der wirtschaftlichen Betrachtung findet dabei allerdings größtenteils keine Beachtung, nämlich ob die vertragsärztliche Leistung im komplizierten sozialrechtlichen Beziehungsgeflecht überhaupt mit einem konkreten Geldwert zu bemessen ist.[475] Will man Leistung und Gegenleistung wirtschaftlich miteinander vergleichen, so muss man als tertium comparationis deren Verkehrs- oder Marktwert ermitteln. Dies fällt allerdings bei der vertragsärztlichen Leistung schwer, weil es für eben diese Leistungen keinen freien Markt gibt, sondern die Honorierung dieser Leistungen abhängt vom Zusammenspiel aus Einheitlichem Bewertungsmaßstab (EBM), Gesamtvergütung und Honorarverteilungsmaßstab (HVM) sowie neuerdings nach der regionalen Euro-Gebührenordnung gem. § 87a SGB V.[476] Nun ist das Fehlen eines freien Wettbewerbs allerdings keine unserer Rechtsordnung vollkommen unbekannte Situation, weshalb in den Bereichen, in denen der fehlende Wettbewerb auf staatli-

473 Für den juristischen Schadensbegriff ist die oben vorgenommene Unterscheidung zwischen einer Berechnung der Gesamtvergütung nach Einzelleistungen oder Kopfpauschalen irrelevant, da die Gesamtvergütung bei einer rein juristischen Betrachtung dem Vermögen der Kassenärztlichen Vereinigung zuzurechnen ist (vgl. oben S. 74 f.), und somit die Kassenärztliche Vereinigung die Geschädigte wäre.

474 *Beckemper/Wegner* NStZ 2003, 316; *Ellbogen/Wichmann* MedR 2007, 13; *Gaidzik* wistra 1998, 331; *Grunst* NStZ 2004, 536; *Hellmann* NStZ 1995, 223; *Herffs* [Abrechnungsbetrug] S. 117; *ders.* wistra 2004, 285; *Idler* JuS 2004, 1040; *Stein* MedR 2001, 125; *Volk* NJW 2000, 3386.

475 Hierzu äußern sich *Grunst* NStZ 2004, 537; *Stein* MedR 2001, 126; ausführlich *Maiwald*, Gutachten zum strafrechtlichen Vorwurf des Betrugs bei fehlerhafter Abrechnung kieferorthopädischer Leistungen, Göttingen 1992, S. 50 ff. – das Gutachten ist leider unveröffentlicht.

476 Siehe hierzu oben S. 62 ff.

cher Intervention beruht, regelmäßig die staatliche Preisfestsetzung zur Schadensberechnung herangezogen wird.[477] Dies ist bei Preisfestsetzungen wie dem RVG oder der BauPreisVO einleuchtend, weil diese jeweils feste Beträge einer bestimmten Leistung zuordnen. Problematischer ist dies schon bei der GOÄ, weil diese nicht nur bestimmten Leistungen Geldbeträge zuordnet, sondern es darüber hinaus möglich ist, je nach Besonderheit der Leistung, die einzelnen Gebühren mit Faktoren zu multiplizieren. Immerhin ergeben sich diese Multiplikationsfaktoren jedoch nicht willkürlich, sondern nach bestimmten Regeln.[478]

Auch die vertragsärztliche Vergütung bestimmt sich nach staatlichen Vorgaben. Zwar gestalten die Kassenärztlichen Vereinigungen und die Krankenkassen die Regelungsinstrumente im Rahmen der gemeinsamen Selbstverwaltung selbst, sie sind dabei jedoch von engen gesetzlichen Vorgaben geleitet.[479] Sehr schwierig ist es nun aber, den festgesetzten Wert von Leistungen in der gesetzlichen Krankenversicherung zu bestimmen. Der EBM ordnete bis zum Inkrafttreten der Gesundheitsreform der großen Koalition (GKV-WSG) nämlich den ärztlichen Leistungen keinen bestimmten Geldwert in Euro zu, sondern eine Punktzahl. Der materielle Wert eines erwirtschafteten Punktes konnte dabei durchaus unterschiedlich sein („floatender Punktwert"). Dies konnte zum einen daran liegen, dass die Gesamtvergütung nach Kopfpauschalen berechnet wurde, und damit einer festen Gesamtvergütung die jeweils abgerechneten Punkte gegenüberstanden, der genaue Punktwert also davon abhängig war, unter wie vielen Punkten die Gesamtvergütung „aufgeteilt" werden musste. Daneben galten auch budgetüberschreitende Leistungen als mit dem Honorar abgegolten, sodass auch von Arzt zu Arzt dieselben Leistungen unterschiedlich honoriert werden konnten.[480] Zwar ließe sich theoretisch mit dem Honorarbescheid ein Betrag für jede einzelne Leistung berechnen, dieser wäre jedoch im Vergleich mit der erbrachten Leistung wenig aussagekräftig, denn je nach abrechnendem Arzt könnte er höchst unterschiedlich ausfallen.

Außerdem führt auch nach der Gesundheitsreform das Aushandeln der genannten Verteilungsmechanismen durch die Kassenärztlichen Vereinigungen und Krankenkassen innerhalb eines gesetzlich vorgegebenen Rahmens dazu, dass bei der Festsetzung der Honorare nicht nur rein wirtschaftliche Bewertun-

477 Vgl. LK-*Tiedemann* § 263 Rn. 164.

478 Siehe hierzu Laufs/Uhlenbruck-*Uhlenbruck/Kern* § 82 Rn. 8.

479 Zur Vereinbarung der drei Regelungsinstrumente EBM, Gesamtvergütung und HVM siehe Schnapp/Wigge-*Hess* § 16 Rn. 7 ff., 27 ff.

480 Ausführlich zu der Berechnung der Punktwerte oben S. 62.

gen, sondern auch standes- und sozialpolitische Erwägungen eine Rolle spielen.[481] Beispielhaft sei hier einerseits die gesetzlich angeordnete Beitragssatzstabilität genannt und andererseits die Einkommensinteressen der Ärzte, die als Ergebnis von schwierigen Verhandlungen Eingang in die Bewertung der einzelnen Leistungen finden. Bei der Festsetzung des vertragsärztlichen Honorars spielen also auch wertfremde und leistungsunabhängige Faktoren eine Rolle.

Man kann also festhalten, dass die Bemessung der vertragsärztlichen Leistung mit einem konkreten Geldwert nicht möglich ist. Vermutlich ist dies auch der Ausgangspunkt für die Übernahme der streng formalen Betrachtungsweise des Sozialrechts: Die Leistung kann nicht nach ihrem wirtschaftlichen Wert beurteilt werden, weshalb man sie alleine am Vorliegen der Abrechnungsvoraussetzungen misst.

Durch das GKV-WSG wird diese Problematik zumindest teilweise entschärft: Im Rahmen der Gesundheitsreform wurde eine Euro-Gebührenordnung für Vertragsärzte eingeführt, die es grundsätzlich ermöglicht, das Vertragsarzthonorar schon bei Leistungserbringung zu ermitteln. Durch die parallele Honorarbegrenzung durch Regelleistungsvolumina wird die Honorarunsicherheit jedoch nicht vollkommen beseitigt.[482]

(2.) Wertlosigkeit der sozialrechtswidrigen Leistung

Eine Auffassung in der Literatur stellt ebenfalls alleine auf das Vorliegen der Abrechnungsvoraussetzungen ab und stimmt daher im Ergebnis und teilweise auch in der Begründung mit der „streng formalen Betrachtungsweise“ überein.[483] In seiner zustimmenden Anmerkung zum BGH-Urteil[484] im Falle der unzulässigen Delegation geht *Hellmann* ausdrücklich von einer wirtschaftlichen Betrachtungsweise aus.[485] Dabei misst er allerdings den nicht abrechenbaren Leistungen keinerlei wirtschaftlichen Wert zu, weil ausgeschlossen sei, dass der Angeklagte irgendeine Vergütung für diese Leistungen erhalten könne. Auch komme keine Kompensation durch ersparte Aufwendungen in Betracht: Zwar habe die Krankenkasse tatsächlich einen Vermögenszuwachs erhalten, weil sie Ausgaben spart, die die Untersuchung und Behandlung bei einem anderen Arzt

481 Vgl. *Maiwald* (Fn. 475) S. 53.

482 Siehe oben S. 16 f., 80 ff.

483 *Hellmann* NStZ 1995, 233; im Anschluss daran: *Beckemper/Wegner* NStZ 2003, 316; *Herffs* [Abrechnungsbetrug] S. 119.

484 BGH NStZ 1995, 85.

485 Hierzu und zum Folgenden *Hellmann* NStZ 1995, 233.

verursacht hätte. Diese Ersparnis könne den Vermögensverlust aber nicht kompensieren, weil sie lediglich in einem äußeren Zusammenhang und nicht in einem unmittelbaren Verhältnis zu ihm stehe.

Hellmann billigt also der erbrachten Leistung keinerlei wirtschaftliche Relevanz zu und kommt daher von einem beanspruchten wirtschaftlichen Ausgangspunkt zu einem Schaden der Krankenkasse.

Noch deutlicher wird seine Schülerin in einer Anmerkung zum Urteil des *BGH* im Strohmannfall.[486] *Beckemper/Wegner* stimmen der Entscheidung zu, denn der Wert der Leistungen bestimme sich nach den Vorschriften des SGB. „Da die Leistungen danach nicht abgerechnet werden können, gelten sie im System der gesetzlichen Krankenversicherung als wertlos." Deshalb entstehe bei einer wirtschaftlichen Betrachtung ein negativer Saldo zu Lasten der Krankenkassen. Auch ersparte Aufwendungen könnten den Vermögensverlust der Kassen nicht kompensieren, da sie keine unmittelbare Gegenleistung der gezahlten Honorare seien.[487]

Auf gleicher Linie bewegt sich ein weiterer Schüler *Hellmanns*: *Herffs* vertritt, eine „formalstrenge Betrachtungsweise [müsse] bei der Prüfung des Vermögensschadens berücksichtigt werden, weil in einem gewissen Rahmen eine juristische Berechtigung der geschützten vermögenswerten Positionen gegeben sein muss, um Widersprüche mit der Gesamtrechtsordnung zu vermeiden."[488] Deshalb lasse sich die fragliche Leistung ausschließlich im Rahmen der kassenärztlichen, zivilrechtlichen und berufsrechtlichen Bestimmung bewerten.[489] Zumindest im Falle der unzulässigen Delegation verneint er also mit derselben Begründung wie *Hellmann* eine Kompensation des durch die Honorarauszahlung erlittenen Vermögensnachteils.[490]

Möglicherweise als Folge der angesprochenen problematischen Bestimmung eines wirtschaftlichen Wertes von Kassenarztleistungen setzt diese Ansicht den Wert von Leistungen, die unter Verstoß gegen Abrechnungsbestim-

486 Urt. und Anm. in NStZ 2003, 313; Urt. allerdings ausführlicher in NJW 2003, 1198 ff.

487 *Beckemper/Wegner* NStZ 2003, 316.

488 *Herffs* [Abrechnungsbetrug] S. 119.

489 *Herffs* a.a.O. S. 126.

490 Eine Einschätzung, die er bei der Fallgruppe des Arztes im verdeckten Angestelltenverhältnis nicht durchhält, dort untersucht er nämlich – ungeachtet des Verstoßes gegen sozialrechtliche Bestimmungen – ausführlich den Wert der erbrachten ärztlichen Leistung, a.a.O. S. 149 ff. Vgl. *Herffs* wistra 2004, 285 ff.; *Hellmann/Herffs* Rn. 203 ff., 262 ff.

mungen erbracht worden sind, mit „Null“ an und kommt daher bei Saldierung der Vermögenslagen vor und nach der Verfügung zu einem Vermögensschaden.

Der Sache nach beurteilt diese Auffassung den Schadenseintritt trotz postulierter „juristisch-ökonomischer“ Betrachtungsweise also vorwiegend nach rechtlichen Kriterien, nämlich sozialrechtsakzessorisch. Diese Ansicht stimmt also mit der „streng formalen Betrachtungsweise“ zwar nicht in der Nomenklatur, wohl aber in der Begründung und im Ergebnis überein.[491]

(3.) Freiwerden von einer Verbindlichkeit

Auch *Gaidzik* hält weder die tatsächlich erbrachte Leistung noch die ersparten Aufwendungen für kompensationsfähige Rechtsgüter.[492] Die ersparten Aufwendungen, weil kein anderer Arzt in Anspruch genommen worden ist, sind seines Erachtens rein hypothetisch, weil nicht geklärt werden kann, welches diagnostische oder therapeutische Vorgehen der andere Arzt gewählt hätte. Auch eine Schadenskompensation durch die tatsächlich erbrachte Dienstleistung nimmt *Gaidzik* nicht vor, denn – und insofern stimmt seine Argumentation mit der vorangegangenen Ansicht überein – die fraglichen sozial- oder berufsrechtswidrigen Leistungen lösten keine Zahlungspflicht aus und seien daher bei der Schadensberechnung außer Acht zu lassen.[493]

Er führt dann jedoch einen dritten möglichen Vermögensfluss in die Überlegungen über eine Kompensation der zu Unrecht gezahlten Honorare ein, nämlich die Befreiung von einer Verbindlichkeit. Im vertragsärztlichen Vergütungssystem seien nicht nur die Beziehungen zwischen dem Vertragsarzt und der Kassenärztlichen Vereinigung respektive der Krankenkasse zu beachten, sondern auch die Beziehungen zwischen dem behandelten Patient und seiner Krankenkasse. Es ist gem. § 1 S. 1 SGB V Aufgabe der Krankenkasse, die Gesundheit ihrer Mitglieder zu erhalten, wiederherzustellen oder ihren Gesundheitszustand zu bessern. Nach §§ 11 ff. SGB V hat der Patient einen Anspruch auf die hierzu erforderlichen Maßnahmen, sofern diese zweckmäßig, ausreichend und wirtschaftlich sind (§ 12 SGB V). Wird der Patient nun durch die nicht abrechenbare Leistung geheilt, so entfällt diese Verpflichtung der Krankenkasse. Diese Befreiung von einer Verbindlichkeit ist nach *Gaidzik* bei der Schadensfeststellung

491 Der „streng formalen Betrachtungsweise“ stimmen ebenfalls zu: Rieger-*Dahm* Oz. 1780 Rn. 22; *Rieger* in: Tondorf/Wostry [Hrsg.], Die Ärzteschaft im Spannungsfeld des Strafrechts, S. 81; LK-*Tiedemann* § 263 Rn. 267, *ders.* Wirtschaftsstrafrecht BT, Rn. 141.

492 *Gaidzik* wistra 1998, 331 f.

493 *Gaidzik* a. a. O. S. 332.

in Rechnung zu bringen. Sie stehe nicht wie das Ersparen von Aufwendungen in einem bloßen äußeren Zusammenhang mit der Honorarzahlung, sondern sei zwangsläufige Folge des Systems der gesetzlichen Krankenversicherung und finde ihre Grundlage im „behandlungsvertraglichen Synallagma".[494] Seine Form der Schadensberechnung überprüft *Gaidzik* – in Anlehnung an die Grundsätze des Anstellungsbetrugs – auf die Notwendigkeit einer normativen Korrektur. Maßgebliches Abgrenzungskriterium sei dabei, ob es zu einer gesteigerten gesundheitlichen Gefährdung des Patienten kommt, oder ob es sich lediglich um einen formellen Verstoß handelt.[495] Im Falle der unzulässigen Delegation bei ansonsten indizierter und durch qualifiziertes Personal medizinisch sachgerecht durchgeführter Maßnahme gelangt *Gaidzik* zu der Einschätzung, dass es sich dabei um eine bloße Formalie handelt und nicht um eine Konstellation, die eine gesteigerte Gesundheitsgefahr birgt.[496]

Auch *Ellbogen/Wichmann* sehen den Vermögensverlust der Krankenkassen als kompensiert an, weil die Honorarzahlung durch die Befreiung von einer Verbindlichkeit ihrem Mitglied gegenüber ausgeglichen wird.[497,498]

(4.) Leistungsbezug des Abrechnungsfehlers

Volk setzt dagegen bei der erbrachten ärztlichen Leistung an, um eine Kompensation des erlittenen Vermögensnachteils zu prüfen.[499] In einem gewissen Umfang hält er die „streng formale Betrachtungsweise des Sozialversicherungsrechts" auch im Strafrecht für gerechtfertigt, denn sowohl das Verhältnis des Patienten zu seiner Krankenkasse, wie auch das Verhältnis des Vertragsarztes zur Kassenärztlichen Vereinigung bestimmen sich nach dem öffentlichen Recht. Der eigentlich wirtschaftliche Schadensbegriff sei daher rechtlich einzuschränken. Ihre Grenzen finde diese Betrachtungsweise aber in der Struktur des Betrugstatbestandes.[500] Dieser schütze allein das Vermögen: Das Opfer müsse demnach

494 *Gaidzik* a.a.O.

495 *Gaidzik* a.a.O. S. 333.

496 *Gaidzik* a.a.O. S. 334. Dem ist zumindest bei der Delegation an einen Oberarzt mit Facharztqualifikation im Fall des LG Bochum zuzustimmen, fraglich ist dies jedoch bei dem Einsatz eines Arztes im Praktikum oder von nichtärztlichem Personal.

497 *Ellbogen/Wichmann* MedR 2007, 14, welche allerdings in der Fallgruppe des verdeckten Angestellten schon die erbrachte ärztliche Leistung für werthaltig befinden, S. 15.

498 Der Auffassung *Gaidziks* stimmt auch *Ulsenheimer* zu, in: Laufs/Uhlenbruck § 151 Rn. 14b; *ders.* [Arztstrafrecht] Rn. 14/33.

499 *Volk* NJW 2000, 3385 ff.

500 *Volk* a.a.O. S. 3388.

eine wirtschaftliche Einbuße erleiden – eine bloße Beeinträchtigung der Dispositionsfreiheit reiche nicht aus. Dementsprechend könne der § 263 StGB nicht zu einem Tatbestand des „Sozialversicherungsbetrugs“ umgedeutet werden, der jeglichen Verstoß gegen sozialrechtliche Regeln unter Strafe stellt.[501]

Maßgeblich für *Volk* ist die Leistungsbezogenheit des Abrechnungsmangels. Der Mangel muss also Art, Inhalt oder Qualität der ärztlichen Leistung betreffen.[502] Dies sei z.B. im Falle der unzulässigen Delegation gegeben: Wertbestimmendes Merkmal einer Leistung sei die Qualifikation desjenigen, der sie erbringt. Wird diese Qualifikation nur vorgetäuscht, so sei die erhaltene Leistung minderwertig. Anders hingegen bei dem Arzt im verdeckten Angestelltenverhältnis: Hier werde lediglich über eine Statusfrage ohne jeden Leistungsbezug getäuscht. Es entstehe kein betrugsrelevanter Schaden.[503]

(5.) Fingierter Honoraranspruch

Stein kritisiert *Volks* Ansatz als dogmatisch unfundiert und kommt zu einer eigenen Lösung, die ebenfalls an der erbrachten Leistung des Vertragsarztes ansetzt.[504] *Stein* setzt sich zunächst mit dem fehlenden Marktwert der vertragsärztlichen Leistung auseinander und stimmt daher der Rechtsprechung im Grundsatz zu, wenn diese zur Bestimmung eines Wertes auf die einschlägigen Regelwerke der Kassenärztlichen Vereinigungen und Krankenkassen zurückgreift. Die Schwierigkeit bestehe jedoch darin, diejenigen Regeln herauszufiltern, die die Funktion haben, „anstelle der ausgeschalteten Marktpreisbildung das richtige Verhältnis von Leistung und Gegenleistung festzulegen“.[505] Diese Regeln seien von denjenigen zu trennen, die andere Ziele, wie z.B. berufsordnungspolitische Zwecke, verfolgen.[506]

Während er im BGH-Fall zur unzulässigen Delegation eine Norm verletzt sieht, die das wertmäßige Verhältnis von Leistung und Gegenleistung beschreibt, geht er davon aus, dass der Arzt im verdeckten Angestelltenverhältnis lediglich gegen eine bloße berufsordnungspolitische Norm verstößt.[507] Der wirt-

501 *Volk* a.a.O. S. 3386.

502 *Volk* a.a.O. S. 3386 f.

503 *Volk* a.a.O. S. 3387 f. Zustimmend MünchKommStGB-*Hefendehl* § 263 Rn. 522; Laufs/Uhlenbruck-*Ulsenheimer* § 151 Rn. 14b.

504 *Stein* MedR 2001, 124.

505 Zur staatlichen Preisfestsetzung siehe oben S. 109.

506 *Stein* MedR 2001, 126.

507 *Stein* a.a.O. S. 126 f.

schaftliche Wert der berufsordnungswidrigen Leistung entspreche aber dem der berufsordnungsgemäßen Leistung. Daraus folge, dass im Falle einer festen Gesamtvergütung die Kassenärztliche Vereinigung keinen strafrechtlichen Schaden erleide, weil der Vermögensverlust durch die Auszahlung des Honorars von der wirtschaftlich werthaltigen Gegenleistung des Arztes ausgeglichen werde.[508] (*Stein* geht entgegen der hier vertretenen Auffassung davon aus, dass die Kassenärztliche Vereinigung über eigenes Vermögen verfügt.[509])

Aber auch wenn bei einer Einzelleistungsvergütung die Saldierung der Vermögensab- und -zuflüsse seitens der Krankenkassen berücksichtigt werden müssen, sei die Werthaltigkeit der erbrachten Leistung zu berücksichtigen. Dies habe durch eine Normativierung zu erfolgen, und zwar in der Form, dass bei Berechnung der Gesamtvergütung ein Anspruch der Kassenärztlichen Vereinigung auf den ihr eigentlich nicht zustehenden Teil der Gesamtvergütung fingiert wird.[510]

Bei der strafrechtlichen Schadensberechnung bedient er sich also einer Fiktion, damit die Gesamtvergütung trotz des Irrtums der Krankenkasse über berufsordnungspolitische Voraussetzungen unverändert bleibt. Diese Fiktion sei erforderlich, weil die betreffende Leistung nicht aus wirtschaftlichen Gründen bei der Honorarfestsetzung außer Betracht bleibe, sondern weil sie gegen berufsordnungspolitische Regelungen verstoße, die jedoch nicht unter den Schutz des Betrugstatbestandes fielen.[511]

(6.) Werthaltigkeit der ärztlichen Leistung

Daneben wird in der Literatur – zumeist mit ausdrücklicher Bezugnahme auf *Stein* und *Volk* – eine wirtschaftliche Werthaltigkeit der erbrachten ärztlichen Leistung (zumindest im Falle des Arztes im verdeckten Angestelltenverhältnis) bejaht. Beispielsweise lehnt *Grunst* ihre Überlegung an den Grundsätzen des Anstellungsbetrugs an.[512] Ein Vermögensschaden kommt hier bei fehlender

---

508 *Stein* a.a.O. S. 127.

509 Siehe aber oben S. 73 ff. Außerdem hält er schon die Zulassung zum Vertragsarzt für eine hinreichende Vermögensverfügung durch die Zulassungsgremien, siehe aber ebenfalls oben S. 84 ff.

510 *Stein* a.a.O. S. 131. Diese Fiktion wendet er auch dann an, wenn sich die Gesamtvergütung durch die Falschabrechnung nicht erhöht, also die übrigen Vertragsärzte die möglicherweise Geschädigten sind, vgl. hierzu S. 119.

511 *Stein* a.a.O. S. 130.

512 *Grunst* NStZ 2004, 537.

fachlicher und fehlender persönlicher Eignung in Betracht. Auf den Fall des Arztes im verdeckten Angestelltenverhältnis übertragen könne dann keine fehlende fachliche Eignung angenommen werden, wenn der Arzt mit der erschlichenen Vertragsarztzulassung über die erforderlichen medizinischen Qualifikationen verfügt.[513] Auch *Duttge* vergleicht den Arzt mit erschlichener Zulassung mit den Fällen einer erschlichenen Beamtenstellung beim Anstellungsbetrug und verneint eine persönliche oder fachliche Ungeeignetheit.[514] Vielmehr sei die Leistung ihr Geld wert, denn die fehlende Selbständigkeit sei solange kein wertbildender Faktor, wie die ärztliche Unabhängigkeit gewahrt ist. Ansonsten sei nicht zu erklären, warum die Leistung eines genehmigten Angestellten voll vergütet wird.[515]

Hancok tritt ebenfalls der Auffassung des *BGH* entgegen, eine Kompensation der erlittenen Vermögensminderung scheide aufgrund der Besonderheiten des vertragsärztlichen Abrechnungsbetrugs von vornherein aus. Auch sie untersucht den Wert der vom Vertragsarzt erbrachten Leistung und hält im Falle des Arztes im verdeckten Angestelltenverhältnis eine Kompensation für möglich, im Delegationsfall hingegen nicht. Sie untersucht hierzu jeweils, ob die Normen, gegen die der Vertragsarzt verstoßen hat, dem Vermögensschutz oder lediglich anderen, sozialrechtlichen Belangen dienen.[516]

---

513 *Grunst* a.a.O.

514 *Duttge* in: Schnapp [Hrsg.], Rechtsfragen der gemeinschaftlichen Berufsausübung von Vertragsärzten, S. 97 f.

515 *Duttge* a.a.O. S. 98 f. *Duttge* verneint beim Arzt im verdeckten Angestelltenverhältnis jedoch schon dann einen Schaden, wenn der eigentlich angestellte Arzt wirksam zugelassen ist. Er stützt sich hierbei in Anlehnung an *Wagner/Hermann* NZG 2000, 526 auf den Charakter der Zulassung als statusbegründenden Verwaltungsakt, der die Abrechnung schon nach Regeln des öffentlichen Rechts rechtmäßig macht, *Duttge* a.a.O. S. 94 f. Siehe zu dieser Argumentation jedoch schon oben S. 87 f.

516 *Hancok* S. 205 ff., 218 ff. Auch *Idler* JuS 2004, 1041 kommt zu dem Ergebnis, dass nicht „sämtliche berufordnungsrechtliche, standes- oder sozialversicherungspolitisch motivierte Regelungen des Kassenarztrechts“ in den Schutzbereich des § 263 StGB fallen; qualitativ einwandfrei erbrachte Leistungen schlössen als Kompensation einen Vermögensschaden aus. Roxin/Schroth-*Schroth* S. 135 ff. hält in Anschluss an *Stein* und *Volk* die Honorierung lediglich berufordnungswidriger Leistungen ebenfalls nicht für schadensbegründend, weil diese vollwertige ärztliche Leistungen seien. Vgl. auch Schönke/Schröder-*Cramer/Perron* § 263 Rn. 112. Eine umfangreiche Würdigung des tatsächlichen Wertes der Leistungen eines Arztes im verdeckten Angestelltenverhältnis findet sich auch bei *Herffs* [Abrechnungsbetrug] S. 149 ff. (vgl. Fn. 490); *ders.* wistra 2004, 286; LG Lübeck GesR 2006, 177 mit zust. Anmerkung *Wessing/Dann* GesR 2006, 150 ff.; auch *Ellbogen/Wichmann* MedR 2007, 15 (vgl. Fn. 415).

(7.) Schaden der redlichen Vertragsärzte

Wird die Gesamtvergütung nach Kopfpauschalen berechnet, so führen Falschabrechnungen nicht zu einer Erhöhung der Gesamtvergütung. Dies wiederum hat zur Folge, dass nicht das Vermögen der Krankenkassen, sondern dasjenige der übrigen an der vertragsärztlichen Versorgung teilnehmenden Ärzte durch die Falschabrechnung betroffen wird, denn eine Erhöhung der insgesamt abgerechneten Punkte führt zu einer Verringerung des Punktwertes – die redlichen Ärzte erhalten für ihre erbrachten Leistungen weniger Geld.[517] Zu dieser Besonderheit des Abrechnungssystems und ihren Konsequenzen für die jeweils zur Schadensfeststellung gewählte Konstruktion äußern sich jedoch nur wenige Autoren.

Beckemper/Wegner nehmen an, dass die Ersparnis von Aufwendungen nicht zu einer Kompensation der Vermögensminderung der übrigen Vertragsärzte führen kann, weil die anderen Ärzte diesen Gegenwert nicht erhalten.[518] Eine Einschätzung, die sie wohl auf die anderen diskutierten Kompensationsmöglichkeiten (Befreiung von einer Verbindlichkeit, wirtschaftlicher Wert der erbrachten Leistung) übertragen wissen wollen, weil sie insofern einen Schaden überhaupt nicht mehr in Zweifel ziehen.

Die entgegengesetzte Extremposition nimmt *Duttge* ein. Die Hoffnung auf einen bestimmten Anteil an der Gesamtvergütung sei eine Aussicht, die im Abrechnungssystem nicht gesichert sei. Der Betrugstatbestand schütze aber vor dem „Ärmerwerden“, nicht jedoch die zerschlagene Hoffnung auf den Erwerb von Reichtümern. Es fehle daher an der erforderlichen unmittelbaren Vermögensverschiebung vom Opfer- in das Tätervermögen.[519] *Duttges* Auffassung ähnelt insofern der von *Gaidzik,* der meint, ein solcher Konkurrentenschutz sei vom Normzweck des §263 StGB als Vermögensverschiebungsdelikt nicht erfasst.[520] Diese Argumentation müsste auch bei anderen Formen des Abrechnungsbetrugs, beispielsweise dem Abrechnen von Luftleistungen, einen Vermögensschaden verneinen, sofern sich die Gesamtvergütung nach Kopfpauschalen berechnet. Dieses Ergebnis erscheint zweifelhaft.

Daneben werden in der Literatur vermittelnde Auffassungen vertreten. *Herffs* und – offensichtlich im Anschluss an ihn – *Hancok* betonen, dass die Anforderungen an die Leistungen des Arztes im Verhältnis zur Kassenärztlichen Vereinigung nicht anders sein könnten als die Verpflichtungen der Kasse gegen-

517 Siehe zur Vermögensverfügung oben S. 73 ff.

518 *Beckemper/Wegner* NStZ 2003, 316.

519 *Duttge* a.a.O. S. 101 f.

520 *Gaidzik* wistra 1998, 333.

über ihren Versicherten (sachnotwendige Wechselbezüglichkeit, Systemsymmetrie)[521]. Daher könnte man auch im Verhältnis des Vertragsarztes zu seinen redlichen Konkurrenten zu keinem anderen Ergebnis kommen als im Verhältnis des Vertragsarztes zur Krankenkasse. Wenn man also die Leistung des Arztes für werthaltig befinde, so könne die diesbezügliche Auszahlung eines Honorars weder einen Schaden der Krankenkassen noch der übrigen an der vertragsärztlichen Versorgung teilnehmenden Ärzte begründen.[522]

Stein fingiert im Falle einer zwar berufsordnungswidrigen, jedoch wirtschaftlich werthaltigen Leistung in Konsequenz seines oben geschilderten Ansatzes[523] bei der Honorarfestsetzung einen Anspruch des Arztes auf ein Honorar für seine berufsordnungswidrige Leistung, sodass sich zumindest bei der strafrechtlichen Schadensberechnung das Honorar der übrigen Vertragsärzte durch die fragliche Falschabrechnung nicht verändert, ein Schaden also ausbleibt.[524]

Dogmatisch gänzlich anders geht *Grunst* vor, wenn sie beim Betrug durch Täuschung der Kassenärztlichen Vereinigung zu Lasten der übrigen teilnehmenden Vertragsärzte, der einen Dreiecksbetrug darstellt,[525] das Näheverhältnis zwischen der Kassenärztlichen Vereinigung und den Vertragsärzten nach dem Rechtsgedanken des Schutzzwecks der Norm, leider ohne weitere Erläuterungen, normativ begrenzen will.[526]

cc. Abrechnungsbetrug und personale Schadensbegriffe

Angesichts der unterschiedlichen Spielarten der personalen Schadensbegriffe fällt eine Aussage darüber, ob beim vertragsärztlichen Abrechnungsbetrug in den vorliegenden Konstellationen formaler Mängel auch nach den personalen Schadensbegriffen ein Schaden vorliegt, nicht leicht. Nach dem personalen Schadensbegriff *Ottos* liegt ein Schaden vor, wenn der Berechtigte durch seine Aufwendung nicht den wirtschaftlichen Erfolg erreicht hat, den er angestrebt

521 Im Anschluss an *Ossenbühl* NZS 1997, 499.

522 So im Falle des Arztes im verdeckten Angestelltenverhältnis *Herffs* [Abrechnungsbetrug] S. 161; *Hancok* S. 223 f. Bei der unzulässigen Delegation hingegen bejahen beide einen Schaden sowohl der Krankenkasse als auch ggf. der übrigen Vertragsärzte, *Herffs* a. a. O. S. 123; *Hancok* a. a. O. S. 208.

523 Vgl. S. 116.

524 *Stein* MedR 2001, 131.

525 Siehe oben S. 76 f.

526 *Grunst* NStZ 2004, 537 f.

hat;[527] *Geerds* spricht von der Verfehlung des wirtschaftlichen Zwecks.[528] Nach dem eben zum wirtschaftlichen Schadensbegriff Gesagten kann bei den einzelnen Abrechnungsvoraussetzungen unterschieden werden zwischen solchen, die lediglich berufsordnungspolitische Zwecke verfolgen, und solchen, deren Nichtbeachtung zu einer wirtschaftlichen Wertminderung der erbrachten Leistung führt. Gerade diese Unterscheidung wird wohl auch für den personalen Schadensbegriff relevant, denn m. E. kann nur bei letzteren die Rede davon sein, dass der wirtschaftliche Erfolg der Leistung verfehlt wird. Insofern ist *Otto* zuzustimmen, dass seine Auffassung oftmals zu denselben Ergebnissen wie die herrschende kommt.[529, 530]

Zu einem anderen Ergebnis könnte man allerdings gelangen, wenn man wie *Weidemann* oder *Pawlik* in dem personalen Schadensbegriff durchaus ähnlichen Konstruktionen die Verfolgung wirtschaftlicher Zwecke weitgehend außer Acht lässt.[531]

527 *Otto* [Struktur] S. 74.

528 *Geerds* S. 126.

529 *Otto* a. a. O.

530 Zu dieser Einschätzung des vertragsärztlichen Abrechnungsbetrugs aus der Sicht des personalen Schadensbegriffs auch *Idler* JuS 2004, 1041; *Stein* MedR 2001, Fn. 31.

531 Vgl. Fn. 467.

E. Entwicklung eines eigenen Lösungsvorschlages

Die verschiedenen Auffassungen zur Schadensbestimmung beim ärztlichen Abrechnungsbetrug werden nun eine ausführliche Analyse und Würdigung erfahren. Aufgrund der dabei gewonnenen Erkenntnisse soll der Versuch unternommen werden, einen eigenen Lösungsvorschlag zu entwickeln.

I. Analyse der unterschiedlichen Schadensberechnungen

1. Geldwert der vertragsärztlichen Leistung

Möglicherweise wurde die streng formale Betrachtungsweise des Sozialrechts deshalb in das Strafrecht übernommen wird, weil es nicht möglich ist, einen konkreten wirtschaftlichen Marktwert für die vertragsärztliche Leistung zu bestimmen. Aufgrund des komplexen Zusammenwirkens von EBM, Gesamtvergütung und HVM kann dieselbe Leistung bei verschiedenen Vertragsärzten mit einem unterschiedlichen Betrag honoriert werden. Darüber hinaus ist dieses Honorar nicht nur Ausdruck der wirtschaftlichen Wertigkeit der relevanten Leistung, sondern auch unterschiedlichster berufs- und standesrechtlicher Interessen.[532] Zunächst soll die Folge dieses nicht zu ermittelnden Geldwertes der vertragsärztlichen Leistung untersucht werden: Vereitelt dieser jede Möglichkeit einer wirtschaftlichen Bewertung und führt daher unweigerlich zu einer „streng formalen Betrachtungsweise" oder gibt es Ausweichkriterien, anhand derer ein wirtschaftlicher Wert bestimmt werden kann?

Diskutiert wird das Problem einer Schadensbestimmung trotz fehlenden Marktwertes auch beim Submissionsbetrug. Mehrere Bewerber auf eine Ausschreibung (meist von Bauaufträgen) schließen hier einen Wettbewerb und damit eine echte Marktpreisbildung aus, indem sie ihre Angebote absprechen; derjenige, der den Zuschlag erhalten soll, reicht das niedrigste Angebot ein, die übrigen Bewerber ein darüber liegendes. Zudem werden meist Präferenzzahlungen an die Mitbewerber geleistet, die bei der Ausschreibung unterliegen sollen.[533] Bei den Ausschreibungen handelt es sich oft um Großprojekte (bspw. Flughäfen oder Brücken), bei denen ein Marktpreis deshalb nicht bestimmt werden kann, weil es an vergleichbaren Projekten am Markt fehlt, und weil der

532 Siehe zum Ganzen oben S. 109 ff.

533 Vgl. BGHSt 38, 186.

Marktpreis gerade durch das Ausschreibungsverfahren ermittelt werden soll. Dieses Problem versucht die Rechtsprechung zu lösen, indem sie einen hypothetischen Marktpreis ermittelt: Sie vergleicht also das tatsächlich vereinbarte Entgelt mit demjenigen, das vereinbart worden wäre, wenn ein freier Wettbewerb unter den Bewerbern stattgefunden hätte.[534] Indizien für das Vorliegen eines solchen abweichenden hypothetischen Marktwertes und damit eines Schadens seien die Existenz des Submissionskartells selbst, die Aufhebung des Geheimwettbewerbs und schließlich die Ausgleichszahlungen an die Kartellmitglieder.[535] Diese Rechtsprechung stößt in der Literatur auf einige Kritik.[536]

Eine nähere Beleuchtung des Submissionsbetrugs und der hieran geübten Kritik würde zu weit vom Thema dieser Arbeit wegführen. Der wesentliche Unterschied dieser Konstellation zum Abrechnungsbetrug wird in der Lösung der Rechtsprechung aber schon begrifflich deutlich: Es besteht kein marktwirtschaftliches System bei der vertragsärztlichen Abrechnung, sodass selbst die Bildung eines hypothetischen Marktwertes nicht möglich ist.[537] Einen wesentlichen Erkenntnisgewinn bringt diese Rechtsprechung jedoch auch für den Abrechnungsbetrug: Es ist dem *BGH* nämlich zuzustimmen in der grundsätzlichen Annahme, dass ein Vermögensschaden auch dort vorliegen kann, wo für die fraglichen Leistungen kein Marktwert ermittelt werden kann.[538] Dies wird beim Abrechnungsbetrug insbesondere dann deutlich, wenn der Arzt reine Luftleistungen abgerechnet oder vollkommen andere Leistungen erbracht hat. Andererseits bedeutet allein der fehlende Marktwert auch nicht, dass eine Leistung oder Sache wirtschaftlich wertlos ist. Es ist also erforderlich, losgelöst vom Marktwert ein Ausweichkriterium zu bestimmen, anhand dessen die Wertlosigkeit oder Werthaltigkeit der ärztlichen Leistung bestimmt werden kann.

2. Sozialrechtsakzessorietät

Es erscheint nun auf den ersten Blick nahe liegend, als solches Ausweichkriterium zu prüfen, ob die Leistung allen Anforderungen, insbesondere den Abrech-

---

534 BGHSt 38, 186, 192; BGH wistra 2001, 103, 104.

535 BGHSt 38, 186, 193.

536 *Cramer* NStZ 1993, 42; *Hohmann* NStZ 2001, 569; *Joecks* wistra 1992, 250; *Lüderssen* wistra 1995, 243; *Mitsch* JZ 1994, 889; *Otto* JZ 1993, 656; *Ranft* wistra 1994, 42; *Rönnau* JuS 2002, 549.

537 Vgl. *Herffs* [Abrechnungsbetrug] S. 97 ff., der den Submissionsbetrug sinnvollerweise im Zusammenhang mit der von ihm erörterten Fallgruppe „Falschberechnung zukünftiger Gesamtvergütung im Gesamtvertrag" behandelt. Siehe jedoch schon oben Fn. 291

538 So auch *Hellmann/Beckemper* Rn. 723.

nungsvoraussetzungen des Sozialrechts, genügt. Damit würde man also den betrugsrelevanten Schaden im Strafrecht sozialrechtsakzessorisch bestimmen. Der Sache nach verfährt so die Rechtsprechung, die die „streng formale Betrachtungsweise des Sozialrechts“ ins Strafrecht übernimmt. Auch die Stimmen in der Literatur, die davon ausgehen, dass eine Leistung, die – aus welchen Gründen auch immer – nicht abrechenbar ist, als wertlos zu erachten ist, vertreten im Ergebnis eine solche Sozialrechtsakzessorietät.[539] Im Folgenden sollen daher die Reichweite und Besonderheiten der Schadensbestimmung im Sozialrecht dargestellt werden (a.). Im Anschluss daran werden die grundsätzliche Möglichkeit und Grenzen einer akzessorischen Begriffsbestimmung im Strafrecht erläutert (b.) und schließlich deren Zweckmäßigkeit im Falle des vertragsärztlichen Abrechnungsbetrugs untersucht (c.).

a. Streng formale Schadensbestimmung im Sozialrecht

Es gilt nun zunächst, die Schadensbestimmung im Sozialrecht genauer zu betrachten, die die strafrechtliche Rechtsprechung in Bezug nimmt, und der gegenüber sie sich nachgerade akzessorisch verhält.

aa. Grundsatz

Im Grundsatz hat auch im Recht der Gesetzlichen Krankenversicherung eine konkrete Schadensermittlung zu erfolgen, das bedeutet, es muss eine Differenz zwischen der abgerechneten und der abrechenbaren Leistung gebildet werden.[540] Wurde die abgerechnete Leistung nicht erbracht oder durfte sie wegen fehlender Qualifikation oder Genehmigung nicht erbracht werden, so ist der gesamte Wert der abgerechneten Leistung in die Saldierung einzubeziehen; ebenso der Bearbeitungsaufwand. Da diese konkrete Berechnung regelmäßig nur mit unverhältnismäßigem Aufwand vorgenommen werden kann, darf gem. § 287 Abs. 2 ZPO i.V.m. § 202 SGG im Sozialrecht der Schaden geschätzt werden.[541]

Für die hier behandelten Fälle des Abrechnungsbetrugs ist insbesondere die sozialrechtliche Behandlung von Abrechnungen interessant, bei denen eine Leistung tatsächlich erbracht worden ist, es jedoch an der erforderlichen Genehmigung oder Qualifikation fehlte oder die Leistung aus anderen formellen Mängeln nicht abrechenbar war. Hier besteht eine ständige Rechtsprechung der Sozial-

539 Nachweise zu diesen Literaturstimmen oben S. 111.

540 Hierzu wie zum Folgenden *Jansen* BKK 2007, 363.

541 Die zu berücksichtigenden Paradigmen dieser Schätzung sind ebenfalls dargestellt bei *Jansen* BKK 2007, 363; vgl. BSG MedR 1998, 338; *Weber/Droste* NJW 1990, 2284 ff.

gerichte, die nicht nur einen Vergütungsanspruch des behandelnden Vertragsarztes verneint, sondern auch jeglichen anderen denkbaren Anspruch, etwa aus ungerechtfertigter Bereicherung (§§ 812 ff. BGB i.V.m. § 69 Abs. 1 S. 3 SGB V).[542] Wenn die Vergütung von bestimmten formalen und inhaltlichen Voraussetzungen abhängig ist, so solle die beschriebene Vorgehensweise gewährleisten, dass sich die Leistungserbringung nach den geltenden gesetzlichen und vertraglichen Bestimmungen vollzieht. Demnach stehe dem Leistungserbringer bei Verstoß gegen diese Vorschriften auch dann kein Vergütungsanspruch zu, wenn die Leistung im Übrigen ordnungsgemäß erbracht worden und für den Versicherten geeignet und nützlich ist.[543] Wenn nämlich der Vertragsarzt die von ihm rechtswidrigerweise erbrachten Leistungen auf dem Umweg der ungerechtfertigten Bereicherung gleichwohl vergütet bekäme, so würde dies der Steuerungsfunktion zuwiderlaufen, die die verletzten formalen und inhaltlichen Regelungen erfüllen sollen.[544]

Beispielsweise seien Dialyseleistungen nicht abrechenbar, wenn der betreuende Arzt – entgegen der vertraglichen Vereinbarung zwischen Leistungserbringern und Krankenkassen – nicht über die erforderlichen Weiterbildungsqualifikationen verfügt. Nach Auffassung des *BSG* sind diese Leistungen aufgrund ihres formellen Mangels nicht vergütungsfähig, es wird nicht problematisiert, dass der Arzt möglicherweise tatsächlich über die erforderlichen nephrologischen Qualifikationen verfügt, und dass die Leistung im Übrigen ordnungsgemäß und erfolgreich erbracht worden ist.[545] Ein Vergütungsanspruch sei schon dann ausgeschlossen, wenn die fragliche Leistung nur in Teilbereichen den Abrechnungsvoraussetzungen nicht genügt.[546]

bb. Ausnahmen

Im Hinblick auf die Übernahme dieser Schadensermittlung in das Strafrecht durch die Rechtsprechung ist von einigem Interesse, dass die Sozialgerichte diese streng formale Betrachtungsweise nicht ausnahmslos anwenden.[547] So hat das *BSG* beispielsweise einen Anspruch eines Krankenhauses gegen eine Kranken-

542 BSGE 30, 83, 86 f.; 74, 154, 158; 80, 48, 54; 94, 213, 220, jeweils m.w.N.

543 BSGE 94, 213, 220 m.w.N.

544 Ebd.

545 BSGE 74, 154, 157 f. Siehe hierzu das Strafverfahren des AG Tiergarten, oben Fn. 123.

546 Vgl. *Jörg* Rn. 374.

547 Die Bezeichnung „streng formale Betrachtungsweise“ wird – soweit ersichtlich – von den Sozialgerichten nicht verwandt, sie ist jedoch sachlich richtig.

kasse aus ungerechtfertigter Bereicherung anerkannt, weil lediglich ein Verstoß gegen eine Ordnungsvorschrift vorlag, der keine Steuerungsaufgabe zukommt. Es sei darauf hingewiesen, dass das *BSG* in seiner Entscheidung mehrfach betont, dass die beklagte Krankenkasse den Bereicherungsanspruch schon im Revisionsverfahren anerkannt hat, weshalb wohl weitergehende Erläuterungen zu dieser Abweichung von der üblichen Rechtsprechung fehlen.[548]

Das *LSG Schleswig-Holstein* hält eine kompensatorische Einsparung dann für beachtlich (und damit wohl auch einen Anspruch aus ungerechtfertigter Bereicherung für möglich), wenn die grundsätzlich zulässige Behandlung über das quantitative Maß des Notwendigen hinausgeht, sodass ein quantitatives Weniger an anderer Stelle ausgeglichen wird. Nicht möglich sei hingegen eine Kompensation, wenn etwas qualitativ anderes, nämlich eine systemfremde Leistung erbracht wird; dies würde der Steuerungsfunktion der betroffenen sozialrechtlichen Regelungen widersprechen.[549]

Zwar nur im Verfahren auf Gewährung einstweiligen Rechtsschutzes ist ein Beschluss des *LSG Niedersachsen-Bremen* ergangen, der jedoch für unseren Problemkreis von großer Bedeutung ist, weil er den Fall eines Arztes im verdeckten Angestelltenverhältnis betrifft und damit die – soweit ersichtlich – erste Befassung eines Gerichts der fachlich zuständigen Sozialgerichtsbarkeit mit dieser Problematik beinhaltet.[550] Die oben beschriebene streng formale Betrachtungsweise kommt nach Auffassung des Gerichts nur dann zur Anwendung, wenn die verletzte Rechtsnorm die Existenz des ärztlichen Honoraranspruches von ihrer Befolgung abhängig macht. Um dies zu beurteilen, seien der Normzweck und der Grundsatz der Verhältnismäßigkeit insbesondere im Hinblick auf mögliche Grundrechtsverletzungen zu beachten. Angesichts der Unbestimmtheit des maßgeblichen § 32 Abs. 1 Ärzte-ZV liege es nicht nahe, aus der Missachtung dieser Vorschrift zu folgern, dass ein Vergütungsanspruch entfällt.[551]

Es ist bemerkenswert, dass ein Sozialgericht in einer Entscheidung, die trotz der eigentlich nur summarischen Prüfung sehr ausführlich und detailliert geraten ist, zu der Annahme kommt, dass die von einem verdeckten Angestellten erbrachten Leistungen vergütungsfähig sind, wohingegen die Strafgerichte zu einem Betrugsschaden und einer Strafbarkeit nach § 263 StGB gelangen.[552]

---

548 BSGE 92, 223, 231.

549 LSG Schleswig-Holstein MedR 2007, 313, 318.

550 LSG Niedersachsen-Bremen MedR 2002, 540 mit zust. Anm. *Kahlert* GesR 2003, 35 ff.

551 LSG Niedersachsen-Bremen a. a. O. S. 546.

552 Vgl. oben S. 24.

cc. Sinn und Zweck der sozialrechtlichen Schadensbestimmung

Die streng formale Vorgehensweise zur Schadensbestimmung mag im Sozialrecht durchaus sinnvoll sein, denn den Sozialgerichten ist zuzustimmen, dass nur durch sie die Steuerungsaufgabe der verschiedenen sozialrechtlichen Regelungen verwirklicht werden kann. Diese Steuerungsaufgabe gewährleistet die Funktionsfähigkeit des sensiblen Systems der gesetzlichen Krankenversicherung. Sie dient insbesondere dem Sicherstellungsauftrag, denn sie gewährleistet gleichermaßen eine Qualitätssicherung durch die Zulassung von Leistungserbringern, Behandlungsmethoden und Arzneimitteln, sowie die Überprüfung der Qualität der Leistung im Einzelfall.[553] Außerdem dient sie der Kontrolle der Wirtschaftlichkeit der erbrachten Leistungen.[554] Eine Entlohnung der Leistungen, die dieser Steuerungsaufgabe zuwiderlaufen, durch die Hintertür der ungerechtfertigten Bereicherung würde das Ziel dieser Steuerungsaufgabe in der Tat vereiteln, weshalb im Sozialrecht ein vollständiger Ausschluss der Vergütung sinnvoll erscheint. Ob diese Erwägungen jedoch uneingeschränkt bei der Ermittlung eines Betrugsschadens übernommen werden können, soll im Folgenden näher geklärt werden.

b. Grundsätzliche Möglichkeit einer akzessorischen Begriffsbestimmung

Das *LSG Niedersachsen-Bremen*[555] nimmt aus sozialrechtlicher Perspektive dort eine Vergütungspflicht der Kassenärztlichen Vereinigungen an, wo das *OLG Koblenz*[556] sie in einem strafgerichtlichen Verfahren verneint und damit einen Vermögensschaden begründet. Dies beschwört unvermeidlich die Frage nach der Interdependenz der Begriffsbestimmung in diesen beiden Rechtsgebieten hinauf, was letztlich auf die seit jeher geführte und bisher nicht vollends gelöste Diskussion um die Akzessorietät des Strafrechts zum Zivil- und öffentlichen Recht hinausläuft. Die vorliegende Arbeit hat weder den Anspruch noch die Möglichkeit, dieses Problem abschließend zu lösen – es soll jedoch punk-

553 Vgl. *Taupitz/Jones* MedR 2002, 501, die sich mit der Übertragung der formalen Betrachtungsweise auf das Recht der privaten Krankenversicherung befassen.

554 Zur Auswirkung der Berechnung der Gesamtvergütung nach Kopfpauschalen oder Einzelleistungsvergütung auf den Rückerstattungsanspruch der KV oder den Schadensersatzanspruch der KK siehe Schnapp/Wigge-*Hess* § 16 Rn. 67. Speziell zum Schadensersatzanspruch der KK aufgrund einer Straftat *Schimmelpfeng-Schütte* GesR 2006, 536 f.

555 Siehe Fn. 550.

556 Siehe Fn. 85, interessanterweise lag den beiden Entscheidungen der gleiche Gesellschaftsvertrag zu Grunde, so *Kahlert* GesR 2003, 35.

tuell eine Handhabe für die hier interessierende Abhängigkeit von Abrechnungsbetrug und Sozialrecht aufgezeigt werden.

Schon nach dem bisher Gesagten wird diese Diskussion hier aus zwei Blickwinkeln relevant: Zum einen fragt sich, ob es methodisch vertretbar ist, dass ein Strafgericht das Sozialrecht offenbar strenger auslegt als die Sozialgerichte, und dies mit den einschneidenden Folgen, die das „schärfste Schwert des Staates" anzuordnen im Stande ist. (Im Falle des *OLG Koblenz* eine Freiheitsstrafe von vier Jahren und neun Monaten.)[557] Darüber hinaus interessiert die schon in der gesamten Arbeit mitklingende Frage, ob es zulässig ist, die dargelegte streng formale Betrachtungsweise des Sozialrechts in das Strafrecht zu übernehmen. Eine Vorgehensweise die angesichts der Diskrepanz zwischen dem *LSG Niedersachsen-Bremen* und dem *OLG Koblenz* freilich in bemerkenswerter Weise in einen Widerspruch zu sich selbst geraten ist.[558]

Ausgehend von seiner Normtheorie ist schon für *Binding* das Strafrecht „als Teil des Schutzrechts (...) ein großer accessorischer Rechtsteil".[559] Eine unmittelbare Handlungsanweisung lasse sich den Strafnormen nicht entnehmen, die Strafgesetze sanktionierten vielmehr die Übertretung einer außerhalb von ihnen liegenden Norm.[560] Das Strafrecht dürfe also nicht isoliert betrachtet werden, sondern immer im Hinblick auf die Schutzgüter und Rechte, zu deren Schutz es bestimmt ist.[561] Dem setzt *R. von Hippel* entgegen, das Strafrecht erscheine als „grundlegend wichtiger, selbständiger Teil der Rechtsordnung, gleichberechtigt neben den großen anderen Rechtsgebieten".[562] Diese Ansicht *v. Hippels* entwickelte dann *Bruns* in seiner Habilitationsschrift „Die Befreiung des Strafrechts vom zivilistischen Denken" fort – eine Arbeit, die trotz ihrer Nähe zu nationalsozialistischem Gedankengut auch heute noch allenthalben zitiert wird. *Lüderssen* weist darauf hin, dass die ungenierte Reproduktion der Gedanken *Bruns'* nicht nur aufgrund ihrer „zeitgeschichtlichen Schattenseiten"[563]

557 LG Koblenz (Fn. 93).

558 Wobei zuzugeben ist, dass auch bei einer grundsätzlichen Übernahme der sozialrechtlichen Regeln zur Schadensbestimmung selbstverständlich die Möglichkeit einer Fehlinterpretation dieser Regeln durch die Strafgerichte nicht ausgeschlossen werden kann. Dies lässt ein Vorgehen nach § 262 Abs. 2 StPO analog ratsam erscheinen – § 262 ist nicht auf das bürgerliche Recht beschränkt, vgl. LR-*Gollwitzer* § 262 Rn. 1 m.w.N.

559 *Binding* Handbuch, S. 9 f.

560 *Binding* Normen I, S. 70.

561 *Binding* Handbuch, S. 9.

562 *v. Hippel* S. 31.

563 So *Müller-Dietz* GS-Schultz, S. 254 euphemistisch.

zweifelhaft ist, sondern auch, weil diese im Kern einer totalitären oder autoritären Gesellschaftsvorstellung entsprechen.[564] *Bruns,* der sich schon in seiner Einleitung auf *Roland Freisler* beruft und mit ihm das „volkstümliche Rechtsdenken" zurückerobern will, hält die Lehre von der begrifflichen Akzessorietät für das „Liebeskind des rechtsstaatlichen Liberalismus".[565] Er will, dass das Strafrecht „wieder die ihm gebührende primäre Stellung im Rechtssystem zurückerobert"[566] und will die strafrechtlichen Begriffe autonom nach der ratio legis und dem „gesunden Volksempfinden" auslegen.[567] Dabei sei nicht der Schutz individueller Rechtsgüter erster Zweck des Strafrechts, sondern der Schutz sozialethischer Gesinnungswerte.[568] Die Strafwürdigkeit eines Rechtsgutsangriffs liege also nicht darin, dass ein individueller Schaden verursacht worden sei, sondern weil schon mit der Handlung als solcher die Gemeinschaft getroffen sei.[569] Diese Verschiebung des Strafzwecks von der Rechtsgutsverletzung hin zur bloßen Beeinträchtigung gesellschaftlicher Interessen und die daran orientierte strafrechtliche Begriffsbildung birgt die Gefahr einer extensiven Strafrechtsanwendung mit totalitären Grundzügen.[570]

Es soll nun selbstverständlich nicht allen Ansätzen, die eine Emanzipation des Strafrechts von außerstrafrechtlichen Begriffsbildungen verlangen, eine Sympathie zu totalitären Gesellschaftsformen nachgesagt werden. Verallgemeinerungsfähig an der Kritik gegenüber der Ansicht *Bruns'* ist jedoch die Erkenntnis, dass das Strafrecht dem Rechtsgüterschutz dient.[571]

Aufgrund seiner Subsidiarität, d.h. seiner Anwendbarkeit nur als ultima ratio staatlicher Sanktion,[572] kann sich das Strafrecht nun nicht in den Vordergrund drängen und ohne Rücksicht auf die originäre Eigenart des betroffenen

564 *Lüderssen* FS Hanack (1999), S. 488 ff.

565 *Bruns* Befreiung des Strafrechts, S. 52.

566 *Bruns* a.a.O. S. 297.

567 *Bruns* a.a.O. S. 12.

568 *Bruns* FS Mezger (1954), S. 357.

569 *Lüderssen* FS Hanack (1999), S. 492.

570 *Lüderssen* a.a.O.

571 *Baumann/Weber/Mitsch* § 3 Rn. 10, 17; *Hassemer* in: Hefendehl/von Hirsch/Wohlers [Hrsg.], Die Rechtsgutstheorie, S. 57; *Jescheck/Weigend* § 1 III; *Kindhäuser* AT § 2 Rn. 6; *Krey* AT 1 Rn. 5; *Roxin* AT 1 § 2 Rn. 1-38; *Schünemann* in: Hefendehl/von Hirsch/Wohlers, S. 133.

572 BVerfGE 39, 1, 47; *Baumann/Weber/Mitsch* § 3 Rn. 19, 23; *A. Kaufmann* FS Henkel (1974), S. 89 ff.; *Krey* AT 1 Rn. 16; *Roxin* AT 2 § 2 Rn. 97.

Rechtsgebiets Begrifflichkeiten definieren und Strafbarkeiten begründen. Denn auch die anderen Rechtsgebiete verfolgen einen Rechtsgüterschutz, und man würde den subsidiären Charakter des Strafrechts in sein Gegenteil verkehren, wenn man dort, wo das öffentliche Recht keine Rechtswidrigkeit erkennt, aufgrund einer eigenen autonom strafrechtlichen Begriffsinterpretation den vermeintlichen Delinquenten bestrafen würde. Insofern kann man durchaus von einem akzessorischen Moment der Begriffsbestimmung sprechen: Das, was öffentlich-rechtlich (oder auch zivilrechtlich) für Recht gehalten wird, kann kein strafbares Unrecht sein – das Strafrecht ist eine sekundäre Rechtsordnung.[573] Man kann dies im Anschluss an *Lüderssen* als „asymmetrische Akzessorietät" bezeichnen.[574] Asymmetrisch ist diese Akzessorietät deshalb, weil umgekehrt nicht jede Zivilrechtswidrigkeit auch zu einer Strafbarkeit führen muss. Auch dies ist Folge des ultima-ratio-Charakters des Strafrechts: Das Strafrecht hat lediglich fragmentarischen Charakter,[575] das bedeutet, nicht jede Rechtsgutsverletzung ist zu sanktionieren, sondern nur eine solche, die aufgrund ihrer hohen Sozialschädlichkeit für strafwürdig gehalten wird. Dementsprechend kann und wird das Strafrecht regelmäßig engere Anforderungen an die Rechtswidrigkeit stellen, als dies das primär zuständige Rechtsgebiet tut. Dies wird vor allem auch durch die dem Strafrecht eigenen Regeln, wie das Bestimmtheitsgebot und das Analogieverbot, deutlich: Eine der außerstrafrechtlichen Regelung über den Wortlaut des konkreten Straftatbestandes hinaus folgende Begriffsbestimmung kann es vor dem Hintergrund des Art. 103 Abs. 2 GG nicht geben.[576] Auch der Schutzzweck der Norm kann Anlass zu einer eigenständigen strafrechtlichen Begriffsbestimmung sein.[577]

Es lässt sich also zusammenfassen: Es besteht lediglich eine asymmetrische Akzessorietät in der Form, dass nicht bestraft werden kann, was durch Regeln des Zivil- oder öffentlichen Rechts erlaubt ist. Damit gilt die außerstrafrechtliche Rechtswidrigkeit als Mindestanforderung an die Strafbarkeit. Dem Strafrecht steht es nun im Rahmen der ihm eigenen Regeln, mit Rücksicht auf den

573 *Appel* KritV 1999, 306 f.; LK-*Dannecker* § 1 Rn. 324; *Lüderssen* FS Eser (2005), S. 163 ff.; *Tiedemann* Wirtschaftsstrafrecht AT, Rn. 124; LK-*Walter* vor § 13 Rn. 4.

574 *Lüderssen* FS Eser (2005), S. 170; im Anschluss daran *Dierlamm* StraFo 2005, 398.

575 *Maiwald* FS Maurach (1972), S. 9 ff. im Anschluss an *Binding* BT 1 S. 20.

576 Vgl. *Krey* Gesetzesvorbehalt, S. 199 ff. Zu der hiervon zu unterscheidenden Frage der Geltung der Gewährleistungen des Art. 103 Abs. 2 GG in Fällen echter Akzessorietät bei Blankettstrafgesetzen siehe *Krey* a. a. O. S. 227 f.; *Hohmann* ZIS 2007, 38 ff. m.w.N.

577 Vgl. *Jescheck/Weigend* § 7 II 2.

Schutzzweck der Norm frei, sich der außerstrafrechtlichen Begriffsbestimmung anzuschließen oder eigene, darüber hinausgehende Anforderungen aufzustellen.

c. Akzessorietät und Abrechnungsbetrug

Welche Schlussfolgerungen lassen sich aus diesen Erkenntnissen für die Schadensbestimmung beim vertragsärztlichen Abrechnungsbetrug ziehen?

aa. Strafrechtliche Mindestschwelle

In der Divergenz zwischen dem Urteil des *OLG Koblenz* und dem des *LSG Niedersachsen-Bremen* einen Verstoß gegen den Grundsatz der asymmetrischen Akzessorietät zu sehen, würde zu kurz greifen. Selbst wenn man unterstellt, dass die Einschätzung des *LSG* auch im Hauptsacheverfahren beibehalten und darüber hinaus auch insgesamt von der Sozialgerichtsbarkeit übernommen wird[578], muss man feststellen, dass das *OLG* nicht die Begriffsbestimmung des Sozialrechts unterschreiten wollte, sondern diese sogar ausdrücklich übernehmen wollte. Die Abweichung wäre dann eine Fehlsubsumtion der sozialrechtlichen Vorgaben durch das Strafgericht. Eine solche Fehlsubsumtion ist bedauerlich, kann jedoch nie ausgeschlossen werden, was die analoge Anwendung von §262 Abs.2 StPO nahe legt. Im Übrigen kann es sich dabei schließlich auch um eine Fehlsubsumtion des Sozialgerichts handeln, wohingegen das Strafgericht im Rahmen seiner freien Beweiswürdigung zur richtigen Einschätzung der sozialrechtlichen Vorgaben gelangt. Das Strafgericht ist selbstverständlich nicht an eine Entscheidung der Sozialgerichtsbarkeit gebunden, es muss die entsprechenden Vorschriften in tatsächlicher und rechtlicher Hinsicht selbst prüfen.[579]

bb. Zulässige Akzessorietät

Es bleibt die Frage zu beantworten, ob es zulässig ist, dass die Strafgerichte sich der streng formalen Betrachtungsweise des Sozialrechts zur Bestimmung eines Betrugsschadens anschließen, oder ob Spezifika des §263 StGB eine solche akzessorische Begriffsbestimmung untersagen.

Der Wortlaut des §263 StGB als äußerste Auslegungsschranke[580] könnte der Übernahme der streng formalen Betrachtungsweise ins Strafrecht Einhalt

---

578 Sehr zweifelhaft, vgl. Nachweise in Fn. 374.

579 Vgl. LR-*Gollwitzer* §262 Rn. 8, 13; *Kühne* Rn. 953; SKStPO-*Schlüchter/Velten* §262 Rn. 2; zu §262 StPO siehe auch unten S. 133 f.

580 *Krey* Gesetzesvorbehalt, S. 146 ff.

gebieten. Der allgemeine Sprachgebrauch der vom Gesetzgeber verwendeten Formulierung „Vermögen (...) beschädigen" verwehrt es allerdings nicht, darunter auch eine erschlichene Honorierung nach dem Sozialrecht nicht abrechenbarer Leistungen, die jedoch ordnungsgemäß erbracht worden sind, zu verstehen. Dementsprechend hat auch das *BVerfG* den möglichen Wortsinn des Betrugstatbestandes durch die streng formale Art und Weise der Schadensermittlung als „offensichtlich nicht überschritten" angesehen.[581]

Weiterführender ist hier eine systematische Interpretation des §263 StGB. Die Übernahme der streng formalen Betrachtungsweise bedeutet nämlich, dass eine Leistung allein aufgrund ihrer formellen Mängel als wertlos eingestuft wird. Dies hat zur Konsequenz, dass immer schon dann ein Schaden bejaht wird, wenn die abgerechnete Leistung nicht den formellen Anforderungen des Vertragsarztrechts genügt. Dies geschieht ungeachtet der zum Teil schwierig zu beantwortenden Frage, ob die formell rechtswidrig erbrachte Leistung denselben wirtschaftlichen Wert hat wie die formell ordnungsgemäße. Der Sache nach beschränkt sich die Rechtsprechung darauf festzustellen, dass die Kassenärztliche Vereinigung nicht verfügt hätte, wenn sie von der formellen Rechtswidrigkeit der Leistung gewusst hätte. Schon die bloße Verletzung der Dispositionsfreiheit der Kassenärztlichen Vereinigung genügt hier zur Annahme eines Vermögensschadens – der Wert der erbrachten Leistung wird nicht problematisiert. Genügte zur Annahme eines Vermögensschadens die reine Beeinträchtigung der Dispositionsfreiheit, so wäre das Tatbestandsmerkmal „Vermögensschaden" des Betrugs überflüssig, denn eine hinreichende Begrenzung der Angriffshandlungen auf solche gegen die Dispositionsfreiheit findet schon durch die Tatbestandsmerkmale „Täuschung" und „Irrtum" statt.[582] *Cramer* zieht hierzu einen Vergleich zwischen §263 StGB und §123 BGB, der die Dispositionsfreiheit gegen unlautere Beeinflussung schützt. Der Unterschied zwischen diesen beiden Vorschriften macht deutlich, dass §263 StGB mehr verlangt als die bloße irrtumsbedingte Verfügung.[583]

Aber auch unter teleologischen Gesichtspunkten kann die Auffassung der Rechtsprechung nicht überzeugen. Dient das Strafrecht dem Rechtsgüterschutz, dann muss sich auch die Auslegung des Strafrechts am jeweils geschützten Rechtsgut orientieren.[584] Der Begriff des Vermögensschadens ist also im Hin-

581 BVerfG NStZ 1998, 29, Nichtannahmebeschluss einer Beschwerde gegen BGH NStZ 1995, 232.

582 Vgl. *Berger* S. 87; *Cramer* S. 85; LK-*Tiedemann* §263 Rn. 29.

583 *Cramer* a.a.O.

584 *Roxin* AT 1 §2 Rn. 4.

blick auf das geschützte Rechtsgut des §263 StGB zu interpretieren. Wenngleich die grundlegende dogmatische Frage, wie genau das durch einen bestimmten Straftatbestand geschützte Rechtsgut zu bestimmen ist, noch weit von einer Klärung entfernt scheint,[585] weist schon der Wortlaut des §263 StGB unmittelbar darauf hin, dass durch den Betrugstatbestand das Vermögen geschützt wird. Da das konkrete Schutzgut eines Straftatbestandes in der Regel nicht ausdrücklich in der gesetzlichen Formulierung genannt wird und allenfalls im tatbestandlichen Erfolg anklingt, kann auch das Rechtsgut eines Deliktes wiederum nur durch Auslegung ermittelt werden.[586] Hier kann wieder das oben angeführte Argument aus der Systematik fruchtbar gemacht werden: Die tatbestandliche Struktur des §263 StGB verdeutlicht, dass der Betrug mehr fordert als die bloße irrtumsbedingte Vermögensverfügung, dass also nur die Beeinträchtigung der Dispositionsfreiheit nicht ausreicht, um das durch §263 StGB geschützte Rechtsgut zu verletzen. Das erläuterte Argument aus der Systematik ist also nicht nur als solches relevant, sondern gewinnt weiter Bedeutung durch seine Implikation auf das geschützte Rechtsgut des Betrugs. Das Vermögen ist in jedem Fall, und insofern auch weitestgehend unumstritten, ein durch den Betrugstatbestand geschütztes Rechtsgut.[587] Damit ist wohlgemerkt noch keine Aussage darüber getroffen, ob durch den Betrugstatbestand möglicherweise auch andere Rechtsgüter, wie die Dispositionsfreiheit oder ein Recht auf Wahrheit, geschützt sind. Eine solche Feststellung ist allerdings an dieser Stelle auch nicht erforderlich: Wenn nämlich die Rechtsprechung im Ergebnis allein auf den Schutz der Dispositionsfreiheit hinausläuft, dann ist sie schon insofern verfehlt, weil sie außer Acht lässt, dass der Betrug in jedem Fall das Vermögen schützt, mag auch die Möglichkeit bestehen, dass daneben noch andere Schutzgüter in Frage kommen.

Während neben dem Vermögen für §263 StGB diskutierte Schutzgüter, wie die Dispositionsfreiheit oder das Recht auf Wahrheit, durchaus einen Ansatzpunkt im Deliktswortlaut für sich in Anspruch nehmen könnten, nämlich die Merkmale „Täuschung“ und „Irrtum“, legt nichts an der Betrugsvorschrift den

585 Nachweise zu den verschiedenen Ansätzen bei *Roxin* a.a.O.

586 *Nelles* S.289f.

587 RGSt74, 167, 168; BGHSt16, 220, 221; 16, 321, 325; BGH wistra1995, 28; *Arzt/Weber* §20 Rn.15; *Fischer* §263 Rn.3; *Krey/Hellmann* Rn.445; *Lackner/Kühl* §263 Rn.2; Maurach/Schroeder/*Maiwald* BT1 §41 Rn.19; *Mitsch* BT2/1 §7 Rn.1; *Otto* GK2 §51 Rn.2; Schönke/Schröder-*Cramer/Perron* §263 Rn.1; *Pawlik* S.83; eine a.A. vertrat *Kindhäuser* ZStW 103 (1991), 399, diese Auffassung hat er jedoch mittlerweile aufgegeben, FS Bemmann (1997), S.354, Fn.40.

spezifischen Schutz der sozialen Sicherungssysteme nahe. An dieser Stelle hat man sich das durch die Sozialgerichtsbarkeit mit ihrer streng formalen Betrachtungsweise verfolgte Ziel, die Gewährleistung der Steuerungsfunktion der vertragsärztlichen Regelungen und damit der Funktionsfähigkeit des Systems der gesetzlichen Krankenversicherung,[588] in Erinnerung zu rufen. Dieser Zweck der sozialgerichtlichen Rechtsprechung findet keinerlei Entsprechung im Betrugstatbestand. Man kann ihn weder der ohnehin umstrittenen, ja weitestgehend abgelehnten Dispositionsfreiheit oder dem Recht auf Wahrheit zuordnen. Schon gar nicht betrifft er den Vermögensschutz der am System der gesetzlichen Krankenversicherung beteiligten Parteien.

Es ist daher unzulässig, den Betrug qua Übernahme der streng formalen Betrachtungsweise des Sozialrechts in ein Delikt gegen die sozialen Sicherungssysteme umzudeuten und damit einen neuen Tatbestand des „Sozialversicherungsbetrugs" zu schaffen.[589] Einen solchen Tatbestand kann nur der Gesetzgeber schaffen, wie er es zum Schutz der sozialen Sicherungssysteme beispielsweise mit dem durch das 2. WiKG v. 15. Mai 1986 eingefügten § 266a StGB getan hat.[590] Der Rechtsanwender hingegen ist de lege lata an die Anforderung des § 263 StGB gebunden, dass ein Vermögensnachteil eingetreten sein muss – dem läuft jedoch die Übernahme der streng formalen Betrachtungsweise ins Strafrecht zuwider.

d. Aussetzung des Strafverfahrens nach § 262 Abs. 2 StPO analog

Die obige Feststellung, dass im Sinne einer asymmetrischen Akzessorietät die Strafgerichte nicht dort bestrafen dürfen, wo nach sozialrechtlicher Begriffsbestimmung keine Rechtswidrigkeit vorliegt, lässt einen kurzen Exkurs sinnvoll erscheinen, zur Möglichkeit der Verfahrensaussetzung gem. § 262 Abs. 2 StPO analog, um eine vorherige sozialgerichtliche Klärung abzuwarten.

Wagner/Hermann vertreten nämlich diesbezüglich die Auffassung, dass es den Strafverfolgungsbehörden sogar verboten wäre, die sozialrechtlichen Vorfragen eigenständig zu klären. Denn § 262 Abs. 1 StPO, der die Kompetenz des Strafgerichts normiert, zivilrechtliche Vorfragen eigenständig zu beantworten, sei bei Fragen des öffentlichen Rechts nicht analog anwendbar. Daraus folge,

588 Hierzu oben S. 126 ff.

589 So richtig *Volk* NJW 2000, 3386.

590 Zur Schutzrichtung dieser Vorschrift siehe Schönke/Schröder-*Lenckner/Perron* § 266b Rn. 2. Zu Reformgedanken, die eine schärfere Verfolgung des Abrechnungsbetrugs ermöglichen sollen, siehe unten S. 225 ff.

dass keinerlei Kompetenz der Strafgerichte bestehe, die sozialrechtlichen Vorfragen zu beantworten.[591] Diese Ansicht ist zurückzuweisen: Gem. Art. 97 Abs. 1 GG i.V.m. § 1 GVG ist der Richter nur an das Gesetz gebunden. Sofern erforderlich, muss er daher in sachlicher Unabhängigkeit und freier Beweiswürdigung auch die Vorfragen aus den anderen Rechtsgebieten entscheiden.[592] Unabhängig davon, ob andere Stellen öffentlicher Gewalt im betroffenen Problemkreis tätig werden, können und müssen die Strafverfolgungsbehörden aus eigenem Recht Ermittlungen aufnehmen, sofern ein Anfangsverdacht besteht (Legalitätsprinzip, § 152 Abs. 2 StPO).[593] In ebenfalls analoger Anwendung des Abs. 2 kann das Strafgericht jedoch das Strafverfahren aussetzen und die Entscheidung eines Gerichts aus dem fachlich zuständigen Gerichtszweig abwarten.[594] Dies bedeutet zweierlei: Es besteht eine Befugnis, das Verfahren auszusetzen, keine Pflicht; außerdem ist das Strafgericht nicht an die Entscheidung des anderen Gerichts gebunden.[595]

Nach ihrem Sinn und Zweck kann die Befugnis des Abs. 2 auch für den Abrechnungsbetrug durchaus interessant sein. Die Materialien zur Strafprozessordnung sagen zu dieser Vorschrift: „Nicht selten wird der Versuch gemacht, die Erhebung einer Zivilklage dadurch zu umgehen, daß man die Einleitung einer Kriminaluntersuchung herbeiführt, weil man auf dem Wege und durch die Mittel einer solchen leichter, müheloser und ohne Aufwendung eigener Kosten zur Befriedigung des Anspruchs zu gelangen hofft."[596] Der Umweg über das Strafverfahren zu einer vereinfachten und günstigen Beweisaufnahme zu gelangen, ist im Medizinrecht schon aus Arzthaftungsprozessen wohl bekannt.[597] Vermehrt ist der Verdacht zu vernehmen, auch die Kassenärztlichen Vereinigungen bedienten sich zur Durchsetzung ihrer Honorarforderungen eines strafrechtlichen „Vorverfahrens".[598] Liegt der Verdacht einer derart motivierten An-

591 *Wagner/Hermann* NZG 2000, 520.

592 LR-*Gollwitzer* § 262 Rn. 1; AK-StPO-*Moschüring* § 262 Rn. 2; KK-*Engelhardt* § 262 Rn. 2; SKStPO-*Schlüchter/Velten* § 262 Rn. 2.

593 Siehe hierzu *Duttge* in: Schnapp [Hrsg.], Rechtsfragen der gemeinschaftlichen Berufsausübung von Vertragsärzten, S. 94.

594 SKStPO-*Schlüchter/Velten* § 262 Rn. 13.

595 LR-*Gollwitzer* § 262 Rn. 13; *Kühne* Rn. 953.

596 *Hahn* S. 202.

597 Siehe hierzu Laufs/Uhlenbruck-*Ulsenheimer* § 112 Rn. 7.

598 So schon *Teyssen* in: Steinhilper [Hrsg.], Arzt und Abrechnungsbetrug, S. 113 f.; siehe auch *Böhm* Der Kassenarzt 2004, 21.

zeige vor, sollte ein Vorgehen nach § 262 Abs. 2 StPO verstärkt in Erwägung gezogen werden (im Ermittlungsverfahren nach § 154d StPO).[599]

Angesichts der ohnehin regelmäßig überdurchschnittlich langen Dauer von Abrechnungsbetrugsverfahren[600] ist aber auch im Hinblick auf das Beschleunigungsgebot[601] verständlich, dass die Strafverfolgungsbehörden eine weitere Verzögerung des Verfahrens durch ein Vorgehen nach §§ 262 Abs. 2, 154d StPO verhindern wollen.[602]

3. Stellungnahme zu den Vermögens- und Schadensbegriffen

Die bisherigen Ausführungen treffen der Sache nach auch eine weitgehende Festlegung bezüglich des Vermögens- und Schadensbegriffs. Soweit sie dies nicht tun, soll dies im Folgenden ergänzt werden:

Mit der Ablehnung einer strengen begrifflichen Akzessorietät muss auch der juristische Vermögensbegriff abgelehnt werden. Der juristische Vermögensbegriff anerkennt nämlich nur subjektive Rechte als Vermögensbestandteile des § 263 StGB und vertritt damit eine rechtsgebietsübergreifende Gültigkeit zivilrechtlicher Begriffsbestimmungen.[603] Es verwundert daher nicht, dass *Binding* die immer wieder in Bezug genommene Referenz sowohl für den juristischen Vermögensbegriff als auch für eine Begriffsakzessorietät ist.[604] Wie gezeigt muss eine strafrechtliche Begriffsbestimmung jedoch autonom erfolgen, um dem subsidiären Charakter dieses Rechtsgebiets Rechnung zu tragen. Der Strafrechtsanwender ist jedoch nicht befugt, die Begrifflichkeiten des Strafrechts vollkommen losgelöst von außerstrafrechtlichen Belangen auszulegen. Seine Lesart findet im Sinne einer asymmetrischen Akzessorietät dort ihre Grenze, wo das primär zuständige Rechtsgebiet eine Rechtswidrigkeit nicht feststellen kann. Hier besteht durchaus eine Parallele zu der den streng wirtschaftlichen Vermögensbegriff korrigierenden Auffassung der juristisch-ökonomischen Vermittlungslehren. Unmittelbar verfolgen sie zwar unterschiedliche Zielrichtungen: Die Vermittlungslehren wollen bestimmte, zivilrechtlich missbilligte Rechts-

599 Für eine vorrangige Befassung der Sozialgerichte *Clemens* in: Schulin [Hrsg.], Handbuch des Sozialversicherungsrechts, § 34 Rn. 7.

600 *Meier* Zwischenergebnisse (Fn. 130) stellt in den vorläufigen Ergebnissen seiner empirischen Untersuchung eine durchschnittliche Dauer zwischen 13,6 und 16 Monaten fest.

601 Vgl. hierzu LR-*Kühne* Einl. Kap. I Rn. 67 m. w. N.

602 *Babatz* in: Steinhilper [Hrsg.], Arzt und Abrechnungsbetrug, S. 50.

603 Vgl. *Pawlik* S. 255.

604 *Binding* BT 1 S. 238; *ders.* Handbuch, S. 9 f.

positionen aus dem strafrechtlichen Vermögensschutz ausnehmen, während die asymmetrische Akzessorietät eine Mindestschwelle zur Strafbarkeit aus außerstrafrechtlichen Rechtspositionen konstruiert. Gemein ist beiden Auffassungen jedoch, dass sie in unterschiedlichen dogmatischen Problemkreisen zum Ziele der Einheit der Rechtsordnung Wertungswidersprüche zwischen dem primär und sekundär zuständigen Recht vermeiden wollen.[605] Das für den selbstbestimmten Umgang mit dem Vermögen entscheidende Wirtschaftsleben ist in wesentlichem Maße rechtlich strukturiert. Diese rechtlichen Strukturen können in einer einheitlichen Rechtsordnung bei der Schadensbestimmung nicht gänzlich unberücksichtigt bleiben.

Aber nicht nur zum Vermögens-, sondern auch zum Schadensbegriff lässt sich eine Aussage treffen. Der juristische/subjektive Schadensbegriff stellt darauf ab, ob der Vermögensinhaber das erhalten hat, „was er von Rechts wegen beanspruchen“ konnte.[606] Ungeachtet der erhaltenen Gegenleistung läuft diese Ansicht darauf hinaus, einen Schaden schon bei jeder irrtumsbedingten Vermögensverfügung anzunehmen. Ein solche Reduktion des Vermögensschutzes auf die bloße Beeinträchtigung der Dispositionsfreiheit widerspricht jedoch der Systematik und dem Sinn und Zweck des Betruges, § 263 StGB. Es muss eine Vermögensschädigung eingetreten sein, die sich nicht in der eigentlich ungewollten Verfügung erschöpft, sondern zu einer wirtschaftlichen Wertminderung des Vermögens führt.

Ob mit derselben Argumentation auch die personalen Schadensbegriffe abgelehnt werden können, weil auch sie lediglich auf eine Verletzung der Dispositionsfreiheit hinausliefen, erscheint zweifelhaft.[607] Es ist nämlich nicht Angriffspunkt gegen, sondern eigentlich verdienstreiche Erkenntnis der personalen Schadensbegriffe, dass sich das Vermögen auch bei wirtschaftlicher Betrachtung nicht in einem statischen Vergleich der Aktiva und Passiva erschöpft. Vielmehr ist auch die Verfügbarkeit über die Vermögensbestandteile eine vermögensrelevante Position, die auch den Schutz des § 263 StGB verdient.

Dies soll anhand eines Beispiels verdeutlicht werden: Gerade bei der Bestimmung eines Vermögensschadens aus einer wirtschaftlichen Perspektive kann nicht geleugnet werden, dass es ein erheblicher Unterschied ist, ob man einen bestimmten Geldwert in Form von monetären Mitteln oder beispielsweise in Form von Grund und Boden inne hat, die sich nur schwerfällig in liquide Mittel

605 Zu diesem Prinzip siehe *Engisch* Einheit der Rechtsordnung, S. 77.

606 *Binding* BT 1 S. 240.

607 So aber *Berger* S. 99 ff.

umwandeln lassen. Dementsprechend ist die Liquidität ein bedeutender wirtschaftlicher Faktor: Sie ist ein erhebliches Kriterium zur Ermittlung der Bonität desjenigen, der Kredit verlangt; Liquiditätsmangel ist eine der häufigsten Insolvenzursachen. Hieraus folgt, dass ein Vermögensschaden nicht rein objektiv, sondern auch nach individuellen Kriterien beurteilt werden muss. Ein Vermögensbestandteil kann in der Hand unterschiedlicher Vermögensinhaber von höchst unterschiedlichem Wert sein. Eine wirtschaftliche Betrachtung, die dies außer Acht lässt, verkennt ihre eigenen Prämissen.

Ob es aber erforderlich ist, auf Grundlage dieser Erkenntnis einen vollständig neuen Schadensbegriff zu entwickeln, kann bestritten werden. Auch die h.M. nimmt eine Individualisierung der Schadensbestimmung vor. Als Beispiel kann hier der berühmte Melkmaschinen-Fall des *BGH* angeführt werden.[608] Diese objektiv-individuelle Schadensbestimmung, also eine grundsätzlich objektive, am Markt ausgerichtete Schadensbestimmung, die eine Korrektur aufgrund individueller Wertbestimmung erfährt, ist vorzugswürdig. Denn zum einen besteht bei der vorwiegend subjektiven Betrachtung der personalen Schadensbegriffe in der Tat die Gefahr, dass ein Vermögensschaden auch dann angenommen wird, wenn lediglich die Dispositionsfreiheit betroffen ist, denn die hierzu vorgebrachten Abgrenzungskriterien, wie die Beschränkung auf wirtschaftliche Zwecke, sind wenig griffig.[609] Außerdem stimmt die hier vertretene Vorgehensweise auch mit der wirtschaftlichen Lebenswelt überein: Auch dort wird der Wert primär aufgrund objektiver Kriterien bestimmt, erst wenn der Markt die Marktteilnehmer in ihrer Individualität relevant werden lässt, spielen auch individuelle Kriterien eine Rolle.[610]

Die hier vertretene Ansicht geht also weitestgehend d'accord mit der ganz h.A. in Rechtsprechung und Schrifttum: Auf Grundlage eines juristisch-ökonomischen Vermögensbegriffs[611] hat eine objektiv-individuelle Schadensbestimmung[612] zu erfolgen.

Bei der Bestimmung des Schadens, der durch einen vertragsärztlichen Abrechnungsbetrug verursacht worden ist, kann also nicht lediglich darauf abgestellt werden, dass eine abgerechnete Leistung nicht abrechenbar, sie also for-

608 Siehe oben S. 105.

609 Siehe schon oben S. 107. Eine Befürchtung, die sich bei den anderen Spielarten des personalen Schadensbegriffs eher noch verstärkt, vgl. Fn. 467.

610 Vgl. LK-*Tiedemann* vor § 263 Rn. 32. Ausführlich hierzu unten S. 161, 179.

611 Siehe oben S. 101.

612 Siehe oben S. 104.

mell mangelhaft war. Vielmehr muss der Wert der abgerechneten und der tatsächlich erbrachten Leistung untersucht werden. Auch auf Grundlage individueller Kriterien des vermeintlich geschädigten Vermögensinhabers muss eine Wertdifferenz zwischen den in Bezug zu setzenden Leistungen und damit ein Vermögensschaden vorliegen.

4. Kompensation des erlittenen Vermögensnachteils

Wie bereits erwähnt, fällt es schwer, die abgerechnete und die tatsächliche Leistung des Vertragsarztes miteinander zu vergleichen, weil sich für die Leistungen kein konkreter Geldwert als tertium comparationis ermitteln lässt. Es lässt sich jedoch abstrakt beurteilen, ob dem unstreitig abgeflossenen Vermögensbestandteil der Krankenkasse oder der übrigen Vertragsärzte, nämlich dem ausgezahlten Honorar, ein kompensierender, gleichwertiger Vermögenszufluss gegenübersteht. Mit der Entscheidung für eine objektiv-individuelle, mithin wirtschaftliche Schadensbestimmung ist nämlich der dogmatische Grundstein gelegt, kompensierende Vermögensflüsse bei der Schadensberechnung zu berücksichtigen. Dem juristischen Schadensbegriff, der das Vermögen nicht als eine Wertsumme, sondern als Summe der einzelnen Rechte und Pflichten versteht, ist eine solche Kompensation nicht möglich.[613] Der wirtschaftliche Schadensbegriff betrachtet zumindest in seiner theoretischen Ausgangsposition den wirtschaftlichen Gesamtwert des Vermögens und beachtet daher nicht nur die durch die Vermögensverfügung abgeflossenen wirtschaftlichen Werte, sondern auch den möglicherweise hierdurch gewonnenen Vermögenszuwachs. Nur wenn nach einer Saldierung der Vermögenslage vor und nach der Verfügung eine Minderung des wirtschaftlichen Gesamtwertes vorliegt, kann ein Schaden angenommen werden.[614] Anstatt eine unnötige wie unpraktikable Gesamtbilanzierung des Vermögens vorzunehmen, wird dabei regelmäßig eine Beschränkung auf die kausal mit der Vermögensverfügung verbundenen Wertminderungen und -zuwächse abgestellt.[615] Beim Abrechnungsbetrug kommen mehrere Vermögenszuwächse als Kompensation für das geleistete Honorar in Betracht: Zu denken ist hier zunächst an die Befreiung von einer Verbindlichkeit – möglicherweise gegenüber dem leistenden Arzt oder gegenüber dem Patienten. Daneben kommt eine Er-

613 Vgl. LK-*Tiedemann* § 263 Rn. 128.

614 BGHSt 16, 220, 221; Schönke/Schröder-*Cramer/Perron* § 263 Rn. 106; *Fischer* § 263 Rn. 71; LK-*Lackner* (10. Aufl.) § 263 Rn. 143 f.; *Krey/Hellmann* Rn. 457; Maurach/Schroeder/*Maiwald* BT 1 § 41 Rn. 107; LK-*Tiedemann* § 263 Rn. 159; *Wessels/Hillenkamp* Rn. 538.

615 Vgl. *Cramer* S. 49.

sparnis von Aufwedungen in Betracht. Schließlich könnte auch eine werthaltige Gegenleistung eine Vermögensminderung kompensieren.

a. Befreiung von einer Verbindlichkeit gegenüber dem Arzt

Ist das Vermögen des Verfügenden mit einer Verbindlichkeit belastet, und wird er durch seine Verfügung von dieser Verbindlichkeit (in gleicher Höhe) befreit, so kommt diese Befreiung als Kompensation in Betracht.[616] Nach den sozialrechtlichen Regeln über die Honorarabrechnung (vgl. oben S. 123) hat der Vertragsarzt keinen Honoraranspruch für diejenigen Leistungen, die nicht alle Abrechnungsvoraussetzungen erfüllen. Diese Bestimmungen des Sozialrechts sind selbstverständlich insofern für die strafrechtliche Schadensbestimmung relevant, dass, wenn nach dem Sozialrecht keine Verbindlichkeit der Kassenärztlichen Vereinigung zu einer Leistungsvergütung besteht, von der sie durch ihre Zahlung befreit werden könnte, diese auch bei strafrechtlicher Betrachtung nicht konstruiert werden kann.

b. Ersparnis von Aufwendungen

Denkbar wäre eine Kompensation, weil der Kassenärztlichen Vereinigung (resp. der Krankenkasse) Aufwendungen erspart bleiben: Schließlich wird in allen Fallgruppen tatsächlich eine medizinische Leistung erbracht, infolge derer der Patient keinen anderen Vertragsarzt in Anspruch nehmen muss. Weil kein anderer Arzt in Anspruch genommen wird, stellt auch kein anderer ein Honorar in Rechnung – der Kassenärztlichen Vereinigung bleiben Aufwendungen erspart.

Gegen die Annahme, dass durch diese ersparten Aufwendungen der Betrugsschaden kompensiert wird, sprechen jedoch zwei wesentliche Punkte: Es können nur solche Vermögensbewegungen in die Saldierung einbezogen werden, die unmittelbar durch die Vermögensverfügung herbeigeführt worden sind.[617] Dies ist bei den ersparten Aufwendungen nicht der Fall, denn der Vorteil (Ersparung von Aufwendungen) ist keine Gegenleistung für das gezahlte Honorar, sondern steht lediglich in einem äußeren, zufälligen Zusammenhang hierzu.[618] Des Weiteren sind jene Honorare, die die Kassenärztliche Vereinigung wenn nicht an den täuschenden, so doch an einen anderen, redlichen Arzt zu zahlen habe, keineswegs eine so zwingende Alternative, wie es auf den ersten Blick scheint. Trotz eines gewissen Korsetts aus sozial- und berufsrechtlichen

616 Schönke/Schröder-*Cramer/Perron* § 263 Rn. 117.

617 LK-*Tiedemann* § 263 Rn. 161.

618 *Hellmann* NStZ 1995, 233.

Regeln, das die ärztliche Behandlung in bestimmte Bahnen lenkt, ist der Arzt in seiner Berufsausübung frei. Demnach haben unterschiedliche Ärzte wesentlich unterschiedliche Ansatzpunkte in ihrem diagnostischen und therapeutischen Vorgehen, sodass es trotz ähnlicher Anamnese und ähnlichem Untersuchungsbefund zu wesentlich unterschiedlichen Behandlungsverläufen kommen kann. Die Annahme, die Kassenärztliche Vereinigung habe durch die Behandlung des falsch abrechnenden Vertragsarztes Aufwendungen in gleicher Höhe erspart, ist vor diesem Hintergrund eine vage Hypothese.[619]

Möglicherweise ersparte Aufwendungen der Kassenärztlichen Vereinigung führen also nicht zu einer schadenssausschließenden Kompensation.

c. Befreiung von einer Verbindlichkeit gegenüber dem Patienten

Nach *Gaidzik* darf sich die Suche nach möglichen kompensierenden Vermögensflüssen nicht in einer Betrachtung des Verhältnisses zwischen dem Vertragsarzt und der Kassenärztlichen Vereinigung (resp. der Krankenkasse) erschöpfen.[620] Daneben sei auch die Mitgliedschaft des Patienten in seiner Krankenkasse zu beachten. § 1 S. 1 SGB V verpflichtet die Krankenkassen zur Erhaltung, Wiederherstellung oder Besserung der Gesundheit ihrer Mitglieder. Nach §§ 11 ff. SGB V hat der Patient einen Anspruch auf die hierzu erforderlichen Maßnahmen, sofern diese zweckmäßig, ausreichend und wirtschaftlich sind (§ 12 SGB V). Ein solcher Anspruch besteht, wenn der Patient behandlungsbedürftig ist. Eine indizierte und lege artis durchgeführte diagnostische oder therapeutische Maßnahme lasse diesen Anspruch entfallen und befreie damit die Krankenkasse von ihrer Verbindlichkeit. Gegen eine kompensatorische Wirkung der Befreiung von dieser Verbindlichkeit lasse sich nicht der oben erhobene Vorwurf der fehlenden Unmittelbarkeit ins Feld führen. Die Anspruchserfüllung sei die zwangsläufige vom System der gesetzlichen Krankenversicherung vorgegebene Folge der Leistungserbringung, sie finde ihre Grundlage im behandlungsvertraglichen Synallagma.[621]

Die vorweggenommene Verteidigung *Gaidziks*, die ersparte Aufwendung stehe in einem unmittelbaren Zusammenhang zum gezahlten Honorar, erweist sich bei genauerer Prüfung als nicht sehr stichhaltig. Schon bei der Fallgruppe der unzulässigen Delegation, auf die sich *Gaidzik* bezieht, muss festgestellt werden, dass der Anspruch des Patienten nicht erfüllt worden ist, sondern aufgrund

619 Vgl. *Gaidzik* wistra 1998, 331; *Grunst* NStZ 2004, 535.

620 *Gaidzik* wistra 1998, 332; hierzu schon oben S. 113.

621 *Gaidzik* a. a. O.; dem zustimmend *Ellbogen/Wichmann* MedR 2007, 14.

eines außerhalb des Versicherungsverhältnisses liegenden Umstandes weggefallen ist.[622] Der Patient hat keineswegs die Leistung erhalten, die ihm geschuldet war, sondern ein aliud. Ihm war nämlich nicht nur irgendeine Leistung geschuldet, solange sie nur zum Erfolg führt, sondern eine Leistung, die nach den Regeln der ärztlichen Kunst durch einen Arzt vorgenommen wird.

Bei den Fallgruppen des Arztes in einem verdeckten Angestelltenverhältnis kann dieser Befund allerdings so nicht getroffen werden, denn der Patient erhält eine lege artis erbrachte ärztliche Leistung. Aber auch hier stehen Vermögensverlust und Kompensation nicht in dem behaupteten synallagmatischen Verhältnis. Dies liegt an der Natur des Arztvertrags als Dienstvertrag.[623] Der Arzt schuldet also die Durchführung der Behandlung nach dem medizinischen Standard und nicht einen bestimmten Erfolg. Es ist dem Arzt schlichtweg nicht zuzumuten und auch im Übrigen mit dem Verständnis des Arztberufes unvereinbar, dass dieser eine Garantie für den Erfolg seiner Behandlung abgibt. Dies wäre eine Garantie, die der Arzt angesichts der zahlreichen Unwägbarkeiten seines Berufes auch gar nicht abgeben kann – er kann vielmehr nur versprechen, den geschuldeten Eingriff kunstgerecht durchzuführen. Man brächte nun das Beziehungsverhältnis zwischen Patient, Arzt und Krankenkasse in ein Ungleichgewicht, wenn einerseits die Kasse zugunsten ihres Patienten lediglich die kunstgerechte Dienstleistung fordern kann, sie sich jedoch andererseits den eingetretenen Erfolg entgegenhalten lassen muss.[624]

Der Erfolgseintritt und damit die Befreiung von der Behandlungspflicht stehen also ebenfalls nur in einem äußeren Verhältnis zu dem bezahlten Honorar, sodass auch hierdurch der Vermögensverlust nicht kompensiert wird.

d. Kompensation durch eine werthaltige Gegenleistung

Schließlich bleibt nur noch die Möglichkeit, dass der Vermögensverlust, nämlich die Auszahlung des vertragsärztlichen Honorars, durch den Wert der ärztlichen Leistung selbst kompensiert wird, denn es ist mittlerweile von der ganz h.M. anerkannt, dass auch der menschlichen Arbeitsleistung ein strafrechtlich

---

622 So richtig *Herffs* [Abrechnungsbetrug] S. 120.

623 Hierzu BGHZ 63, 306, 309; 76, 249, 261; Rieger-*Kern* Oz. 335 Rn. 2 f.; *Larenz* Schuldrecht II 1, § 52 I; *Luig* Der Arztvertrag in: Gitter [Hrsg.] Vertragsschuldverhältnisse, S. 225; *Medicus* Schuldrecht II Rn. 349; MünchKommBGB-*Müller-Glöge* § 611 Rn. 79 ff.; Palandt-*Putzo* vor § 611 Rn. 18; Staudinger-*Richardi* vor § 611 Rn. 53 f.; Laufs/Uhlenbruck-*Uhlenbruck/Laufs* § 39 Rn. 10 m.w.N.

624 *Herffs* [Abrechnungsbetrug] S. 123; ebenfalls ablehnend *Stein* MedR 2001, Fn. 26.

relevanter, wirtschaftlicher Wert zukommt.[625] Zwar kommt auch hier die benannte Schwierigkeit zum Tragen, dass sich für diese Leistung kein Marktwert bilden lässt, jedoch lässt sich dem Grunde nach beurteilen, ob die ärztliche Leistung als vollwertige Kompensation in Frage kommt oder nicht.

aa. Ärztliche Leistung als geschützter Vermögenswert

Freilich kommt bei einer Kompensation im Rahmen des hier vertretenen ökonomisch-juristischen Vermögensbegriffs nur eine Position von wirtschaftlichem Wert in Betracht, die nicht von der Rechtsordnung missbilligt wird. Es ist nun überlegenswert, ob nicht die hier fraglichen Leistungen, die sozialrechtlich nicht anerkannt und nicht abrechnungsfähig sind, ebensolche von der Rechtsordnung missbilligte Vermögenspositionen darstellen.[626] Der Sache nach ähnlich geht *Tiedemann* vor, der als zusätzliches objektives Tatbestandsmerkmal des Betrugs einen rechtswidrigen Vermögensschaden fordert. Dies ergebe sich spiegelbildlich aus dem subjektiven Tatbestandsmerkmal der Absicht rechtswidriger Bereicherung. Der Vermögensschaden müsse objektiv der rechtlichen Vermögenszuordnung widersprechen.[627] Für den Abrechnungsbetrug bedeute dies, dass eine Honorarauszahlung, auf die der Vertragsarzt keinen Anspruch hat, einen solchen rechtswidrigen Vermögensschaden begründet.[628] Die beiden Standpunkte der Schadensbestimmung sind vergleichbar, weil sie im Ergebnis darauf hinauslaufen, dass die Leistung des Arztes grundsätzlich bei der Saldierung der Vermögenspositionen nicht in Betracht zu ziehen ist. Dementsprechend hält auch *Tiedemann* eine Kompensation für „überhaupt ausgeschlossen“, wenn beim Abrechnungsbetrug die fest umschriebenen Anspruchsvoraussetzungen nicht erfüllt sind.[629]

Bei genauerer Betrachtung kehrt hier das schon oben unter dem Gesichtspunkt der Sozialrechtsakzessorietät (S. 122) behandelte Problem einer Übernahme der rechtlichen Würdigung aus dem primär zuständigen Gebiet des Sozialrechts ins Strafrecht wieder. Die Frage der Akzessorietät ist tatsächlich genau an dieser Stelle zu lozieren, denn sie ist gerade für die Gegenleistung des Arztes relevant. Dass die Kassenärztliche Vereinigung (resp. die Krankenkasse) mit der

---

625 Statt vieler LK-*Tiedemann* § 263 Rn. 138.

626 Vgl. zu dieser Überlegung *Stein* MedR 2001, 127.

627 LK-*Tiedemann* § 263 Rn. 185.

628 LK-*Tiedemann* § 263 Rn. 188.

629 LK-*Tiedemann* § 263 Rn. 267.

Honorarzahlung einer rechtlich geschützten Position verlustig gegangen ist, kann schließlich nicht bestritten werden.

Dementsprechend ist diese Frage auch anhand der oben entwickelten Grundsätze zu lösen: Im Wege einer asymmetrischen Akzessorietät bestimmt die Rechtswidrigkeit nach sozialrechtlicher Begriffsbestimmung die Mindestschwelle zur Strafbarkeit. Nicht jede Sozialrechtswidrigkeit führt umgekehrt aber zu einer Strafbarkeit. Tatsächlich ist der Vermögensschaden beim Betrug enger zu fassen als der Schaden bei der Rückforderung von Vertragsarzthonoraren, die durch Manipulationen erlangt worden sind, denn die einzelnen Rechtsgebiete verfolgen unterschiedliche Schutzzwecke. Das Vertragsarztrecht schützt in einem hohen Maße die Steuerungsfunktion seiner Regelungsmechanismen, die weitgehend sozial- und ordnungspolitische Ziele verfolgen. §263 StGB hingegen verfolgt in aller erster Linie – nach verbreiteter Ansicht sogar ausschließlich – den Vermögensschutz. Spricht man nun der tatsächlich erbrachten ärztlichen Leistung per se eine kompensierende Wirkung ab, weil sie in dem System der gesetzlichen Krankenversicherung wertlos ist, dann übernimmt man die Verfolgung der sozial- und ordnungspolitischen Ziele in den Betrugstatbestand – und dies ungeachtet der vermögensrechtlichen Auswirkungen der betroffenen Abrechnungsvoraussetzungen. Wie gezeigt läuft eine solche Übernahme der streng formalen Betrachtungsweise ins Strafrecht auf einen reinen Schutz der Dispositionsfreiheit hinaus und verstößt damit gegen Systematik sowie Sinn und Zweck des §263 StGB. Die strafrechtliche Schadensbestimmung muss eine wirtschaftlich messbare Vermögensbeeinträchtigung feststellen und darf sich nicht mit einer formalisierten Betrachtungsweise zufrieden geben.[630]

bb. Vermögensbezug des Abrechnungsmangels

Der Verstoß gegen vertragsarztrechtliche Abrechnungsvoraussetzungen führt also nicht per se dazu, dass der erbrachten ärztlichen Leistung eine schadenskompensierende Wirkung aberkannt wird. Es muss vielmehr die verletzte Abrechnungsvorschrift daraufhin untersucht werden, ob der Verstoß neben sozial- und ordnungspolitischen Belangen auch den wirtschaftlichen Wert der erbrachten Leistung beeinträchtigt. Dies soll zunächst exemplarisch an den Fallgruppen der unzulässigen Delegation und des Arztes im verdeckten Angestelltenverhältnis vorgenommen werden.

630 Siehe oben S. 130 ff.

(1.) Unzulässige Delegation

Dem Arzt, der Leistungen trotz unzulässiger oder unzureichender Delegation abrechnet, wird ein Verstoß gegen die Pflicht zur persönlichen Leistungserbringung vorgeworfen. Ist diese Pflichtverletzung festgestellt, was im Einzelfall zu durchaus schwierigen Abgrenzungsfragen führen kann, bedingt sie einen Honorarausschluss. Ob sie aber auch bei der fraglichen Kompensation eines Vermögensverlustes außer Acht zu lassen ist, weil die Leistung wirtschaftlich wertlos ist, soll im Folgenden untersucht werden. Letzteres wäre nur dann der Fall, wenn die Pflicht zur persönlichen Leistungserbringung nicht nur sozial- und ordnungspolitischen Zwecken dient, sondern ihre Verletzung auch den wirtschaftlichen Wert der ärztlichen Leistung betrifft.

(a.) Reichweite der Pflicht zur persönlichen Leistungserbringung

Diese Arbeit hat die Auswirkungen und Reichweite der Pflicht zur persönlichen Leistungserbringung schon beleuchtet, soweit dies für die hier darzustellende Problematik sinnvoll erscheint:[631] Eine Fülle von Normen verpflichtet den Arzt zur persönlichen Leistungserbringung (vgl. § 613 BGB; § 15 Abs. 1 SGB V; § 32 Ärzte-ZV; § 19 MBO-Ä; § 15 BMV-Ä i.V.m. § 82 Abs. 1 SGB V). Sie bedeutet für den Arzt, dass er grundsätzlich seine Leistungen in eigener Person zu erbringen hat und stellt ebenfalls das grundsätzliche Verbot der Übertragung von Leistungen auf Dritte auf.[632] Freilich führt diese Pflicht nicht dazu, dass der Arzt jeden Handgriff seiner medizinischen Leistungen eigenhändig vorzunehmen hat. Dem Grunde nach ist anerkannt, dass einzelne Maßnahmen unter bestimmten Voraussetzungen von medizinischem und nichtmedizinischem Hilfspersonal erbracht werden können (vgl. z.B. § 15 Abs. 1 S. 2 SGB V oder § 15 Abs. 1 S. 2, 3 BMV-Ä). Die Details der Voraussetzungen einer Delegation können im Einzelfall umstritten sein und – wie auch das ärztliche Leistungsspektrum – einem gewissen Wandel unterliegen.[633] Für eine strafrechtliche Bewertung der Delegation genügt es aber, sich einige weitestgehend anerkannte Grundsätze zu verdeutlichen: Nur solche Leistungen, die nicht wegen ihrer Schwierigkeit, ihrer Gefährlichkeit oder der Unvorhersehbarkeit etwaiger Reaktionen den Kern ärztlichen Handelns betreffen, sind delegationsfähig. Geeignetes und entsprechend ausgebildetes (auch nichtärztliches) Personal darf beispielsweise nach genereller An-

631 Vgl. auch zu jeweils weiteren Nachweisen oben S. 35 ff.

632 Laufs/Uhlenbruck-*Uhlenbruck/Laufs* § 47 Rn. 1.

633 *Peikert* MedR 2000, 352 bezeichnet das Problem der persönlichen Leistungserbringung als eine der umstrittensten Fragen des Arztrechts.

weisung einfache Verbände anlegen, Laborleistungen erbringen oder radiologische Untersuchungen vornehmen. Im Einzelfall sind auch Injektionen, Infusionen und Blutentnahmen delegationsfähig, sofern nicht die Schwere von Krankheitsbild und Eingriff entgegensteht. Der Arzt hat sein Hilfspersonal ordnungsgemäß auszuwählen und zu überwachen auch muss er bei der Ausführung der Leistung zumindest erreichbar sein. Unzweifelhaft in den Kernbereich ärztlicher Leistungen fallen die Diagnose sowie operative Leistungen.

(b.) Sinn und Zweck der Pflicht zur persönlichen Leistungserbringung

Wollte man nun aus der dargestellten Reichweite der Delegationsmöglichkeiten Rückschlüsse auf Sinn und Zweck der Pflicht zur persönlichen Leistungserbringung machen, so hieße dies, das Pferd von hinten aufzuzäumen, denn die Reichweite der Delegation bestimmt sich nach Sinn und Zweck der Pflicht zur persönlichen Leistungserbringung und nicht umgekehrt. Versteht man die Grenzen der Delegation aber als Reflex der Pflicht zur persönlichen Leistungserbringung, so werfen sie schon ein erstes Licht auf die Tragweite der hier fraglichen Pflicht. Ärztliche Leistungen dürfen dort delegiert werden, wo ihre Vornahme durch ärztliches oder nichtärztliches Hilfspersonal für die Gesundheit des Patienten ungefährlich ist.[634] Damit ist schon ein wesentliches Ziel der Pflicht zur persönlichen Leistungserbringung genannt, nämlich der Schutz der Gesundheit des Patienten.

Dies kann man auch den oben stehenden Regelungen entnehmen: Schon der Charakter des Arztvertrags als Dienstvertrag[635] verpflichtet den Arzt zur persönlichen Leistungserbringung. Nach der Auslegungsregel des § 613 S. 1 BGB hat der Arzt seine Leistung im Zweifel in Person zu erbringen.[636] Hintergrund dieser Vorschrift ist, dass der Dienstvertrag stark personenbezogen ist; es kommt dem Leistungsempfänger regelmäßig nicht nur darauf an, überhaupt die vereinbarte Leistung zu erhalten, sondern dass gerade sein Vertragspartner leistet, den er unter Umständen aufgrund seiner besonderen Fähigkeiten und Erfahrungen ausgewählt hat. Diese Auslegungsregel trifft nun besonders auch für den Arztvertrag zu. Im Idealfall ist das Arzt-Patienten-Verhältnis von starkem Vertrauen geprägt: Der Patient vertraut sich dem Arzt im sensiblen Bereich seiner Gesundheit an und legt auf die Fähigkeiten und Eigenschaften seines Gegenübers besonderen Wert. Der Patient wählt einen bestimmten Arzt aus, weil er in

634 *Peikert* MedR 2000, 355.

635 Nachweise in Fn. 623.

636 Vgl. Staudinger-*Richardi* § 613 Rn. 10.

die Qualität seiner Leistung vertraut und von ihm eine nach den Regeln der ärztlichen Kunst erbrachte diagnostische Leistung und Heilbehandlung erwartet. Schon nach Dienstvertragsrecht ist also das besondere Vertrauen des Patienten in seinen Arzt geschützt, was wiederum auch den Schutz der Gesundheit des Patienten bezwecken soll.

Auch eine Betrachtung der berufsrechtlichen Regelungen kommt zu demselben Ergebnis: Nach § 1 Abs. 1 S. 2, 3 MBO[637] ist der ärztliche Beruf nicht gewerblich, sondern ein freier Beruf. Wesensmerkmal eines freien Berufs ist, dass er persönlich ausgeübt wird. Dies folgt bei dem Arztberuf schon daraus, dass er seinen Zweck ohne Vertrauen seitens des Leistungsempfängers nicht erreichen kann. Dieses Vertrauen gilt jedoch gerade der Person und den Fähigkeiten des Berufsträgers.[638] Der Inhalt einer freiberuflichen Leistung ist regelmäßig nicht eine standardisierte Ware, sondern ist durch eine in eigener Person und in eigener Verantwortung erbrachte Leistung für individuelle Nachfrager geprägt.[639] § 19 MBO stellt deshalb auch ausdrücklich den Grundsatz auf, dass Ärztinnen und Ärzte ihre Praxis persönlich auszuüben haben und sich nur in Ausnahmefällen angestellter Ärzte oder Vertreter bedienen dürfen. Auch dieser Vorschrift liegt das Bild des eigenverantwortlich tätigen Mediziners zugrunde.

Schließlich verlangt auch das Vertragsarztrecht selbst die persönliche Leistungserbringung. Nach § 15 Abs. 1 S. 1 SGB V wird die ärztliche Leistung von Ärzten erbracht. Auch dieser Arztvorbehalt ist eng verbunden mit der Pflicht zur persönlichen Leistungserbringung:[640] Der Arzt hat die Leistungen persönlich zu erbringen und darf sie nur nach Anordnung und unter seiner Verantwortung von Angestellten vornehmen lassen, § 15 Abs. 1 S. 2 SGB V. Dieses Arztmonopol soll sicherstellen, dass die Erkenntnisse medizinischer Wissenschaft zur Grundlage der medizinischen Versorgung gemacht werden (vgl. auch das Qualitätsgebot des § 2 Abs. 1 S. 3 SGB V).[641]

Es lässt sich zusammenfassen, dass die Pflicht zur persönlichen Leistungserbringung vornehmlich zwei miteinander verknüpfte Ziele verfolgt: Zum einen soll das Vertrauen geschützt werden, das der Patient in die Person und die Fä-

---

637 Die Regelungen der MBO sind nicht verbindlich. Die meisten Landesgesetzgeber haben die MBO jedoch weitgehend wortgleich übernommen, vgl. etwa die hier relevanten §§ 1, 19 BOÄ Rheinland-Pfalz.

638 BSGE 8, 256, 260.

639 *Peikert* MedR 2000, 353.

640 Vgl. Schnapp/Wigge-*Jörg* § 11 Rn. 62 ff.; Hauck/Noftz-*Noftz* § 15 SGB V Rn. 14.

641 Vgl. Hauck/Noftz-*Noftz* § 15 SGB V Rn. 2.

higkeiten des Arztes setzt. Es soll sichergestellt werden, dass genau die Person, der der Patient sich anvertraut hat, die fragliche Leistung durchführt. Dies gewährleistet auch den Schutz des Patienten, denn oft wird er den Arzt nach dessen besonderen Spezialkenntnissen ausgewählt haben. Aber auch darüber hinaus stellt die Pflicht zur persönlichen Leistungserbringung sicher, dass nur eine Person mit den erforderlichen medizinischen Qualifikationen die ärztlichen Leistungen vornimmt und führt somit dazu, dass die vertragsärztliche Versorgung sich an den aktuellen Standards der medizinischen Wissenschaft orientiert.[642]

(c.) Persönliche Leistungserbringung und wirtschaftlicher Wert

Der Verstoß gegen die Pflicht zur persönlichen Leistungserbringung verletzt wesentliche Qualitätsmerkmale einer ärztlichen Leistung. Eine auf Krankheitserkennung und -behandlung gerichtete Leistung, die ihrerseits Standards des Gesundheitsschutzes verletzt, ist absolut mangelhaft. Zu Recht wird sie deshalb bei der Honorarberechnung nicht berücksichtigt. Sie kann aber auch nicht – und das ist die an dieser Stelle entscheidende Frage – eine irrtümliche Honorarauszahlung in strafrechtlicher Sicht kompensieren, denn sie ist nicht nur im System der gesetzlichen Krankenversicherung wegen eines Verstoßes gegen eine vom Normgeber verfolgte Steuerungsfunktion, sondern auch aus einer wirtschaftlichen Perspektive wertlos.

Dieses Ergebnis wird unterstützt, wenn man die ähnliche Fallgruppe des Anstellungsbetrugs heranzieht.[643] Zwar ist nicht einmal der Abrechnungsbetrug nach erschlichener Vertragsarztzulassung ein Anstellungsbetrug,[644] ein Vergleich sei an dieser Stelle aber dennoch gestattet, weil beim Anstellungsbetrug anerkannt ist, dass der Wert einer Arbeitsleistung nicht nur nach ihrem sachlichen Effekt, sondern auch im Hinblick auf eine bestimmte Ausbildung zu bemessen ist.[645] Die Situation des Abrechnungsbetrugs durch unzulässige Delegation ist dem ebenfalls dienstvertraglich geregelten Anstellungsbetrug durchaus ähnlich: Auch hier ist nicht der eingetretene Erfolg maßgebliches Bewertungskriterium, sondern solche persönlichen Eigenschaften des Leistungserbringers, die typischerweise einen Rückschluss auf die Qualität der Leistung zulassen.

---

642 Siehe hierzu auch *Hahn* NJW 1981, 1981.

643 Bei der Fallgruppe des Arztes im verdeckten Angestelltenverhältnis ziehen auch *Duttge* in: Schnapp [Hrsg.], Rechtsfragen der gemeinschaftlichen Berufsausübung von Vertragsärzten, S. 97 f. und *Grunst* NStZ 2004, 537 eine Parallele zum Anstellungsbetrug.

644 BGH NStZ 1994, 808, 809; vgl. oben S. 84 ff.

645 Schönke/Schröder-*Cramer/Perron* § 263 Rn. 154 m. w. N.

Diese Parallele ermöglicht es auch, eine Frage zu beantworten, die die hier vertretene strafrechtliche Behandlung der unzulässigen Delegation unweigerlich nach sich zieht: Wenn den hier betroffenen Leistungen eine kompensierende Wirkung aberkannt wird, weil die verletzte Pflicht zur persönlichen Leistungserbringung den Gesundheitsschutz des Patienten bezweckt, so könnte dies nämlich zum Standpunkt verleiten, es müsse eine konkrete Gesundheitsgefahr des Patienten eingetreten sein. Der pflichtvergessene Arzt wäre also exkulpiert, wenn ebendiese Gesundheitsgefahr ausbleibt. Die hier vertretene Ansicht muss diesen Standpunkt ablehnen: Auf das Ergebnis der Leistung kommt es gerade nicht an (vgl. schon das zur möglichen Befreiung von einer Verbindlichkeit gegenüber dem Patienten Gesagte, S. 140). Vielmehr ist die fachliche Eignung des höchstpersönlich leistenden Mediziners der entscheidende wertbildende Faktor – der glückliche Zufall, dass sich die potentielle Gesundheitsgefahr nicht realisiert hat, kann aus der mangelhaften keine werthaltige Leistung machen.[646]

Als Zwischenergebnis darf darauf hingewiesen werden, dass es nicht erforderlich ist, auf die streng formale Betrachtungsweise des Sozialrechts abzustellen, um eine Betrugsstrafbarkeit der unzulässigen Delegation zu begründen.[647] Die unzulässige Delegation führt nämlich dazu, dass die erbrachte Leistung nicht nur im GKV-System, sondern auch bei einer wirtschaftlichen Analyse wertlos ist.

(2.) Arzt im verdeckten Angestelltenverhältnis

Dem Arzt im verdeckten Angestelltenverhältnis resp. dessen vermeintlichem Sozius wird vorgeworfen, er habe seine Leistung nicht „in freier Praxis“ erbracht.

(a.) Begriff „freie Praxis“

Dieser unbestimmte Rechtsbegriff wurde schon näher erläutert:[648] Die Leistungserbringung „in freier Praxis“ stellt zwei, sich zum Teil überschneidende Anforderungen auf, zum einen die freiberufliche Berufsausübung und zum anderen die Niederlassung in eigener Praxis.[649] Die ärztliche Freiberuflichkeit wird

646 Vgl. hierzu unten S. 191.

647 An dieser Stelle sei erinnert, dass nach der hier vertretenen Auffassung bei der unzulässigen Delegation der Nachweis einer Täuschung hohen Anforderungen unterliegt; nach der abweichenden h.A. gilt gleiches für den Vorsatznachweis, vgl. oben S. 36 ff.

648 Siehe oben S. 89 ff.

649 *Butzer* MedR 2001, 609 f.

in zahlreichen Normen zugrunde gelegt. Nach § 1 Abs. 2 BÄO ist der ärztliche Beruf „seiner Natur nach ein freier Beruf". Diese Formel soll nicht schwächen, sondern stärken, das bedeutet, der Arztberuf ist seinem inneren Wesen nach frei; verlöre die Ärzteschaft diese Freiheit, so büßte sie damit ihre Eigenart ein.[650] Dementsprechend geht auch das Vertragsarztrecht vom Arztberuf als einem freien Beruf aus, § 98 Abs. 2 Nr. 13 SGB V, §§ 20, 32 ff. Ärzte-ZV.[651] Bisher ist es jedoch weder für die freien Berufe im Allgemeinen noch für die Freiberuflichkeit des Arztes gelungen, eine verbindliche Begriffsdefinition zu ermitteln.[652] Dementsprechend wird der „freie Beruf" ganz überwiegend als Typusbegriff verstanden, was meint, dass eine strenge Definition nicht möglich ist, jedoch eine Beschreibung anhand typischer Merkmale vorgenommen werden kann, die aber nicht allesamt vorliegen müssen.[653] Zur Umschreibung der typischen Wesensmerkmale eines freien Berufs darf auf § 1 Abs. 2 S. 1 PartGG verwiesen werden, der diese wie folgt zusammenfasst: „Die Freien Berufe haben im allgemeinen auf der Grundlage besonderer beruflicher Qualifikation oder schöpferischer Begabung die persönliche, eigenverantwortliche und fachlich unabhängige Erbringung von Dienstleistungen höherer Art im Interesse der Auftraggeber und der Allgemeinheit zum Inhalt." Im Hinblick auf das strafrechtliche Bestimmtheitsgebot ist nun äußerste Vorsicht geboten, will man aus einem derart offenen Begriff von eher soziologischer Qualität[654] Rückschlüsse auf eine Betrugsstrafbarkeit ziehen.

(b.) Wirtschaftliche (Un-)Abhängigkeit und wirtschaftlicher Wert

Nach der hier vertretenen Auffassung kann der bloße Vorwurf einer wirtschaftlichen Abhängigkeit des Vertragsarztes eine Betrugsstrafbarkeit nicht begründen. Schon im Sozial- und Gesellschaftsrecht sind die Details der gesellschaftsrechtlichen Gestaltung des Gemeinschaftspraxisvertrags hoch umstritten. Es ist nicht geklärt, ob jedes Mitglied einer Gemeinschaftspraxis wirtschaftlicher Anteilseigner der Praxis und an Gewinn und Verlust beteiligt sein muss. Wird jedoch sogar in Literatur und Rechtsprechung vertreten, das Mitglied einer Gemeinschaftspraxis könne auch eine einem Angestellten angenäherte Stellung in-

650 Laufs/Uhlenbruck-*Laufs* § 3 Rn. 8.

651 Siehe hierzu Schnapp/Wigge-*Wigge* § 2 Rn. 8.

652 Nachweise bei *Quaas* MedR 2001, 34 ff.

653 Schnapp/Wigge-*Wigge* § 2 Rn. 9 m.w.N.

654 Vgl. BVerfGE 10, 354, 364; Maunz/Dürig-*Scholz* Art. 12 Rn. 269.

nehaben,[655] so ist es freilich auch gutes Recht des Vertragsarztes, diese Position zu beziehen. Einem Arzt, der diese Auffassung teilt, kann daher eine betrugsrelevante Täuschung nicht vorgeworfen werden.[656]

Eine Betrugsstrafbarkeit ist jedoch nicht nur mangels Täuschung abzulehnen, sondern auch unter dem hier interessierenden Gesichtspunkt des wirtschaftlichen Wertes der erbrachten Leistung. Es ist nicht ersichtlich, weshalb die bloße wirtschaftliche Abhängigkeit des Arztes den Wert seiner medizinischen Leistung mindern sollte. Denn einerseits wird bei einem echten Gesellschafter, der zur Finanzierung seines Gesellschaftsanteils regelmäßig einen Kredit, womöglich in Millionenhöhe, aufnimmt, eine ebenso große, womöglich viel existentiellere Abhängigkeit zu seinem Seniorpartner bestehen, als bei dem Arzt, der gegen festes Gehalt arbeitet. Die medizinische Leistung ist unabhängig von der gewählten Beteiligungsform identisch. Darüber hinaus wäre die ärztliche Leistung gleichermaßen abrechenbar, wenn sie von einem mit Genehmigung des Zulassungsausschuss angestellten Arzt erbracht worden wäre. Nicht nur in Arztpraxen oder in medizinischen Versorgungszentren sind Ärzte angestellt, auch Chefärzte in Krankenhäusern und Universitätskliniken befinden sich in einem abhängigen Beschäftigungsverhältnis. Niemand würde deswegen die Qualität ihrer Leistung in Zweifel ziehen. Die Mehrheit der Ärzte in Deutschland übt ihre Tätigkeit mittlerweile nicht in wirtschaftlicher Selbständigkeit, sondern als Angestellte oder Beamte aus.[657] Nichtsdestoweniger ist diese Mehrheit der Ärzte auch freiberuflich tätig.[658] Eine im Sozial- und Gesellschaftsrecht vertretene strenge Interpretation der ärztlichen Freiberuflichkeit, die das traditionelle Bild des niedergelassenen „Einzelarztes in seiner Praxis" verfolgt, kann unterschiedlich motiviert sein: Man mag darin beispielsweise einen Garant zur Erfüllung des Sicherstellungsauftrages sehen. Vermutlich lassen sich auch Bestandsschutzinteressen der praktizierenden Ärzteschaft nicht ganz von der Hand weisen. Diese Anliegen kann man nun im Einzelnen diskutieren und kritisieren,[659] jedenfalls sind sie nicht von solcher Qualität, dass den Leistungen, die unter ihrer Missachtung erbracht worden sind, grundsätzlich jeglicher wirtschaftlicher Wert abzuerkennen ist. Ihre Verletzung lässt nämlich die medizinische Qualität

655 Vgl. zum Erfordernis der Beteiligung am Praxisvermögen sowie an deren Gewinn und Verlust *Butzer* MedR 2001, 604; *Saenger* NZS 2001, 237 jeweils m.w.N.

656 Hierzu und zum Folgenden oben S. 91 m.w.N.

657 Statistische Nachweise bei *Taupitz* NJW 1996, 3036, Fn. 31.

658 Laufs/Uhlenbruck-*Laufs* § 3 Rn. 1; krit. Ratzel/Lippert-*Lippert* § 1 Rn. 7.

659 Vgl. *Haft* ZRP 2002, 457 ff. zum „Fall Schottdorf"; siehe schon oben Fn. 97.

der Leistungen unberührt, sodass diese Leistungen – vorausgesetzt, die Erbringung in wirtschaftlicher Abhängigkeit ist ihr einziger „Makel“ – durchaus geeignet sind, den Vermögensverlust durch die Honorarzahlung zu kompensieren.

(c.) Fachliche (Un-)Abhängigkeit und wirtschaftlicher Wert

Die wirtschaftliche Unabhängigkeit ist nun aber nicht das einzige Typusmerkmal eines Freiberuflers. Wie im Zusammenhang mit dem Tatbestandsmerkmal der Täuschung schon dargestellt, ist für den Arztberuf ungleich wichtiger die Erbringung der Leistung in fachlicher Unabhängigkeit. *Taupitz*, der begrifflich einleuchtend zwischen der inneren (Eigenverantwortlichkeit) und der äußeren Freiheit (wirtschaftliche Selbständigkeit) der freien Berufe differenziert, weist in seiner Habilitationsschrift nach, dass es charakteristisch für alle freien Berufe ist, dass letztere Form der Freiheit zugunsten ersterer zurückgedrängt wird.[660] Während die Details der wirtschaftlichen Selbständigkeit für den Arztberuf umstritten sind, entspricht es einhelliger Auffassung, dass der Arzt seine Leistung in fachlicher Eigenverantwortlichkeit, frei und weisungsungebunden vornehmen muss.[661] Dies beinhaltet die freie Wahl der diagnostischen und therapeutischen Mittel.[662] Der Arzt darf selbst entscheiden, ob er medizinische Aufträge annimmt oder ablehnt, er kann also selbst Behandlungsverträge schließen.[663] Er kann auch über die personellen Mittel der Praxis verfügen, also dem nichtärztlichen Personal Weisungen erteilen.[664] Diese Freiheit in medizinischen Fragen geht einem etwaigen Weisungsrecht des Dienstherrn eines angestellten Arztes im Zweifelsfall vor.[665] Der Arzt darf einen Anstellungsvertrag nur dann abschließen, wenn dieser die Grundsätze der Berufsordnung wahrt; er darf keine Vergütung vereinbaren, die ihn in seiner Unabhängigkeit beeinträchtigt (§ 23 MBO-Ä).[666] Im Kern läuft auch das oben postulierte Erfordernis der Leistungserbringung in eigener Praxis auf die Wahrung der ärztlichen Unabhängigkeit hinaus. Denn nach ständiger Rechtsprechung kommt es hierfür nicht auf die Ei-

660 *Taupitz* Standesordnungen, S. 33, 44 ff.

661 BGHZ 70, 158, 167; *Laufs* MedR 1995, 15; *Möller* MedR 1999, 496; *Rieger* MedR 1995, 88; *Taupitz* NJW 1996, 3036; *ders.* Standesordnungen, S. 44 ff.

662 Laufs/Uhlenbruck-*Laufs* § 3 Rn. 13.

663 *Butzer* MedR 2001, 610.

664 BSGE 80, 130.

665 Vgl. Laufs/Uhlenbruck-*Laufs* § 3 Rn. 11 a.E., 12.

666 Laufs/Uhlenbruck-*Laufs* § 12 Rn. 4.

gentümerstellung des Arztes an, sondern auf die Möglichkeit, die Praxismittel eigenverantwortlich einzusetzen.[667]

Ein faktisches Angestelltenverhältnis eines Scheingesellschafters kann im Einzelfall die Gefahr bergen, dass der tatsächlich Untergebene in seinen ärztlichen Entscheidungen nicht frei handelt.[668] Hat sich diese Gefahr realisiert, so täuscht der Arzt die Kassenärztliche Vereinigung, wenn er seine Leistung dennoch abrechnet.[669] Der Verstoß gegen die ärztliche Unabhängigkeit tangiert aber auch den Wert der erbrachten Leistung und kann daher zu einem Schaden führen.[670] Die ärztliche Unabhängigkeit ist nämlich in ihrem letzten Grund kein Privileg des Arztes, sondern ein fremdnütziges Recht: Sie erlaubt es dem Arzt, nach seinem pflichtgemäßen Ermessen dasjenige diagnostische und therapeutische Verfahren zu wählen, das er im konkreten Einzelfall für seinen konkreten Patienten für am meisten nutzbringend und hilfreich hält.[671] Fremdnützig ist dieses Recht also insofern, als es die bestmögliche Behandlung des Patienten gewährleisten soll. Außerhalb des Arzt-Patienten-Verhältnisses liegende Umstände, wie zum Beispiel wirtschaftliche Erwägungen nicht-ärztlicher Vorgesetzter des behandelnden Arztes, sollen dadurch bei der Wahl der konkreten Behandlungsmethode keine Berücksichtigung finden. Auch Anweisungen, die dem ethischen Anspruch des Arztberufes zuwiderlaufen, muss der Arzt zugunsten seines Patienten außer Acht lassen. Der Kern der ärztlichen Freiberuflichkeit, die fachliche Unabhängigkeit, betrifft daher durchaus die Qualität der medizinischen Leistung, ist sie doch gerade dem Schutz des Patienten zu dienen bestimmt.

Daran ändert auch der Charakter der Vertragsarztzulassung als statusbegründender Verwaltungsakt nichts. Es wird vertreten, die Zulassung zum Vertragsarzt, die – solange nicht aufgehoben oder nichtig – selbst dann wirksam ist, wenn sie rechtswidrigerweise erteilt wurde, bewirke, dass der Scheingesellschafter wie ein ordnungsgemäß zugelassener Vertragsarzt zu behandeln sei.

---

667 Nachweise bei Fn. 399.

668 Man muss sich an dieser Stelle jedoch verdeutlichen, dass die unabhängige Berufsausübung grundsätzlich jeden Arzt verpflichtet, auch den angestellten und den verbeamteten Arzt. (Zu Einschränkungen in der Aus- und Weiterbildung sowie der hierarchischen Struktur eines Krankenhauses siehe Laufs/Uhlenbruck-*Laufs* § 12 Rn. 6 ff.) Dies führt jedoch nicht dazu, dass ein Verstoß gegen die ärztl. Unabhängigkeit bei der Beurteilung des wirtsch. Wertes der Leistung außer Acht zu lassen ist. So aber *Hancok* Fn. 820, 851.

669 Siehe S. 93.

670 So auch *Hellmann/Herffs* Rn. 273; *Herffs* [Abrechnungsbetrug] S. 152 f.

671 Laufs/Uhlenbruck-*Laufs* § 3 Rn. 13.

Deshalb sei ein Schaden zu verneinen.[672] Die Zulassung schafft lediglich die Möglichkeit zur Teilnahme an der vertragsärztlichen Versorgung, sie hilft dem eben beschriebenen Mangel aber nicht derart ab, dass aus der mangelhaften Leistung eine ordnungsgemäß erbrachte vertragsärztliche Leistung wird.[673]

(d.) Zusammenfassung

Bei einem Verstoß gegen den Grundsatz der ärztlichen Freiberuflichkeit ist zu differenzieren: Auch hier führt nicht schon jeder Verstoß gegen das ärztliche Berufsrecht dazu, dass die erbrachte Leistung wirtschaftlich wertlos ist. Die verletzte Vorgabe muss vielmehr die medizinische Qualität der ärztlichen Leistung in der Form mindern, dass ihr wirtschaftlicher Wert gegen Null geht. Dies ist bei der – ohnehin umstrittenen – Forderung nach wirtschaftlicher Selbständigkeit des Arztes nicht der Fall. Steht aber die fachliche Unabhängigkeit des Arztes in Frage, so beeinträchtigt dies auch den Wert der erbrachten Leistung. Die dergestalt wertlose Leistung kann den durch die Honorarauszahlung eingetretenen Vermögensverlust nicht kompensieren. Bei der Fallgruppe des Arztes im verdeckten Angestelltenverhältnis muss demnach nicht zwangsläufig ein betrugsrelevanter Schaden eingetreten sein; dies ist nur dann der Fall, wenn der Arzt auch fachlich von seinem Sozius abhängig und dessen Weisungen unterworfen war. Eine wirtschaftliche Schadenbestimmung und die von der Rechtsprechung durchgeführte streng formale Betrachtungsweise differieren bei dieser Fallgruppe also nicht nur in der Begründung, sondern – und insofern anders als beim Delegationsfall – auch im Ergebnis.

cc. Differenzierungskriterium

Es lässt sich festhalten, dass bei den fraglichen Anwendungsfällen der wirtschaftliche Wert der Leistung betroffen sein kann, dies jedoch nicht immer der Fall sein muss. Es gilt nun zu untersuchen, ob dem bisher Gesagten ein Kriterium entnommen werden kann, das – auch im Hinblick auf weitere denkbare, bisher noch nicht entschiedene Anwendungsfälle – eine Differenzierung ermöglicht, wann ein formaler Abrechnungsmangel wirtschaftlich derart auf die erbrachte Leistung durchschlägt, dass er einen Betrugsschaden herbeiführt.

Diejenigen Stimmen in der Literatur, die eine genaue Betrachtung des wirtschaftlichen Wertes der erbrachten Leistung vornehmen, lehnen es ebenfalls ab,

672 So *Duttge* in: Schnapp [Hrsg.], Rechtsfragen der gemeinschaftlichen Berufsausübung von Vertragsärzten, S. 93 ff.; *Wagner/Hermann* NZG 2000, 525; s. hierzu oben S. 87 f.

673 So richtig *Herffs* wistra 2004, 286; *ders.* [Abrechnungsbetrug] S. 151.

die wirtschaftliche Werthaltigkeit aufgrund des formalen Abrechnungsmangels pauschal zu verneinen oder zu bejahen.[674] Meist haben diese jedoch nur die im konkreten Einzelfall behandelte Fallgruppe im Blick (unzulässige Delegation oder Arzt im verdeckten Angestelltenverhältnis) und versäumen es, ihre Lösung auch an anderen denkbaren Konstellationen formeller Abrechnungsmängel zu messen. Darüber hinaus fehlt eine befriedigende Integration in die akzeptierten dogmatischen Strukturen des Betrugstatbestandes.

Richtigerweise vermeiden diese Auffassungen es, zwischen missachteten wirtschaftlichen und berufsordnungspolitischen Voraussetzungen der Leistung zu unterscheiden. Diese auf den ersten Blick nahe liegende Differenzierung würde verkennen, dass meist auch die berufsordnungspolitischen Eingrenzungen wirtschaftliche Ziele verfolgen. So soll durch die eingeschränkte Zulassung von angestellten Ärzten verhindert werden, dass der Leistungsumfang der Praxis erweitert wird.[675] Bezweckt ist hiermit, einer Ausweitung der Vertragsarztpraxis entgegen zu wirken und dadurch dem Grundsatz der Beitragssatzstabilität (§ 71 SGB V) gerecht zu werden. Dies sind also ordnungspolitische Erwägungen, die jedoch wesentlich wirtschaftlich motiviert sind.

Richtiger ist es daher, den Wert der Leistung selbst zu beurteilen – der Abrechnungsfehler muss „leistungsbezogen" sein, wie *Volk* zutreffend formuliert.[676] So richtig diese Feststellung auch ist, so sehr bedarf sie aber noch einer genaueren Präzisierung, denn bei der konkreten Anwendung auf den Fall des Vertragsarztes im verdeckten Angestelltenverhältnis kommt *Volk* zu einem anderen Ergebnis, als dem hier durch eine wirtschaftliche Bewertung gefundenen. Ausgehend von der Prämisse, „die ‚Abhängigkeit' des Arztes [mindere] die Qualität der Leistung nicht", kommt *Volk* zu dem Ergebnis, der Arzt im verdeckten Angestelltenverhältnis erbringe eine vollwertige Leistung.[677] Nach hiesiger Auffassung mindert eine fachliche Abhängigkeit eines Arztes jedoch durchaus die medizinische Qualität seiner Leistung; die mit der Quartalsabrechnung vorgegaukelte ärztliche Unabhängigkeit stellt also in der Terminologie *Volks* einen leistungsbezogenen Mangel dar. Man kann die Leistungsbezogenheit des Abrechnungsmangels also als notwendiges Kriterium eines Betrugsschadens beim Abrechnungsbetrug ansehen, das jedoch noch einer hinreichenden Präzisierung bedarf.

---

674 Nachweise siehe oben S. 114-117.

675 Vgl. *Schallen* § 32b Rn. 764.

676 *Volk* NJW 2000, 3387.

677 *Volk* a.a.O. S. 3388.

Auch den übrigen Auffassungen, die im Wesentlichen zwischen einem Mangel, der den Wert der Leistung selbst betrifft, und bloßen sozial- bzw. berufsordnungspolitischen Mängeln unterscheiden, ist dem Grunde nach zuzustimmen. Richtigerweise formuliert *Stein* die Anforderung, diejenigen Mängel herauszufinden, die „anstelle der ausgeschalteten Marktpreisbildung das richtige Verhältnis von Leistung und Gegenleistung festlegen".[678] Die einzelnen Ansichten konzentrieren sich jedoch auf die jeweils behandelten Einzelfälle und kommen insofern auch meist zu Ergebnissen, die mit den hier für die Beispiele unzulässige Delegation und Arzt im verdeckten Angestelltenverhältnis gefundenen übereinstimmen. Man vermisst jedoch eine Überprüfung der gefundenen Kriterien an anderen denkbaren Fallgruppen und eine befriedigende Einordnung der Lösungen in die anerkannten Kategorien der Betrugsdogmatik.

5. Zwischenergebnis

Im Hinblick auf den hier zu formulierenden eigenen Lösungsweg darf also folgendes Zwischenergebnis festgehalten werden:

Es kann als Grunddilemma der Schadensbestimmung beim vertragsärztlichen Abrechnungsbetrug bezeichnet werden, dass es keinen in Geld zu ermittelnden Wert der vertragsärztlichen Leistung gibt, der es unkompliziert ermöglichen würde, das vermeintlich erschlichene Honorar mit der vom Arzt erbrachten Leistung zu vergleichen. Es wäre nun aber die falsche Schlussfolgerung, aufgrund dieses Dilemmas alle diejenigen Leistungen bei der strafrechtlichen Schadensbestimmung für wertlos zu erachten, die nach der streng formalen Betrachtungsweise des Sozialrechts nicht abrechenbar sind. Damit würde man unbesehen Lenkungsinteressen des Sozialrechts in das Strafrecht übernehmen, die möglicherweise andere Ziele als den von § 263 StGB intendierten Vermögensschutz verfolgen.

Vielmehr hat auf Grundlage des herrschenden juristisch-ökonomischen Vermögensbegriffs und des objektiv-individuellen Schadensbegriffs eine Schadensbestimmung zu erfolgen, die den Vermögensschutz des § 263 StGB verfolgt. Im Rahmen dieser Art der Schadensermittlung ist zu untersuchen, ob das bei der Kassenärztlichen Vereinigung durch die Honorarzahlung abgeflossene Vermögen durch einen anderen, begünstigenden Vermögensfluss kompensiert worden ist. Hier kommt weder die Ersparnis von Aufwendungen noch die Befreiung von einer Verbindlichkeit in Betracht.

678 *Stein* MedR 2001, 126.

Kompensierend kann allenfalls die tatsächlich erbrachte ärztliche Leistung selbst wirken. An dieser Stelle muss also der in den fraglichen Fallgruppen unstreitig vorliegende Abrechnungsmangel der ebenso unstreitig erbrachten Leistungen untersucht werden. Ist dieser Abrechnungsmangel von solcher Qualität, dass er der tatsächlich erbrachten ärztlichen Leistung jeglichen Wert beraubt oder lässt er diesen unberührt und betrifft lediglich einen außerhalb der Leistung liegenden sozial- resp. ordnungspolitischen Aspekt?

Es muss nun Aufgabe der vorliegenden Arbeit sein, ein Kriterium aufzuzeigen, anhand dessen, nicht nur für die vieldiskutierten Fallgruppen der unzulässigen Delegation und des Arztes im verdeckten Angestelltenverhältnis, sondern auch für die übrigen schon in Kap. B (S. 21 ff.) beschriebenen Konstellationen, zuverlässig ermittelt werden kann, wann ein Abrechnungsmangel den Wert der Leistung betrifft, und wann bloß eine sozial- oder ordnungspolitische Vorgabe tangiert wird. Bestenfalls muss sich dieses Kriterium in die anerkannten dogmatischen Strukturen des § 263 StGB einfügen, weil diese Arbeit nicht einer unrühmlichen Tradition folgen will, die jedem neuen Einzelfall des Betruges eine neue dogmatische Kategorie hinzufügen will.[679]

II. Lösung: Individualisierung des Schadensbegriffs

In der bisherigen Debatte um die streng formale Betrachtungsweise zur Schadensbestimmung beim Abrechnungsbetrug ist ein Moment des Betrugsschadens zu kurz gekommen, das schon seit langem in der allgemeinen Betrugsdogmatik intensiv diskutiert wird: Nämlich die Individualisierung des Vermögensschadens. Im Folgenden soll untersucht werden, ob die zur Individualisierung des Vermögensschadens vertretenen Ansichten für die genaue Bestimmung des Schadens beim Abrechnungsbetrug fruchtbar gemacht werden können.

1. Ansicht *Maiwalds*

Dabei wird die Arbeit durchaus inspiriert von einer Auffassung, die *Maiwald* in einem unveröffentlichten Gutachten „Zum strafrechtlichen Vorwurf des Betruges bei fehlerhafter Abrechnung kieferorthopädischer Leistungen“ vertreten hat.[680] Die Auffassung *Maiwalds* wurde deshalb noch nicht bei den oben beschriebenen Literaturauffassungen aufgeführt, weil sie sich nicht ausdrücklich mit der streng formalen Betrachtungsweise befasst; sein Gutachten wurde schließlich schon vor den ersten Entscheidungen, die die hier diskutierte Recht-

679 Dies kritisiert zu Recht *Pawlik* S. 2.

680 *Maiwald* (Fn. 475) S. 54 ff.

sprechung begründen, erstellt. Der Sache nach behandelt es jedoch dasselbe Problem:

Maiwald begutachtet den Fall einer kieferorthopädischen Leistung, die unzulässigerweise an nichtärztliches Hilfspersonal delegiert und dennoch abgerechnet worden ist. Auch er erkennt das oben beschriebene Dilemma, nämlich dass aufgrund der Formalisierung der ärztlichen Leistung in der Gebührentabelle keine wirtschaftliche Bewertung der Leistung möglich ist. „Eine wirtschaftliche Betrachtung scheint unmöglich zu sein: Da ein ‚objektiver‘ Wert der einzelnen kieferorthopädischen Leistungen nicht zu ermitteln ist und die Gebührentabelle den alleinigen Maßstab für den Wert dieser Leistung darstellt, scheint allein die juristische Betrachtung des Auseinanderfallens von Leistung und Gegenleistung übrig zu bleiben.“[681] Bei dieser juristischen Betrachtung will *Maiwald* allerdings nicht stehen bleiben. Zum Beleg, dass diese Betrachtung zu – nach seiner Auffassung wohl offenkundigen – Fehleinschätzungen führt, bringt er bezeichnenderweise das Beispiel, dass der Arzt nicht an sein Hilfspersonal, sondern an einen voll ausgebildeten Kieferorthopäden delegiert, der ohne die hierzu erforderliche Zulassung in seiner Praxis beschäftigt ist. *Maiwald* antizipiert also die spätere Fallgruppe eines unzulässigen Beschäftigungsverhältnisses, ohne zu ahnen, zu welchen Kontroversen in Rechtsprechung und Literatur diese führen wird. Vielmehr hält er bei seinem Beispiel einen wirtschaftlichen Nachteil offenkundig für nicht gegeben. Das maßgebliche Kriterium zur Abgrenzung der Fälle des Abrechnungsbetrugs, bei denen ein Schaden entsteht, von denjenigen Fällen, bei denen dieser ausbleibt, sei die Lehre von der Zweckverfehlung.[682] Es sei daher die Frage zu stellen, „ob für die Kostenträger der Sozialversicherung durch die Fehlabrechnung kieferorthopädischer Leistungen die Honorierung dieser Leistungen als wirtschaftlich sinnlose Ausgabe erscheint. Das [sei] dann der Fall, wenn die nach dem Bema-Z gezahlte Gebühr für die betreffende kieferorthopädische Verrichtung gleichsam ‚zum Fenster hinausgeworfen‘ wäre, weil nach den Prinzipien des sparsamen Wirtschaftens eine Krankenkasse nicht solche Leistungen honorieren [werde], die den Behandlungserfolg in Frage [stellten] oder den Patienten sogar [gefährdeten].“[683] Die Gefährdung des Patienten und die unsachgemäße Leistungsausführung seien also mittelbar von Bedeutung dafür, ob für den Kostenträger die Honorierung eine wirtschaftlich sinnlose Ausgabe darstellt. Bei der Frage, ob die Leistung unsachgemäß ausgeführt worden ist, sei zu beachten, dass die Gebührenordnungen nicht nur einen bestimmten

681 *Maiwald* a.a.O.

682 *Maiwald* a.a.O. S. 56 ff.

683 *Maiwald* a.a.O. S. 57.

Qualitätsstandard normierten, sondern auch berufspolitische Ziele verfolgten ohne Auswirkung auf die Qualität der Leistung. Ob nun die vom Hilfspersonal erbrachte Leistung als unnütz oder schädlich zu qualifizieren sei, müsse deshalb in jedem konkreten Einzelfall festgestellt werden. Dabei sei es erforderlich, dass die Leistung in concreto zu einer Gefährdung des Behandlungserfolgs geführt hat. Ansonsten bliebe nämlich dem Leistungsträger die Honorierung einer medizinisch gebotenen und korrekt ausgeführten Leistung erspart, wenn er aufgrund der gebührenrechtlichen Lage die Leistung nicht erstattet.[684]

2. Stellungnahmen zur Zweckverfehlungslehre beim Abrechnungsbetrug

Es ist zu bedauern, dass *Maiwalds* Gutachten unveröffentlicht geblieben ist, denn eine tiefer gehende Auseinandersetzung mit der Schadensindividualisierung beim Abrechnungsbetrug hat bisher nicht stattgefunden. Es finden sich – soweit ersichtlich – nur zwei Stellungnahmen zu dieser Problematik:

Stein lehnt eine Anwendung der Zweckverfehlungslehre beim Abrechnungsbetrug kategorisch ab. Für diese Lehre sei nur Raum bei fehlender wirtschaftlicher Gleichwertigkeit von Leistung und Gegenleistung, also nur bei einseitigen oder gemischten Verträgen. Da beim Abrechnungsbetrug aber grundsätzlich wirtschaftlich gleichwertige Leistungen ausgetauscht werden, finde die Zweckverfehlungslehre hier keine Anwendung.[685] Auch *Volk* lehnt die Zweckverfehlungslehre beim Abrechnungsbetrug mit Verweis auf das gleichwertige Austauschverhältnis zwischen Leistung und Gegenleistung ab; allerdings sind seine Ausführungen etwas detailreicher: Er bezieht sich nämlich insbesondere auf die Verfehlung von Zielen, die die öffentliche Hand mit einseitigen Leistungen (Subventionen, Zuschüsse) verfolgt. Die hierzu vertretenen Regeln seien aufgrund des Austauschverhältnisses nicht anwendbar. Allerdings, so führt *Volk* an, würden diese Regeln selbst dann nicht zu einem Vermögensschaden führen, wenn man ihre Anwendbarkeit unterstellte. Denn nach ihnen führe nicht jede Zweckverfehlung stets zu einem Vermögensschaden, vielmehr hätten solche Zwecke außer Betracht zu bleiben, die „reine Formalien" betreffen. Zur Konkretisierung, wann nicht mehr nur eine „reine Formalie" betroffen ist, stellt *Volk* wieder auf sein bereits erläutertes Kriterium der Leistungsbezogenheit des Abrechnungsmangels ab.[686]

---

684 *Maiwald* a.a.O. S. 62. Es sei daran erinnert, dass diese Arbeit zumindest das letzte Argument (Ersparnis von Aufwendungen) bereits widerlegt hat, vgl. oben S. 139 f.

685 *Stein* MedR 2001, 127, Fn. 31.

686 *Volk* NJW 2000, 3388; siehe hierzu schon oben S. 114, 154.

3. Die Zweckverfehlungslehre

Wie bereits mehrfach erläutert, wird in den hier fraglichen Fallgruppen formaler Abrechnungsmängel gegen unterschiedliche vertragsärztliche Pflichten verstoßen; beispielsweise gegen die Pflicht zur persönlichen oder zur freiberuflichen Leistungserbringung.[687] Diese Pflichten dienen einem weiten Spektrum von Zielen, die das Sozialrecht verfolgt. Allen voran sollen sie die Funktionsfähigkeit des Systems der gesetzlichen Krankenversicherung sicherstellen: Einerseits ist hierzu eine Qualitätssicherung erforderlich, die den Gesundheitsschutz des Patienten gewährleistet. Andererseits muss das Wirtschaftlichkeitsgebot eingehalten werden, das z.B. einer unnötigen oder unzweckmäßigen Behandlung entgegensteht. Darüber hinaus sind sicherlich auch standespolitische Erwägungen, wie Zulassungsbeschränkungen, von Bedeutung.[688] Wird durch die hier in Rede stehenden Fälle des Abrechnungsbetrugs ein Hindernis geschaffen, diese sozialrechtlichen Ziele zu erreichen, so erscheint es schon begrifflich lohnend, sich auf die Überlegungen *Maiwalds* einzulassen und zu prüfen, ob diese Fälle des Abrechungsbetrugs mit der sog. Zweckverfehlungslehre gelöst werden können. Dazu sei zunächst die Entstehung und Entwicklung dieser Lehre kurz umrissen.

a. Entstehung der Zweckverfehlungslehre

Der meist diskutierte Anwendungsfall der Zweckverfehlungslehre ist der Bettel- bzw. Spendenbetrug. Hier täuscht ein Spendensammler vor, eine Gabe käme einem gemeinnützigen Zweck zugute, während er tatsächlich das gespendete Geld für private Zwecke verwenden will. Es handelt sich hier also dem Grunde nach um eine Konstellation, bei der der Verfügende weiß, dass er eine vermögenswerte Position preisgibt, ohne dafür eine kompensierende Gegenleistung zu erhalten. Die Frage der Zweckverfehlung ist daher notwendigerweise eng verknüpft mit der Theorie der unbewussten Selbstschädigung. Die Rechtsprechung und Teile der Literatur halten eine solche unbewusste Selbstschädigung grundsätzlich nicht für erforderlich, ihr zufolge muss dem Opfer der vermögensmindernde Charakter seiner Verfügung nicht verborgen bleiben.[689] Diese Auffassung hat demnach keine grundsätzlichen dogmatischen Probleme, den Bettelbetrug als strafbaren Betrug i.S.d. §263 StGB zu erfassen. Der Betrug liege darin, dass der Verfügende aufgrund einer Täuschung verfügt; ein Schaden entste-

687 Siehe oben S. 29 ff., 143 ff.

688 Siehe hierzu oben S. 126.

689 RGSt 44, 230, 233; 52, 136; BGHSt 19, 45; *Amelung* GA 1999, 199; *Hilgendorf* JuS 1994, 468; *Schmoller* JZ 1991, 121 jeweils m.w.N.

he, weil er keine äquivalente Gegenleistung erhalte. Dementsprechend nahm das *BayObLG* einen Betrugsschaden an, weil der Verfügende zu einer Spende motiviert wurde, indem man ihm vorspiegelte, der Nachbar habe ebenfalls gegeben.[690] Da dies notwendigerweise den Vorwurf provoziert, diese Rechtsprechung wandle den Betrug zu einem Delikt gegen die Dispositionsfreiheit um, nimmt die Rechtsprechung mittlerweile Anleihen an der Zweckverfehlungslehre und lässt nicht mehr jeden „Motivirrtum" zur Schadensbegründung genügen: Einschränkend wird das Erfordernis aufgestellt, das Opfer müsse einen sozialen und damit „indirekt wirtschaftlichen Zweck" verfehlt haben.[691] Diese Einschränkung würde im Falle des *BayObLG* wohl zu einer Ablehnung eines Vermögensschadens führen, denn über das soziale Ausmaß seiner Gabe war der Spender, der nicht hinter seinem Nachbarn zurückstehen wollte, sich voll im Klaren.[692]

Die h.L. hält hingegen eine unbewusste Selbstschädigung des Opfers beim Betrug für zwingend erforderlich.[693] Eine vor allem im älteren Schrifttum vertretene Auffassung zog daraus die Konsequenz, dass der Spenden- resp. Bettelbetrug nicht strafbar sei.[694] Die weit überwiegende Auffassung im Schrifttum nimmt jedoch einen Betrugsschaden an und sieht hierin keinen Verstoß gegen das Erfordernis der unbewussten Selbstschädigung. Hierzu bedient sie sich der Zweckverfehlungslehre.[695] Wenn der Zweck eines freiwilligen Vermögensopfers erreicht wird, sei das Opfer nicht geschädigt, denn sein Vermögensverlust werde durch die Zweckerreichung kompensiert. Wenn allerdings der Zweck verfehlt wird, und die Vermögensverfügung somit zu einer sinnlosen und damit auch unwirtschaftlichen Ausgabe werde, führe dies zu einer Selbstschädigung. Diese

690 BayObLG NJW 1952, 798.

691 BGH NJW 1995, 539.

692 Vgl. *Gallas* FS Eb. Schmidt (1961), S. 436.

693 *Arzt/Weber* § 20 Rn. 111; *Berger* S. 111 f.; *Cramer* S. 206 f.; *ders.* JZ 1971, 415; *Jecht* GA 1963, 44; *Küper* NJW 1970, 2253; *Krey/Hellmann* Rn. 469; *Lackner/Kühl* § 263 Rn. 55; LK-*Lackner* (10. Aufl.) § 263 Rn. 172; *Lenckner* NJW 1971, 600; Maurach/Schroeder/*Maiwald* BT 1 § 41 Rn. 121; *Rudolphi* NStZ 1995, 289; Schönke/Schröder-*Cramer/Perron* § 263 Rn. 41.

694 *Frank* § 263 Anm. VI.1.a; *Liszt/Schmidt* S. 671; in der aktuellen Lit. wird diese Ansicht vertreten von *Arzt/Weber* § 20 Rn. 111; *Mitsch* BT II/1 § 7 Rn. 38.

695 *Cramer* S. 208 ff.; *ders.* JZ 1971, 415; *Gallas* FS Eb. Schmidt (1961), S. 435; *Krey/Hellmann* Rn. 468 ff.; *Lackner/Kühl* § 263 Rn. 55 f.; *Lenckner* NJW 1971, 600; Maurach/Schroeder/*Maiwald* BT 1 § 41 Rn. 120 f.; *ders.* NJW 1981, 2777; *Rudolphi* NStZ 1995, 289 f.; *ders.* FS Klug (1983), S. 317; Schönke/Schröder-*Cramer/Perron* § 263 Rn. 101 f.; *Schröder* NJW 1962, 721.

sei auch unbewusst, denn der Verfügende wisse schließlich nicht, dass er seinen eigentlich verfolgten Zweck nicht erreicht.[696]

Die h.L. und die Rechtsprechung stimmen damit zwar nicht in der dogmatischen Herleitung, wohl aber in der rechtlichen Konstruktion überein: Die einseitige Vermögensaufgabe kann dann zu einem Vermögensschaden führen, wenn der mit ihr verfolgte Handlungszweck nicht erreicht wird. Einigkeit besteht weiterhin darüber, dass nicht jede Zweckverfehlung zu einem Vermögensschaden führen kann. Wie der verfolgte Zweck geartet sein muss, um einen Vermögensschaden anzunehmen, ist allerdings umstritten: Zum Teil sollen sittliche Pflichten und Anstandspflichten relevant sein;[697] andere halten nur sozial gebilligte oder wirtschaftspolitische Zwecke für maßgeblich;[698] vermehrt wird abgestellt auf „wirtschaftlich relevante Zwecksetzungen";[699] schließlich wird ein Vermögensschaden dann angenommen, wenn solche Zwecke verfehlt werden, deren Verfolgung als „sinnvolle Geldausgabe" angesehen werden kann.[700] Angesichts der breiten Palette möglicher Abgrenzungskriterien und ihrer begrifflichen Unschärfe verwundert es nicht, dass ebendiese Abgrenzung einer der Hauptangriffspunkte gegen die Zweckverfehlungslehre ist.[701]

b. Stellungnahme

Zunächst sei noch einmal klar gestellt, dass die Grundprämisse der Zweckverfehlungslehre Zustimmung verdient: Sie ermittelt den Wert von Vermögenspositionen nicht nur rein objektiv durch Vergleich der Aktiva und Passiva, sondern hält auch solche Umstände für relevant, die erst in der individuellen Person des Vermögensinhabers Bedeutung gewinnen.[702] Denn nicht für jeden Vermögensinhaber hat jede Vermögensposition denselben Wert: Während sie sich für die Bedürfnisse des einen als vollkommen unbrauchbar erweisen kann, kann sie für den anderen durchaus nützlich sein. Gerade auch der Verwendbarkeit einer Vermögensposition zu einem bestimmten Zweck kann daher ein spezifischer

696 Vgl. *Gallas* FS Eb. Schmidt (1961), S. 435.

697 *Cramer* S. 212 ff.; Schönke/Schröder-*Cramer/Perron* § 263 Rn. 102.

698 *Haft* BT 1 S. 103.

699 BGHSt 19, 210, 214; *Gallas* FS Eb. Schmidt (1961), S. 435; LK-*Lackner* (10. Aufl.) § 263 Rn. 171 f.; *Rudolphi* FS Klug (1983), S. 320.

700 Maurach/Schroeder/*Maiwald* BT 1 § 41 Rn. 122.

701 MünchKommStGB-*Hefendehl* § 263 Rn. 667; *Hilgendorf* JuS 1994, 468; *Pawlik* S. 274; *Schmoller* JZ 1991, 120.

702 Siehe hierzu auch schon oben S. 136.

wirtschaftlicher Wert zukommen, eine ihre eigenen Prämissen ernst nehmende wirtschaftliche Betrachtung kann daher nicht bei einer reinen Berücksichtigung der Aktiva und Passiva halt machen. Von mindestens ebenso großer Relevanz ist nämlich, wie der Vermögensinhaber zukünftig mit seinem Vermögen verfahren will. Wird beispielsweise sein Vermögen zugunsten wirtschaftlich unkluger Zwecke fehlgeleitet, so kann dies erhebliche Auswirkungen auf seine Liquidität haben. Dies wiederum wirkt sich negativ auf seine Bonität aus; schlimmstenfalls droht die Insolvenz (mangelnde Liquidität ist eine der häufigsten Insolvenzursachen). Wird ein Vermögensinhaber also über den Zweck getäuscht, zu dessen Gunsten er eine Vermögensmasse aufwendet, so betrifft dies nicht nur seine Entscheidungsfreiheit, und insofern ein Rechtsgut, das nach h.A. vom Betrugstatbestand nicht geschützt wird, sondern hat auch unmittelbare Auswirkungen auf den Wert seines Vermögens.

Diese Einschätzung entspricht auch der Realität unseres Wirtschaftssystems, was deutlich wird, wenn man sich die Verfahren vor Augen führt, mit denen der Wert eines Unternehmens ermittelt wird. Dort nämlich bedient man sich des Verfahrens der discounted cash-flows (DCF-Verfahren). Die Darstellung dieses Verfahrens kann hier notwendiger- wie zweckmäßigerweise nur grob vereinfacht erfolgen: Mit dem DCF-Verfahren sollen zukünftige Zahlungsüberschüsse bei der Bestimmung eines Unternehmenswertes (oder auch bei Immobilienwerten) berücksichtigt werden. Dabei werden diese Zahlungsströme (cashflows) unter Berücksichtigung von Kapitalkosten wie auch etwaiger zu zahlender Steuern auf den Bewertungsstichtag diskontiert.[703] Daraus lassen sich für die hiesigen Überlegungen folgende Schlüsse ziehen: Der Zweck, zu dessen Gunsten eine Vermögensposition zukünftig eingesetzt werden soll, bestimmt wesentlich die zu erwartenden Zahlungsüberschüsse. Diese haben bei der in der Wirtschaftsrealität vorgenommenen Betrachtung eine direkte Auswirkung auf die Bestimmung des Vermögenswertes.

Ein wirtschaftlicher Vermögensschadensbegriff, der seinem Namen gerecht werden will, muss dementsprechend auch bei der Schadensbestimmung individuelle Zwecksetzungen in seine Bewertung einbeziehen. Damit ist allerdings noch nicht gezeigt, ob dies auch sinnvollerweise mit der Zweckverfehlungslehre durchgeführt werden kann.

Ist einmal anerkannt, dass auch der Zweckbezug eines Vermögens von wirtschaftlicher Relevanz sein kann, so ist es dem Grunde nach zumindest nahe liegend, den Einzelnen nicht mehr nur als den lediglich von materiellen Erwä-

703 Hierzu allgemein *Drukarczyk* Unternehmensbewertung, 5. Aufl. 2007.

gungen geleiteten „homo oeconomicus“, sondern auch in seiner sozialen Funktion zu betrachten, wie es die Anhänger der Zweckverfehlungslehre tun.[704] Denn auch der soziale Zweck, der mit einem Vermögen verfolgt wird, kann die oben beschriebene Auswirkung auf den wirtschaftlichen Wert des Vermögens haben. Geht man diesen weiteren Schritt, so ist jedoch die Büchse der Pandora geöffnet: Wann nämlich die Zweckverfehlung wirtschaftliche Implikationen hat, und wann sie sich lediglich auf die Dispositionsfreiheit auswirkt, verschwimmt angesichts wenig tauglicher Abgrenzungskriterien ineinander.

Ferner darf nicht verschwiegen werden, dass es den Vertretern der Zweckverfehlungslehre auch gar nicht auf die hier beschriebene Relevanz von Zwecksetzungen für prognostizierte Vermögensströme ankommt, denn beim Bettel- resp. Spendenbetrug geht es ja gerade um einen Vermögensbestandteil, der ohne zufließendes Äquivalent aus der Vermögensmasse ausgesondert wird. Nur die Zweckerreichung mache die Spende zu einer sinnvollen Ausgabe – die Zweckverfehlung mache sie zu einer „unwirtschaftlichen“.[705] Den Pfad einer wirtschaftlichen Auslegung des Schadensbegriffs haben die Verfolger der Zweckverfehlungslehre damit ohnehin verlassen: Objektiv gesehen wird beim Spendenbetrug der Wohltätige immer ärmer – eine Differenzierung nach dem sozialen Sinn seiner Spende mag zwar kriminalpolitisch geboten sein,[706] einen wirtschaftlichen Unterschied für das Vermögen des Spenders hat dies jedoch nicht, denn die Saldierung eines Vermögensnachteils mit einem immateriellen Zweck führt eine wirtschaftliche Vermögensbetrachtung ad absurdum.[707] Die Zweckverfehlungslehre ist also mit einem wirtschaftlichen Schadensbegriff unvereinbar.[708]

Der konsequenten Durchführung eines wirtschaftlichen Schadensbegriffs am dienlichsten wäre es, wenn man auf eine Schadensbestimmung mithilfe der Zweckverfehlungslehre verzichtete. Die oben beschriebene, durchaus denkbare wirtschaftliche Relevanz von Zweckverfehlungen kann ohnehin an anderer Stelle wesentlich widerspruchsfreier in die Betrugsdogmatik aufgenommen werden, nämlich beim persönlichen Schadenseinschlag.[709] Will man aus den benannten

704 Vgl. *Gallas* FS Eb. Schmidt (1961), S. 434 f.

705 *Gallas* FS Eb. Schmidt (1961), S. 435, Anführungszeichen im Original.

706 Krit. MünchKommStGB-*Hefendehl* § 263 Rn. 674 m. w. N.

707 Vgl. *Schmoller* JZ 1991, 120 f.

708 *Amelung* GA 1999, 199; *Arzt/Weber* § 20 Rn. 112 ff.; *Graul* FS Brandner (1996), S. 813; *Herzberg* MDR 1972, 93; NK-*Kindhäuser* § 263 Rn. 262; *ders.* ZStW 103 (1991), 407 f.; *Schmoller* JZ 1991, 121; *Schünemann* StV 2003, 469.

709 Siehe unten S. 176 ff.

kriminalpolitischen Erwägungen allerdings nicht gänzlich auf die Zweckverfehlungslehre verzichten, so ist die Anwendung der Zweckverfehlungslehre aber beim Abrechnungsbetrug noch ganz anderen Bedenken ausgesetzt.

c. Zweckverfehlungslehre und Abrechnungsbetrug

Nach der h.A. ist die Zweckverfehlungslehre nämlich nur bei objektiv unausgeglichenen Geschäften anwendbar, also nur dann, wenn ein wirtschaftlicher Ausgleich –wie im Falle des Bettelbetrugs– nicht stattfindet.[710] Beim ärztlichen Abrechnungsbetrug stehen sich jedoch Leistung und Gegenleistung gegenüber, nämlich einerseits die erbrachte ärztliche Untersuchung resp. Behandlung und andererseits das ausgezahlte Honorar.

Bevor man also die Erkenntnisse der Zweckverfehlungslehre in Bezug zu den beim Abrechnungsbetrug vereitelten Zielen setzt, muss zu deren Anwendbarkeit bei ausgeglichenen Geschäften Stellung bezogen werden. Als Beispiel für einen verfehlten sozialen Zweck bei einem objektiv ausgeglichenen Geschäft soll das Opfer dienen, das Waren kauft in der Annahme, sie kämen aus einer Behindertenwerkstatt. Objektiv sind diese Waren den gezahlten Kaufpreis wert, allerdings beruht die Annahme ihrer Herkunft auf einem täuschungsbedingten Irrtum –tatsächlich kommen sie nämlich nicht aus einer Behindertenwerkstatt. Prima facie erscheint es befremdlich, warum in diesem Fall kein Betrug gegeben sein soll, während die Zweckverfehlungslehre ohne Zweifel einen Betrug bejahen würde, hätte das Opfer das Geld direkt an die vermeintliche Behindertenwerkstatt gespendet. Die Gegenauffassung wendet mit dieser Argumentation die Zweckverfehlungslehre daher bei objektiv ausgeglichenen Geschäften an.[711] Dabei wird allerdings ein wesentlicher Unterschied zwischen den Fallgruppen verkannt. Beim Spendenbetrug kann bei einem Vergleich der Vermögenslage vor und nach der Verfügung ein Negativsaldo objektiv festgestellt werden. Bei dem hier in Rede stehenden Austauschgeschäft hingegen nicht, denn die Zah-

710 Mit dieser Begründung lehnen – wie gezeigt – auch *Stein* und *Volk* die Anwendung der Zweckverfehlungslehre beim Abrechnungsbetrug ab, siehe S. 158 f. Allgemein hierzu OLG Köln NJW 1979, 1420; *Achenbach* Jura 1984, 602; *Arzt* FS Lampe (2003), S. 685; *Cramer* S. 219 ff.; Schönke/Schröder-*Cramer/Perron* § 263 Rn. 105; *Endriß* wistra 1990, 337 f.; LK-*Lackner* (10. Aufl.) § 263 Rn. 177; *Lackner/Kühl* § 263 Rn. 56; *Rose* wistra 2002, 373; *Wessels/Hillenkamp* Rn. 560.

711 OLG Düsseldorf NJW 1990, 2397; *Gallas* FS Eb. Schmidt (1961), S. 435 (bei zweckgebundenem Vermögen); Maurach/Schroeder/*Maiwald* BT 1 § 41 Rn. 120; *Samson* JA 1978, 628; *Steinke* Kriminalistik 1979, 569; der Sache nach stimmt dem zu: BGH wistra 2003, 457, 459; krit. auch SK-*Hoyer* § 263 Rn. 219.

lung des Kaufpreises wird durch die erhaltene Ware, die objektiv ihren Preis wert ist, kompensiert. Deutlich: Das Opfer wird nicht ärmer.[712] Damit gibt die Mindermeinung ein weiteres Erfordernis einer wirtschaftlichen Schadensbestimmung auf und lässt den Betrug vollends zu einem Delikt gegen die Dispositionsfreiheit degenerieren.

Bei einem wirtschaftlich ausgeglichenen Geschäft kann eine Zweckverfehlung allenfalls dann relevant werden, wenn sie derart schwer wiegt, dass die erhaltene Vermögensposition für den Empfänger wertlos ist. Dies ist jedoch wiederum unter dem Gesichtspunkt des persönlichen Schadenseinschlags zu problematisieren.[713]

Auch scheint die Ausdehnung der Zweckverfehlungslehre auf ausgeglichene Geschäfte den dogmatischen Grund dieser Lehre aus den Augen zu verlieren. Sie sieht nämlich bei objektiv unausgeglichenen Geschäften die Zweckerreichung als Kompensation an; bei der Zweckverfehlung bejaht sie dementsprechend einen Vermögensschaden, weil die Ausgabe dadurch zu einer sinnlosen und unwirtschaftlichen wird. Diese Selbstschädigung sei auch unbewusst, denn der Verfügende sei sich schließlich nicht darüber bewusst, dass er den verfolgten Zweck verfehlt. In ihrem Ursprung ist sie also eine Hilfskonstruktion, mit der in Fällen einer eigentlich bewussten Vermögenshingabe eine unbewusste Selbstschädigung konstruiert werden kann. Eine Übernahme auf Fälle, bei denen schon ohne die Konstruktion einer Zweckerreichung eine wirtschaftliche Kompensation festgestellt werden kann, erscheint zweifelhaft.

4. Zweckverfehlung und öffentliches Vermögen

Möglicherweise bedarf das eben gefundene Ergebnis zur Zweckverfehlungslehre noch einer Korrektur, wenn man in Betracht zieht, dass für öffentliche Vermögen an dieser Stelle möglicherweise Sonderregeln gelten könnten. Allen voran haben *Tiedemann* und *Volk* solche Besonderheiten des zweckgebundenen öffentlichen Vermögens untersucht.[714] Zwar beschäftigen beide sich nicht ausdrücklich mit dem ärztlichen Abrechnungsbetrug, sondern mit dem Subventi-

712 *Cramer* S. 220; LK-*Lackner* (10. Aufl.) § 263 Rn. 177; *Wessels/Hillenkamp* Rn. 560. Anders wäre ein gemischtes Geschäft zu beurteilen, bei dem bewusst ein überhöhter Preis gezahlt wird, vgl. Schönke/Schröder-*Cramer/Perron* § 263 Rn. 105 m.w.N.

713 Dazu unten S. 176 ff.

714 *Tiedemann* ZStW 86 (1974), 912; *ders.* FS Klug (1983), S. 426 f.; ansatzweise auch noch in: LK § 263 Rn. 42, 223; *Volk* Fallgruppen fehlerhafter Mittelverwendung, S. 459 ff.; *ders.* Bewirtschaftung öffentlicher Mittel, S. 27 ff. Hierzu insgesamt: *Berger* Der Schutz öffentlichen Vermögens durch § 263 StGB, 2000.

onsbetrug einerseits und der Haushaltsuntreue andererseits, möglicherweise enthalten ihre Ausführungen jedoch auf das öffentliche Vermögen schlechthin übertragbare Gedanken, die damit auch für den Abrechnungsbetrug nutzbar gemacht werden könnten.

Denn der Sache nach handelt es sich auch bei dem hier in Rede stehenden Vermögen der Krankenkassen resp. dem von den Kassenärztlichen Vereinigungen verwalteten Geld um öffentliches Vermögen. Die Krankenkassen sind rechtsfähige Körperschaften des öffentlichen Rechts mit Selbstverwaltung, §§ 4 Abs. 1 SGB V, 29 Abs. 1 SGB IV. Dem Grunde nach äußert sich das Selbstverwaltungsrecht insbesondere in der Finanzautonomie, faktisch wird diese Autonomie durch weit reichende Regelungen hinsichtlich der Aufbringung (§§ 220 ff. SGB V) und Verwendung (§§ 259 ff. SGB V) der Mittel jedoch erheblich begrenzt.[715] Diesbezüglich unterliegen sie staatlicher Aufsicht, § 87 SGB IV. Die Krankenkassen ziehen die Beiträge ihrer Versicherten ein und verwalten diese treuhänderisch, um mit ihnen die Versicherungsleistungen bestreiten zu können.[716] Es handelt sich dabei also keineswegs um eine Vermögensmasse, mit der die Krankenkassen frei wirtschaften könnten – sie müssen hiermit in eng gesteckten gesetzlichen Grenzen ihren Pflichten als Träger der Sozialversicherung nachkommen.

Nur unwesentlich anders ist die Gesamtvergütung zu beurteilen, aus der die Kassenärztlichen Vereinigungen die vertragsärztlichen Leistungen vergüten. Zwar handelt es sich bei der maßgeblichen wirtschaftlichen Betrachtungsweise hierbei um Vermögen der an der Honorarverteilung beteiligten Ärzte.[717] Dies macht die zu verteilende Gesamtvergütung allerdings keineswegs zu einer frei disponiblen Vermögensmasse. Auch die Kassenärztlichen Vereinigungen sind Körperschaften des öffentlichen Rechts, § 77 Abs. 5 SGB V; auch sie stehen unter staatlicher Aufsicht, § 78 SGB V. Bei der hier interessierenden Vergütung der vertragsärztlichen Leistungen ist die Kassenärztliche Vereinigung an den HVM resp. an die regionale Euro-Gebührenordnung (§ 87a SGB V) gebunden. Diese Honorarverteilungsregelungen haben die Kassenärztlichen Vereinigungen mit den Landesverbänden der Krankenkassen und den Verbänden der Ersatzkassen vereinbart, §§ 85 Abs. 4 S. 2; 87a Abs. 2 SGB V. Diese Regelungen sind damit für die Kassenärztliche Vereinigung verbindliches Kollektivvertragsrecht[718] und

---

715 Vgl. auch *Muckel* Sozialrecht, § 8 Rn. 9.

716 Vgl. Schnapp/Wigge-*Schnapp* § 24 Rn. 24.

717 Siehe hierzu oben S. 74.

718 Schnapp/Wigge-*Hess* § 16 Rn. 102.

legen die Honorarverteilung im Detail fest. Aber auch im Abschluss dieser Vereinbarungen ist die Kassenärztliche Vereinigung nicht frei, sondern an die gesetzlichen Vorschriften gebunden (vgl. bspw. § 72 Abs. 2 SGB V).[719]

Insbesondere in Anbetracht der Tatsache, dass eine genaue Begriffsbestimmung – soweit ersichtlich – nicht existiert, kann es hier dahin gestellt bleiben, ob die zu verteilende Gesamtvergütung als „öffentliches Vermögen" qualifiziert werden kann. Denn die Literaturstimmen, die sich zu einer Zweckverfehlung bei öffentlichen Mitteln äußern, wenden ihre Ergebnisse auch auf private Haushalte an, sofern deren Mittelvergabe durch öffentliche Rechtsnormen festgelegt wird.[720] Die Honorarverteilung durch die Kassenärztliche Vereinigung ist wesentlich durch gesetzliche Vorschriften und Vereinbarungen öffentlich-rechtlicher Natur organisiert, sodass man etwaige Besonderheiten bei der Beurteilung von Zweckverfehlungen bei öffentlichen Mitteln jedenfalls auf sie übertragen könnte.

a. Ansicht *Tiedemanns*

Zwar hält *Tiedemann* es grundsätzlich für richtig, den Wert eines Gutes für die Bedürfnisbefriedigung zu erfassen, wie es auch der wirtschaftswissenschaftliche Wertbegriff tut.[721] Bei privatem Vermögen lehnt er – anders als dies die Rechtsprechung durch die Figur des persönlichen Schadenseinschlags macht – die Anwendung der Zweckverfehlungslehre jedoch ab, denn der Zweck, den der privat Leistende der Leistung beilegt, sei „willkürlich austauschbar und rücknehmbar". Ferner sei die bloße Motivation des Leistenden für den Leistungsempfänger nicht immer einsehbar und erschwere damit den Nachweis von Vorsatz und Bereicherungsabsicht.

Im Gegensatz dazu sei derart planvolles Vorgehen der öffentlichen Hand durch die „Haushaltsordnung, die Haushaltspläne und insbesondere durch den Grundsatz größtmöglicher Wirtschaftlichkeit" vorgeschrieben – die Leistungszwecke seien normativ festgelegt. Die öffentliche Hand wirtschafte im Wesentlichen mit Hilfe von Steuergeldern, also mit Fremdmitteln und habe daher die Finanzmittel rational und optimal zugunsten der Allgemeinheit einzusetzen und insbesondere keine Gewinne zu erwirtschaften. Die Eigenart der öffentlichen

---

719 Schnapp/Wigge-*Axer* § 2 Rn. 34.

720 *Tiedemann* ZStW 86 (1974), 911; hierzu tendiert wohl auch *Volk* Fallgruppen fehlerhafter Mittelverwendung, S. 470.

721 Hierzu wie zum Folgenden siehe *Tiedemann* ZStW 86 (1974), 911 f.; siehe auch *Tiedemann* Subventionskriminalität, S. 312 ff.

Haushaltswirtschaft mache es erforderlich, die öffentlichen Mittel als zweckgebundenes Umlaufvermögen zu begreifen.

Dies – so macht *Tiedemann* deutlich – führe zu einer Spaltung des Vermögens- und Schadensbegriffs: Der Vermögensbegriff sei bei privaten Haushalten ein anderer als bei öffentlichen Haushalten. Bei Letzteren werden die Dispositionsfreiheit und die Leistungszwecke voll relevant. Den „personal-individualisierenden" Vermögensansatz der Rechtsprechung hält er bei öffentlichem Vermögen der Sache nach für zutreffend.[722]

Einschränkend führt *Tiedemann* an, dass nicht die Vereitelung jeglichen Zwecks einen Schaden der öffentlichen Hand herbeiführe; nur die Verletzung spezieller Primärzwecke soll maßgeblich sein.[723] Die reine Verletzung von Beweissicherungs- und Kontrollnormen begründe dementsprechend keine Strafbarkeit. Der dogmatische Grund für diese Differenzierung liege darin, dass materiell der Zweck (der Subvention) erreicht worden sei, wenngleich deren Gewährung formell fehlerhaft war.[724]

b. Ansicht *Volks*

Ganz ähnlich ist der Ausgangspunkt, den *Volk* bei seinen Überlegungen zur Haushaltsuntreue einnimmt: Ihm zufolge sei es vernünftig, dass der Staat auch andere als ökonomische Zwecke verfolgt.[725] Der Staat habe nicht die Aufgabe, sein Vermögen zu mehren. Er akkumuliere Mittel nicht, um Gewinne zu erzielen, sondern um sie in den Wirtschaftskreislauf einzuspeisen. Unter Bezugnahme auf *Tiedemann* führt er aus, dass der Begriff „Staatsvermögen" keine Eigentümerposition bezeichne, sondern von der Funktion her ein „Umlaufvermögen" darstelle. Dieser Prozess der Umverteilung sei streng regelgeleitet durch Pläne und Normen. Vermögen der öffentlichen Hand sei dementsprechend zu verstehen als „planvolle Disposition".[726] Dabei würden vielfältige Zwecke verfolgt.

722 *Tiedemann* Subventionskriminalität, S. 315.

723 *Tiedemann* ZStW 86 (1974), 913 ff.

724 *Tiedemann* lehnt auch in aktuellen Veröffentlichungen eine Gleichbehandlung von privatem und öffentlichem Vermögen ab, vgl. LK § 263 Rn. 233. Er geht bei der Beurteilung von Subventionen aber von einem normativierten Ansatz aus, a.a.O. Rn. 185. Aufgrund dieses Ansatzes stimmt *Tiedemann* wohl auch der streng formalen Betrachtungsweise der Rspr. zu, a.a.O. Rn. 267. Hiergegen sprechen aber die grds. gegen eine Sozialrechtsakzessorietät erhobenen Bedenken, siehe oben S. 122 ff.

725 Hierzu wie zum Folgenden *Volk* Fallgruppen fehlerhafter Mittelverwendung, S. 459 f.; *ders.* Bewirtschaftung öffentlicher Mittel, S. 27 ff.; HWiStR, Haushaltsuntreue, S. 2.

726 *Volk* Fallgruppen fehlerhafter Mittelverwendung, S. 462.

Jeder dieser Zwecke sei insofern relevant, als seine Verfehlung dazu führe, dass „unwirtschaftlich“ und „nicht sparsam“ verfahren worden ist.

Diese Zwecke würden bei der für private Geschäfte anerkannten Rechtsfigur des persönlichen Schadenseinschlags relevant.[727] Stelle die individuelle Betroffenheit dort jedoch noch einen korrigierenden Faktor der Schadensberechnung dar, so dominiere sie bei öffentlichen Haushalten. Der Verstoß gegen die Dispositionsfreiheit und die Zweckverfehlung seien Verletzungen der Maximen von Wirtschaftlichkeit und Sparsamkeit und führten immer zu einem Vermögensschaden.[728]

Zwar entwickelt *Volk* diesen Ansatz zur Untreue, er lässt sich m.E. aber auf den Betrug übertragen, insbesondere auch deshalb, weil *Volk* sich bei der Begründung seiner Ansicht selbst betrugsspezifischer Rechtsfiguren wie der Zweckverfehlungslehre und dem individuellen Schadenseinschlag bedient.[729]

c. Rechtsprechung

Die Rechtsprechung zur Zweckverfehlung bei öffentlichen Mitteln ist nicht immer widerspruchsfrei und kann hier nur in ihren Grundtendenzen dargestellt werden.[730]

aa. Investitionszulagen-Fall

In Auseinandersetzung mit der Ansicht *Tiedemanns* ließ der *BGH* es ursprünglich offen, ob privates und öffentliches Vermögen sich grundsätzlich unterscheiden.[731] Dem Urteil lag ein Sachverhalt zugrunde, bei dem staatliche Investitionszulagen, die für vor einem bestimmten Datum bestellte Waren gewährt worden sind, durch eine Rückdatierung der Bestellung erschlichen worden sind.

Es könne dahinstehen, ob aus der Sicht des §263 StGB privates und öffentliches Vermögen sich grundsätzlich unterscheiden. Fest stehe, dass die Verwendung staatlicher Mittel streng in gesetzliche Regeln eingebunden sei. Staatliche Stellen dürften Geld nur ausgeben, soweit dies durch Gesetz vorgeschrieben

727 *Volk* a.a.O. S.461.

728 *Volk* a.a.O. S.462.

729 Der Sache nach ähnlich *Berger* S.260ff., der bei privatem wie öffentlichem zweckgebunden Vermögen eine Verfehlung des Zwecks als persönlichen Schadenseinschlag i.S.d. §263 berücksichtigen will.

730 Eine umfassende Darstellung findet sich bei *Berger* S.150-184.

731 BGHSt31, 93, 95f.

oder zugelassen ist. Das Motiv des Gesetzgebers sei dabei nur insoweit von Bedeutung, als es im Gesetz seinen Ausdruck gefunden hat; eigenständige Bedeutung komme dem Motiv nicht zu. Die Berufung auf den gesetzgeberischen Zweck könne insbesondere nicht dazu führen, Ansprüche anzuerkennen, die nach dem klaren Wortlaut des Gesetzes ausgeschlossen sein sollen. Das gelte nicht nur für Regelungen, die sich mit dem Kreis der Begünstigten oder mit der Verwendung der ausgeschütteten Mittel befassen, sondern auch für zeitliche Begrenzungen. Wer die zeitliche Voraussetzung für die Leistung einer Subvention nicht erfüllt, habe auf sie keinen Anspruch; wie nahe sein Handeln dem gesetzgeberischen Motiv sonst kommt, sei ohne Bedeutung. Wird die zuständige staatliche Stelle veranlasst, den in Wahrheit nicht bestehenden Anspruch zu erfüllen, so werde dadurch die Staatskasse in Höhe der unberechtigten Leistung geschädigt.[732]

Ebenfalls offen lässt der *BGH* es aber, ob diese Regeln auch gelten, wenn die verletzten Voraussetzungen lediglich der Erleichterung der Verwaltungstätigkeit oder der Beweissicherung dienen sollen.[733]

bb. Zweckerreichung trotz Rechtswidrigkeit

Letztere hier noch offen gelassene Frage hat der *BGH* jüngst verneint: Ausdrücklich weist der Gerichtshof darauf hin, dass auch im Falle des Subventionsbetrugs ein Schaden nur vorliege, wenn das Vermögen insgesamt gemindert worden ist. Bei der Subventionsgewährung bestehe insofern ein Austauschverhältnis, als der Subventionsnehmer gegenüber dem Subventionsgeber die zweckgerichtete Verwendung der ihm zugewandten Subventionsmittel schulde. Diese Gegenseitigkeit werde gestört, wenn die Mittelverwendung nicht dem Subventionszweck entspricht. Deshalb füge derjenige dem Staat einen Schaden zu, der sich solche haushaltsrechtlich gebundenen Mittel erschleicht, ohne zu der begünstigten Bevölkerungsgruppe zu zählen. Der Schaden liege darin, dass die zweckgebundenen Mittel verringert werden, ohne dass der erstrebte sozialpolitische Zweck erreicht wird. Werde der Zweck hingegen erreicht, dann führe ein sonstiger Verstoß gegen haushaltsrechtliche Grundsätze nicht ohne weiteres zu einem Vermögensschaden.[734]

---

732 BGH a.a.O.

733 BGHSt 31, 93, 96.

734 BGH NStZ 2006, 624, 625; der BGH beruft sich dabei ausdrücklich auf die im Folgenden dargestellte st. Rspr. zur Haushaltsuntreue.

cc. Gönnerwein-Fall

Auch die andere im Investitionszulagen-Fall noch offen gelassene Rechtsfrage hat der *BGH* mittlerweile beantwortet: Rein tatsächlich lehnt er die diskutierte Ungleichbehandlung von privatem und staatlichem Vermögen in der Gönnerwein-Entscheidung ab.[735] Hier war über den ehemaligen Generalintendanten des württembergischen Staatstheaters in Stuttgart, Gönnerwein, zu urteilen. Um das politisch gewollte Ziel zu erreichen, das nationale Renommee des Staatstheaters zu steigern, engagierte der Angeklagte zu hohen Gagen sehr bekannte Künstler. Infolgedessen kam es zu einer Überschreitung des im Haushaltsplan veranschlagten Aufwands um 5,1 Millionen DM. Diese wurden vom Land Baden-Württemberg durch einen Nachtragshaushalt aufgebracht. Die Entscheidung betrifft also einen Fall der Haushaltsuntreue, bei Gelegenheit dessen der *BGH* die Ansicht *Volks* ausdrücklich ablehnt. Zwar könne Untreue i.S. des § 266 StGB auch bei Verstößen gegen haushaltsrechtliche Vorgaben oder Prinzipien gegeben sein. § 266 StGB schütze als ein Vermögensdelikt aber ebenso wie der Betrug nur das Vermögen des Geschäftsherrn oder Treugebers als Ganzes, nicht seine Dispositionsbefugnis.[736] (Auffällig ist schon an diesen einführenden Erläuterungen des Gerichtshofs, dass ausdrücklich auch immer auf den Betrug verwiesen wird, sodass die Erkenntnisse des *BGH* zur Haushaltsuntreue mutatis mutandis wohl auch auf § 263 StGB übertragen werden können.)

Die Pflichtwidrigkeit der Verfügung über das zu betreuende Vermögen sei allein ebenso wenig ein Vergehen der Untreue wie die irrtumsbedingte Verfügung des Getäuschten schon zur Bejahung des Betrugs führe. Erforderlich sei in beiden Fällen, dass das Vermögen im Ganzen, auch unter Berücksichtigung der durch die Verfügung möglicherweise erlangten Vermögensmehrungen, vermindert ist. Liege ein zweckwidriger Einsatz öffentlicher Mittel vor, so könne darin bereits eine Nachteilzufügung gesehen werden, weil die zweckgebundenen Mittel verringert worden sind, ohne dass der Zweck erreicht worden ist. Ist die durch Einsatz öffentlicher Mittel erzielte Gegenleistung gleichwertig, so sei eine Haushaltüberschreitung nicht ohne weiteres Untreue.

Für den Fall, dass Leistung und Gegenleistung gleichwertig sind, wendet der *BGH* im fraglichen Fall der Haushaltsuntreue die Grundsätze des Melkmaschinen-Falls an und prüft, ob möglicherweise ein persönlicher Schadenseinschlag gegeben ist.[737] Dabei ist es nicht erstaunlich, dass der *BGH* auf die erste

735 BGH NStZ 1998, 514, 515. Vgl. auch BGHZ 106, 204, 210.

736 Hierzu wie zum Folgenden BGH NStZ 1998, 514, 515.

737 Siehe hierzu bereits oben S. 105 mit Fn. 458.

Fallgruppe des Melkmaschinen-Falls nicht eingeht (Unbrauchbarkeit für den individuellen Zweck).[738] Denn es ist nicht ersichtlich, wo der überschießende Sinngehalt liegen soll, wenn der Prüfung, ob die zweckgebundenen Mittel verringert worden sind, ohne dass der Zweck erreicht worden ist (Gönnerwein-Fall), die Prüfung hintangestellt wird, ob die Sache in vollem Umfang für die Verwendung nach dem vertraglich vorausgesetzten Zweck geeignet war (Melkmaschinen-Fall). Bei richtiger Betrachtung ist die erste Fallgruppe des Melkmaschinen-Falls also in der vorangegangenen Prüfung enthalten, sodass der *BGH* zu Recht direkt auf die, im Gönnerwein-Fall wohl nicht verletzte, zweite und dritte Fallgruppe abstellt, und fragt, ob durch die Haushaltsuntreue eine wirtschaftlich gewichtige Kreditaufnahme erforderlich wird, ob die Dispositionsbefugnis des Haushaltsgesetzgebers in schwerwiegender Weise beeinträchtigt wird und er durch den Mittelaufwand insbesondere in seiner politischen Gestaltungsbefugnis beschnitten wird.[739]

dd. Zweckgebundenheit öffentlichen Vermögens

Der *BGH* unterscheidet bei der Schadensermittlung also nicht zwischen staatlichem und privatem Vermögen. Er hält aber die Zweckgebundenheit des staatlichen Vermögens für durchaus relevant.

Dem Investitionszulagen-Fall ist diesbezüglich lediglich zu entnehmen, dass allenfalls der im Gesetzestext erkennbare Zweck des staatlichen Vermögens bei der Schadensbestimmung Bedeutung erlangen kann und daher eine eindeutig gesetzeswidrige Erlangung von Zulagen nicht mit Verweis auf den gesetzgeberischen Zweck bei der Schadensberechnung kompensierend herangezogen werden kann. Der Sache nach nimmt die Rechtsprechung dabei eine Gesamtbetrachtung des Vermögens nicht vor und stellt in einer normativierten Auslegung lediglich auf das Vorliegen der Anspruchsvoraussetzungen ab. Diese Entscheidung ähnelt damit der Rechtsprechung, die zur Schadensbestimmung in Abrechnungsbetrugsverfahren die streng formale Betrachtungsweise aus dem Sozialrecht in das Strafrecht übernimmt und lediglich prüft, ob die einzelnen Abrechnungsvoraussetzungen vorliegen. Diese Form der Normativierung ist allerdings bei Vermögensdelikten zu Lasten der öffentlichen Hand eine Ausnahme. Beispielsweise könnte man hierfür noch einen Fall anführen, in dem der *BGH* über einen Kulturamtsleiter zu entscheiden hatte, der Kulturveranstaltungen, die erheblich teurer gerieten als geplant, aus einer schwarzen Kasse

738 Dies kritisiert aber *Berger* S. 180; *ders.* JR 2002, 118.

739 BGH a.a.O. (Berechtigte) Kritik an der Gönnerwein-Entscheidung und Anregungen zur Haushaltsuntreue im Allgemeinen finden sich bei *Schünemann* StV 2003, 463 ff.

finanzierte. Dazu ließ er unrichtige Rechnungen ausstellen, die einen anderen Haushaltsposten betrafen, der auch in seinen Verantwortungsbereich fiel und der noch Mittel aufwies.[740] Der Gerichtshof judizierte hier, „bei Berücksichtigung des Anliegens, daß die von der Verwaltung aufzubringenden Mittel sachgerecht im Sinne der vom Gesetzgeber zur Vergabe berufenen Institutionen zu verwalten [seien], [erscheine] bereits die unter Mißachtung der Dispositionsfreiheit dieses Organs vorgenommene Zweckentfremdung von Geldmitteln als vermögensschädigend."[741] Diese normativierte Betrachtung führt dazu, dass allein die täuschungsbedingte resp. pflichtwidrige Verfügung zu einem Vermögensschaden führt.

Insbesondere in jüngerer Zeit hat sich demgegenüber eine (auch vom *BGH* so bezeichnete)[742] ständige Rechtsprechung entwickelt, die zur Schadensfeststellung resp. Feststellung eines Vermögensnachteils i.S.d. §266 StGB auch bei öffentlichem Vermögen einen negativen Vermögenssaldo verlangt und damit die bloße Beeinträchtigung der Dispositionsfreiheit nicht genügen lässt.[743] Nach Auffassung des *BGH* kann diese schadensrelevante Vermögensverringerung dann vorliegen, wenn die zweckgebundenen Mittel verringert worden sind, ohne dass der verfolgte Zweck erreicht worden ist.[744] Dabei macht der Gerichtshof ausdrücklich deutlich, dass nicht jeder Verstoß gegen rechtliche Vorschriften zu einer solchen Zweckverfehlung führe.[745] Noch einen Schritt weiter geht die Gönnerwein-Entscheidung, nach der bei grundsätzlich zweckkonformem Einsatz der Mittel ein Schaden auch in der Form des persönlichen Schadenseinschlags möglich sein soll.[746]

740 BGH NStZ 1984, 549f. Ähnlich auch RGSt 70, 33, 36; BGHSt 19, 37, 45; BGH MDR 1981, 267, 268; KG JR 1962, 26, 27.

741 BGH NStZ 1984, 549, 550.

742 BGH NStZ 2006, 624, 625.

743 BGHSt 31, 93, 95; 40, 287, 294; 43, 293, 297; BGH NStZ 1984, 549, 550; BB 1991, 98; NStZ 2001, 248; 251 (Brandenburger Sozialministerium) mit zust. Anm. *Wagner/Dierlamm* S. 371; NStZ-RR 2002, 237, 238; w.N. auf zum Teil nicht veröffentlichte höchstrichterliche Rspr. sowie die der Instanzgerichte finden sich bei *Berger* S. 182.

744 BGH NStZ 2006, 624, 625; NStZ 1998, 514, 515.

745 BGH NStZ 2006, 624, 625.

746 BGH NStZ 1998, 514, 515.

d. Stellungnahme

Bei einer Würdigung der dargestellten Rechtsprechung und Literatur zur Zweckverfehlung bei öffentlichem Vermögen muss berücksichtigt werden, dass diese Fälle des Subventionsbetrugs und der Haushaltsuntreue betreffen. Bei diesen werden wesentliche außerwirtschaftliche Motive relevant. Darüber hinaus handelt es sich bei der Subvention – ähnlich der privaten Spende – um eine einseitige Vermögenshingabe. Anders ist dies beim Abrechnungsbetrug, dem im Kern ein wirtschaftliches Austauschgeschäft zugrunde liegt. Insbesondere im Hinblick auf die sozial- und berufsrechtlichen Ziele,[747] die aber ebenfalls das System der gesetzlichen Krankenversicherung prägen, könnten einige der eben dargestellten Gedanken für den Abrechnungsbetrug nutzbar gemacht werden.

Das Ergebnis meiner Stellungnahme sei vorangestellt: M.E. ist bei der Schadensfeststellung beim Betrug nicht zwischen privatem und öffentlichem Vermögen zu differenzieren; zumindest nicht in der Form, dass man aus dieser Unterscheidung dogmatische Schlüsse ziehen könnte. Andererseits ist es durchaus denkbar, dass eine dogmatische Besonderheit des Betrugstatbestandes wesentlich häufiger bei öffentlichem als bei privatem Vermögen relevant werden kann.

Das wesentliche Argument, das sich einer solchen Unterscheidung und der damit einhergehenden Spaltung des Vermögensbegriffs in den Weg stellt, ist der Wortlaut des § 263 StGB: Dieser geht von einem einheitlichen Vermögensbegriff aus und liefert keinen Anhaltspunkt für eine Sonderbehandlung des öffentlichen Vermögens.[748] Daneben geht diese Unterscheidung auch inhaltlich fehl, denn auch privates Vermögen kann engen Zweckbindungen unterliegen; man denke beispielsweise an Stiftungen oder Vereine. Insbesondere auch in Großunternehmen werden detaillierte Haushaltspläne aufgestellt, deren Einhaltung strikt überwacht wird.[749]

Das Argument, der Staat besitze nicht nur Umlaufvermögen, sondern auch Anlagevermögen, bspw. in Form von Immobilienbesitz, vermag hingegen nicht zu überzeugen,[750] ist es doch möglich, etwaige Besonderheiten, die der Charakter des Umlaufvermögens mit sich bringt, auf dieses zu beschränken. Außerdem ist für *Tiedemanns* Ansatz der Charakter des öffentlichen Vermögens als

---

747 Vgl. oben S. 29 ff., 143 ff.

748 *Fabricius* NStZ 1993, 417; *Geerds* Jura 1994, 318; MüKo-*Hefendehl* § 263 Rn. 681.

749 *Fabricius* ebd.; *Gerhold* Zweckverfehlunglehre, S. 28 f.; *Hack* Subventionsbetrug, S. 29.

750 So aber *Gerhold* Zweckverfehlunglehre, S. 28; *Hack* Subventionsbetrug, S. 29.

zweckgebundenes Vermögen wohl viel entscheidender als derjenige als Umlaufvermögen.[751]

Letzterer Gedanke ist – selbst wenn man eine prinzipielle Unterscheidung zwischen öffentlichem und privatem Vermögen ablehnt – auch das wesentliche, weiterführende Moment der Ansichten *Tiedemanns* und *Volks:* Es gibt Vermögensmassen, die in einem besonderen Maße zweckgebunden sind. Aufgrund der Verbindlichkeit, mit der das öffentliche Recht die Zwecksetzungen des öffentlichen Vermögens festlegen kann, wird man das Phänomen des zweckgebundenen Vermögens allerdings relativ häufig bei der öffentlichen Hand finden. Aber auch bei Vereinen und Großunternehmen ist eine Zwecksetzung möglich, die einen ähnlichen Verbindlichkeitsgrad aufweist. Bei *Tiedemann* wie bei *Volk* finden sich Andeutungen, dass sie ihre Ansätze zum zweckgebundenen Vermögen in ähnlicher Weise für private Vermögensmassen öffnen wollen.[752] Wie dargestellt, berücksichtigt auch die Rechtsprechung in erheblichem Maße das Verfehlen oder Erreichen eines Zwecks, an den eine bestimmte Vermögensmasse gebunden ist.[753]

Fraglich ist nun die Konsequenz aus der besonderen Zweckbindung des Vermögens von Krankenkasse resp. Kassenärztlicher Vereinigung. Verfehlt wäre es – wie es allerdings bei *Volk* und *Tiedemann* anklingt –, jegliche Verfehlung dieser Zwecke in der Form relevant werden zu lassen, dass sie zur Annahme eines Vermögensschaden führt. Dies würde im Ergebnis auf die oben abgelehnte Übernahme der streng formalen Betrachtungsweise des Sozialrechts ins Strafrecht hinauslaufen und hätte zur Folge, dass man den Charakter des Betrugs als Vermögensdelikt verkennt und jegliche Verletzung der Dispositionsfreiheit strafbewehren würde.[754]

Ist nun aber eine Geltendmachung der Zweckverfehlungslehre nach der hier vertretenen Auffassung beim Abrechnungsbetrug als ausgeglichenem Geschäft nicht möglich, so bleibt nur eine Einbeziehung der Zweckverfehlung über die Rechtsfigur des persönlichen Schadenseinschlags. Ganz ähnlich verfahren – wie dargestellt – auch *Volk* in seinem Ansatz zur Haushaltsuntreue und die Rechtsprechung in der Gönnerwein-Entscheidung. Dabei wird jedoch Wert auf

751 Vgl. auch *Berger* S. 211.

752 Nachweise bei Fn. 720. Ausführlich hierzu *Berger* S. 203 ff.

753 *Berger* S. 183 f. sieht hierin gar die Spaltung des Vermögensbegriffs, ein Schaden werde bei zweckgebundenem Vermögen anders begründet als bei sonstigem Vermögen.

754 Hierzu ausführlich oben S. 130 ff. Diesen Vorwurf erhebt gegen *Tiedemann* auch *Hartmann* Zweckverfehlung, S. 102.

mögliche Unterschiede gelegt werden müssen, die sich daraus ergeben, dass die beiden letztgenannten Ansichten sich mit der Haushaltsuntreue befassen.

5. Persönlicher Schadenseinschlag

Vieles deutet also darauf hin, dass die beim Abrechnungsbetrug verletzten Regeln als persönlicher Schadenseinschlag relevant werden könnten: Zunächst bietet diese Rechtsfigur einen grundsätzlichen Ansatzpunkt, einem Geschäft beigelegte Zwecke zu berücksichtigen.[755] Im Gegensatz zur Zweckverfehlungslehre ist der persönliche Schadenseinschlag gerade bei objektiv ausgeglichenen Geschäften, wie dem Abrechnungsbetrug, relevant.[756] Und schließlich scheint der persönliche Schadenseinschlag insbesondere beim hier in Rede stehenden öffentlichen Vermögen von besonderer Bedeutung zu sein.[757]

a. Allgemein

aa. Der Melkmaschinen-Fall des *BGH*

Die Leitentscheidung zum persönlichen Schadenseinschlag ist der Melkmaschinen-Fall des *BGH*: Ein Provisionsvertreter für Melkmaschinen schwindelte verschiedenen Bauern vor, er könne ihnen als „internationaler Propagandist" Melkmaschinen weit unter dem normalen Preis zu Werbezwecken als Musteranlagen verkaufen. Tatsächlich handelte es sich allerdings um den üblichen Listenpreis, die fraglichen Melkmaschinen waren also objektiv ihren Preis wert. Zahlreiche Bauern fielen auf die Täuschung des Provisionsvertreters herein: Eine Bäuerin erwarb eine Melkmaschine für zwei bis drei Kühe, obwohl sie eine für zehn Kühe benötigte. Dabei kannte der Vertreter die Bedürfnisse der Bäuerin, erklärte ihr allerdings irreführend, die Maschine reiche auch für einen Betrieb mit zehn Kühen. Bei anderen Bauern passte die verkaufte Melkmaschine zwar zur Betriebsgröße, sie kamen durch die Investition in die neue Maschine allerdings in erhebliche finanzielle Schwierigkeiten und mussten zum Teil einen verzinslichen Kredit aufnehmen.[758]

Der *BGH* wiederholt seine ständige Rechtsprechung, nach der eine bloße Beeinträchtigung der Verfügungsfreiheit zur Schadensbestimmung nicht ausreiche; die Verfügung müsse sich vielmehr negativ auf das Vermögen des Ge-

755 Vgl. S. 105.

756 Vgl. S. 165.

757 Vgl. S. 174 ff.

758 BGHSt 16, 321, 322 f.

täuschten ausgewirkt haben. Dies könne nicht ohne die besonderen Gegebenheiten des Einzelfalls entschieden werden, es müsse nach den „persönlichen Bedürfnissen und Verhältnissen des Erwerbers und unter Berücksichtigung der von ihm nach Maßgabe aller Umstände verfolgten Zwecke beurteilt werden.“[759] Diese individualisierte Betrachtungsweise konkretisiert der *BGH* anhand dreier Fallgruppen:

a) Ein Schaden sei gegeben, wenn die Sache nach der Auffassung eines neutralen Beurteilers nicht oder nicht in vollem Umfang für den von ihm vertraglich vorausgesetzten Zweck oder in anderer zumutbarer Weise verwendet werden kann. Dementsprechend bejaht das Gericht einen Schaden im Falle der Bäuerin, die eine Melkmaschine für zwei Kühe erwarb, jedoch eine für zehn Kühe benötigte.[760]

b) Sei die Benutzungsmöglichkeit für den im Vertrag vorausgesetzten Zweck gegeben, komme dennoch ein Schaden in Betracht, wenn der Erwerber durch die eingegangene Verpflichtung zu vermögensschädigenden Maßnahmen genötigt wird (z.B. Aufnahme eines hoch zu verzinsenden Darlehens; wirtschaftlich ungünstiger Verkauf von Wertpapieren oder Sachwerten).

c) Schließlich liege ein Vermögensschaden vor, wenn die durch den Vertrag verursachte Bindung von Vermögenswerten einen so starken Mangel an Mitteln herbeiführt, dass eine bestimmte nahe Gefahr für die wirtschaftliche Lage eintritt (z.B. bestehende oder neu aufzunehmende Verbindlichkeiten können nicht mehr bedient werden; dem Verfügenden werden die Mittel entzogen, die für die Aufrechterhaltung einer seinen Verhältnissen entsprechenden Wirtschafts- oder Lebensführung unerlässlich sind).[761]

bb. Die Rechtsprechung des *RG*

Der Melkmaschinen-Fall war jedoch nur eine Fortsetzung der ständigen Rechtsprechung seit der grundlegenden Entscheidung der Vereinigten Strafsenate des *RG* zum Vermögensschaden.[762] In dieser berühmten Entscheidung wurde der Schaden eines Getäuschten diskutiert, der meinte, er würde eine auf festen Prämien basierende Versicherung abschließen, während er tatsächlich jedoch einem

759 BGH a.a.O. S.325.

760 BGH a.a.O. S.326.

761 BGH a.a.O. S.328.

762 RGSt 16, 1 ff.

Versicherungsverein auf Gegenseitigkeit beitrat, der möglicherweise Nachschüsse einfordern würde.

Das Gericht schenkte dem Umstand Beachtung, dass sich das Vermögen jedes einzelnen von dem aller anderen in seinen Bestandteilen, seiner Benutzbarkeit und seiner tatsächlichen Benutzungsart unterscheide. Letzteres sei auch von den Eigenschaften des Vermögensinhabers abhängig. Eine Leistung könne daher auf das Vermögen einer Person eine ganz andere objektive Wirkung haben als auf das Vermögen einer anderen Person. Die Frage, ob ein Vermögensschaden eingetreten sei oder nicht, müsse daher „streng nach der Individualität des gegebenen konkreten Falles, also nach den individuellen Vermögensverhältnissen dieses bestimmten Getäuschten beantwortet werden." Aus der Unbrauchbarkeit einer Sache zu den von einer bestimmten Person verfolgten Vermögenszwecken ergebe sich ein Minderwert, der nicht durch die erworbene formelle Vermögensposition ausgeglichen werde.[763] Ausdrücklich hebt das *RG* hervor, dass dieser Grundsatz der Individualisierung keine Konzession an die subjektive Willkür des Getäuschten beinhalte, denn es sei nicht entscheidend, ob der Getäuschte die erworbene Vermögensposition gebrauchen will, sondern ob er sie gebrauchen kann.[764]

Ein weiteres Beispiel für die Individualisierung der Schadensermittlung ist u.a. ein Buch, das zwar objektiv preiswert, für die vorgetäuschte Verwendung als Schulbuch jedoch unbrauchbar ist.[765] Auch eine Zeitschrift, für die der Besteller keine Verwendung hat, kann zu einem Vermögensschaden führen.[766] In der Literatur wird dieser Problemkreis unter dem Stichwort „persönlicher (individueller) Schadenseinschlag" behandelt.[767]

763 RGSt 16, 1, 6 f.

764 RGSt 16, 1, 9.

765 OLG Köln JR 1957, 351.

766 BGHSt 23, 300. Umstritten ist hingegen die Anwendbarkeit des Individualisierungsgedankens beim Gebrauchtwagenkauf, hierzu m.w.N. MünchKommStGB-*Hefendehl* § 263 Rn. 645 f.

767 Schönke/Schröder-*Cramer/Perron* § 263 Rn. 121 ff.; MünchKommStGB-*Hefendehl* § 263 Rn. 632 ff.; SK-*Hoyer* § 263 Rn. 202 ff.; NK-*Kindhäuser* § 263 Rn. 256 ff., 307 ff.; *Krey/Hellmann* Rn. 459 ff.; Maurach/Schroeder/*Maiwald* BT 1 § 41 Rn. 113 ff.; *Wessels/Hillenkamp* Rn. 547 ff., jeweils m.w.N.

cc. Stellungnahme

Schon wiederholt hat diese Arbeit dargestellt, welche Auswirkungen die individuelle Verwendbarkeit, wie sie sich in der Zwecksetzung äußert, für den wirtschaftlichen Wert einer Vermögensposition haben kann:[768] Eine Schadensbestimmung durch die bloße Gegenüberstellung des Verkehrswertes vor und nach der Verfügung ist unzureichend. Schon dem Wortsinne nach beinhaltet das Vermögen nicht nur das reine Innehaben einer Vermögensposition, sondern auch den Wert, der darin liegt, dass der Vermögensinhaber über die jeweilige Vermögensposition zu verfügen vermag. Beispielsweise stellt es bei wirtschaftlicher Betrachtung einen erheblichen Unterschied dar, ob ein Vermögenswert in Form von Immobiliareigentum oder in Form liquider Mittel verfügbar ist.

Die Liquidität ist ein erheblicher Faktor zur Bestimmung der Bonität eines Unternehmens, und ihr Mangel stellt dementsprechend auch eines der höchsten Insolvenzrisiken dar. Hier wird die Richtigkeit einer individualisierenden Betrachtung auch aus wirtschaftlicher Sicht deutlich, während nämlich für den einen ein bestimmter Gegenstand nach seiner Zwecksetzung von überlebenswichtiger Bedeutung für seine wirtschaftliche Existenz ist, kann er für den anderen vollkommen unbrauchbar sein. Ein noch entscheidenderes Argument für die Vereinbarkeit des hier vertretenen wirtschaftlichen Schadensbegriffes mit einer Individualisierung der Vermögensbetrachtung folgt aus der Wertermittlung, wie sie die Wirtschaft selbst vornimmt. Sie bedient sich zur Ermittlung eines Unternehmenswertes des DCF-Verfahrens (discounted cash-flows): Bei der Bestimmung von Unternehmenswerten (oder Immobilienwerten) werden zukünftige Zahlungsüberschüsse berücksichtigt, diese werden unter Einbeziehung der Kapitalkosten auf den Bewertungsstichtag diskontiert. Dies bedeutet, dass der Zweck, der mit einer Vermögensposition verfolgt wird, unmittelbare Auswirkungen auf die wirtschaftliche Bewertung dieser Position hat. Beispielsweise ändert sich der Wert eines Gebäudes je nachdem, ob man es zukünftig gewerblich oder als Wohnraum vermieten will. Damit wird klar, dass gerade bei einem wirtschaftlichen Ansatz zur Schadensermittlung individuelle Besonderheiten bei der Gegenüberstellung der Vermögenslage vor und nach der Verfügung zu berücksichtigen sind.

Beruft man sich bei der Schadensbestimmung auf die Regeln des Bilanzrechts, so kommt man zu einem ganz ähnlichen Ergebnis: Wenn nämlich der Vermögenswert für den bilanzierenden Haushalt keinerlei Verwendungsmög-

768 Siehe oben S. 136, 161.

lichkeit aufweist, ist eine Abschreibung (bis auf Null) vorzunehmen.[769] Auch hier kommt man bei einer genuin wirtschaftlichen Betrachtung zu einer Berücksichtigung der individuellen Besonderheiten der Vermögensverwendung.

Eine Individualisierung der Schadensermittlung stellt damit nicht, wie oft angenommen – und aus Gründen der Vereinfachung auch hier zunächst so dargestellt –[770] einen Gegensatz zum reinen Vergleich der Vermögenslage vor und nach der Verfügung dar, sondern ist zwingende Konsequenz der stringenten Durchführung dieses Vergleichs unter Beachtung wirtschaftlicher Vorgaben.

Es ist dementsprechend auch kein Zufall, dass die Leitentscheidung der Vereinigten Strafsenate des *RG* zur Berücksichtigung individueller Besonderheiten bei der Schadensbestimmung dieselbe Entscheidung ist, die auch heute noch als bahnbrechende Entscheidung zur Etablierung eines wirtschaftlichen Vermögens- und Schadensbegriffs in Bezug genommen wird[771].

Strafrechtlich ist es nun richtig, diese wirtschaftlichen Folgen der individuellen Besonderheiten mit der Rechtsfigur des persönlichen Schadenseinschlags relevant werden zu lassen. Nach der Fallgruppe a) des Melkmaschinen-Falls ist ein Schaden dann anzunehmen, wenn nach der Auffassung eines neutralen Beurteilers die Sache nicht oder nicht in vollem Umfang für den von ihm vertraglich vorausgesetzten Zweck oder in anderer zumutbarer Weise verwendet werden kann.[772] Vergleicht man hier die Vermögenslagen vor und nach der Verfügung, kommt man unter Berücksichtigung des eben Gesagten zu dem Ergebnis, dass der Zahlung des üblichen Marktpreises der Erhalt einer Sache oder Leistung gegenübersteht, die für die Zwecke des Empfängers unbrauchbar ist. Hatte er also zuvor noch liquide Mittel in Höhe des Kaufpreises, hat er nun eine Vermögensposition, die er nicht gebrauchen kann und insbesondere auch zukünftig nicht gewinnbringend einsetzen kann. Setzt man also die erhaltene Vermögensposition mit ihrem tatsächlichen wirtschaftlichen Wert an, nämlich dem, den sie für den Leistungsempfänger hat, steht der Zahlung des Kaufpreises nichts gegenüber – ein Vermögensschaden liegt vor.

Es sei klargestellt, dass diese Individualisierung des Schadensbegriffs keine Subjektivierung ist, denn es kommt nicht auf einen willkürlichen Zweck an, den der Leistungsempfänger mit der Leistung verfolgt, sondern die objektive Auffassung eines neutralen Beurteilers ist entscheidend. Es ist objektiv zu ermitteln,

769 MünchKommStGB-*Hefendehl* § 263 Rn. 633.

770 So auf S. 136.

771 RGSt 16, 1 ff.; vgl. oben S. 104.

772 BGHSt 16, 321, 326.

welchen Wert die fragliche Vermögensposition in Bezug zur individuellen Lage des Betroffenen hat, denn bei der Bestimmung des Unternehmenswertes oder der Aktiva und Passiva in der Wirtschaftsrealität sind solche willkürlich verfolgten Zwecke, die der Vermögensinhaber mit der Position verfolgt, irrelevant (bspw. Affektionsinteressen).

Ebenfalls ist dem *BGH* zuzustimmen, wenn er nur solche Zwecke beachtet, die „vertraglich vorausgesetzt" sind. In dem Fall, dass ein nicht thematisierter Vertragszweck enttäuscht wird, fehlt es aber wohl meist schon an einer Täuschung.[773]

Die Beachtung von Zwecksetzungen im Rahmen des persönlichen Schadenseinschlags ist auch nicht denselben Bedenken ausgesetzt, wie sie die Zweckverfehlungslehre treffen.[774] Gegen die Zweckverfehlungslehre spricht, dass sie mit der Berücksichtigung des sozialen Handlungsziels eine wirtschaftliche Betrachtungsweise zur Schadensbestimmung verlässt. Auch die vorgeschlagenen Abgrenzungskriterien,[775] die die Zweckverfehlungslehre mit dem wirtschaftlichen Schadensbegriff versöhnen sollen, sind zu einer zweifelsfreien Abgrenzung zwischen relevanten und irrelevanten Zwecken außer Stande und unterliegen dem Dilemma der Zweckverfehlungslehre, dass sie „willkürlich, austauschbar und rücknehmbar"[776] sind. Beim persönlichen Schadenseinschlag ist die wirtschaftliche Relevanz von Zweckverfehlungen allerdings eindeutig ermittelbar: Ein verfehlter Zweck führt zu einem persönlichen Schadenseinschlag, wenn die fragliche Vermögensposition für die individuellen Verhältnisse ihres Inhabers durch die Zweckverfehlung unbrauchbar wird.

Es kann daher offen bleiben, ob bei Fällen der einseitigen Vermögensaufgabe (Bettel-, Spenden-, Subventionsbetrug) aus kriminalpolitischen Gründen die Zweckverfehlungslehre beibehalten werden muss. Bei Austauschgeschäften würde die Zweckverfehlungslehre allerdings zu einer Aufgabe des wirtschaftlichen Schadensbegriffs führen. Hier können Zweckverfehlungen nur unter dem Gesichtspunkt des persönlichen Schadenseinschlags relevant werden, der – wie gezeigt – im Rahmen einer wirtschaftlichen Betrachtung unbedenklich ist.[777]

---

773 Vgl. MünchKommStGB-*Hefendehl* § 263 Rn. 641.

774 Hierzu oben S. 159 ff.

775 Siehe Nachweise auf S. 161.

776 *Tiedemann* ZStW 86 (1974), 911.

777 Ähnlich *Cramer* S. 220; MünchKommStGB-*Hefendehl* § 263 Rn. 20; LK-*Lackner* (10. Aufl.) § 263 Rn. 177; *Volk* Fallgruppen fehlerhafter Mittelverwendung, S. 461, 469. Vgl. OLG Düsseldorf NJW 1990, 2397.

Im Sinne der Fallgruppe a) des Melkmaschinenfalls führt eine Zweckverfehlung bei Austauschgeschäften dann zu einem Vermögensschaden, wenn nach Maßgabe eines neutralen Beurteilers die Vermögensposition durch die Zweckverfehlung unbrauchbar wird.[778]

Die Fallgruppen b) und c) des Melkmaschinenfalls begegnen hingegen großen Bedenken. Hier komme trotz Benutzungsmöglichkeit für den im Vertrag vorausgesetzten Zweck ein Schaden in Betracht, wenn der Erwerber durch die eingegangene Verpflichtung zu vermögensschädigenden Maßnahmen genötigt wird (b) oder wenn die durch den Vertrag verursachte Bindung von Vermögenswerten einen so starken Mangel an Mitteln herbeiführt, dass eine bestimmte nahe Gefahr für die wirtschaftliche Lage eintritt (c).[779] Wenn allerdings gegen diese Fallgruppen geltend gemacht wird, es sei nicht ersichtlich, warum von zwei Opfern, die auf dieselbe Art und Weise zu einer Vermögensverfügung verleitet werden, nur dasjenige einen Schaden erleidet, das sich in wirtschaftlicher Bedrängnis befindet,[780] so verfängt diese Kritik nicht. Schließlich ist es ja gerade die sinnvolle Prämisse des persönlichen Schadenseinschlags, dass nicht bei jedem Opfer der Schadenseintritt in gleicher Weise beurteilt werden muss. Schwerer wiegend ist der Vorwurf, diese Fallgruppen verstießen gegen das Unmittelbarkeitsprinzip, denn die Einschränkung der wirtschaftlichen Bewegungsfreiheit entstehe erst durch spätere Vermögensdispositionen wie die Aufnahme eines verzinslichen Darlehens.[781] Wird man dieses Problem noch weitgehend mit der Anerkennung einer Vermögensgefährdung als Schaden entschärfen können, so ist aber endgültig problematisch, worin in diesen Fallgruppen die Absicht stoffgleicher Bereicherung liegen soll.[782]

Schließlich erscheint mir nur schwer zu erklären, dass der Verfügende im Bewusstsein seiner prekären finanziellen Lage gehandelt hat und die Einschränkung seiner wirtschaftlichen Bewegungsfreiheit damit auch ohne Täuschung eingetreten wäre (Kausalität zwischen Täuschung und Schaden).

Allerdings ist beim vertragsärztlichen Abrechnungsbetrug eine Beeinträchtigung der wirtschaftlichen Bewegungsfreiheit der Kassenärztlichen Vereinigungen oder der Krankenkassen insbesondere im Hinblick auf die dort beste-

---

778 Die Anerkennung der ersten Fallgruppe des Melkmaschinen-Falls entspricht auch der ganz h. L.: Statt vieler LK-*Tiedemann* § 263 Rn. 178 m. w. N. in Fn. 274.

779 BGHSt 16, 321, 328.

780 *Kindhäuser* StGB § 263 Rn. 179.

781 *Eser* GA 1962, 291 f.

782 *Gössel* BT 2 § 21, Rn. 175; *Schmoller* ZStW 103 (1991), 101.

hende Plafonierung der Leistungsabrechnung nur schwer vorstellbar, sodass an dieser Stelle nicht endgültig zu diesen strittigen Fallgruppen Stellung bezogen werden muss.

b. Persönlicher Schadenseinschlag beim Abrechnungsbetrug

Nun ist zu untersuchen, wie die grundsätzlich richtige Lehre vom persönlichen Schadenseinschlag für den vertragsärztlichen Abrechnungsbetrug nutzbar gemacht werden kann.

aa. Persönlicher Schadenseinschlag als Differenzierungskriterium

Das öffentliche oder zumindest nach öffentlich-rechtlichen Regeln organisierte Vermögen von Kassenärztlichen Vereinigungen und Krankenkassen ist in besonderem Maße Zweckbindungen unterlegen.

Allerdings scheint der Geltendmachung dieser Zwecke im Rahmen der Lehre vom persönlichen Schadenseinschlag auf den ersten Blick ein logischer Einwand im Wege zu stehen: Nach den üblichen Formulierungen soll diese Rechtsfigur „ausnahmsweise" dann gelten, wenn der erlittene Vermögensnachteil „nach generell-abstrakten Kriterien hinreichend kompensiert wird";[783] anders: wenn „der Verkehrswert einer Gegenleistung rein rechnerisch dem der Leistung des Getäuschten" entspricht;[784] sie wird bezeichnet als „Korrektiv (...) bei marktmäßig ausgeglichenem Verhältnis von Leistung und Gegenleistung".[785] Die Lehre vom persönlichen Schadenseinschlag scheint also vorauszusetzen, dass sich Leistung und Gegenleistung rein wertmäßig entsprechen, also ein objektiv ausgeglichenes Geschäft vorliegt. In einem zweiten Schritt müsste dann untersucht werden, ob Besonderheiten in der individuellen Mittelverwendung die Ausnahme des persönlichen Schadenseinschlags rechtfertigen. Rufen wir uns nun in Erinnerung, was hier als Grunddilemma der Schadensbestimmung beim Abrechnungsbetrug bezeichnet wurde, nämlich dass es unmöglich ist, einen bestimmten Geldwert der vertragsärztlichen Leistung zu bestimmen,[786] so muss man befürchten, dass eine Anwendung der Rechtsfigur des persönlichen Schadenseinschlags hier ausscheidet, weil die erste Hürde ihrer Voraussetzungen erst gar nicht genommen werden kann, denn es ist nicht festzustellen, ob ein ausgeglichenes Geschäft vorliegt. Die hiesigen Ausführungen sind überhaupt

783 MünchKommStGB-*Hefendehl* § 263 Rn. 20.

784 *Wessels/Hillenkamp* Rn. 547.

785 LK-*Tiedemann* § 263 Rn. 177.

786 Siehe oben S. 109 ff., 121 ff., 155.

erst auf Aspekte der Schadensindividualisierung eingegangen, weil sie auf der Suche nach einem Kriterium sind, mithilfe dessen bestimmt werden kann, ob die erbrachte ärztliche Leistung wirtschaftlich werthaltig ist.[787] Fände man auf dieser Suche lediglich ein Differenzierungskriterium, das als Voraussetzung eine Aussage über jene wirtschaftliche Werthaltigkeit verlangt, zu deren Umgehung man ebenjenes Kriterium erst herangezogen hat, so endeten die Überlegungen in einem Zirkelschluss.

Bei genauerer Betrachtung ist der Vorwurf eines Zirkelschlusses allerdings nicht haltbar: Denn eine richtig verstandene Lehre vom persönlichen Schadenseinschlag ist keine Ausnahme von der wirtschaftlichen Betrachtungsweise, sondern sie ist gerade diese wirtschaftliche Betrachtungsweise selbst. Mit anderen Worten: Wie ausführlich dargelegt worden ist, haben die individuellen Besonderheiten des Vermögensinhabers unmittelbare Auswirkungen auf den wirtschaftlichen Wert der Vermögensposition; dieser Wert kann von Vermögensinhaber zu Vermögensinhaber variieren. Dieser speziell für den einzelnen Vermögensinhaber ermittelte Wert ist schon bei der ursprünglichen Saldierung der Vermögenslage vor und nach der Verfügung heranzuziehen und nicht erst als spätere Ausnahme zu beachten. Der Grund, weshalb regelmäßig die Lehre vom persönlichen Schadenseinschlag als Ausnahme erfasst wird, dürfte darin liegen, dass üblicherweise keine individuellen Besonderheiten eine andere Bewertung einer Vermögensposition erforderlich machen.

Auch bei der Mehrheit der Fälle des Abrechnungsbetrugs kann ein Negativsaldo bei Vergleich der Vermögenslage des Getäuschten vor und nach der Verfügung festgestellt werden, ohne dass individuelle Besonderheiten des Geschädigten berücksichtigt werden müssten. Bei der klassischen Fallgruppe des Abrechnungsbetrugs, nämlich der Abrechnung von Luftleistungen, steht dem gezahlten Honorar keinerlei kompensierende Gegenleistung gegenüber – jede weitere Erörterung zum Schadenseintritt wäre überflüssig. Bei atypischen Konstellationen, wie den hier vorliegenden Verstößen gegen formale Abrechnungsbestimmungen, ist – wie ausführlich dargelegt – diese Feststellung nicht ohne weiteres zu treffen.[788] Man kann hier allerdings die Rechtsfigur des persönlichen Schadenseinschlags heranziehen: Verfehlt die erbrachte Leistung aufgrund des Verstoßes gegen die Abrechnungsvoraussetzungen einen vertraglich vereinbarten Zweck, der für den Empfänger so wesentlich ist, dass ansonsten die Leistung unbrauchbar wird, dann kann die erbrachte Leistung das gezahlte Honorar nicht kompensieren – ein Schaden liegt vor. Nach hiesigem Verständnis der Zweck-

787 Siehe oben S. 156.

788 S. 138 ff.

verfehlungslehre und der Lehre vom persönlichen Schadenseinschlag ist damit die anfangs angeführte Ansicht *Maiwalds* richtigerweise bei der Prüfung des persönlichen Schadenseinschlags zu lozieren. Wenn *Maiwald* prüft, ob aufgrund der Zweckverfehlung die Honorierung der Leistung als wirtschaftlich sinnlose Ausgabe erscheint, weil die Ausgabe für eine Leistung, die unnütz oder gar schädlich ist, „zum Fenster hinaus geworfen" wäre,[789] so ist dies genau der hier beschriebene Fall, dass eine Leistung aufgrund der Zweckverfehlung für den Empfänger unbrauchbar wird.

Das gesuchte Differenzierungskriterium, um die Frage zu entscheiden, wann eine ärztliche Leistung, die nicht allen Anforderungen der Abrechnungsbestimmungen gerecht wird, keine werthaltige Kompensation des bezahlten Honorars darstellt, ist gefunden: Nicht kompensationsfähig ist die Leistung dann, wenn ihr formeller Mangel von solcher Qualität ist, dass sie für den Empfänger unbrauchbar wird. Nur dann ist ein Schaden gegeben. Umgekehrt lässt sich formulieren, dass ein Schaden abzulehnen ist, wenn die Leistung ihren wirtschaftlichen Zweck erreicht. Ein Beispiel: Der Arzt im verdeckten Angestelltenverhältnis rechnet eine Leistung ab, die medizinisch indiziert war und lege artis erbracht worden ist. Dabei verstößt er jedoch gegen den Grundsatz, dass er seine Leistung in „freier Praxis" zu erbringen hat. Dieser Grundsatz dient wiederum einem weiten Spektrum von sozial- und berufspolitischen Zwecken: Es soll einerseits die wirtschaftliche Unabhängigkeit des Vertragsarztes gewährleistet und damit vor allem dem Sicherstellungsauftrag gedient werden. Zu einem gewissen Maße können andererseits aber auch interessenpolitische Erwägungen der Ärzteschaft beim Erlass dieser Regel eine Rolle gespielt haben, zum Beispiel der wirtschaftliche Schutz der bestehenden Arztpraxen. Schließlich soll die Leistungserbringung in „freier Praxis" allerdings auch die fachliche Unabhängigkeit des Arztes gewährleisten.[790] Dieses Spektrum an Zielen, die der Arzt durch seine Falschabrechnung vereitelt, ist nun daraufhin zu untersuchen, ob die erbrachte Leistung wegen der Zweckverfehlung für den Empfänger wirtschaftlich unbrauchbar und damit wertlos ist.

bb. Leistungsempfänger im GKV-System

Von wesentlicher Bedeutung wird bei der Beantwortung dieser Frage sein, wer im vertragsärztlichen Vergütungssystem überhaupt als Leistungsempfänger in diesem Sinne einzustufen ist, auf wessen Zwecksetzung also abzustellen ist.

789 *Maiwald* (Fn. 475) S. 57, 62.

790 Ausführlich hierzu oben S. 148 ff.

(1.) Geschädigter als Leistungsempfänger

Prima facie erscheint es zwingend, auf denjenigen abzustellen, dessen Vermögen betroffen ist, also – je nach Gestaltung von Gesamtvergütung und Honorarverteilung im Einzelfall – entweder die Krankenkassen oder die übrige Vertragsärzteschaft, der die Gesamtvergütung wirtschaftlich zuzurechnen ist, die die Kassenärztliche Vereinigung treuhänderisch zu verwalten hat[791]. Sie sind die Träger der Vermögensmasse, zu deren Lasten sich das Honorar des Vertragsarztes auswirkt; ist die erbrachte ärztliche Leistung minderwertig, so ist es ihr Vermögensverlust, der unkompensiert bleibt. Nun sind es aber auch sie, die an die einzelnen vertragsärztlichen Leistungen Zwecke knüpfen, die mit den Leistungen an sich nur sehr vage verknüpft sind.

Oben wurde dargestellt, dass beispielsweise mit der Beschränkung der Anstellungsmöglichkeiten von Ärzten auch wirtschaftliche Bestandsschutzinteressen der gesamten Ärzteschaft verbunden sind. Während diese Zielsetzung nichts mit der Qualität der ärztlichen Leistung zu tun hat, ist sie für die möglicherweise geschädigte, redlich abrechnende Vertragsärzteschaft von großer wirtschaftlicher Bedeutung. Daher ließe sich argumentieren, bei Vereitlung dieses Ziels wäre die Leistung für die übrige Vertragsärzteschaft wertlos. Von dem auch in der Literatur verlangten Leistungsbezug des Abrechnungsmangels kann hier allerdings ersichtlich nicht mehr die Rede sein.[792] Bleibt man nämlich beim Falle des verdeckten Angestellten, dreht aber an den Stellschrauben des Vergütungssystems und nimmt an, dass für die fragliche Leistung eine Einzelleistungsvergütung vereinbart worden ist, dann ist Geschädigter nicht mehr die übrige Vertragsärzteschaft, sondern die Krankenkasse. Für diese sind die Bestandsschutzinteressen der Ärzteschaft jedoch nicht von Bedeutung, sodass in diesem Fall die Verletzung der sozialrechtlichen Regeln nicht zu einem Schaden führen würde. Bei gleicher Leistung des Arztes würde die Zufälligkeit des Abrechnungssystems über das Vorliegen eines Vermögensschadens entscheiden.

Nun will sich diese Arbeit nicht den Vorwurf einhandeln, sie würde gegen die Erkenntnisse der Lehre vom persönlichen Schadenseinschlag argumentieren, unmittelbar nachdem sie deren Vorteile ausführlich dargelegt hat, schließlich ist es die sinnvolle Konsequenz dieser Lehre, dass dieselbe Leistung bei dem einen Empfänger einen Vermögensschaden hervorruft, bei dem anderen jedoch nicht.

791 Vgl. zu letzterem oben S. 74 ff.

792 Hierzu mit Nachweisen oben S. 114.

(2.) Patient als Leistungsempfänger

Möglicherweise ist die beschriebene Divergenz jedoch deswegen befremdlich, weil sie auf den falschen Leistungsempfänger abstellt. Bei genauerer Untersuchung des komplizierten vertraglichen Geflechts des GKV-Systems gerät nämlich neben dem Arzt einerseits, sowie Kassenärztlicher Vereinigung und Krankenkasse andererseits, eine vierte Partei in den Blickpunkt, nämlich der Patient.

Dessen mögliche Stellung als eigentlicher Leistungsempfänger soll anhand eines kurzen historischen Exkurses dargestellt werden: Historisch betrachtet war es vor Inkrafttreten des „Krankenversicherungsgesetzes" (KVG) aus dem Jahr 1892[793] der Regelfall, dass zwischen Arzt und Patienten privatrechtliche Rechtsbeziehungen bestanden.[794] Mit dem KVG wurde eine Pflichtversicherung von einigen Gruppen von Arbeitern eingeführt, die das Sachleistungsprinzip etablierte, das bedeutet, die Krankenkassen schuldeten ihren Mitgliedern freie ärztliche Versorgung und mussten zur Sicherstellung dieser Versorgung Verträge mit Ärzten abschließen. Durch diese Verträge wurden die Ärzte zu „Kassenärzten"; außerdem regelten die Verträge die Arzthonorare. Die Krankenkassen konnten auf die nicht organisierten Ärzte erheblichen Preisdruck ausüben, indem sie nur mit Ärzten kontraktierten, die mit geringen Entgelten zufrieden waren. In den nachfolgenden Jahren wurde zudem die Gruppe der Pflichtversicherten sukzessive erweitert, sodass die wirtschaftliche Bedeutung der ärztlichen Versorgung der Kassenpatienten wuchs. Im Folgenden kam es deshalb zu einem jahrelangen, teils heftigen Konflikt zwischen den Ärzten und Krankenkassen über die freie Arztwahl, die Zulassung als Kassenarzt und das Honorarsystem. Erst 1931 wurde das Kassenarztsystem völlig neu geregelt, indem es weitestgehend öffentlich-rechtlich durchstrukturiert wurde. Dabei wurde für alle Krankenkassen ein einheitliches Vertragssystem geschaffen; als Vertragspartner auf Seiten der Ärzte wurden die Kassenärztlichen Vereinigungen als Körperschaften des öffentlichen Rechts gegründet. Die Kassenärztlichen Vereinigungen und die Krankenkassen schlossen einen Gesamtvertrag. Die hier wesentlichen Strukturen des GKV-Systems bestehen auch im SGB V noch fort: Mit Ausnahme von § 13 Abs. 2, 3 SGB V gilt auch heute noch das Sachleistungsprinzip, d.h. Versicherte erhalten ihre Leistungen von den Krankenkassen als Sach- und Dienstleistungen, § 2 Abs. 2 SGB V. Die hierzu korrespondierende Pflicht der Krankenkassen erfüllen diese in aller Regel, indem sie Verträge mit den verschiedenen Leistungserbringern abschließen (z.B. Ärzte, Psychotherapeuten, Apotheker). Es be-

793 Neubekanntmachung des „Gesetzes betreffend die Krankenversicherung der Arbeiter" v. 15.06.1883, das als Geburt der gesetzlichen Krankenversicherung gilt.

794 Hierzu wie zum Folgenden Schnapp/Wigge-*Schnapp* § 1 Rn. 1 ff.

steht damit ein Dreiecksverhältnis zwischen Krankenkassen, Leistungserbringern und Versicherten. Bei der ärztlichen Behandlung wird aus diesem Dreieck ein Viereck, weil dort die Kassenärztlichen Vereinigungen auf den Plan treten. Die Krankenkassen (genauer deren Landesverbände, § 83 SGB V) schließen die Gesamtverträge mit den Kassenärztlichen Vereinigungen ab. Letztere sind gesetzlich verpflichtet, die vertragsärztliche Versorgung sicherzustellen (Sicherstellungsauftrag, § 75 Abs. 1 SGB V) und erhalten dafür eine Gesamtvergütung von den Krankenkassen. Die Vertragsärzte wiederum sind Zwangsmitglieder der jeweiligen Kassenärztlichen Vereinigung (§§ 77, 95 Abs. 3 SGB V) und rechnen mit diesen die erbrachten Leistungen ab; diese werden auf Grundlage des HVM resp. der regionalen Euro-Gebührenordnung (§ 87a SGB V) aus der Gesamtvergütung honoriert.[795] Damit hat also der Versicherte einen Anspruch gegen die Krankenkasse auf Behandlung und im Gegenzug zahlt er seinen Versicherungsbeitrag; die Krankenkasse hat vertragliche Ansprüche gegen die Kassenärztlichen Vereinigungen auf ärztliche Versorgung ihrer Mitglieder und die Kassenärztliche Vereinigung wacht darüber, dass die Vertragsärzte ihren Pflichten aus der vertragsärztlichen Versorgung nachkommen und beteiligt sie dafür an der Honorarverteilung.[796] Aber auch die hier zuerst und zuletzt genannten Eckpunkte des Vierecks stehen sich nicht beziehungslos gegenüber: Im Gegenteil, Vertragsarzt und Patient bilden, schon historisch gesehen, die Kernbeziehung in der vertragsärztlichen Versorgung. Hoch umstritten ist allerdings, wie die Beziehungen zwischen Vertragsarzt und seinem Patienten rechtlich zu bewerten sind: Während der *BGH* und ein Teil des Schrifttums diese als privatrechtlich einstuft,[797] nehmen das *BSG* und der überwiegende Teil des sozialrechtlichen Schrifttums ein gesetzliches Rechtsverhältnis öffentlich-rechtlicher Natur an.[798] Im Rahmen der hiesigen Erörterungen kann die rechtliche Einordnung des Verhältnisses Vertragsarzt/Patient dahinstehen, wesentlich ist, dass diese Beziehung der Ausgangspunkt des ärztlichen Leistungserbringungsrechts ist.

Historisch betrachtet gab es nur diese Beziehung Arzt/Patient, zwischen die sich im Verlauf der Entwicklung des GKV-Systems die Einrichtungen

---

795 Ausführlich zum vertragsärztlichen Vergütungssystem siehe oben S. 62.

796 Vgl. *Muckel* Sozialrecht, § 8 Rn. 136.

797 BGHZ 76, 249, 261; 97, 273, 276; 100, 363, 367; *Eichenhofer* Sozialrecht, Rn. 373 f.; *Muckel* Sozialrecht, § 8 Rn. 148 ff.; Palandt-*Putzo* vor § 611 Rn. 18; Staudinger-*Richardi* vor § 611 Rn. 1252; *Waltermann* Sozialrecht, Rn. 198.

798 BSGE 33, 158, 160 f.; 59, 172, 177; *Bley/Kreikebohm/Marschner* Sozialrecht, Rn. 664; *Isensee* VSSR 1995, 330 f.; *Krause* SGb 1982, 430 ff.; *Schnapp/Düring* NJW 1989, 2916 f.; *Sodan* Freie Berufe, S. 126 ff.

Krankenkasse und Kassenärztliche Vereinigung geschoben haben. Wählt der gesetzlich versicherte Patient nach geltendem Recht einen Vertragsarzt, so entsteht, sei es nach öffentlich-rechtlichen, sei es nach privatrechtlichen Regeln, ein Rechtsverhältnis, kraft dessen der Arzt zur erforderlichen Leistung (Diagnose, Behandlung etc.) verpflichtet ist – allerdings wird dabei die Gegenleistung über die Kassenärztliche Vereinigung (und die Krankenkasse) abgewickelt.

Aufgrund der Besonderheiten des GKV-Systems ist es also der Patient, der als eigentlicher Empfänger der ärztlichen Leistung im Mittelpunkt steht. Dass es zweckmäßig ist, seine individuelle Verwendbarkeit der erhaltenen Leistung als maßgeblich anzusehen, macht aber auch die Rechtsprechung und Literatur zum persönlichen Schadenseinschlag deutlich: Zwar soll nach den maßgeblichen Entscheidungen und Stellungnahmen im Schrifttum auf die individuellen Verhältnisse und Zwecksetzungen des Getäuschten abgestellt werden,[799] und der Getäuschte ist beim vertragsärztlichen Abrechnungsbetrug der jeweilige Sachbearbeiter bei Kassenärztlicher Vereinigung oder Krankenkasse. Bei wortlautgetreuer Übernahme der Rechtsprechung müsste man also die individuellen Zwecksetzungen dieser Institutionen beachten.[800] Allerdings ist zu bezweifeln, dass diese Wortwahl sich für Fälle wie den vertragsärztlichen Abrechnungsbetrug festlegen will, bei dem als absoluter Sonderfall aufgrund sozialrechtlicher Regeln der Getäuschte und der eigentliche Empfänger der ärztlichen Leistung auseinander fallen. Will die Entscheidung des *RG* auf die „Benutzbarkeit und [... die] thatsächlich stattfindende Benutzungsart" abstellen,[801] so ist dies bei Auseinanderfallen von Getäuschtem und Leistungsempfänger nur sinnvoll möglich, wenn man die Benutzbarkeit für denjenigen berücksichtigt, der die Leistung auch tatsächlich erhält. Dementsprechend findet sich auch im Melkmaschinenfall an einer Stelle die Formulierung, es müssen die „Bedürfnisse und Verhältnisse des Erwerbers" berücksichtigt werden.[802] Der eigentliche „Erwerber" der konkreten ärztlichen Leistung ist der Patient.

Das wird auch deutlich, wenn man in Betracht zieht, aufgrund welcher Verpflichtung im Beziehungsviereck des ärztlichen Leistungserbringungsrechts der Arzt die konkrete Leistung erbringt: Gegenüber der Kassenärztlichen Vereinigung kommt der Vertragsarzt seiner Pflicht nach, die gesetzlich versicherten

799 RGSt 16, 1, 9; BGHSt 16, 321, 326; vgl. auch Schönke/Schröder-*Cramer/Perron* § 263 Rn. 121; Maurach/Schroeder/*Maiwald* BT 1 § 41 Rn. 115; *Wessels/Hillenkamp* Rn. 547.

800 Siehe oben S. 46, 60.

801 RGSt 16, 1, 6.

802 BGHSt 16, 321, 325; so auch MünchKommStGB-*Hefendehl* § 263 Rn. 636.

Patienten im Sachleistungssystem zu behandeln.[803] Dies muss er unter Beachtung aller vertragsärztlichen Pflichten tun, wie bspw. die Gewährleistung des anerkannten Stands der medizinischen Erkenntnisse (§ 72 Abs. 2 SGB V) und die Wahrung der Sorgfalt nach den Vorschriften des bürgerlichen Rechts dem Patienten gegenüber (§ 76 Abs. 4 SGB V). Art und Umfang der Behandlung bestimmt der Arzt – vorbehaltlich von Einschränkungen, die sich durch das Wirtschaftlichkeitsgebot ergeben – selbst (Therapiefreiheit). Mit der Krankenkasse verbindet den Vertragsarzt im üblichen Fall der Leistungserbringung keinerlei Rechtsbeziehung.[804] Verpflichtet, die konkret zu bewertende Leistung zu erbringen, ist der Vertragsarzt nur gegenüber dem Patienten aufgrund des oben beschriebenen Rechtsverhältnisses, in dem auch die Therapiefreiheit des Arztes ihre Grenzen findet im Selbstbestimmungsrecht des Patienten.

Will man daher den Wert der konkreten, erbrachten ärztlichen Leistung ermitteln, so ist es am sachgerechtesten, auf deren unmittelbaren Empfänger, nämlich den Patienten, abzustellen.[805] Wenn die Leistung für den Patienten nach dessen individuellen Zwecksetzungen werthaltig ist, so muss sie dies auch gegenüber Krankenkasse und Kassenärztlicher Vereinigung sein, über die der Honoraranspruch des Arztes abgewickelt wird.

Ausdrücklich sei klargestellt, dass damit nicht aus dem Patienten auch der Geschädigte wird. Dies bleiben – je nach konkreter Abrechnungsart der fraglichen Leistung – entweder die Krankenkasse oder die übrigen Vertragsärzte. Lediglich der Wert der erbrachten Leistung wird im Hinblick auf die Zwecksetzungen des Patienten ermittelt. Der so ermittelte Wert kann dann in einer Vermögenssaldierung bei der Krankenkasse resp. Kassenärztlichen Vereinigung eingebracht werden.

(3.) Zwecksetzung des Patienten

Damit ist festgestellt, dass bei der Beurteilung des Wertes der ärztlichen Leistung unter Berücksichtigung individueller Besonderheiten auf die Zwecksetzungen des Patienten abzustellen ist. Freilich kann auch hier nicht jede Zweckverfehlung zu einem Vermögensschaden führen. Nach den Regeln des persönlichen Schadenseinschlags kann dies nur dann der Fall sein, wenn der Patient die Leistung nach der Auffassung eines neutralen Beurteilers nicht oder nicht in vollem

803 Schnapp/Wigge-*Schmidbauer* § 3 Rn. 47 ff.

804 Laufs/Uhlenbruck-*Krauskopf* § 25 Rn. 11 ff.; Schnapp/Wigge-*Schmidbauer* § 3 Rn. 57 ff.

805 Anders *Maiwald* (Fn. 475) S. 57, der auf die Zwecksetzung des Kostenträgers der Sozialversicherung abstellt.

Umfang für den von ihm vertraglich vorausgesetzten Zweck verwenden kann – wenn der in Rede stehende Abrechnungsmangel also dazu führt, dass die Leistung bei objektiver Betrachtungsweise für den Patienten unbrauchbar wird. Dem Patienten kommt es bei der ärztlichen Behandlung wesentlich auf den Schutz resp. die Wiederherstellung seiner Gesundheit an. Demgegenüber werden ihm andere vom Sozialrecht verfolgte Ziele, wie bspw. die Wahrung der wirtschaftlichen Unabhängigkeit des Vertragsarztes, nur selten bewusst, geschweige denn von besonderer Wichtigkeit sein.[806]

cc. Realisierung der Gefährdung?

Steht nun der Gesundheitsschutz als wesentliches vom Patienten verfolgtes Ziel bei der ärztlichen Behandlung fest, muss schließlich noch konkretisiert werden, ab wann von einer Vereitlung dieses Ziels gesprochen werden kann. Ist dies schon dann der Fall, wenn die verletzten Bestimmungen dem Gesundheitsschutz des Patienten dienen, oder muss es aufgrund der verletzten Bestimmung zu einer konkreten Gesundheitsgefährdung des Patienten gekommen sein?

Zum Beispiel kann die Abrechenbarkeit einer Leistung daran geknüpft sein, dass der Leistungserbringer eine bestimmte fachliche Qualifikation nachweist, die dem Schutz des Patienten dient.[807] Hier wäre fraglich, ob ein Schaden schon dann vorliegt, wenn der Abrechnende die Leistung erbracht hat, obwohl er die zusätzliche Qualifikation nicht aufweist, oder ob ein Schaden erst dann anzunehmen ist, wenn sich die Gefahren, die durch die zusätzliche Ausbildung verhindert werden sollten, realisiert haben und damit eine konkrete Gefährdung des Opfers eingetreten ist.

Maiwald, der sich dem hier behandelten Problem über die Lehre von der Zweckverfehlung nähert,[808] bejaht einen Schaden nur dann, wenn die missachtete Vorschrift im konkreten Fall zu einer Gefährdung des Behandlungserfolgs geführt hat. Begründend führt er an, der Kostenträger erspare Aufwendungen, wenn die Leistung bei Einhaltung des medizinischen Maßstabs korrekt ausgeführt worden ist, denn der Kostenträger müsse die ordnungsgemäße Leistung eines anderen Vertragsarztes nicht bezahlen.[809] Diese Argumentation wurde be-

806 Hier ähnlich *Maiwald* a.a.O. S. 57 f., der argumentiert, für die Kostenträger der Sozialversicherung sei die Honorierung einer gesundheitsgefährdenden Leistung eine sinnlose Ausgabe, weil sie den Prinzipien des sparsamen Wirtschaftens widerspreche.

807 Schnapp/Wigge-*Steinhilper* § 17 Rn. 26.

808 Siehe S. 156 ff.

809 *Maiwald* (Fn. 475) S. 62.

reits widerlegt: Zum einen ist diese Ersparnis nicht unmittelbare Folge der Vermögensverfügung, sondern steht lediglich in einem losen, zufälligen Verhältnis hierzu. Zum anderen ist es angesichts der Therapiefreiheit reine Spekulation, dass ein anderer Vertragsarzt sich derselben Methoden zur Diagnose und Behandlung bedient hätte.[810]

Aber auch der Sache nach kann der Ansicht *Maiwalds* nicht zugestimmt werden: Ist eine Leistung unter Verletzung einer Vorschrift erbracht worden, die dem Schutz des Patienten dient, so kann der Wert dieser Leistung nicht von dem Zufall abhängen, ob sich im konkreten Fall die Gefahr der Verletzung realisiert hat, oder ob dies glücklicherweise ausgeblieben ist. Auch im Wirtschaftsleben ist bei der Bewertung von Leistungen nicht nur der Erfolgseintritt relevant, sondern auch Eigenschaften und Qualifikation des Leistungserbringers stellen einen entscheidenden wertbildenden Faktor dar. Z.B. wird man erhebliche Unterschiede in einer Handwerkerrechnung feststellen können, je nachdem ob die Leistung von einem Lehrling, Gesellen oder Meister erbracht worden ist. Erbringt ein Nichtmediziner eine medizinische Leistung, so ist diese auch dann wertlos, wenn sie wider Erwarten erfolgreich und ohne Komplikationen durchgeführt worden ist. Diese Erwägungen sind in der Betrugsdogmatik bekannt: Auch beim Anstellungsbetrug wird schließlich der Tatsache Rechnung getragen, dass der Verkehr den Wert einer Arbeitsleistung nicht nur nach ihrem sachlichen Effekt, sondern auch im Hinblick auf eine bestimmte Ausbildung bestimmt. Erschleicht jemand eine Stellung, die er ohne eine vorgespiegelte Ausbildung nicht erhalten hätte, so macht er sich nach §263 StGB auch dann strafbar, wenn seine Arbeitsleistung inhaltlich nicht zu beanstanden ist.[811]

Außerdem verwirklicht der Arzt, der eine Qualifikation vorspiegelt, die dem Schutz des Patienten dient, durch einen etwaigen ärztlichen Heileingriff eine Körperverletzung. Denn die Einwilligung, die die tatbestandsmäßige Körperverletzung rechtfertigen könnte, ist wegen einer Täuschung unwirksam.[812] Eine Leistung, die den Tatbestand einer Körperverletzung erfüllt, kann nicht als werthaltige eingestuft werden, die einen Vermögensverlust bei der Krankenkasse resp. Vertragsärzteschaft kompensieren könnte.

---

810 Siehe oben S. 139ff.

811 Schönke/Schröder-*Cramer/Perron* §263 Rn. 154 m.w.N.

812 Vgl. *Ulsenheimer* [Arztstrafrecht] Rn. 58. Z.B. BGHSt 16, 309, 310: Der Patient hielt einen im Krankenhaus tätigen Medizinstudenten irrtümlich für einen approbierten Arzt. Nachweise und beachtliche Argumente für die Gegenansicht der Lit., die in der indizierten und lege artis durchgeführten ärztlichen Heilbehandlung keine tatbestandsmäßige Körperverletzung sieht, finden sich ebenfalls bei *Ulsenheimer* a.a.O. Rn. 56ff.

Verstößt die abgerechnete Leistung gegen eine den Schutz des Patienten bezweckende Vorschrift, so ist diese dann minderwertig und kann den Vermögensverlust seitens der Kassenärztlichen Vereinigung resp. Krankenkasse nicht kompensieren, auch wenn eine Gefährdung des Patienten ausgeblieben ist. Umgekehrt tritt eine solche Kompensation ein, wenn der fragliche Mangel die Qualität der ärztlichen Leistung nicht tangiert. Schließlich ist darauf hinzuweisen, dass dem konkreten Patienten die einzelne, seinen Schutz bezweckende Vorschrift nicht bekannt sein muss, schließlich ist der persönliche Schadenseinschlag aus der Perspektive eines sachlichen Beurteilers festzustellen. Letzteres führt dazu, dass auch kollusives Zusammenwirken zwischen Arzt und Patient betrügerisch ist, etwa wenn nicht indizierte Leistungen vorgenommen werden, die dem Patienten nach subjektiver Einschätzung nützlich erscheinen.

III. Zusammenfassung

Auch beim vertragsärztlichen Abrechnungsbetrug ist zur Schadensbestimmung ein Vergleich der Vermögenslage des mutmaßlich Geschädigten vor und nach der Verfügung erforderlich. Es muss also untersucht werden, ob die Honorarauszahlung an den Vertragsarzt durch einen unmittelbaren Vermögenszufluss kompensiert worden ist. Hier kommt weder die Befreiung von einer Verbindlichkeit der Kassenärztlichen Vereinigung oder der Krankenkasse gegenüber dem Arzt oder dem Patienten in Betracht, noch wurden Aufwendungen erspart, weil kein anderer Arzt berechtigte Honorarforderungen gegen die Kassenärztliche Vereinigung erheben wird.

Allein die erbrachte ärztliche Leistung kann als Kompensation des erlittenen Vermögensverlustes in Frage kommen. Im Regelfall ärztlicher Abrechnungsmanipulationen ist es leicht festzustellen, ob eine solche Kompensation vorliegt: Rechnet der Arzt reine „Luftleistungen“ ab, steht dem ausgezahlten Honorar kein kompensierender Vermögenszuwachs gegenüber: Das Vermögen ist als Ganzes gemindert, ein Schaden liegt vor.

Problematisch ist diese Bewertung jedoch dann, wenn der Arzt eine medizinisch indizierte Leistung erbringt, die aber wegen Verstoßes gegen sonstige Abrechnungsvoraussetzungen nicht abrechenbar ist. Beurteilte man hier den Schadenseintritt sozialrechtsakzessorisch, wie es die Rechtsprechung mit der Übernahme der streng formalen Betrachtungsweise des Sozialrechts ins Strafrecht tut, fiele man zurück auf einen juristischen Schadensbegriff, der – mit der Systematik des § 263 StGB unvereinbar – lediglich die Dispositionsfreiheit schützt. Beim Betrug muss jedoch das Vermögen des Opfers als Ganzes gemindert sein. Die hier so bezeichneten „formellen Mängel“ sind daher vielmehr bei der maßgeblichen wirtschaftlichen Betrachtungsweise daraufhin zu untersuchen, ob sie dazu führen, dass die Leistungen für den Empfänger jeglichen Wert verlieren, weil sie in der Lage sind, die Gesundheit des Patienten zu gefährden. Dabei ist es schon ausreichend, dass die bloße Möglichkeit einer solchen Gesundheitsgefährdung besteht.

Der dogmatische Ansatzpunkt für diese Bewertung der Abrechnungsmängel ist die Lehre vom persönlichen Schadenseinschlag. Diese hält zutreffenderweise bei der Schadensbestimmung auch individuelle Zwecksetzungen für relevant: Ist eine Leistung aus der Sicht eines objektiven Beurteilers nach der individuellen Zwecksetzung des Empfängers für diesen unbrauchbar, kann sie einen erlittenen Vermögensverlust nicht kompensieren. Umgekehrt kann dann ein Schaden nicht vorliegen, wenn die Leistung ihren wirtschaftlichen Zweck erreicht hat.

Für den Abrechnungsbetrug bedeutet das: Werden mit den verletzten Abrechnungsbestimmungen solche Zwecke verfolgt, deren Missachtung dazu führt, dass die Leistung für den Empfänger unbrauchbar ist, so kann die erbrachte Leistung die Honorarauszahlung nicht kompensieren – ein Vermögensschaden liegt vor. Dabei ist zum einen aus historischen Gründen, vor allem aber aufgrund struktureller Besonderheiten des GKV-Systems auf den Patienten als eigentlichen Leistungsempfänger abzustellen. Da dieser mit der ärztlichen Leistung wesentlich den Schutz seiner Gesundheit verfolgen will, ist die potentielle Gesundheitsgefährdung des Patienten das Merkmal, das über Wert oder Unwert der erbrachten ärztlichen Leistung entscheidet.

Bezweckt die verletzte Abrechnungsvorschrift den Schutz der Gesundheit des Patienten, so führt diese Verletzung dazu, dass die Leistungen für den Patienten unbrauchbar und damit wertlos sind. Diese wertlose Leistung kann den durch die Honorarzahlung eingetretenen Vermögensverlust der Krankenkasse resp. der redlich abrechnenden Vertragsärzte nicht ausgleichen. Die jeweilige Vermögensmasse hat sich in ihrer Gesamtheit gemindert – ein Vermögensschaden liegt vor.

F. Schadensdetails

Auf der Grundlage dieses Lösungsansatzes sollen nun einige Detailprobleme der Schadensbestimmung geklärt werden.

I. Schaden in den einzelnen Fallgruppen

Zunächst muss sich die hier vertretene Lösung in der Anwendung auf die einzelnen Fallgruppen des Abrechnungsbetrugs bewähren. Freilich sind der kriminellen Phantasie manipulationswilliger Ärzte beim Abrechnungsbetrug keine Grenzen gesetzt, weshalb die Ausführungen zur Schadensbestimmung einerseits auf die typischen Fallkonstellationen des Abrechnungsbetrugs eingehen müssen und sich andererseits auf die in dieser Arbeit im Mittelpunkt stehenden untypischen Konstellationen formeller Abrechnungsmängel konzentrieren wollen.[813]

1. Typische Fallkonstellationen

In den typischen Fallkonstellationen des vertragsärztlichen Abrechnungsbetrugs ist ein Rückgriff auf die hier vertretene Individualisierung der Schadensbestimmung regelmäßig nicht erforderlich. Schon der unmittelbare Vergleich der Vermögenslage vor und nach der Verfügung führt zu einem Negativsaldo.

a. Luftleistungen

In den weitaus meisten Fällen des Abrechnungsbetrugs manipulieren die Vertragsärzte ihre Abrechnungen in der Form, dass sie Leistungen abrechnen, die sie gar nicht erbracht haben (Luftleistungen). Hier steht dem von der Kassenärztlichen Vereinigung an den Vertragsarzt ausgezahlten Honorar keine Leistung des Arztes gegenüber, sodass der erlittene Vermögensverlust unkompensiert bleibt. Ein Vermögensschaden ist in diesen Fällen zu bejahen.

b. Bewusste Fehlsubsumtion

Entsprechend sind Fälle zu behandeln, in denen der Arzt zwar eine Leistung erbracht hat, diese jedoch gebührenrechtlich bewusst falsch einordnet. Dies kann auf unterschiedliche Art und Weise geschehen: Z.B. kann der Arzt eine andere

813 Einteilung in typische/untypische Konstellationen nach Laufs/Uhlenbruck-*Ulsenheimer* § 151 Rn. 6 ff.

Leistung abrechnen als die erbrachte, dies etwa, um eine im EBM höher bewertete Leistung in Rechnung zu bringen oder um seine Prüfstatistik zu fälschen (was für ihn sinnvoll erscheinen kann, wenn er den Fachgruppendurchschnitt bei einer Leistung überschritten hat)[814]. Auch kann er nicht gesondert abrechenbare Leistungen „splitten", indem er sie auf andere Behandlungstage vor- oder rückdatiert (der EBM enthält zahlreiche Vorschriften, die es untersagen, bestimmte Leistungen nebeneinander abzurechnen, weil im Wert der abrechenbaren Leistung der der nicht abrechenbaren enthalten ist). Auch kommt es vor, dass Ärzte die Leistungen für einen anderen Patienten erbracht haben als für den Versicherten, über den sie die Leistung abrechnen.[815] Hierdurch kann der Arzt einerseits einen neuen, abrechenbaren Behandlungsfall schaffen, zum anderen erhält er einen „Verdünnerschein", der eine Auffälligkeit bei der Wirtschaftlichkeitsprüfung vermeidet.

Alle diese Fälle sind als eine Nichtleistung zu betrachten, denn die abgerechnete ärztliche Leistung wurde nicht erbracht.[816] So ist im Falle des „Splittings" die zu Unrecht abgerechnete Leistung in der abrechenbaren Leistung enthalten, der manipulierende Vertragsarzt bringt die fragliche Leistung also doppelt in Rechnung. Auch die Abrechnung über einen anderen als den behandelten Versicherten läuft auf eine doppelte Abrechnung hinaus, denn gegenüber dem in Bezug genommenen Versicherten hat er keine Leistung erbracht, die tatsächlich erbrachte Leistung war schon mit der Fallpauschale bzgl. des tatsächlich behandelten Patienten abgegolten.

Die bewusste Abrechnung einer anderen EBM-Position als der erbrachten fällt ebenfalls in die Kategorie der Nichtleistung, denn die abgerechnete Leistung wurde entweder überhaupt nicht oder nicht im abgerechneten Umfang erbracht. Der von §263 StGB geforderte wirtschaftliche Vermögensschadensbegriff muss die tatsächlich erbrachte ärztliche Leistung allerdings bei der Ermittlung der Schadenshöhe berücksichtigen: Die tatsächlich erbrachte, nicht abgerechnete Leistung kompensiert die zu Unrecht abgerechnete Leistung in Höhe der für sie veranschlagten Punkte. Rechnet der Arzt – bspw. weil er wegen einer Leistungserbringung über dem Fachgruppendurchschnitt die Prüfung der Kassenärztlichen Vereinigung fürchtet – eine niedriger bewertete andere Leistung ab, kompensiert die erbrachte Leistung die zu Unrecht honorierte Leistung vollkommen – ein Vermögensschaden bleibt aus.[817] Allerdings hat der Arzt hier die

814 Siehe hierzu KassKomm-*Hess* § 106 SGB V Rn. 28 ff.

815 Siehe LSG Baden-Württemberg MedR 1992, 303, 305.

816 So auch *Hancok* S. 130; *Hellmann/Herffs* Rn. 117.

817 *Ellbogen/Wichmann* MedR 2007, 15.

– faktisch oftmals kaum milderen – Disziplinarmaßnahmen der Kassenärztlichen Vereinigung und ggf. der Ärztekammer zu befürchten.[818] Außerdem sieht er sich Honorarrückforderungen durch die Kassenärztliche Vereinigung in erheblicher Höhe ausgesetzt.

c. Unwirtschaftliche Leistung

Sehr umstritten ist der Abrechnungsbetrug bei einem Verstoß gegen das Wirtschaftlichkeitsgebot (§ 12 SGB V). Das Wirtschaftlichkeitsgebot durchzieht das gesamte GKV-System. Es ist notwendige Folge der Entscheidung des Gesetzgebers, dem gesetzlich Krankenversicherten einen Sachleistungsanspruch zu gewähren. Die Mittel aus den Beiträgen der Mitglieder, die zur Deckung der Kosten der gesetzlichen Krankenversicherung zur Verfügung stehen, sind begrenzt. Um die Funktionsfähigkeit des GKV-Systems zu gewährleisten, bedarf es des Wirtschaftlichkeitsgebots.[819]

Nicht nur Einzelheiten des Prüfverfahrens, sondern auch eine inhaltliche Konkretisierung des Wirtschaftlichkeitsgebots findet sich in § 106 SGB V: Die Wirtschaftlichkeit der vertragsärztlichen Leistung beurteilt sich gem. § 106 Abs. 2a SGB V nach ihrer medizinischen Notwendigkeit (Indikation), ihrer Eignung zur Erreichung des therapeutischen und diagnostischen Ziels (Effektivität), ihrer Übereinstimmung mit den anerkannten Kriterien für ihre fachgerechte Erbringung (Qualität) und der Angemessenheit der durch die Leistung verursachten Kosten im Hinblick auf das Behandlungsziel.

Betrugsrelevant kann ein Verstoß gegen das Wirtschaftlichkeitsgebot vor allem dann werden, wenn eine Behandlung ohne medizinische Indikation vorgenommen worden ist, sowie wenn eine unwirtschaftliche Behandlungsart oder ein unwirtschaftliches Behandlungsmaß gewählt worden ist.[820]

aa. Behandlung ohne Indikation

Behandelt der Arzt eine nicht gegebene Krankheit und rechnet diese Leistung ab, ist eine Schadensfeststellung nicht schwer zu treffen. Dem gezahlten Honorar steht nämlich keine Leistung des Arztes mit Kompensationswirkung gegenüber. Die Erbringung einer Leistung ohne medizinische Indikation verstößt ganz offensichtlich gegen die Regeln der ärztlichen Kunst. Eine Leistung, die nicht

818 Näher hierzu unten S. 229 f.

819 Schnapp/Wigge-*Peikert* § 20 Rn. 5.

820 Vgl. *Hellmann/Herffs* Rn. 129; zu Täuschung und Irrtum beim Verstoß gegen das Wirtschaftlichkeitsgebot siehe auch Rn. 276-283.

auf Verhütung, Früherkennung oder Behandlung einer Krankheit gerichtet ist, stellt keine ärztliche Behandlung dar, vgl. nur §28 SGB V. Hierauf kann auch kein Anspruch des Versicherten bestehen, §§27, 28 SGB V. Die Leistungserbringung in dem Bewusstsein, dass keine medizinische Indikation gegeben ist, ist nicht nur mangels wirksamer Einwilligung als Körperverletzung zu subsumieren. Ihre Abrechnung bedeutet darüber hinaus einen Betrug.[821]

Gleichermaßen führt auch ein unwirtschaftliches Behandlungsmaß zur Annahme eines Vermögensschadens. Denn die Leistungen, die über das zur Diagnose bzw. Behandlung erforderliche Maß hinausgehen, sind ebenfalls nicht indiziert. Auch sie sind nicht, wie es §27 Abs. 1 SGB V verlangt, auf die Verhütung, Früherkennung oder Behandlung einer Krankheit gerichtet. Sie können also den durch die Honorarzahlung eingetretenen Vermögensverlust nicht ausgleichen. Es lässt sich auch nicht argumentieren, die im Übermaß erbrachten Leistungen stellten gleichwohl einen Vermögenswert dar, weil sie möglicherweise für den Patienten einen durchaus gewollten Mehrwert darstellen und daher nach der hier vertretenen Berücksichtigung von individuellen Zwecksetzungen des Patienten kompensationsfähig sind. Diese Argumentation verkennt, dass die individuellen Zwecksetzungen nach der Lehre vom persönlichen Schadenseinschlag aus der Sicht eines neutralen Beobachters zu ermitteln sind. Eine relevante Zweckerreichung liegt also nur dann vor, wenn die fraglichen Leistungen tatsächlich dem Gesundheitsschutz dienen, was aber bei den hier in Rede stehenden nicht indizierten Leistungen gerade nicht der Fall ist.[822] Bei einem bewusst unwirtschaftlichen Behandlungsmaß ist ein Betrug gegeben. Oft wird in dieser Konstellation ein kollusives Zusammenwirken von Arzt und Patient vorliegen.[823]

cc. Unwirtschaftliche Behandlungsart

Problematischer ist die strafrechtliche Bewertung der Wahl einer unwirtschaftlichen Behandlungsart, denn die Wirtschaftlichkeit einer Behandlungsart ist normativ konkretisiert.

---

821 *Hancok* S. 169; *Hellmann/Herffs* Rn. 286.

822 Hiervon zu unterscheiden ist der Fall, dass zwischen KV resp. Krankenkasse einerseits und dem Arzt andererseits eine unterschiedliche Auffassung über das notwendige Behandlungsmaß besteht. In solchen Fällen liegt lediglich eine Subsumtion des Arztes unter die Gebührenposition des EBM vor – es fehlt an einer Täuschung, vgl. oben S. 36 ff.

823 Siehe S. 193 ff.

(1.) Rechtliche Grundlage

Gem. § 92 SGB V konkretisiert der Gemeinsame Bundesausschuss durch Richtlinien das Leistungserbringungsrecht (also das Verhältnis Krankenkasse/Kassenärztliche Vereinigung / Vertragsarzt). Nach § 135 SGB V i.V.m. § 92 Abs. 1 S. 2 Nr. 5 SGB V dürfen neue Untersuchungs- und Behandlungsmethoden nur erbracht werden, wenn der Gemeinsame Bundesausschuss eine entsprechende Empfehlung in einer Richtlinie abgegeben hat. Fehlt eine entsprechende Empfehlung, oder wird eine bestimmte Behandlungsmethode ausdrücklich abgelehnt (vgl. § 92 Abs. 1 S. 1 SGB V), zählt die entsprechende Leistung nicht zur vertragsärztlichen Versorgung und ist nicht abrechenbar. Denn die Richtlinien sind für den Vertragsarzt verbindlich: Nach § 92 Abs. 8 SGB V sind die Richtlinien Bestandteil der Bundesmantelverträge und damit gem. § 82 Abs. 1 S. 2 SGB V Bestandteil der Gesamtverträge. Diese sind nach § 83 S. 1 für die Krankenkassen und § 95 Abs. 3 S. 3 für die Vertragsärzte verbindlich (vgl. auch § 81 Abs. 3 Nr. 1, 2 SGB V).[824] Das GMG hat ausdrücklich die Verbindlichkeit der Richtlinien des Gemeinsamen Bundesausschusses auch auf der Leistungsseite (Verhältnis Patient/Krankenkasse) angeordnet, vgl. § 91 Abs. 9 SGB V a.F. (nunmehr geregelt in § 91 Abs. 6 SGB V). Damit sind die Richtlinien für Leistungserbringer wie für Versicherte gleichermaßen verbindlich.[825]

Auf den ersten Anschein bedeutet dies, dass eine unwirtschaftliche Behandlungsart, die nicht von dem Gemeinsamen Bundesausschuss empfohlen ist, nicht nur nicht abrechenbar ist (Leistungserbringungsseite), sondern auch der Patient hierauf keinen Anspruch gegenüber seiner Krankenkasse hat (Leistungsseite). Damit steht der Honorarauszahlung an den Arzt weder ein Honoraranspruch gegenüber, noch kann die Krankenkasse von einer Verpflichtung gegenüber ihrem Patienten befreit werden, was bei einer strafrechtlichen Schadensbestimmung das dem Vertragsarzt gezahlte Honorar kompensieren würde.[826]

(2.) Verfassungsrechtliche Einschränkungen

Gegen die verbindliche Richtlinienkompetenz des Gemeinsamen Bundesausschusses werden jedoch verfassungsrechtliche Bedenken erhoben.[827] Das

824 Zu dieser verschlungenen Verweisung und ihrer fehlenden Notwendigkeit siehe Schnapp/Wigge-*Axer* § 10 Rn. 20 ff.

825 St. Rspr.: BSGE 78, 70, 74 ff.; 81, 54, 55 ff.; 82, 41, 47 f.

826 So der Sache nach BGH NStZ 1993, 388 f.

827 Vgl. *Butzer/Kaltenborn* MedR 2001, 333; *di Fabio* NZS 1998, 449; *Ossenbühl* NZS 1997, 497; *Papier* VSSR 1990, 128; *Schimmelpfeng-Schütte* NZS 1999, 530.

BVerfG hat die Entscheidung über die Verfassungsmäßigkeit des Verfahrens nach §§ 135, 92 Abs. 1 S. 2 Nr. 5 SGB V bisher ausdrücklich offen gelassen.[828] Auch die hiesigen Ausführungen bedürfen keiner Entscheidung dieses Meinungsstreits, die in Anbetracht der Zielsetzung der Arbeit auch deren Umfang sprengen würde. Das *BVerfG* und die Sozialrechtsprechung gehen nämlich davon aus, dass die Richtlinien des Gemeinsamen Bundesausschusses nur eingeschränkt als kategorische Festlegung des zulässigen Leistungsumfangs gesehen werden können.[829] Das *BVerfG* hat in verfassungskonformer Auslegung der leistungsrechtlichen Vorschriften des GKV-Rechts angenommen, dass in bestimmten Fällen lebensbedrohlicher oder regelmäßig tödlicher Erkrankungen es mit den Grundrechten aus Art. 2 Abs. 2 S. 1 GG i.V.m. dem Sozialstaatsprinzip unvereinbar sein kann, einen gesetzlich Krankenversicherten auf Leistungen außerhalb der GKV zu verweisen. Eine Leistungsverweigerung der Krankenkasse mit Hinweis darauf, der Gemeinsame Bundesausschuss habe die fragliche Leistung (noch) nicht anerkannt, verstößt bei Fällen derart schwerer Erkrankung gegen das Grundgesetz, wenn bezüglich dieser Krankheit eine allgemein anerkannte, medizinischen Standards entsprechende Behandlung nicht zur Verfügung steht, und wenn bei der angewandten Außenseitermethode eine auf Indizien gestützte, nicht ganz fern liegende Aussicht auf Heilung oder wenigstens auf eine spürbare positive Einwirkung auf den Krankheitsverlauf besteht.[830] Dem Grunde nach hat sich dieser Rechtsprechung des *BVerfGs* auch das *BSG* angeschlossen.[831] Hat nun der Versicherte gegenüber seiner Krankenkasse einen Anspruch auf die fragliche Leistung, dann korrespondiert damit ein Vergütungsanspruch des Vertragsarztes, der die Leistung erbringt, denn Leistungserbringungsrecht und Leistungsrecht stehen in einem wechselbezüglichen Verhältnis, bei dem sich die Verpflichtungen von Arzt und Krankenkasse mit dem Leistungsanspruch des Versicherten in Inhalt und Umfang decken müssen.[832]

---

828 BVerfGE 115, 25, 47; zur Verfassungsmäßigkeit mit beachtlichen Gründen jedoch Schnapp/Wigge-*Axer* § 10 Rn. 37 ff. m.w.N.

829 *BVerfG* a.a.O. 49 f.; BSGE 81, 54, 65 f.; BSG NJW 2007, 1385; vgl. auch BVerfG v. 29.11.2007 – 1 BvR 2496/07 Rn. 34, das nicht ausschließt, dass auch dann ein Leistungsanspruch bestehen kann, wenn der Gemeinsame Bundesausschuss die erforderliche Behandlung ausdrücklich ausgeschlossen hat.

830 BVerfGE 115, 25, 49; NJW 2008, 3556.

831 BSG NJW 2007, 1385, 1388 ff. mit ausführlicher Konkretisierung; siehe hierzu: *Hauck* NJW 2007, 1320; (z.T. kritisch) *Saalfrank/Wesser* NZS 2008, 17 m.w.N.

832 BSGE 52, 134, 137; vgl. auch Schnapp/Wigge-*Axer* § 10 Rn. 24 m.w.N.

(3.) Strafrechtliche Bewertung

Dies hat auch Auswirkungen auf die strafrechtliche Bewertung: Entsprechend dem oben zur asymmetrischen Akzessorietät zwischen dem Strafrecht und dem Sozialrecht Gesagten,[833] kann nicht die Abrechnung einer sozialrechtlich als Außenseitermethode zulässigen Behandlung zu einem strafbaren Betrug führen. Auch an dieser Stelle ist also eine streng formale Berücksichtigung der im Verfahren nach § 135 SGB V erlassenen Richtlinien unstatthaft, vielmehr ist eine materielle Betrachtung der erbrachten Leistung vorzunehmen.[834]

Die beschriebene höchstrichterliche Judikatur korrespondiert mit der hier vertretenen Berücksichtigung individueller Zwecksetzungen beim Abrechnungsbetrug: Zwar verstößt der Arzt prima facie gegen sozialrechtliche Bestimmungen, nämlich gegen die für ihn verbindlichen Richtlinien des Gemeinsamen Bundesausschusses, seine Leistung ist aber ultima ratio zur Heilung oder Besserung einer lebensbedrohlichen Erkrankung des Patienten. Der materielle Zweck seiner Leistung wird also erreicht.

Werden die strengen Voraussetzungen der höchstrichterlichen Rechtsprechung jedoch nicht erfüllt, dann wird mit der Außenseitermethode ein Leistungszweck verfehlt, der sie für ihren Empfänger unbrauchbar macht: Schon ausweislich seines Wortlautes dient § 135 SGB V auch dem Gesundheitsschutz des Patienten, denn der Gemeinsame Bundesausschuss hat den diagnostischen und therapeutischen Nutzen der neuen Untersuchungs- und Behandlungsmethoden zu bewerten (§ 135 Abs. 1 S. 1 Nr. 1 SGB V); vor allem kann er Festlegungen bzgl. der Qualifikation der Ärzte, der apparativen Anforderungen sowie der Anforderungen an Maßnahmen der Qualitätssicherung treffen, um eine sachgerechte Anwendung der neuen Methode zu sichern (§ 135 Abs. 1 S. 1 Nr. 2, Abs. 2 SGB V). Eine Untersuchungs- oder Behandlungsmethode, die nicht in dem Verfahren nach § 135 SGB V zugelassen worden ist, droht die dort verfolgten Ziele der Qualitätssicherung und des Gesundheitsschutzes zu verletzen. Nach der hier vertretenen Auffassung ist die fragliche Leistung schon aufgrund dieser Gefahr ohne wirtschaftlichen Wert.

Dieses Ergebnis läuft auch nicht dem erläuterten Urteil des *BVerfG* zuwider, denn dieses stellt nur eine Ausnahme für das Verfahren nach § 135 SGB V

---

833 S. 122 ff.

834 Vgl. *Hellmann/Herffs* Rn. 302; *Ulsenheimer* [Arztstrafrecht] Rn. 14/33, der in dieser Rspr. zum Off-Label-Use prinzipiell ein Gegenargument zur streng formalen Betrachtungsweise erkennt. Off-Label-Use bezeichnet spezifisch die zulassungsüberschreitende Verordnung eines Arzneimittels; vgl. Schnapp/Wigge-*Wigge/Wille* § 19 Rn. 62 ff.

für außergewöhnliche Extremfälle auf. Prinzipiell hält das *BVerfG* es jedoch für zulässig, dass die Leistungen im GKV-System nur nach Maßgabe eines allgemeinen Leistungskatalogs erbracht werden dürfen. Außerdem sei es dem Gesetzgeber nicht von Verfassungs wegen verwehrt, zur Sicherung der Qualität der Leistungserbringung ein Verfahren vorzusehen, in dem neue Untersuchungs- und Behandlungsmethoden auf ihren diagnostischen und therapeutischen Nutzen untersucht werden.[835]

(4.) Zusammenfassung

Es kann zusammengefasst werden, dass die fraglichen Richtlinien durchaus ein Indiz für die Abrechenbarkeit der erbrachten Leistung sind – es ist jedoch im Einzelfall eine Prüfung vorzunehmen, ob die Krankenkasse aufgrund von Besonderheiten des konkreten Falls von einer Verbindlichkeit gegenüber dem Patienten befreit wird.[836]

Schließlich sei noch angemerkt, dass es in der hier diskutierten Fallkonstellation regelmäßig jedoch schon an einer Täuschung fehlen wird, denn oft wird aus der Abrechnung ersichtlich sein, dass die vom Gemeinsamen Bundesausschuss unberücksichtigte Leistung erbracht worden ist. Auch kann es sich bei der Abrechnung der fraglichen Leistung, ggf. auch bei unberechtigter Qualifikation als Außenseitermethode, um eine Subsumtion des Arztes unter die betroffene Position des EBM handeln, mithin um ein Werturteil, nicht um eine Tatsachenaussage.[837]

2. Untypische Fallkonstellationen

Ihren Ausgang genommen haben die hiesigen Überlegungen in der problematischen Schadensbestimmung bei untypischen Fallkonstellationen, die hier als formelle Abrechnungsmängel bezeichnet worden sind. Im Folgenden soll daher untersucht werden, zu welchen Ergebnissen die hier vertretene Auffassung bei den einzelnen in Kap. B (S. 21 ff.) beschriebenen Fallgruppen kommt.

Die Fälle der unzulässigen Delegation und des Arztes im verdeckten Angestelltenverhältnis wurden schon daraufhin untersucht, ob die dort verletzten vertragsärztlichen Pflichten zu einer Beeinträchtigung des wirtschaftlichen Wertes der Leistung führen.[838] Die obigen Ausführungen verfolgten noch im Wesent-

---

835 BVerfGE 115, 25, 45 ff.

836 *Hellmann/Herffs* Rn. 303.

837 Siehe hierzu schon oben S. 36 ff.

838 Ausführlich S. 143 ff.

lichen das Ziel, zu beweisen, dass es möglich ist, trotz fehlenden Marktwertes abstrakt zu bestimmen, ob eine vertragsärztliche Leistung wirtschaftlich werthaltig ist. An dieser Stelle bleibt zu verdeutlichen, dass die dort gemachten Erwägungen der Sache nach die hier abstrahierten Kriterien zur Wertbestimmung vorweggenommen haben.

a. Unzulässige Delegation an nichtärztliches Personal

Zunächst soll der Fokus auf die unzulässige Delegation an nichtärztliches Hilfspersonal gerichtet werden.[839] In diesen Fällen tritt ein Vermögensschaden ein: Der Arzt, der Leistungen in unzureichender oder unzulässiger Weise delegiert, verstößt gegen die Pflicht zur persönlichen Leistungserbringung, die in zahlreichen Vorschriften normiert ist (vgl. § 613 BGB; § 15 Abs. 1 SGB V; § 32 Ärzte-ZV; § 19 MBO-Ä; § 15 BMV-Ä i.V.m. § 82 Abs. 1 SGB V).[840] Nach ihrem Sinn und Zweck will diese Pflicht zum einen das besondere Vertrauensverhältnis zwischen dem Arzt und seinem Patienten schützen. Es soll sichergestellt werden, dass der Patient nur von demjenigen Arzt behandelt wird, dem er sich in Ausübung seines Rechts auf freie Arztwahl anvertraut hat. Da der Patient regelmäßig und vor allem in kritischen Fällen seinen Arzt aufgrund dessen besonderer Fähigkeiten aussucht, impliziert schon der Schutz des Vertrauensverhältnisses auch den Schutz der Gesundheit des Patienten. Vor allem aber konstruiert die Pflicht zur persönlichen Leistungserbringung ein Arztmonopol, d.h. nur Ärzte dürfen ärztliche Leistungen erbringen (vgl. § 15 SGB V). Dieses Arztmonopol soll sicherstellen, dass die Leistungen dem anerkannten Stand der medizinischen Erkenntnisse entsprechen und den medizinischen Fortschritt berücksichtigen (Qualitätsgebot, § 2 Abs. 1 S. 3 SGB V).[841] Wenn der Arzt Leistungen unzulässigerweise an sein nichtärztliches Hilfspersonal delegiert, gerät die gewollte Qualitätssicherung in Gefahr. In der Terminologie der hier vertretenen Ansicht bedeutet dies, dass aus dem Verstoß gegen die Pflicht zur persönlichen Leistungserbringung durch Delegation an nichtärztliches Hilfspersonal eine potentielle Gesundheitsgefahr für den Patienten folgt. Unabhängig davon, ob diese Gefahr sich im Einzelfall konkretisiert, führt sie dazu, dass die fragliche Leistung für die Zwecke des Patienten unbrauchbar ist. Nach der hier vertretenen Auffassung ist die Leistung damit wertlos und kann daher das an den täuschenden Arzt gezahlte Honorar nicht kompensieren. Ein Vermögensschaden liegt vor.

---

839 Wie im hierzu ergangenen Urteil des BGH (NStZ 1995, 85, 86). Zur Delegation an ärztliches Hilfspersonal siehe unten S. 208 f.

840 Zu dieser Pflicht siehe oben S. 35 ff.

841 Hauck/Noftz-*Noftz* § 15 SGB V Rn. 2.

b. Arzt im verdeckten Angestelltenverhältnis

Der Arzt im verdeckten Angestelltenverhältnis sieht sich dem Vorwurf ausgesetzt, er habe seine Leistungen nicht in „freier Praxis" erbracht, wie es § 32 Abs. 1 S. 1 Ärzte-ZV von ihm verlangt (siehe auch § 98 Abs. 2 Nr. 13 SGB V; § 1 Abs. 2 BÄO). Die Arbeit hat schon dargestellt, dass regelmäßig eine diesbezügliche Täuschung des Arztes fehlen wird.[842]

Aber selbst wenn man eine solche Täuschung unterstellt, wird nach der hier vertretenen Auffassung zur Schadensbestimmung beim vertragsärztlichen Abrechnungsbetrug ein Schaden regelmäßig fehlen. Auch die beim Arzt im verdeckten Angestelltenverhältnis verletzten Zwecksetzungen haben hier schon eine breite Beleuchtung erfahren:[843] Die Leistungserbringung in „freier Praxis" verfolgt zwei miteinander verknüpfte Ziele, die freiberufliche Berufsausübung und die Niederlassung in eigener Praxis. Das Merkmal der Freiberuflichkeit hat viele Facetten, von denen beim Arzt im verdeckten Angestelltenverhältnis vor allem die Leistungserbringung in wirtschaftlicher und fachlicher Unabhängigkeit betroffen sein könnte.

Ob man beim Arzt im verdeckten Angestelltenverhältnis eine wirtschaftliche Abhängigkeit feststellen kann, die seine Leistung im Verhältnis zu der seiner Kollegen disqualifiziert, die tatsächliche Gesellschafter einer Gemeinschaftspraxis sind, muss bezweifelt werden. Denn der fragliche Neugesellschafter wird sich seinen Gesellschaftsanteil regelmäßig mit einem Kredit in Höhe von mehreren hunderttausend Euro finanziert haben. Vor diesem Hintergrund wird man nur schwerlich eine größere wirtschaftliche Unabhängigkeit behaupten können als bei einem angestellten Arzt. Darüber hinaus ist es in unserem Gesundheitssystem der Regelfall, dass Ärzte nicht in einem selbständigen Beschäftigungsverhältnis, sondern als Angestellte oder Beamte praktizieren. Zieht man die Leistungen von Chefärzten in Kliniken oder von Amtsärzten in Betracht, so erweist sich die Behauptung, die wirtschaftliche Abhängigkeit wirke sich auf den Wert der ärztlichen Leistung aus, als unhaltbar.

Entscheidender ist jedoch das Merkmal einer Berufsausübung in fachlicher Unabhängigkeit – ein Erfordernis, das jeden Arzt trifft. Es bedeutet, dass der Arzt seine Leistung in fachlicher Eigenverantwortlichkeit, frei und weisungsungebunden vornehmen muss; er hat die freie Wahl der diagnostischen und therapeutischen Mittel. Die Anforderungen an die fachliche Unabhängigkeit decken sich im Kern mit dem Erfordernis der Berufsausübung in eigener Praxis, denn

842 Siehe oben S. 91.

843 Siehe (auch für zahlreiche Nachweise) oben S. 148 ff.

diese verlangt nicht die Eigentümerstellung des Arztes, sondern die Möglichkeit, die Praxismittel frei einzusetzen. Die fachliche Unabhängigkeit ist kein Privileg des Arztes, sondern ein fremdnütziges Recht. Sie erlaubt es ihm, nach seinem pflichtgemäßen Ermessen dasjenige diagnostische und therapeutische Verfahren zu wählen, das er im konkreten Fall für am meisten nutzbringend und hilfreich hält. Insbesondere wird er dadurch befreit von wirtschaftlichen Erwägungen seiner (möglicherweise nichtmedizinischen) Vorgesetzten.

Das Erfordernis der fachlichen Unabhängigkeit soll also die optimale Behandlung des Patienten gewährleisten. Seine Missachtung birgt die Gefahr, dass ein weniger wirksames, möglicherweise sogar schädigendes Verfahren gewählt wird. Eine Leistung, die nicht in fachlicher Unabhängigkeit erbracht wird, ist nach den Zwecksetzungen des Patienten für diesen unbrauchbar und damit wertlos. Eine trotzdem ergangene Abrechnung ist betrügerisch, die hierauf erfolgte Honorarzahlung begründet einen Vermögensschaden.

Eine Missachtung der fachlichen Unabhängigkeit des Arztes muss jedoch im Einzelfall nachgewiesen werden, dabei ist der Vorwurf potentiell nicht auf die Fallgruppe des Arztes im verdeckten Angestelltenverhältnis beschränkt, liegt hier aber aufgrund der wirtschaftlichen Gegebenheiten vermutlich näher als bei anderen Fallkonstellationen. Regelmäßig wird bei einem Arzt im verdeckten Angestelltenverhältnis jedoch kein Schaden vorliegen.

c. Strohmann

Auch bei der Beschäftigung eines Strohmanns wird gegen die Pflicht zur persönlichen Leistungserbringung verstoßen,[844] denn der zugelassene und abrechnende Arzt (Strohmann) erbringt seine Leistungen nicht selbst. Tatsächlich tut dies sein Hintermann, der sich eines Strohmanns bedient, weil bspw. der Zulassungsausschuss es abgelehnt hat, ihm eine Zulassung zu erteilen, oder weil er sein Budget durch eine zweite Zulassung ausweiten will.

In Parallele zur Fallgruppe der unzulässigen Delegation an nichtärztliches Hilfspersonal, bei der ebenfalls gegen die Pflicht zur persönlichen Leistungserbringung verstoßen wird, würde es nahe liegen, auch hier einen Vermögensschaden anzunehmen. Dieser pauschale Verweis auf den Verstoß gegen die Pflicht zur persönlichen Leistungserbringung würde jedoch einen wesentlichen Unterschied zwischen den Fallgruppen außer Acht lassen: Bei der unzulässigen Delegation wurde die mangelnde Eignung der erbrachten Leistung zur Kompensation des erlittenen Vermögensnachteils damit begründet, dass die Pflicht zur

844 Siehe oben S. 27 f., 29.

persönlichen Leistungserbringung ein Arztmonopol und damit den Schutz der Gesundheit des Patienten gewährleisten soll.[845] Der Hintermann des abrechnenden Strohmanns ist jedoch ein approbierter Mediziner, der bspw. im Falle des *BGH,* der diese Problematik behandelte, berechtigt war, Privatpatienten zu behandeln und diesen gegenüber zu privat abzurechnen.[846] Das Arztmonopol, das sicherstellen soll, dass die erbrachten Leistungen dem anerkannten Stand der medizinischen Erkenntnisse entsprechen, ist also nicht in Gefahr.

Dennoch ist im Strohmann-Fall eine Vorschrift verletzt, die dem Gesundheitsschutz des Patienten dienen soll: Zwar wird die Leistung, deren Kompensationsfähigkeit hier untersucht werden soll, von einem approbierten Mediziner erbracht, allerdings war dieser nicht zur vertragsärztlichen Versorgung zugelassen. Der positiven Entscheidung über den Antrag auf Zulassung zur vertragsärztlichen Versorgung kann die Ungeeignetheit des Arztes entgegenstehen, § 98 Abs. 2 Nr. 10 SGB V i.V.m. §§ 20, 21 Ärzte-ZV. Auswirkungen auf die Qualität der ärztlichen Leistung können vor allem die in § 21 Ärzte-ZV geregelten Gründe der Ungeeignetheit haben, die auf in der Person des Arztes liegende Mängel abstellen. Ungeeignet für die Ausübung der Kassenpraxis ist demnach ein Arzt mit geistigen oder sonstigen erheblichen Mängeln, insbesondere ein Arzt, der innerhalb der letzten fünf Monate vor seiner Anstellung rauschgiftsüchtig oder trunksüchtig war. Eine Zulassungsverwehrung in Fällen der Rauschgift- oder Trunksüchtigkeit soll einer Gefährdung des Patienten vorbeugen, denn die körperlich-seelischen Folgeerscheinungen dieser Süchte und der damit verbundene Verlust der Selbstkontrolle gefährden das verantwortungsbewusste ärztliche Handeln.[847] Auch gilt der Arzt als ungeeignet zur Teilnahme an der vertragsärztlichen Versorgung, der zu Straftaten neigt, die auf eine Gefährdung des Patienten schließen lassen.[848] Deutlich macht dies ein Fall des *Bayerischen Landessozialgerichts,* das einen Kinder- und Jugendlichenpsychotherapeuten für ungeeignet i.S.d. § 21 Ärzte-ZV hielt (und deshalb dessen Zulassungsentziehung nach § 95 Abs. 6 SGB V bestätigte), der rechtskräftig wegen des Erwerbs und Besitzes kinderpornographischer Schriften (§ 184b StGB) verurteilt war.[849] Die

845 Siehe S. 203 f.

846 BGH JR 2003, 382.

847 BSGE 28, 80 ff.; vgl. bspw. auch LSG Baden-Württemberg, Beschl. v. 27.01.2004 – L 5 KA 4663/03 ER-B, Rn. 50 (Gefährdung des Patienten durch Medikamentensucht); SG Mainz, Beschl. v. 07.09.2005 – S 6 ER 126/05, Rn. 35 (Schutz der Grundrechte des Versicherten bei Alkoholmissbrauch des Arztes).

848 *Schallen* § 21 Rn. 500.

849 LSG Bayern, Beschl. v. 30.08.2007 – L 12 KA 494/07 ER, Rn. 28.

Versagung der Zulassung zum Vertragsarzt aus gesundheitlichen Gründen dient ebenfalls dem Schutz des Patienten, sie kommt bspw. bei ansteckenden Krankheiten in Betracht oder bei Lähmungserscheinungen eines Arztes, der die Zulassung als Chirurg begehrt.[850]

Vor der Zulassung zum Vertragsarzt werden also zahlreiche Kriterien geprüft, die dem Gesundheitsschutz des Patienten dienen. Aber auch danach verlieren diese Voraussetzungen nicht ihre Bedeutung, denn dem Arzt, bei dem die Voraussetzungen der Zulassung nicht mehr vorliegen (also auch die Eignung zum Vertragsarzt), ist die Zulassung zu entziehen, § 95 Abs. 6 S. 1 SGB V. Die Umgehung dieser Prüfung durch die Beschäftigung eines Strohmanns birgt damit eine Gefahr für den Patienten; die vom Hintermann erbrachte Leistung ist somit nach den Zwecksetzungen des Patienten unbrauchbar. Nach der hier vertretenen Auffassung ist dabei irrelevant, ob tatsächlich die Gefahr der einzelnen Ungeeignetheitstatbestände bestanden hat.[851] Im Falle der Leistungsabrechnung über einen Strohmann liegt ein Vermögensschaden vor.

Damit ist im Ergebnis der Entscheidung des *BGH* zuzustimmen, der einen Betrug annahm bei der Abrechnung von vertragszahnärztlichen Leistungen über einen Strohmann, die tatsächlich von einem Hintermann erbracht worden sind, der auf einen Antrag auf Erteilung der vertragsärztlichen Zulassung wegen seiner Vorstrafen verzichtete.[852]

d. Erschlichene Approbation

Ganz ähnlich ist die Leistung desjenigen Arztes zu beurteilen, der seine Approbation erschlichen hat.[853] Die Approbation bedeutet die staatliche Erlaubnis zur Ausübung eines akademischen Heilberufs. Diese staatliche Erlaubnis als Voraussetzung der ärztlichen Berufsausübung dient im Wesentlichen dem Schutz des Patienten. Nach § 3 BÄO erhält nur derjenige eine Approbation, der nach dem Studium der Medizin an einer wissenschaftlichen Hochschule die ärztliche Prüfung abgelegt hat. Außerdem darf sich der Arzt nicht eines Verhaltens schuldig gemacht haben, aus dem sich die Unwürdigkeit oder Unzuverlässigkeit zur ärztlichen Berufsausübung ergibt. Letzteres Kriterium stellt also ähnliche Anforderungen auf wie die Geeignetheit zur vertragsärztlichen Versorgung.[854]

850 KassKomm-*Hess* § 95 SGB V Rn. 46.

851 Vgl. hierzu oben S. 191 f.

852 BGH JR 2003, 382 ff.

853 So im Falle BGH NJW 1994, 808.

854 Näher Laufs/Uhlenbruck-*Laufs* § 8 Rn. 4 ff.

Ebenso muss die betroffene Person gesundheitlich zur Ausübung des ärztlichen Berufs in der Lage sein. Strenger noch als die Voraussetzungen der Vertragsarztzulassung soll also das Erfordernis der Approbation Gefahren vom Patienten fernhalten. Leistungen von einem Nichtmediziner resp. nicht approbierten Mediziner sind daher aufgrund ihres erhöhten Gefahrenpotenzials wertlos. Auch in dieser Fallgruppe nimmt also der *BGH* zu Recht einen Vermögensschaden an.[855]

e. Verkappte Gemeinschaftspraxis

Leistungen von Ärzten in einer „verkappten Gemeinschaftspraxis" sind strafrechtlich hingegen ganz ähnlich wie diejenigen von Ärzten in einem verdeckten Angestelltenverhältnis zu beurteilen. Wenn mehrere Ärzte offiziell ihre Zusammenarbeit als Praxisgemeinschaft organisieren, sie tatsächlich jedoch eine Gemeinschaftspraxis betreiben, hat dies möglicherweise Auswirkungen auf die Abrechenbarkeit der erbrachten Leistungen,[856] den Tatbestand des § 263 StGB erfüllt dies hingegen nicht. Hier werden Leistungen von approbierten Medizinern erbracht, die zur vertragsärztlichen Versorgung zugelassen sind. Auf die Qualität der ärztlichen Leistung hat es keine Auswirkungen, ob der Gesellschaftsvertrag vorsieht, dass der Gesellschaftszweck in der gemeinsamen Erzielung von Einkünften durch gemeinsame vertragsärztliche Berufstätigkeit liegt (Gemeinschaftspraxis), oder ob lediglich Räume, Personal, Geräte und Einrichtungen gemeinsam benutzt werden sollen, die Vertragsärzte ansonsten aber für eigene Rechnung eine eigene Praxis betreiben (Praxisgemeinschaft). Hinzu kommt, dass aufgrund der Pflicht zur persönlichen Leistungserbringung der konkret ausgewählte Arzt die Leistungen selbst und vollständig zu erbringen hat, gleichgültig um welche Praxisform es sich handelt. Die konkrete Beziehung Arzt/Patient wird also durch die gewählte Form der ärztlichen Zusammenarbeit nicht tangiert. Die Frage, ob sozialrechtliche Gründe eine honorarrechtliche Ungleichbehandlung der beiden Organisationsformen verlangen, muss das Sozialrecht beantworten. Aus strafrechtlicher Sicht ist kein Grund ersichtlich, weshalb die erbrachten ärztlichen Leistungen keine kompensationsfähige Gegenleistung darstellen sollen.

f. Unzulässige Delegation an ärztliches Personal

Die Besonderheit der sozialrechtlich unzulässigen Delegation an ärztliches Hilfspersonal im Vergleich zu derjenigen an nichtärztliches Personal liegt darin,

---

855 BGH a.a.O.

856 Dies bezweifelt mit guten Gründen *Krafczyk* MedR 2003, 313.

dass in ersterem Fall das Arztmonopol gewahrt ist. Zwar ist ebenfalls ein Verstoß gegen die Pflicht zur persönlichen Leistungserbringung zu konstatieren, immerhin aber wird die Leistung von approbierten Medizinern erbracht. Sozialrechtlich unzulässig ist die Delegation an ärztliches Hilfspersonal dann, wenn die nach §95 Abs.9, 9a SGB V i.V.m. §32b Ärzte-ZV erforderliche Genehmigung des Zulassungsausschusses zur Beschäftigung eines Arztes fehlt.

Über §32b Abs.2 Ärzte-ZV gilt §21 Ärzte-ZV entsprechend, sodass auch der angestellte Arzt die beschriebenen Kriterien der Geeignetheit zur vertragsärztlichen Versorgung erfüllen muss. Bei der Genehmigung, einen Arzt anzustellen, gelten also dieselben Prüfpflichten, die schon bei der Zulassung zur vertragsärztlichen Versorgung einen Schutz der Gesundheit des Patienten garantieren sollen. Werden diese Prüfpflichten umgangen, so ist die Leistung des nicht genehmigten Mediziners aufgrund ihres höheren Gefahrenpotenzials für den Patienten unbrauchbar. Wie bei der Leistungsabrechnung über einen Strohmann führt auch die Honorierung der Leistung eines nicht genehmigten angestellten Arztes zu einem Vermögensschaden.

g. Leistungen jenseits der Fachgebietsgrenzen

Für Leistungen, die nicht von der Fachgebietskompetenz des Arztes gedeckt sind, können die Ärzte keine Vergütung beanspruchen, es sein denn, es handelt sich um einen Notfall (vgl. §87 Abs.2a SGB V, I 1.5 EBM 2009).[857] Fraglich ist, ob dieser Mangel der Leistung nur zu einem Honorarausschluss führt oder auch zur Folge hat, dass die erbrachte Leistung bei einer strafrechtlichen Schadenskompensation nicht zu berücksichtigen ist. Die Fachgebietseinteilungen der Landesärztekammern sollen die fachliche Qualität der ärztlichen Leistungen im Interesse des Gesundheitsschutzes gewährleisten.[858] Bestimmte Leistungen, die besondere Kenntnisse und Fähigkeiten verlangen, sollen nur von Ärzten erbracht werden können, die eine Spezialisierung und vertiefte Kompetenz auf diesem Fachgebiet vorweisen können. Die vertieften Kenntnisse werden in mehrjähriger praktischer Berufstätigkeit und theoretischer Unterweisung erworben und müssen in einer Prüfung nachgewiesen werden (vgl. bspw. §§26 ff. HeilBG RLP). Erbringt ein Arzt eine Leistung unter Missachtung der Fachgebietsgrenzen, dann handelt er den mit den Fachgebietsgrenzen verfolgten Zielen der Qualitätssicherung und des Gesundheitsschutzes zuwider. Für den Patienten als den Empfänger seiner Leistung ist diese bei Betrachtung eines

---

857 BSG SozR 4-2500 §95 Nr.5; MedR 2005, 302; MedR 2001, 535 ff.

858 Laufs/Uhlenbruck-*Laufs* §11 Rn.10.

neutralen Beobachters auch dann unbrauchbar, wenn der Behandlungserfolg eingetreten sein sollte. Diese Leistung kann eine etwaige Vergütung nicht kompensieren, damit ist ein Vermögensschaden eingetreten.

h. Fehlender Fachkundenachweis/fehlende apparative Voraussetzungen

Zu keinem anderen Ergebnis kann man gelangen, wenn der Arzt Leistungen abrechnet, deren Erbringung an einen besonderen Fachkundenachweis gebunden ist. Für bestimmte Leistungen können die Partner der Bundesmantelverträge besondere Voraussetzungen im Hinblick auf deren Erbringung und Abrechenbarkeit aufstellen, wenn diese Leistungen wegen der Anforderungen an ihre Ausführung besondere Kenntnisse oder Erfahrungen (Fachkundenachweis) oder eine besondere Praxisausstattung oder weitere Anforderungen an die Strukturqualität erfordern, § 135 Abs. 2 S. 1 SGB V. Gleichermaßen können solche Voraussetzungen auch aufgrund der Neuheit des Verfahrens aufgestellt werden.[859] Schon ausweislich der Überschrift des Neunten Abschnitts des SGB V dient der besondere Fachkundenachweis nach § 135 Abs. 2 SGB V der Sicherung der Qualität der Leistungserbringung. Eine Leistung, die unter Missachtung dieser besonderen Qualitätsanforderungen erbracht wurde, ist minderwertig – ein Vermögensschaden liegt vor.[860]

Bei der Abrechnung unter Verstoß gegen apparative Voraussetzungen der Leistung wird es sich regelmäßig um einen Fall von Luftleistungen handeln.[861]

i. Verstoß gegen die Dokumentationspflicht

Es wird vertreten, auch eine Abrechnung unter Verstoß gegen die ärztliche Dokumentationspflicht sei ein Betrug.[862]

Tatsächlich ist allgemein anerkannt, dass die Ärzte zur Dokumentation ihrer Leistungen verpflichtet sind.[863] Es ist vertragliche Nebenpflicht des Arztes, die ärztliche Behandlung resp. Operation einschließlich pflegerischer Maßnahmen ausführlich, sorgfältig und vollständig zu dokumentieren. Der Vertragsarzt

859 Zum Verfahren nach § 135 SGB V siehe bereits oben S. 199 ff.

860 Somit wäre auch bei dem in Fn. 123 mitgeteilten Fall des AG Tiergarten, über einen Arzt, der Dialyseleistungen abrechnet, obwohl ihm hierzu die erforderliche Zulassung fehlt, ein Vermögensschaden anzunehmen.

861 Vgl. *Ulsenheimer* [Arztstrafrecht] Rn. 14/17; zum Schaden bei Luftleistungen: S. 195.

862 *Mühlhausen* ZaeFQ 1998, 615; a.A. *Badle* NJW 2008, 1032.

863 Nachweise aus Rspr. und Lit. bei Laufs/Uhlenbruck-*Uhlenbruck/Schlund* § 59 Rn. 1.

ist darüber hinaus auch gegenüber Kassenärztlichen Vereinigungen und Krankenkassen verpflichtet, die zu ihrer Aufgabenerfüllung notwendigen Angaben zu Erbringung, Verordnung und Abgabe von Versicherungsleistungen aufzuzeichnen und zu übermitteln, §§ 294 ff. SGB V. In Anwendung der streng formalen Betrachtungsweise der Rechtsprechung könnte man daher vertreten, die unter Verstoß gegen die Dokumentations- resp. Aufzeichnungspflicht erbrachte Leistung sei wertlos und ihre Abrechnung daher betrügerisch.

Nach der hier vertretenen Auffassung muss hingegen untersucht werden, ob bei Verstoß gegen die ärztliche Pflicht eine Zwecksetzung des Patienten vereitelt wird, die dazu führt, dass die erhaltene ärztliche Leistung für ihn unbrauchbar wird. Die ärztliche Dokumentationspflicht verfolgt unterschiedliche Ziele: Zum einen soll sie die Rechenschaftspflicht des Arztes gegenüber dem Patienten und dem Kostenträger erfüllen. Der Patient muss nachvollziehen können, welche einzelnen Maßnahmen zur Diagnose und Behandlung bei ihm durchgeführt worden sind. Dem Kostenträger bietet die Dokumentation eine Möglichkeit zu kontrollieren, in welchem Maße erstattungsfähige Leistungen erbracht worden sind. Vor dem Hintergrund der §§ 294 ff. SGB V kommt letzterem Aspekt insbesondere im GKV-System gesteigerte Bedeutung zu. Im Hinblick auf die erschwerte Beweisführung des Arztes in Arzthaftungssachen hat die Dokumentationspflicht auch eine Beweissicherungsfunktion.[864] Schließlich dient die Pflicht zur sorgfältigen Dokumentation auch der Therapiesicherung; sie soll eine sachgerechte Behandlung und Weiterbehandlung ermöglichen.[865] Diese Pflicht betrifft also auch die Qualität der ärztlichen Leistungen; sie soll gewährleisten, dass der jeweils behandelnde Arzt sich über die durchgeführten Maßnahmen und die angewandte Therapie informieren kann. Sie sichert also die Qualität der Therapie in ihrer Gesamtheit. Auf die Qualität der konkret erbrachten ärztlichen Leistung hat sie jedoch keine Auswirkung. Zwar besteht bei mangelnder Dokumentation die Gefahr, dass die zukünftige Behandlung nicht optimal auf die Gesamttherapie abgestimmt ist; die Verletzung dieser Nebenpflicht führt jedoch nicht dazu, dass die konkrete, lege artis erbrachte ärztliche Leistung für den Patienten vollkommen unbrauchbar ist.

Die mit mangelnder Dokumentation erbrachte ärztliche Leistung kann die gezahlte Vergütung des Vertragsarztes kompensieren. Sofern der Verstoß gegen die Dokumentationspflicht die einzige Pflichtverletzung des Arztes ist, und nicht eine bewusste Fehlsubsumtion[866] mit ihr einhergeht, liegt kein strafbarer Betrug

864 Vgl. Laufs/Uhlenbruck-*Laufs* § 107 Rn. 4.

865 Laufs/Uhlenbruck-*Uhlenbruck/Schlund* § 59 Rn. 5.

866 Siehe oben S. 195.

vor. Zur Ahndung dieses Verstoßes genügen die standesrechtlichen sowie die zivil- und honorarrechtlichen Folgen.[867]

j. Leistungserbringung entgegen der Richtlinien des GBA

Der in Kap. B angesprochene Fall der Leistungserbringung und -abrechnung entgegen der Entscheidung des UHM-Ausschusses[868] entspricht der hier behandelten Leistungserbringung im Widerspruch zu den Richtlinien des Gemeinsamen Bundesausschusses (GBA), die im Zusammenhang mit dem Abrechnungsbetrug durch unwirtschaftliche Leistungen behandelt worden ist.[869] Denn an die Stelle des Untersuchungs- und Heilmittelausschusses (damals § 368 RVO, § 23 BMV-Ä), der die in der vertragsärztlichen Versorgung zulässigen Leistungen festlegte, ist nun im Rahmen des Verfahrens nach § 135 SGB V der Gemeinsame Bundessauschuss getreten.

k. Abrechnungsbetrug bei sonstiger Leistungserbringung

Auch im Leistungserbringungsrecht außerhalb des Vertragsarztrechts ist die Vergütung bei Verstoß gegen formale oder inhaltliche Voraussetzungen der Leistungserbringung ausgeschlossen. Bspw. können Arzneimittel grundsätzlich nur dann vergütet werden, wenn sie gem. § 21 AMG zugelassen sind. Dies gilt auch für importierte Arzneimittel, deren Zulassung ruht.[870] Steht hier im Raum, dass sich ein Leistungserbringer die Vergütung durch Täuschung erschlichen hat, so ist ein Vermögensschaden nur dann gegeben, wenn die verletzten sozialrechtlichen Ziele dazu führen, dass die erbrachte Leistung für den Patienten unbrauchbar ist.

Im Arzneimittelrecht ist dies dann der Fall, wenn das Verfahren nach § 21 AMG missachtet wird, denn gerade dieses Verfahren untersucht die Qualität, Wirksamkeit und Unbedenklichkeit des Arzneimittels und ersetzt bei Medikamenten das oben beschriebene Verfahren nach § 135 SGB V. Ein nicht zugelassenes Medikament birgt demnach Gesundheitsrisiken für den Patienten und ist damit unabhängig von seinem tatsächlichen Effekt für diesen unbrauchbar. Eine derartige Leistung kann die gezahlte Vergütung nicht kompensieren. In Analo-

---

867 Siehe unten S. 229; speziell zum Zusammenhang von Dokumentationspflicht und zivilprozessualer Beweislast siehe *Laufs* a.a.O.

868 BGH NStZ 1993, 388, 389.

869 Siehe oben S. 199.

870 BSGE 94, 213, 220; mit Bestätigung seiner streng formale Betrachtungsweise.

gie zu dem oben im Zusammenhang mit den Außenseitermethoden Gesagten[871] kann etwas anderes nur bei zulassungsüberschreitender Verordnung von Medikamenten im off-label-use gelten.[872]

Nach der jüngsten Rechtsprechung des *BGH* ist jedoch zumindest bei der rechtswidrigen Verschreibung von Medikamenten durch Vertragsärzte eher an eine Sachleistungsuntreue als an einen Abrechnungsbetrug zu denken.[873]

II. Schaden der redlichen Vertragsärzte

Beim vertragsärztlichen Abrechnungsbetrug besteht die Besonderheit, dass –je nach Berechnungsform der Gesamtvergütung– der von der Vermögensverfügung Betroffene unterschiedlich sein kann. Ist eine Einzelleistungsvergütung vereinbart, so erhöht jede Falschabrechnung die Gesamtvergütung: Möglicherweise geschädigt ist dann die Krankenkasse. Zahlt Letztere jedoch eine Gesamtvergütung an die Kassenärztliche Vereinigung, die sich nach Kopfpauschalen berechnet, dann lassen die einzelnen Falschabrechnungen die Höhe der Gesamtvergütung unberührt. Hier ist damit nicht das Vermögen der Krankenkasse, sondern das der übrigen Vertragsärzte betroffen, denn die Falschabrechnungen führen dazu, dass mehr Punkte abgerechnet werden; dies führt zu einer Verminderung des Punktwertes, was schließlich bedeutet, dass die redlich abrechnenden Ärzte für ihre erbrachten Leistungen weniger Geld erhalten.[874]

Der hier vertretene Lösungsansatz erlaubt, die Kompensation des erlittenen Vermögensnachteils unabhängig davon zu beurteilen, ob er bei der Krankenkasse oder der Kassenärztlichen Vereinigung eingetreten ist. Denn es wird der Wert der erbrachten ärztlichen Leistung für maßgeblich erachtet, den sie für den behandelten Patienten hat. Mit dem hiesigen Lösungsansatz kann damit auch beiden in diesem Zusammenhang möglichen Extremauffassungen eine Absage erteilt werden:[875] Zum einen vertritt *Duttge,* die Hoffnung auf einen bestimmten

871 Vgl. oben S. 200.

872 Hierzu Schnapp/Wigge-*Wigge/Wille* § 19 Rn. 62.

873 Vgl. BGH MedR 2004, 268 mit Anm. *Weidhaas* ZMGR 2005, 53; BGH MedR 2004, 613; MedR 2006, 721; siehe hierzu *Geis* GesR 2006, 345; *Herffs* wistra 2006, 63; *Ulsenheimer* MedR 2005, 622; vgl. auch *Bernsmann/Schoß* GesR 2005, 193. Empirische Untersuchung zum Arzneimittelbetrug *Scharf/Mittendorf* GSP 2008, 47 ff.

874 Ausführlich zur Vermögensverfügung siehe oben S. 73 ff. Nach Einführung der regionalen Euro-Gebührenordnungen (§ 87a SGB V) und der Regelleistungsvolumina (§ 87b SGB V) hat sich dieses Problem weitestgehend erledigt, siehe oben S. 80 ff.

875 Alle zu dieser Problematik vertretenen Auffassungen sind wiedergeben auf S. 118 f.

Anteil an der Gesamtvergütung sei eine Aussicht, die im Abrechnungssystem nicht gesichert sei. Der Betrugstatbestand schütze aber vor dem „Ärmerwerden" und nicht die zerschlagene Hoffnung auf den Erwerb von Reichtümern. Damit liege in der Verringerung des Honorars der redlichen Vertragsärzte nicht die erforderliche unmittelbare Vermögensverschiebung vom Opfer- in das Tätervermögen.[876] Eine Ansicht, die schon deshalb erheblichen Zweifeln ausgesetzt sein muss, weil sie bei konsequenter Anwendung ihrer Argumentation auch in bisher unstreitig als Betrug anerkannten Fällen (z.B. Luftleistungen) einen Vermögensschaden ablehnen muss, wenn die Gesamtvergütung nach Kopfpauschalen berechnet wird. Die Gegenposition, dass es nicht die Vertragsärzte sind, die die erbrachte ärztliche Leistung erhielten und ihr Vermögensverlust daher nicht kompensiert werde,[877] vermag ebenfalls nicht zu überzeugen. Diese Auffassung dehnt die Betrugsstrafbarkeit zu weit aus, denn sie schließt eine Kompensation gänzlich aus, sofern ein Vermögensschaden der übrigen Vertragsärzte in Betracht kommt. Beide Literaturansichten tragen den Besonderheiten des Vertragsarztsystems mit seinem historisch gewachsenen Beziehungsgeflecht zwischen Versichertem, Krankenkasse, Kassenärztlicher Vereinigung und Vertragsarzt nicht hinreichend Rechnung.

Als Resultat des Sachleistungsprinzips besteht zwischen dem Leistungserbringungsrecht und dem Leistungsrecht ein wechselbezügliches Verhältnis.[878] D.h., das Verhältnis zwischen Arzt und Kassenärztlicher Vereinigung (Leistungserbringungsrecht) sowie das Verhältnis zwischen Patient und Krankenkasse (Leistungsrecht) stehen in einem untrennbaren inneren Zusammenhang,[879] bei dem sich die Verpflichtungen von Arzt und Krankenkasse mit dem Leistungsanspruch des Versicherten in Inhalt und Umfang decken müssen.[880] Auch die Rechtsprechung des *BSG* zum Leistungsrecht als Rahmenrecht, das durch das Leistungserbringungsrecht konkretisiert wird, geht weiterhin von der Einheit zwischen Leistungs- und Leistungserbringungsrecht aus.[881] Die in dieser Recht-

876 *Duttge* in: Schnapp [Hrsg.], Rechtsfragen der gemeinschaftlichen Berufsausübung von Vertragsärzten, S. 101 f.; ähnlich *Gaidzik* wistra 1998, 333.

877 Vgl. *Beckemper/Wegner* NStZ 2003, 316.

878 Schnapp/Wigge-*Axer* § 10 Rn. 24.

879 BSGE 52, 134, 137.

880 Vgl. BSGE 52, 134, 137; *Ossenbühl* NZS 1997, 499.

881 BSGE 78, 70, 76 f.

sprechung entschiedene Streitfrage, welches Recht dem anderen vorangeht,[882] kann an dieser Stelle dahinstehen. Entscheidend ist, dass im Vertragsarztrecht der Wert einer Leistung einheitlich beurteilt werden muss. Wenn eine Leistung gegenüber der Krankenkasse als werthaltig eingestuft wird, dann muss sie dies auch gegenüber der Kassenärztlichen Vereinigung sein. Das Verhältnis des leistenden Vertragsarztes zur Kassenärztlichen Vereinigung bestimmt auch dessen Beziehungen zur übrigen Vertragsärzteschaft, denn Erstere verwaltet treuhänderisch die Mittel für Letztere.[883] Daher muss auch die Ermittlung des Wertes der Leistung gegenüber der Krankenkasse und gegenüber der Vertragsärzteschaft einheitlich erfolgen. Die Ermittlung der Gesamtvergütung nach Einzelleistungen oder nach Kopfpauschalen bestimmt damit zwar die Person des Geschädigten – auf die Ermittlung des Wertes der ärztlichen Leistung und damit deren Kompensationsfähigkeit hat sie jedoch keinen Einfluss.[884]

Der hier vertretene Lösungsansatz passt sich nicht nur gut in das wechselbezügliche System von Leistungs- und Leistungserbringungsrecht ein. Vielmehr kann die symmetrische Bewertung des Leistungsinhalts im Leistungserbringungs- und Leistungsrecht auch als Argument für die hier vertretene Ansicht dienen: Das Abstellen auf die Brauchbarkeit für den eigentlichen Leistungsempfänger, den Patienten, trägt der Vorgabe Rechnung, dass im GKV-System der Wert einer Leistung immer einheitlich zu beurteilen ist.

III. Budgetierung und Schaden

Um den Anreiz zu einer vermehrten Erbringung von Leistungen zu verringern und dem damit verbundenen Punktwertverfall entgegen zu wirken, sind bei der Honorarverteilung unterschiedliche Budgetierungen zu beachten.

Durch Fallzahlbegrenzungen und Budgetierungen sollten bis 2009 die honorierten Leistungen des Vertragsarztes gekappt werden. Leistungen, die über eine bestimmte Fallzahlbegrenzung hinausgingen, wurden nur abgestaffelt vergütet. Wurde das im Budget vorgesehene Honorarvolumen überschritten, erhielt der Arzt für die darüber hinausgehenden Leistungen kein Honorar.[885,886]

---

882 Nach der Rspr. folgt das Leistungsrecht dem Leistungserbringungsrecht, BSG a.a.O.; nach der h.L. geht das Leistungsrecht vor, vgl. u.a. Schnapp/Wigge-*Axer* § 10 Rn. 24; zum Streitstand: Schnapp/Wigge-*Neumann* § 13 Rn. 9 ff. jeweils m.w.N.

883 Siehe oben S. 74.

884 So richtig *Hellmann/Herffs* Rn. 215; *Herffs* [Abrechnungsbetrug] S. 161; im Anschluss daran *Hancok* S. 224.

885 Vgl. *Clemens* MedR 2000, 17 ff.; Schnapp/Wigge-*Hess* § 16 Rn. 106 ff.

Vor diesem Hintergrund wird im Falle manipulierter Abrechnungen das Vorliegen eines Vermögensschadens dann bezweifelt, wenn die vorgetäuschten Leistungen aufgrund einer Budgetüberschreitung ohnehin nicht vergütet worden wären.[887] Ein negativer Vermögenssaldo liege nicht vor, da die Kassenärztliche Vereinigung das Honorar in gleicher Höhe auch dann hätte auszahlen müssen, wenn der Arzt keine zusätzlichen Leistungen vorgetäuscht hätte. Die praktische Relevanz dieser Konstellation darf in Frage gestellt werden, denn ohne Gewinnsteigerung fällt ein wesentliches Motiv für eine manipulierte Abrechnung weg. Eine Täuschung kann hier aus Tätersicht allenfalls dann sinnvoll sein, wenn er durch die Manipulationen auf jeden Fall „auf die sichere Seite" gelangen will, d.h. sein Budget jedenfalls – auch im Hinblick auf Honorarkürzungen – ausschöpfen will.

Der den Vermögensschaden verneinenden Ansicht könnte man entgegenhalten, dass nach Auffassung des *BSG* die das Budget überschreitenden Leistungen keineswegs unvergütet bleiben, denn nicht die Anzahl der abrechenbaren Leistungen werde begrenzt, sondern nur die Höhe ihrer Vergütung. Dies bedeute, dass bei einer Überschreitung des Budgets weiterhin alle Leistungen vergütet werden, jedoch das auf jede Leistung entfallende Honorar abhängig von der Zahl der insgesamt erbrachten Leistungen sinkt.[888] Bei (vorsätzlichen oder fahrlässigen) Falschabrechnungen führt das Gericht diese Rechtsprechung fort, indem es eine Honorarkürzung nicht mit den das Budget übersteigenden Punkten verrechnet. Das *BSG* kürzt also auch dann das Vertragsarzthonorar, wenn in Punkten die Honorarkürzung niedriger ist als die Budgetüberschreitung. Begründend führt das Gericht aus, dass nur so die durch die Einführung des Praxisbudgets intendierte Steuerung des ärztlichen Verhaltens greifen kann. Andernfalls würde vielmehr ein Anreiz gesetzt, möglichst umfangreich abzurechnen, um bei eventuellen Kürzungen das Praxisbudget im ungeschmälerten Umfang erhalten zu können.[889] In Konsequenz der Rechtsprechung der Strafgerichte zur streng formalen Betrachtungsweise könnte man auch diese sozialrechtliche Form der Schadensbestimmung ins Strafrecht übernehmen.

886 Durch die Gesundheitsreform (GKV-WSG) sind die Budgetierungen weitestgehend abgeschafft worden; die übermäßige Ausweitung der Vertragsarztpraxis soll nun über Regelleistungsvolumina verhindert werden, § 87b Abs. 2 SGB V. Vgl. hierzu *Wille* SDL 2008, 78 ff., 90 ff. und oben S. 80 ff.

887 *Gaidzik* wistra 1998, 330 f.; Roxin/Schroth-*Schroth* S. 137, Fn. 57; *Stelzl* Der Internist 2002, 222; *Ulsenheimer* [Arztstrafrecht] Rn. 14/38.

888 BSG SozR 3-2500 § 87 Nr. 32.

889 BSG SozR 4-2500 § 106 Nr. 4.

Im Rahmen einer asymmetrischen Akzessorietät kann die Sozialrechtswidrigkeit aber nur die hinreichende Bedingung der Strafbarkeit sein, darüber hinaus müssen jedoch die spezifisch strafrechtlichen Voraussetzungen erfüllt sein.[890] Der Betrugsstrafbarkeit im Falle der Budgetüberschreitung stehen jedoch die Erfordernisse des §263 StGB entgegen. Zwar wird man im Hinblick auf die beschriebene sozialrechtliche Rechtsprechung, die bei Budgetüberschreitungen alle Leistungen als vergütet ansieht, eine durch einen Irrtum kausal verursachte Vermögensverfügung annehmen können. Allerdings fehlt es an einem Vermögensschaden: Bei einer wirtschaftlichen Betrachtung wird in derartigen Fällen weder die Krankenkasse noch die übrige Vertragsärzteschaft ärmer. Die Kassenärztliche Vereinigung zahlt lediglich den Betrag aus, den sie ohnehin aufgrund der rechtmäßigerweise erbrachten Leistungen zu zahlen verpflichtet gewesen wäre. Die bloße Verletzung von gesundheitspolitischen Steuerungsinteressen kann einen betrugsrelevanten Vermögensschaden nicht ersetzen. Dieses Ergebnis gilt freilich nur, wenn die Budgetüberschreitung die fälschlich abgerechneten Leistungen in Punkten übersteigt.

Schließlich führt eine wirtschaftliche Schadensbestimmung auch nicht zu unbilligen Ergebnissen, denn zum einen kann das im Hinblick auf die ausgebliebene Rechtsgutsverletzung verwirklichte Unrecht hinreichend mit standes- und vertragsarztrechtlichen Disziplinarmaßnahmen sowie der Honorarrückforderung geahndet werden.[891] Außerdem bleibt Raum für eine Versuchsstrafbarkeit, sofern dem Arzt Tatentschluss bezüglich eines Vermögensschadens nachgewiesen werden kann.

IV. Schadenshochrechnungen

Eine vertragsärztliche Quartalsabrechnung macht regelmäßig mehrere tausend Einzelpositionen geltend. Die Feststellung, welche Leistungen zu Unrecht erbracht worden sind und wie hoch dementsprechend der entstandene Schaden ist, bereitet daher erhebliche tatsächliche Probleme. Diese werden noch dadurch verschärft, dass Patienten angesichts ihres laienhaften medizinischen Wissens bei Befragung mit großer zeitlicher Distanz kaum eine Aussage darüber machen können, ob die einzelnen abgerechneten Leistungen erbracht worden sind. Die Rechtsprechung entschärft diese Beweisschwierigkeiten durch Schadenshochrechnungen. Dabei muss beachtet werden, dass eine solche Schadenshochrechnung unter Umständen auch im Interesse des Angeklagten sein kann. Sie erlaubt

890 Zur Akzessorietät siehe oben S. 122 ff.

891 Hierzu unten S. 229.

es, nur einige Patientenakten auszuwerten, während umfangreiche Analysen aller Akten den Praxisbetrieb des Verdächtigen praktisch lahm legen würden.[892]

1. Rechtsprechung des *BGH*

Zu Verdeutlichung der Vorgehensweise der Rechtsprechung soll die hierzu ergangene Leitentscheidung des *BGH* dargestellt werden: Das Tatsachengericht hatte, um den Umfang von Abrechnungsbetrügereien eines Vertragsarztes in den Jahren von 1981 bis 1985 zu erfassen, mit Hilfe zweier Sachverständiger eine Methode entwickelt, die es ermöglichen sollte, auf die Vernehmung aller in diesem Zeitraum behandelten Patienten zu verzichten und stattdessen den Umfang des Fehlverhaltens durch ein mathematisch-statistisches Verfahren zu ermitteln. Per Zufallsprinzip wurden 62 Patienten, die in den Jahren 1984 und 1985 behandelt worden waren, ausgewählt. Durch Vernehmung dieser Patienten und des Praxispersonals wurde für diese 62 Fälle eine „Beanstandungsquote" ermittelt. Unter Berücksichtigung der Streuungsbreite wurde diese Quote auf die übrigen Behandlungsfälle sowohl der Jahre 1984/85 als auch der Jahre 1981-83 hochgerechnet. Mit Rücksicht auf die unterschiedliche Kassenzugehörigkeit und Einzelfälle, die eine Hochrechnung nicht gestatteten, hat das Gericht aus der hochgerechneten Zahl der Fehlabrechnungen den jeweiligen Schaden für die einzelnen Abrechnungszeiträume ermittelt. Diesen bewertete es mit einer als Vertrauensuntergrenze bezeichneten Wahrscheinlichkeit von 99,5 Prozent als mathematisch richtig.[893]

Prinzipiell hält der *BGH* Hochrechnungen bei der Schuldfeststellung für möglich. Die Schadenshochrechnung für die Jahre 1981-1983 beurteilte der Gerichtshof jedoch als rechtsfehlerhaft, da sie auf einer unzureichenden Beweisgrundlage beruhe. Als alleiniger Tatnachweis sei eine Hochrechnung ungeeignet. Zulässig sei sie nur zur Absicherung eines anderweitig gewonnenen Beweisergebnisses. Zur Ermittlung von Abrechnungsmanipulationen im Zeitraum 1981-1983 habe das Tatsachengericht es versäumt, Beweismittel zu nutzen, die einen unmittelbaren Beweis für das Tatgeschehen in diesem Zeitraum geliefert hätten, wie die Befragung von Praxispersonal und Patienten zu diesem Abrechnungszeitraum. Allein die Hochrechnung der „Beanstandungsquote" aus den Jahren 1984 und 1985 auf den davor liegenden Zeitraum könne als Beweis nicht genügen.

892 Vgl. *Dierlamm* AusR 2001, 139.

893 BGH NStZ 1990, 197 f.; = BGHSt 36, 320.

Die Schadensfeststellung für die Jahre 1984 und 1985 selbst beanstandete der *BGH* hingegen nicht. Im Gegensatz zum davor liegenden Zeitraum waren hier 62 betroffene Patienten befragt worden. Die Hochrechnung dieser Befragung auf den gesamten Abrechnungszeitraum sei im Rahmen der freien richterlichen Beweiswürdigung (§ 261 StPO) möglich. Von gesicherten Tatsachenfeststellungen ausgehende statistische Wahrscheinlichkeitsrechnungen gehörten zu den dem Richter offen stehenden Mitteln logischer Schlussfolgerung. Insbesondere die Abrechnungsmanipulationen seien einer mengenmäßigen Erfassung durch statistische Wahrscheinlichkeitsrechnungen zugänglich. Ihren Sinn erhielten sie nämlich erst durch massenhafte Wiederholungen, weil einzelne Leistungen nur mit geringfügigen Beträgen honoriert würden. Es liege nahe, dabei von vorneherein typisierte Verhaltensmuster zu entwickeln, die die schematisierte Wiederholung erleichterten (z.B. „Splitting"). Einschränkend führt der *BGH* an, das an den Beweis, der Täter habe sein Verhalten nicht geändert, hohe Anforderungen zu stellen seien. Dies beginne bei Auswahl und Untersuchung der Stichproben. Außerdem sei die tatrichterliche Feststellung hinreichend durch Tatsachen zu untermauern und es sei sachverständige Beratung einzuholen.[894]

Indem der *BGH* es ablehnt, die „Beanstandungsquote" auf die früheren Abrechnungsquartale auszudehnen, weil die Beweisgrundlage unzureichend sei, stellt er klar, dass eine Hochrechnung nur zur Ermittlung der Schadenshöhe zulässig ist. Die Hochrechnung kann nicht die Frage beantworten, ob überhaupt ein Vermögensschaden (oder ein sonstiges Tatbestandsmerkmal) verwirklicht ist. Noch deutlicher macht das Gericht dies in einer anderen Entscheidung: „Verurteilt werden darf ein Täter nur dann, wenn die ihm vorgeworfene Tat erwiesen, nicht schon, wenn sie, weil der Täter sich schon einmal so verhalten hat, wahrscheinlich oder gar nur möglich ist. Eine rein mathematische ‚Hochrechnung' bietet dafür keine ausreichende Grundlage. (...) [Es müssen] sämtliche der Verurteilung zugrunde liegenden Einzelakte vom Tatrichter geprüft sein und zu seiner Überzeugung feststehen."[895]

2. Objektive Tatsachengrundlage

Zu Recht wird in der Literatur diese Prämisse des *BGH* begrüßt,[896] denn nur durch sie kann dem Erfordernis Rechenschaft getragen werden, dass der Richter

894 BGH a.a.O.

895 BGH MDR 1978, 803 (bei *Holtz*); vgl. auch BGHSt 42, 107, 109; BGH StV 1998, 474.

896 LR-*Gollwitzer* § 244 Rn. 23; *Krause* StraFo 2002, 249 (V 1 a); *Vogel* HWiStR, Schätzung, S. 3.

zwar nach seiner freien Überzeugung entscheidet (§ 261 StPO), dies freilich jedoch nur auf Grundlage einer tragfähigen, objektiven Tatsachengrundlage.[897] Beim Abrechnungsbetrug ermittelt die Rechtsprechung immer wiederkehrende Muster, wie der abrechnende Vertragsarzt durch falsche Angaben in seinen Aufzeichnungen die Quartalsabrechnung zu seinen Gunsten manipuliert. Mit Hilfe eines statistisch-mathematischen Verfahrens schließt die Rechtsprechung durch einige solcher Manipulationen auf den gesamten Abrechnungszeitraum und ermittelt so die Schadenshöhe. Diese Vorgehensweise der Rechtsprechung legt den Verdacht nahe, sie missachte ihre eigene Prämisse, niemals das „Ob" eines Tatbestandsmerkmals durch Hochrechnungen zu ermitteln.[898] Dieser Verdacht lässt sich jedoch nicht erhärten, denn die Täuschungshandlung beim Abrechnungsbetrug ist nicht das Ausfüllen der Krankenscheine, sondern das Einreichen der Quartalsabrechnung samt Sammelerklärung, in der versichert wird, dass alle Leistungen erbracht worden sind und die Abrechnung sachlich richtig ist.[899] Aufgrund von Zeugenbefragungen steht fest, dass diese Quartalsabrechnungen in betrügerischer Absicht manipuliert worden sind. Das „Ob" des Merkmals Täuschung wird also nicht durch Hochrechnung ermittelt, sondern beruht auf einer tragfähigen Beweisgrundlage. Mit der Hochrechnung soll nur der Umfang der Täuschung festgestellt werden. Mit der hochgerechneten Anzahl der zu Unrecht abgerechneten Leistungen kann dann auf die Höhe des Vermögensschadens geschlossen werden.

3. In dubio pro reo

Möglicherweise könnte der Grundsatz in dubio pro reo gegen die beschriebene Schadenshochrechnung sprechen. Dieser Grundsatz, der auf einen Umkehrschluss aus § 261 StPO und das Rechtsstaatsprinzip zurückgeführt werden kann, bedeutet dem Richter, die Schuld des Angeklagten nachzuweisen. Gelingt ihm dieser Nachweis nicht, so wirken die Zweifel zu Gunsten des Angeklagten, er ist freizusprechen.[900] Immerhin bewertet das Gericht seine Hochrechnungen mit einer Wahrscheinlichkeit von lediglich 99,5 Prozent als richtig. Sind die verbliebenen 0,5 Prozent Unsicherheit also als Zweifel zu interpretieren, die zu Gunsten des Angeklagten einen Freispruch bewirken? Die Frage ist zu verneinen, denn absolute, denknotwendige Sicherheit kann der menschliche Geist allenfalls in seltenen Ausnahmefällen erzielen. Die Feststellung einer an Sicherheit gren-

897 Mit Nachweisen *Kühne* Rn. 948.

898 So in der Tat *Hancok* S. 189 f.

899 Siehe oben S. 36 ff. mit Nachweisen in Fn. 136.

900 *Kühne* Rn. 954 f.

zenden Wahrscheinlichkeit ist daher hinreichend für die richterliche Überzeugung.[901] Die freie Überzeugung bedeutet persönliche Gewissheit. Überzeugung schließt die Möglichkeit eines anderen Sachverhalts nicht aus. Es ist die allein dem Tatrichter übertragene Aufgabe, zu prüfen, ob er die möglichen Zweifel überwinden kann und sich von einem bestimmten Sachverhalt überzeugen kann oder nicht.[902] Der Grundsatz in dubio pro reo bedeutet also nicht, dass der Richter bei jedem denkbaren Zweifel den Angeklagten freizusprechen hat. Vielmehr hat erst dann ein Freispruch zu erfolgen, wenn sich die Zweifel derart verdichtet haben, dass das Gericht sie für beachtlich hält.

Die richterliche Überzeugungsbildung nach Wahrscheinlichkeitserwägungen ist im Strafprozess nichts Ungewöhnliches: So ist der Siegeszug der DNS-Analyse, die oftmals trügerisch einen sicheren Beweis zu bieten scheint, der Siegeszug einer Wahrscheinlichkeitsrechnung. Die untersuchten Merkmale der DNS kommen in einer Vergleichspopulation mit einer bestimmten Häufigkeit vor. Liegen die untersuchten Merkmale bei einem Beschuldigten vor, so kann daraus als Schlussfolgerung die Wahrscheinlichkeit errechnet werden, dass die untersuchte Täterspur von ihm stammt.[903] DNS-Analyse und Schadenshochrechnungen sind Indizienbeweise, bei denen der Schluss von der Indizientatsache auf die Beweistatsache nicht zwingend sein muss, sondern sich auf Wahrscheinlichkeitserwägungen stützen kann, nur in der Gesamtschau müssen sich diese zur vollen richterlichen Überzeugung verdichtet haben.[904] Die Schadenshochrechnungen verstoßen also nicht per se gegen den Grundsatz in dubio pro reo.

4. Verstoß gegen Denkgesetze

Die subjektive Gewissheit des Tatrichters, ein bestimmter Sachverhalt liege vor, ist jedoch nur die hinreichende Bedingung für die richterliche Überzeugung. Notwendigerweise setzt diese Überzeugung objektive Grundlagen voraus, die aufgrund rationaler Erwägungen den Schluss zulassen, dass die subjektive Gewissheit des Richters mit hoher Wahrscheinlichkeit mit der Wirklichkeit übereinstimmt.[905] Ein Verstoß gegen Denkgesetze oder naturwissenschaftliche Ge-

901 *Kühne* Rn. 947.

902 BGHSt 10, 208, 209 f.

903 Ausführlich hierzu *Bender/Nack/Treuer* Rn. 641 ff.

904 *Vogel* HWiStR, Schätzung, S. 4.

905 BGH NStZ 1987, 473; 1988, 236; 1990, 603; StV 1993, 510.

setze kann in der Revision korrigiert werden.[906] Aus dieser Notwendigkeit ergeben sich ernsthafte Zweifel an der Zulässigkeit der Schadenshochrechnung in Abrechnungsbetrugsverfahren.

Zum einen besteht die Gefahr, dass technische Anforderungen an statistisch-mathematische Hochrechnungen missachtet werden (z.B. bei der Auswahl der Stichproben)[907] und damit gegen Denkgesetze verstoßen wird. Ob diese Anforderungen eingehalten worden sind, ist Frage des Einzelfalls. In dem der Leitentscheidung des *BGH* zugrunde liegenden Fall könnten hiergegen angesichts von insgesamt (nur) 62 Stichproben für acht Abrechnungsquartale Zweifel erhoben werden, die hier jedoch nicht abschließend bewertet werden können.

Darüber hinaus bestehen aber auch ganz grundsätzliche Bedenken, ob menschliches Verhalten überhaupt in dieser Form hochrechenbar ist. Dies hat auch der *BGH* erkannt, er führte jedoch aus, dass für die Erfassung von Handlungen eines Menschen nach den Gesetzen der Logik keine Besonderheiten gelten, sofern nur gesichert ist, dass dieser sein Verhalten nicht geändert hat. An den Beweis, dass der Täter sein Verhalten nicht geändert hat, seien hohe Anforderungen zu stellen. Die Stichprobe, die die Grundlage der Hochrechnung bildet, sei eingehend auf Auffälligkeiten und Besonderheiten zu untersuchen, außerdem sei ein Sachverständiger hinzuzuziehen.[908]

M.E. kann nur das Geständnis des Angeklagten, er habe bestimmte Abrechnungsposten methodisch manipuliert, eine ausreichende objektive Grundlage der Hochrechnung bilden. Bestreitet der Angeklagte jedoch den Tatvorwurf, so beruht die Hochrechnung allein auf dem rational nicht nachvollziehbaren Schluss, dass derjenige, der nachgewiesenermaßen eine strafbare Handlung begangen hat, weitere strafbare Handlungen begangen haben muss. Dieser Schluss kann richtig sein – angesichts der unregelmäßigen, keinen zwingenden Gesetzmäßigkeiten folgenden Motivationen menschlichen Verhaltens muss er dies jedoch nicht. Bei der Schadenshochrechnung beim Abrechnungsbetrug handelt es sich also nicht um die reine Hochrechnung einer durch eine bestimmte Handlung entstandenen Schadenshöhe, sondern es wird vielmehr die Anzahl der schadensbegründenden Handlungen selbst hochgerechnet. Diese sind zwar nicht jeweils betrugsrelevante Täuschungshandlungen, die auch nach Auffassung des *BGH* nicht hochrechenbar sind, aber auch bei ihnen fehlt es an einem Erfah-

906 Vgl. *Kühne* Rn. 948.

907 Hierzu ausführlich *Traut* AusR 2002, 164 ff.

908 BGH NStZ 1990, 198.

rungssatz, der mit hinreichender Sicherheit darauf schließen lässt, dass sich ein bestimmtes menschliches Verhalten ungebrochen fortgesetzt hat.[909]

5. Unschuldsvermutung

Außerdem birgt eine Schadenshochrechnung die Gefahr, die Unschuldsvermutung zu erodieren. Gem. Art. 6 Abs. 2 EMRK gilt jeder Angeklagte bis zum gesetzlichen Beweis seiner Schuld als unschuldig. Daraus folgt unmittelbar, dass der Staat die alleinige Beweislast im Strafverfahren trägt, was wiederum das Schweigerecht des Angeklagten bedingt (§§ 136, 243 Abs. 4 S. 1 StPO):[910] Es steht dem Angeklagten frei, sich zur Sache zu äußern. Er ist in keiner Weise verpflichtet, sich selbst von den gegen ihn erhobenen Anschuldigungen zu entlasten. Durch die Schadenshochrechnung geraten diese Grundsätze jedoch in Gefahr: Wenn jede einzelne Abrechnungsmanipulation nachgewiesen werden muss, gilt die Unschuldsvermutung fort, solange dieser Nachweis misslingt; der Angeklagte kann sich auf Schweigen beschränken. Im Falle der Schadenshochrechnung büßt dieses Schweigen jedoch an Gewicht ein. Wird nämlich durch Wahrscheinlichkeitserwägungen auf eine bestimmte Anzahl von Manipulationen geschlossen, so gerät der Beschuldigte unter Druck, nachzuweisen, dass die Hochrechnungen nicht zutreffen. Der Angeklagte muss sein Schweigen brechen, um die Statistik zu widerlegen. Diese Situation kommt einer Beweislastumkehr gleich. Zwar steht jeder Angeklagte vor dem Problem, wie er sich gegenüber belastenden Beweisen zu verhalten hat. In diesem Normalfall ist der Angeklagte jedoch mit einem bereits erhobenen Beweis konfrontiert. Bei der Schadenshochrechnung ist es hingegen die primäre Aufgabe des Angeklagten zu beweisen, dass die Wahrscheinlichkeit weiterer Manipulationen nicht zutrifft.[911] Ein Problem, das im Übrigen bei der vom Gesetz zugelassenen Schätzung der Einkünfte des Angeklagten nach § 40 Abs. 3 StPO nicht besteht. Dort kann sich der Angeklagte gegen eine fehlerhafte Schätzung seines Vermögens wehren, ohne dass sein Schweigen zur Sache betroffen ist.[912]

6. Ergebnis

Darüber hinaus ist der Erkenntnisgewinn der Schadenshochrechnungen ohnehin begrenzt: Der *BGH* selbst führt in der Entscheidung zu Schadenshochrechnun-

909 So auch *Krause* StraFo 2002, 249 (V 2 a) und *Hancok* S. 190.

910 Siehe LR-*Kühne* Einl. Kap. J Rn. 74, 87.

911 *Salditt* StV 1990, 153; vgl. auch *Krause* StraFo 2002, 249 (V 1 b).

912 Vgl. *Hellmann* GA 1997, 511.

gen beim Abrechnungsbetrug mit Recht aus, dass „für die Erfassung des Schuldgehalts von Betrugstaten eines Arztes nicht allein die Schadenshöhe maßgeblich ist, sondern in erster Linie die aufgewandte kriminelle Energie, das Ausmaß des Vertrauensbruchs und die Dauer des Verhaltens.“[913] Um eine den Kriterien des *BGH* entsprechende Schätzungsgrundlage zu ermitteln, ist eine weitreichende Befragung von Zeugen und Auswertung von Krankenakten ohnehin unerlässlich. Schon der hierbei unzweifelhaft ermittelte Mindestschaden dürfte zur Begründung einer tat- und schuldangemessenen Bestrafung ausreichen. Eine darüber hinausgehende Schadenshochrechnung ist insbesondere in Anbetracht der ihr entgegenstehenden methodischen und rechtsstaatlichen Bedenken verzichtbar.[914]

913 BGH NStZ 1990, 197; vgl. auch BGH wistra 1992, 296; 1993, 300; vgl. auch *Schäfer* Praxis der Strafzumessung, Rn. 916.

914 Siehe auch *Krause* StraFo 2002, 249 (V 1 b), der im Hinblick auf den darüber hinausgehenden Schaden den Rechtsgedanken des § 154 StPO fruchtbar machen will. Differenzierend zur Schadenshochrechnung *Badle* NJW 2008, 1029.

G. Gedanken zur Reform des Betrugstatbestandes

Nach dem hier vertretenen Lösungsansatz sind Abrechnungen unter einem Verstoß gegen sozialrechtliche Bestimmungen, der nicht zu einem wirtschaftlichen Vermögensnachteil führt, straflos. Abschließend sollen nun einige Gedanken zur möglichen Strafbewehrung von Abrechnungsmanipulationen de lege ferenda folgen.

I. Reformvorschläge

Der Betrug schützt das Vermögen, die bloße Beeinträchtigung von gesundheits- oder berufspolitischen Lenkungsinteressen ist nicht strafbar, solange man nicht den Straftatbestand eines „Sozialversicherungsbetrugs" einführt. Darauf hat schon *Volk* – ohne sich diesen Reformwunsch zu Eigen zu machen – hingewiesen.[915]

Bereits in anderen Feldern des Wirtschaftsstrafrechts werden Probleme bei der Feststellung von Schaden und Vorsatz durch eigene Straftatbestände gelöst, die auf einen Schadenseintritt verzichten und teilweise sogar fahrlässig begangen werden können, bspw. der Subventionsbetrug (§ 264 StGB) oder der Versicherungsmissbrauch (§ 265 StGB).[916] Diese Gedanken will *Schubert* auf den Abrechnungsbetrug übertragen und diesen in einem eigenen Tatbestand unter Strafe stellen.[917] Nach seinem Untersuchungsgegenstand bezieht er sich zwar nur auf den Abrechnungsbetrug bei Privatpatienten, innerhalb seiner Ausführungen verschwimmen allerdings die Grenzen zwischen privater und gesetzlicher Krankenversicherung.[918,919] Vor allem aber ist der von ihm vorgeschlagene Reformentwurf gleichermaßen auf beide Arten der Krankenversicherung anzuwenden:

> *„Entwurf zu § 263 StGB. (1) ... (8) Spiegelt ein Arzt selbst oder durch Dritte leichtfertig fehlerfreie Abrechnungen vor, um einen Betrug i.S.*

---

915 *Volk* NJW 2000, 3386, 3388.

916 Zur praktischen Unzulänglichkeit des § 263 StGB zur Ahndung der Subventionserschleichung siehe LK-*Tiedemann* § 264 Rn. 5.

917 *Schubert* ZRP 2001, 154 ff.

918 Siehe auch die Kritik von *Schmitt-Homann* ZRP 2001, 485. Kritisch ebenfalls *Karras* ZRP 2001, 580; *Lauckner* ZRP 2002, 188.

919 Grds. zum Abrechnungsbetrug bei der Privatliquidation siehe auch *Dahm* MedR 2003, 268 ff.; *Hellmann/Herffs* Rn. 346 ff.; *Ulsenheimer* [Arztstrafrecht] Rn. 14/42.

des Absatzes 1 begehen zu können, wird er mit Geldstrafe oder Freiheitsstrafe bis zu zwei Jahren bestraft.“[920]

Der Reformvorschlag enthält also zwei wesentliche Elemente: Zum einen soll der Straftatbestand des Abrechnungsbetrugs als abstraktes Gefährdungsdelikt ausgestaltet sein. Ein Schadenseintritt soll demnach nicht mehr erforderlich sein, es genügt die abstrakte Vermögensgefährdung. Außerdem soll der Abrechnungsbetrug nach der Auffassung *Schuberts* auch fahrlässig verwirklicht werden können. Immerhin will er dabei nur leichtfertiges Handeln unter Strafe stellen.[921] Erkennbar ist dieser Vorschlag an die Struktur des Subventionsbetrugs angelehnt (vgl. § 264 Abs. 1, 3 StGB).

Für die öffentliche Wahrnehmung scheint der Abrechnungsbetrug ohnehin schon als eigenständiges Delikt zu existieren. Presse und sonstige Öffentlichkeit hantieren souverän mit dieser Erscheinungsform des Wirtschaftsstrafrechts, als sei sie eine selbständige Form des Betrugs neben Subventions-, Versicherungsbetrug und Ähnlichem. Ist es sinnvoll diesen Tatbestand auch tatsächlich zu normieren, zumal mit der erheblichen Ausweitung des strafbaren Verhaltens, wie es *Schubert* vorschwebt?

II. Fahrlässigkeitsdelikt

Es kann auf breite Ausführungen verzichtet werden, um den Vorschlag, einen „leichtfertigen Abrechnungsbetrug“ unter Strafe zu stellen, abzuweisen. Zwar scheint es auch *Schubert* geläufig zu sein, dass das Strafrecht nur als ultima ratio zum Einsatz kommen soll,[922] richtig verinnerlicht hat er diesen Grundsatz offenbar jedoch nicht. Sein Vorschlag läuft allem zuwider, was den fragmentarischen Charakter des Strafrechts nicht nur als Floskel begreift und sich darüber hinaus eventuell sogar um eine Entkriminalisierung bemüht. Der EBM 2005 umfasste beispielsweise 1.400 Gebührenpositionen und 16.000 Abrechnungsausschlüsse (unzulässige Nebeneinanderabrechnungen). Trotz dieses überwältigenden Umfangs können diese Positionen die mannigfaltigen ärztlichen Untersuchungs- und Behandlungsmethoden selbstverständlich nicht abschließend wiedergeben. Der EBM ist interpretationsbedürftig. Ein Blick in diesen Katalog genügt, um festzustellen, dass ihm die Gefahr der Fehlinterpretation immanent ist.[923]

---

920 *Schubert* a.a.O. 158.

921 *Schubert* a.a.O. 157 f.

922 Vgl. *Schubert* a.a.O. 157.

923 Der EBM ist abrufbar im Internet: http://www.kbv.de/ebm2009/EBMGesamt.htm (zuletzt aufgerufen im Juni 2009).

Zwar ist die bei *Schuberts* Konzentration auf die private Krankenversicherung maßgebliche GOÄ im Umfang geringer; aufgrund der Tatsache, dass dieses über zwanzig Jahre alte Regelwerk dem modernen Stand der Wissenschaft nicht mehr entspricht und ausdrücklich die Bildung von Analogziffern zulässt (§6 Abs.2 GOÄ), ist seine Interpretation aber nicht minder problematisch.[924]

Die verschiedenen Interpretationsmöglichkeiten werden in den einschlägigen Kommentaren diskutiert und mit letzter Verbindlichkeit von den Sozial- resp. Zivilgerichten entschieden. In diesen beiden Zweigen der Gerichtsbarkeit ist über das fahrlässige Unrecht bei der Interpretation von EBM und GOÄ zu entscheiden. Gegebenenfalls kommen berufsrechtliche und vertragsarztrechtliche Sanktionen in Betracht.[925] All dies sind mildere Maßnahmen, um der richtigen Interpretation der Gebührenordnungen zur Anwendung zu verhelfen. Bei einem für fahrlässige Fehlinterpretationen derart anfälligen System ist aber das Strafrecht hierzu sicherlich das falsche Mittel. Selbst wenn *Schubert* eine Bestrafung auf Fälle von gesteigerter Fahrlässigkeit (Leichtfertigkeit) beschränken will, würde das Delikt „fahrlässiger Abrechnungsbetrug" zu einer Kriminalisierung von minderem Verhaltensunrecht führen, das eher der Fehlleistung des Normgebers auf diesem Gebiet anzulasten ist als dem Delinquenten selbst. Im Regelfall der vermeintlichen Fehlinterpretation wird diesen überhaupt kein Unrechtsvorwurf treffen, denn es ist sein gutes Recht, bei strittiger Interpretation die für ihn günstigste für richtig zu halten.[926]

III. Abstraktes Gefährdungsdelikt

Mit der Formulierung „(...) um einen Betrug begehen zu können (...)" will *Schubert* die Strafbarkeit in den Vorfeldbereich des Betrugs ausweiten und auf einen Vermögensschaden verzichten. Der von ihm vorgeschlagene Straftatbestand des Abrechnungsbetrugs soll ein abstraktes Gefährdungsdelikt sein.

1. Beweiserleichterung

Wer eine Strafbarkeit derart vorverlegen will, trägt eine besondere Begründungslast, weshalb es erforderlich sein soll, Regelverstöße schon in einem solchermaßen frühen Stadium mit strafrechtlicher Sanktion zu belegen. Dieser An-

924 Auch die GOÄ findet sich im Internet: http://bundesrecht.juris.de/go__1982/index.html (zuletzt aufgerufen im Juni 2009).

925 Siehe hierzu unten S. 229.

926 Zu Auslegungsdifferenzen und strafprozessualem Anfangsverdacht siehe *Ulsenheimer* [Arztstrafrecht] Rn. 14/4.

forderung kommt *Schubert* nicht nach: Als zentrales Problem des Abrechnungsbetrugs will er erkannt haben, dass der Vorsatznachweis oft nur schwer zu führen ist. Letztlich läuft seine Begründung allein darauf hinaus, mit einem Gefährdungsdelikt diesem Problem Abhilfe schaffen zu wollen. Seine weiteren Ausführungen widmen sich allein der Frage, ob hierfür ein konkretes oder abstraktes Gefährdungsdelikt zweckmäßiger erscheint.[927]

Die Argumentation *Schuberts* ist nicht schlüssig, denn ginge es ihm allein um den schwierigen Vorsatznachweis, so genügte die ebenfalls verfolgte Ausweitung des Betrugs auf leichtfertige Falschabrechnungen. Ein abstraktes Gefährdungsdelikt ist dort sinnvoll, wo entweder der Nachweis des Erfolgseintritts nur schwer zu führen ist (z.B. § 264 StGB) oder wo man schon Vorbereitungshandlungen vor der eigentlichen Tathandlung für strafwürdig hält (z.B. § 265 StGB), jedenfalls sind es Delikte, bei denen der Gesetzgeber bestimmte Handlungen für typischerweise so gefährlich im Hinblick auf ein bestimmtes Schutzgut hält, dass er sie unter Strafe stellt.[928]

Die angestrebte Beweiserleichterung ist sehr bedenklich: Wie beschrieben ist dem ärztlichen Gebührenrecht – sei es im vertragsärztlichen, sei es im privatärztlichen Bereich – aufgrund seiner erheblichen Komplexität und Interpretationsbedürftigkeit die Möglichkeit der fahrlässigen Falschabrechnung immanent. Es ist nun gerade Aufgabe der Strafrechtspraxis, zu unterscheiden, wann vorsätzlich falsch abgerechnet und damit das Verhaltensunrecht des Betrugs verwirklicht worden ist, und wann lediglich ein Versehen vorlag. Auch wenn der Nachweis im Einzelfall schwer zu führen ist, kann sich der Rechtsanwender dieser Aufgabe nicht mit einer Gesetzesreform entziehen, die ihm zwar diesen Nachweis erleichtert, aber erhebliche Teile der Ärzteschaft einer möglichen Kriminalisierung aussetzt, obwohl das von ihnen verwirklichte materielle Unrecht allenfalls gering ist.

2. Rechtsgut

Aber auch jenseits der bloßen Beweiserleichterung ist eine Begründung für ein abstraktes Gefährdungsdelikt „Abrechnungsbetrug“ m.E. nicht zu finden: Dazu müssten diejenigen Verstöße gegen Abrechnungsbestimmungen, die nach der hier vertretenen wirtschaftlichen Betrachtungsweise nicht zu einem Vermögensschaden führen, derart sozialschädlich sein, dass dies eine strafrechtliche Sanktion rechtfertigte. Vor allem dürfte kein weniger einschneidendes Mittel zur Be-

927 *Schubert* ZRP 2001, 156 f.

928 Vgl. *Krey* AT 1 Rn. 190.

kämpfung dieses Fehlverhaltens als die Kriminalstrafe ersichtlich sein (ultima-ratio-Prinzip). Ist also die Verletzung der gesundheits- und berufspolitischen Steuerungsinteressen derart sozialschädlich, dass ihre Einhaltung mit den Mitteln des Strafrechts verfolgt werden muss?

Diese Arbeit hat gezeigt, dass durch bloße Verstöße gegen die sozial- und berufspolitischen Steuerungsinteressen das Vermögen bei wirtschaftlicher Betrachtung nicht betroffen ist: Der durch die Auszahlung des Arzthonorars erlittene Vermögensverlust wird durch eine wirtschaftlich werthaltige Gegenleistung ausgeglichen. Das Vermögen der Krankenkasse resp. der übrigen Vertragsärzte ist daher nicht verletzt und noch nicht einmal gefährdet. Bei dem verbleibenden Rest an straflosen Abrechnungsmanipulationen, deren Strafwürdigkeit es hier zu diskutieren gilt, sind also allein gesundheits-, sozial- und berufspolitische Steuerungsinteressen betroffen. Es geht also letztlich – zumindest im GKV-Bereich – um den von *Volk* so bezeichneten Sozialversicherungsbetrug.

Freilich verfolgen die benannten Steuerungsinteressen zum Teil Ziele von gesellschaftlicher und individueller Bedeutung. In ihrer Gesamtheit sollen die verschiedenen Steuerungselemente letztlich der Funktionsfähigkeit des Gesundheitssystems dienen. Bei einer näheren Betrachtung sind sie im einzelnen jedoch in weitem Maße dezisionistisch: Die Unterscheidung zwischen einer Gemeinschaftspraxis und einer Praxisgemeinschaft, die Begrenzung der Anstellungsmöglichkeiten bei Vertragsärzten, das Gebot der Leistungserbringung in freier Praxis, all das sind Kriterien, die man im Einzelnen auch anders hätte ausgestalten können, ohne dass das Gesundheitssystem zusammengebrochen wäre. Zudem spielen bei ihrer Entstehung oftmals auch standespolitische und lobbyistische Interessen eine Rolle, sie dienen also nicht nur dem hehren Ziel der Funktionsfähigkeit des Gesundheitssystems. Schon das geschützte Rechtsgut wirkt also blass und kann den Einsatz dieses nicht ganz unproblematischen Normtyps kaum rechtfertigen.[929]

3. Subsidiarität

Der Sozialversicherungsbetrug würde auch dem subsidiären Charakter des Strafrechts zuwider laufen: Das ärztliche Berufsrecht und das Vertragsarztrecht halten eine Reihe von Sanktionen bereit, um auf Falschabrechnungen unterhalb der Betrugsschwelle zu reagieren: Dem Arzt droht ein Disziplinarverfahren der Kas-

929 Kritisch zu den abstrakten Gefährdungsdelikten: *Kühne* [Bürgerfreiheit und Verbrecherfreiheit] S. 19 f.; speziell bei Wirtschaftskriminalität: *ders.* FS Müller-Dietz (2001), S. 424; *Prittwitz* Strafrecht und Risiko, S. 236 ff.; *Wohlers* Deliktstypen des Präventionsstrafrechts, S. 281 ff.

senärztlichen Vereinigung nach § 81 Abs. 5 SGB V i.V.m. der jeweiligen Disziplinarordnung, das als mögliche Maßnahme eine Verwarnung, einen Verweis, eine Geldbuße oder die Anordnung des Ruhens der Zulassung zur Folge haben kann. Darüber hinaus kann ihm durch den Zulassungsausschuss auch die Zulassung entzogen werden, vgl. §§ 34 ff. Ärzte-ZV. Auch die Honorarrückforderung kann Sanktionscharakter haben, sie wird nämlich auch dann durchgeführt, wenn die zu Unrecht abgerechneten Punkte wegen einer Budgetüberschreitung ohnehin verfallen wären.[930] Zudem kommen auch berufsgerichtliche Verfahren nach den jeweiligen Heilgesetzen der Länder in Frage (z.B. nach §§ 43 ff. HeilBG RLP: Warnung, Verweis, Geldbuße). Der Entzug der Approbation wegen Unwürdigkeit oder Unzuverlässigkeit (§ 5 Abs. 2 i.V.m. § 3 Abs. 1 S. 1 Nr. 2 BÄO) ist bei Fehlabrechnungen unterhalb der Betrugsschwelle wohl eher nicht zu befürchten.[931]

4. Schuld

Hinzu kommt, dass selbst der *BGH,* der mit seiner streng formalen Betrachtungsweise hier § 263 StGB bejaht, die Tatsache, dass der Angeklagte medizinisch indizierte Leistungen lege artis erbracht hat, als strafmildernd berücksichtigt.[932] M.E. besteht ohnehin ein wechselbezügliches Verhältnis zwischen der Ausgestaltung des GKV-Systems und der Schuld des Abrechnungsbetrügers. Einerseits baut das System auf dem großen Vertrauen auf, das dem Vertragsarzt entgegen gebracht wird. Er entscheidet, welche Sachleistungen der einzelne Patient erhält. Im Regelfall wird diese Entscheidung nicht überprüft. Bei der Abrechnung gegenüber der Kassenärztlichen Vereinigung bleibt dem Patienten als einziger Person, die beurteilen könnte, ob die abgerechneten Leistungen erbracht worden sind, ein Einblick in die Abrechnung verwehrt. Auch hier vertraut das System in erheblichem Maße auf die Redlichkeit des Arztes. Die Rechtsprechung wertet den Missbrauch dieses Vertrauens zu Recht als schulderschwerend.[933]

Andererseits enthält das GKV-System auch Strukturen, die selbst kriminogen wirken: Die Budgetierung von Leistungen oder die Unübersichtlichkeit des

---

930 BSG SozR 4-2500 § 106 Nr. 4; vgl. oben S. 216.

931 Zur Auswirkung eines Strafverfahrens gegen Ärzte auf die Folgeverfahren siehe *Dierlamm* AusR 2001, 140; *Dorn* AusR 2006, 66 ff.; *Feigen* MedR 1988, 283; *Halbe* in: Ratajczak/Schwarz-Schilling [Schriftl.], Medizin und Strafrecht, S. 111 ff.

932 BGH NStZ 1995, 85, 86; MedR 2003, 298, 300 f.

933 BGHSt 36, 320, 322; BGH StV 1993, 520, 521; wistra 1992, 253, 254; 296.

Systems provozieren tatgeneigte Ärzte zu Abrechnungsmanipulationen.[934] Diese Strukturen müsste man prinzipiell strafmildernd bei Abrechnungsbetrügern ins Feld führen. Auch der *BGH* führt im Radionuklidverfahren aus, dass die Auslegungsprobleme und die mangelnden Kontrollen durch die Kassenärztliche Vereinigung sowie die auch durch die Fachkollegen weitgehend beanstandungsfrei erfolgte Falschabrechnung zu einer Verminderung der individuellen Schuld des Angeklagten führen.[935] Eine genauere Betrachtung der kriminogenen Momente des GKV-Systems und deren Auswirkungen auf die individuelle Schuld der Abrechnungsbetrüger würde allerdings Zielsetzung und Rahmen dieser Arbeit sprengen.

5. Ergebnis

Es kann festgehalten werden, dass der Betrugstatbestand de lege lata ausreichend ist, die strafwürdigen Phänomene des Abrechnungsbetrugs zu ahnden. Bloße Verstöße gegen gesundheitspolitische Steuerungsinteressen können ausreichend mit berufs- und vertragsarztrechtlichen Maßnahmen sanktioniert werden. Der in der Praxis oftmals tatsächlich schwierige Nachweis insbesondere des subjektiven Tatbestandes und des Vermögensschadens kann nicht durch eine Gesetzesreform umgangen werden. Zur Abhilfe können die fortwährenden Bemühungen beitragen, Unklarheiten in der Auslegung des EBM zu verhindern. Außerdem sind hier die weitere Intensivierung und Ausweitung der Kontrollmöglichkeiten sowie die verbesserte Ausbildung der Kontrolleure und Schwerpunktstaatsanwaltschaften einerseits und auch der Vertragsärzte andererseits Erfolg versprechend.[936]

934 Ausführlich hierzu *Steinhilper* FS Schwind (2006), S. 163 ff.

935 BGH MedR 1992, 36, 40.

936 Vgl. *Steinhilper* FS Schwind (2006), S. 170 ff.; *Ulsenheimer* [Arztstrafrecht] Rn. 14/7.

Schlussbetrachtung

„Ebenso wie es iatrogene Krankheiten gibt, kennt auch das Rechtsleben Übel, deren Entstehung wir allein Juristen verdanken.“[937]

Diese Arbeit hat sich zur Aufgabe gemacht, eine Konstellation des Abrechnungsbetrugs zu untersuchen, deren rechtliche Einordnung zu kranken scheint: Nämlich die umstrittene Bestimmung eines Vermögensschadens durch Übernahme der streng formalen Betrachtungsweise des Sozialrechts ins Strafrecht.

In der Tat kann die herkömmliche Betrugsdogmatik durch diese Rechtssprechung als gestört bezeichnet werden:

Beim Abrechnungsbetrug bestimmt die Rechtsprechung den Vermögensschaden sozialrechtsakzessorisch. Ein Schaden soll also schon dann vorliegen, wenn eine Leistung vergütet worden ist, die nach den Regeln des Sozialrechts nicht abrechenbar war. Unbeachtet bleibt dabei, dass in den fraglichen Fällen tatsächlich eine ärztliche Leistung erbracht worden ist. Zur Schadensbegründung genügt der Rechtsprechung also, dass die Kassenärztliche Vereinigung (resp. die Krankenkassen) nicht verfügt hätte, wenn sie gewusst hätte, dass die fragliche Leistung nicht den sozialrechtlichen Anforderungen entspricht. Eine wirtschaftliche Gesamtschau unter Berücksichtigung der erbrachten ärztlichen Leistung bleibt aus.

Dass die Gerichte sich zur Schadensfeststellung auf die Verletzung der Dispositionsfreiheit beschränken, widerspricht nicht nur ihrer ständigen Rechtsprechung zum Betrugsschaden, sondern auch der Dogmatik des Betrugstatbestandes: Nach seiner Systematik sowie seinem Sinn und Zweck verlangt dieser nämlich zusätzlich zur fehlgeleiteten Disposition, also der täuschungsbedingten Verfügung, einen negativen Vermögenssaldo, den Vermögensschaden.[938] Der erforderlichen wirtschaftlichen Bestimmung eines Vermögensschadens scheint allerdings das durchnormierte vertragsärztliche Vergütungsrecht entgegenzustehen, das eine Marktpreisbildung für ärztliche Leistungen verhindert – und darüber hinaus sogar die gebührenrechtliche Bewertung einer ärztlichen Leistung mit einem konkreten Geldwert nahezu unmöglich macht.

---

937 *Tröndle* MDR 1983, 887.

938 Siehe oben S. 135 ff.

Diese Arbeit hat gezeigt, dass es dennoch möglich ist, den Schaden beim Abrechnungsbetrug nach wirtschaftlichen Kriterien zu bestimmen:[939] Um die wirtschaftliche Relevanz der verletzten sozialrechtlichen Vorgaben zu untersuchen, wird die Lehre vom persönlichen Schadenseinschlag herangezogen. Es wurde dargelegt, dass diese Lehre nicht etwa zu einer Subjektivierung des Schadensbegriffs führt, sondern dass sie gerade Ausdruck einer streng an wirtschaftlichen Kriterien orientierten Schadensbestimmung ist.[940] Beim vertragsärztlichen Abrechnungsbetrug kann mit Hilfe dieser Lehre untersucht werden, ob der unstreitig vorliegende Verstoß gegen sozialrechtliche Regeln der ebenso unstreitig erbrachten ärztlichen Leistung ihres Wertes beraubt. Dabei kommt es darauf an, ob die Leistungen für den Patienten als den eigentlichen Empfänger brauchbar sind. Verletzt die Missachtung der sozialrechtlichen Vorgaben gleichermaßen wesentliche Interessen des Patienten (wie vor allem seinen Gesundheitsschutz) so ist die Leistung nicht nur im Sozialrecht, sondern auch bei der strafrechtlichen Schadensbestimmung wertlos. Werden die Patienteninteressen nicht berührt, so ist die Leistung zwar sozialrechtswidrig aber wirtschaftlich werthaltig und kann das zu Unrecht gezahlte Vertragsarzthonorar in strafrechtlicher Hinsicht kompensieren – ein Vermögensschaden liegt nicht vor.

Davon bleiben freilich die Honorarrückforderungsansprüche der Kassenärztlichen Vereinigung sowie die einschneidenden vertragsarztrechtlichen und berufsrechtlichen Disziplinarmaßnahmen unberührt.[941] Vor diesem Hintergrund müssen Reformüberlegungen zum Tatbestand des Abrechnungsbetrugs als Verstoß gegen das ultima-ratio-Prinzip entschieden zurückgewiesen werden.[942]

Der ärztliche Abrechnungsbetrug ist ein in der öffentlichen Wahrnehmung brisantes Delikt, das in der forensischen Realität jedoch nur wenige Unterschiede zu anderen Begehungsformen des Betrugs aufweist. Genau diesen Unterschieden hat sich diese Arbeit schwerpunktmäßig im Bereich des Vermögensschadens, darüber hinaus jedoch auch bei den übrigen Tatbestandsmerkmalen[943] zugewandt. Die Arbeit schließt daher in der Hoffnung, so einen Beitrag zur Versachlichung der Debatte um diese öffentlichkeitswirksame Form der Wirtschaftskriminalität geleistet zu haben.

939 Siehe oben S. 156 ff.

940 Siehe oben S. 179 ff.

941 Vgl. hierzu oben S. 229 f.

942 Zu den Reformüberlegungen siehe oben S. 225 ff.

943 Siehe oben Kap. C (S. 35 ff.).

Literaturverzeichnis

Alternativkommentar (AK)	Kommentar zur Strafprozessordnung in der Reihe Alternativkommentar, Band 2/2 (§§213-275); hrsg. v. Wassermann, Rudolf; Neuwied u.a. 1993; (zitiert: AK-*Bearbeiter*)
Amelung, Knut	Irrtum und Zweifel des Getäuschten beim Betrug; GA 1977, 1-17
ders.	Über Freiheit und Freiwilligkeit auf der Opferseite der Strafnorm; GA 1999, 182-203
Appel, Ivo	Rechtsgüterschutz durch Strafrecht; KritV 1999, 278-311
Arning-Hövelmann, Andrea	Dialyse in der vertragsärztlichen Versorgung; MedR 1999, 393-397
Arzt, Gunther	Bemerkungen zum Überzeugungsopfer – insbesondere zum Betrug durch Verkauf von Illusionen; FS Hirsch (1999), S. 431-450
ders.	Betrug mit bio und öko; FS Lampe (2003), S. 673-687
Arzt, Gunther / Weber, Ulrich	Strafrecht, Besonderer Teil; Bielefeld 2000
Axer, Peter	Abrechnungs- und Wirtschaftlichkeitsprüfung durch Kassenärztliche Vereinigungen im vertragszahnärztlichen Festzuschusssystem – Zur Stellung des Zahnersatzes zwischen Sachleistung und Kostenerstattung in der gesetzlichen Krankenversicherung; NZS 2006, 225-232

Backmann, Leonhard	Die Abgrenzung des Betrugs von Diebstahl und Unterschlagung; Köln u.a. 1974
Badle, Alexander	Betrug und Korruption im Gesundheitswesen – Ein Erfahrungsbericht aus der staatsanwaltlichen Praxis; NJW 2008, 1028-1033
Baumann, Wolfgang / Weber, Ulrich / Mitsch, Wolfgang [Hrsg.]	Strafrecht, Allgemeiner Teil, Lehrbuch; 11. Aufl., Bielefeld 2003
Beckemper, Katharina / Wegner, Carsten	Anmerkung zu dem Urt. des BGH v. 05.12.2002 – 3 StR 161/02; NStZ 2003, 315-317
Becker, Clemens	Berufsgerichtliche und kassenärztliche Ahndung ärztlicher Pflichtverletzungen unter besonderer Berücksichtigung der Rechtslage in Nordrhein-Westfalen; Bochum 1991
Beeretz, Rainer	Abrechnungsprüfung in der vertragsärztlichen Versorgung; ZMGR 2004, 103-109
Bender, Rolf / Nack, Armin / Treuer, Wolf-Dieter	Tatsachenfeststellung vor Gericht; 3. Aufl., München 2007
Berger, Sebastian	Der Schutz öffentlichen Vermögens durch § 263 StGB; Herbolzheim 2000
Bernsmann, Klaus / Schoß, Christian	Vertragsarzt und „kick-back“ – zugleich Anmerkung zu OLG Hamm, Urteil vom 22.12.2004; GesR 2005, 193-196
Binding, Karl	Die Normen und ihre Übertretung, Band 1, Normen und Strafgesetze; 4. Aufl., Leipzig 1892; (zitiert: *Binding* Normen 1)
ders.	Handbuch des Strafrechts, 1. Band; Leipzig 1885; (zitiert: *Binding* Handbuch)

ders. Lehrbuch des gemeinen deutschen Strafrechts, Besonderer Teil 1; 2. Aufl., Leipzig 1902 (Nachdruck 1969); (zitiert: *Binding* BT 1)

Bley, Helmar [Begr.] / Kreikebohm, Ralf / Marschner, Andreas Sozialrecht; 9. Aufl., Neuwied 2007

Bockelmann, Paul Der Begriff des Vermögensschadens beim Betrug; JZ 1952, 461-465

Böhm, Holger Betrug: Ärzte besser als ihr Ruf; Der Kassenarzt 2004, 20-21

Brand, Christian / Vogt, Bianca Betrug und Wissenszurechnung bei juristischen Personen des privaten und öffentlichen Rechts – zugleich Besprechung von BGH wistra 2006, 185; wistra 2007, 408-415

Broglie, Maximilian Korruptionsfälle bei Ärzten – Ein Bericht aus der Praxis; AusR 1999, 99-104

Bruns, Hans-Jürgen Die Befreiung des Strafrechts vom zivilistischen Denken; Berlin 1938

ders. Gilt die Strafrechtsordnung auch für und gegen Verbrecher untereinander?; FS Mezger (1954), S. 335-361

BMG [Hrsg.] Statistisches Taschenbuch, Gesundheit 2005; Berlin 2005; (zitiert: *BMG* Gesundheit 2005)

Butzer, Hermann Nullbeteiligungsgesellschaften unter Ärzten; MedR 2001, 604-613

Butzer, Hermann / Kaltenborn, Markus Die demokratische Legitimation des Bundesausschusses der Ärzte und Krankenkassen; MedR 2001, 333-342

Clemens, Thomas	Regelungen der Honorarverteilung – Der Stand der Rechtsprechung des BSG; MedR 2000, 17-23
Cramer, Peter	Vermögensbegriff und Vermögensschaden im Strafrecht; Bad Homburg u.a. 1968; (zitiert: *Cramer*)
ders.	Verschuldete Zurechenbarkeit – actio libera in causa; JZ 1971, 766-768
ders.	Zum Vermögensschaden durch wettbewerbswidrige Preisabsprachen; NStZ 1993, 42-43
Cramer, Udo	Fortführung der Arztpraxis nach GSG – Der Gesellschaftsvertrag – Nullbeteiligungspartnerschaften; MedR 1994, 237-239
Dahm, Franz-Josef	Zur Problematik der Falschabrechnung im privatärztlichen Bereich; MedR 2003, 268-276
di Fabio, Udo	Verlust der Steuerungskraft klassischer Rechtsquellen; NZS 1998, 449-455
Dierlamm, Alfred	Neue Entwicklungen bei der Untreue – Loslösung des Tatbestandes von zivilrechtlichen Kategorien?; StraFo 2005, 397-404
ders.	Verteidigungsüberlegungen im Betrugsverfahren gegen Ärzte; AusR 2001, 135-142
Dorn, Alexander	Verteidigung von Ärzten gegen den Vorwurf des Abrechnungsbetrugs im Ermittlungsverfahren; AusR 2006, 66-73
Drukarczyk, Jochen	Unternehmensbewertung; 5. Aufl., München 2007

Duttge, Gunnar — Strafrechtliche Folgen sog. Scheinpartnerschaften; in: Schnapp, Friedrich [Hrsg.], Rechtsfragen der gemeinschaftlichen Berufsausübung von Vertragsärzten, Tagungsband zum 9. Fachkolloquium des Instituts für Sozialrecht am 21./22. Juni 2002 in Bochum, S. 79-103; (zitiert: *Duttge* in: Schnapp [Hrsg.])

Ehlers, Alexander — Ärztliche Abrechnungsmanipulation gegenüber der gesetzlichen Krankenversicherung; FS Schüler-Springorum (1993), S. 163-172

Ehmann, Horst — Praxisgemeinschaft/Gemeinschaftspraxis; MedR 1994, 141-149

Eichenhofer, Eberhard — Sozialrecht; 6. Aufl., Tübingen 2007

Eisele, Jörg — Wissenszurechnung im Strafrecht – dargestellt am Straftatbestand des Betruges; ZStW 116 (2004), 15-34

Ellbogen, Klaus — Die Anzeigepflicht der Kassenärztlichen Vereinigungen nach § 81a IV SGB V und die Voraussetzungen der Strafverteilung nach § 258 I StGB; MedR 2006, 457-461

Ellbogen, Klaus / Wichmann, Richard — Zu Problemen des ärztlichen Abrechnungsbetruges, insbesondere der Schadensberechnung; MedR 2007, 10-16

Ellmer, Manfred — Betrug und Opfermitverantwortung; Berlin 1986

Endriß, Rainer — Nochmals – Strafbare Werbung beim Vertrieb von Zeitschriften; wistra 1990, 335-338

Engisch, Karl — Die Einheit der Rechtsordnung, Heidelberg 1935

Eser, Albin — Die Beeinträchtigung der wirtschaftlichen Bewegungsfreiheit als Betrugsschaden; GA 1962, 289-303

Etscheit, Jost — Wirtschaftskriminalität im Gesundheitswesen; Köln 1988

Fabricius, Dirk — Strafbarkeit der Untreue im öffentlichen Dienst; NStZ 1993, 414-419

Feigen, Hanns — Die Verteidigung des Arztes in Betrugsstrafsachen unter Berücksichtigung der Folgeverfahren; MedR 1988, 283-289

Fischer, Thomas — Strafgesetzbuch und Nebengesetze; 56. Aufl., München 2009

Frank, Reinhard — Das Strafgesetz für das Deutsche Reich; 18. Aufl., Tübingen 1931

Gaidzik, Peter — Abrechnung unter Verstoß gegen die Pflicht zur persönlichen Leistungserbringung – Betrug des Arztes gemäß § 263 StGB?; wistra 1998, 329-324

Gallas, Wilhelm — Der Betrug als Vermögensdelikt; FS Eb. Schmidt (1961), S. 401-436

Geerds, Detlev — Schadensprobleme beim Betrug; Jura 1994, 309-321

ders. — Wirtschaftsstrafrecht und Vermögensschutz; Lübeck 1990; (zitiert: *Geerds*)

Geis, Mark — Das sozialrechtliche Wirtschaftlichkeitsgebot – kriminalstrafbewehrtes Treuegesetz des Kassenarztes?; GesR 2006, 345-356

Gerhold, Thomas — Zweckverfehlungslehre und Vermögensschaden; Berlin 1988

Gerland, Heinrich — Deutsches Reichsstrafrecht, Ein Lehrbuch; 2. Aufl., Berlin u.a. 1932

Gössel, Karl-Heinz — Strafrecht – Besonderer Teil, Band 1, Straftaten gegen materielle Rechtsgüter des Individuums; Heidelberg 1996

Goetze, Erik / Teyssen, Johannes — Kassenärztliches Wirtschaftlichkeitsgebot und Abrechnungsbetrug, Gefahr einer defensiven Abrechnungsmedizin; DMW 1987, 1184-1186

Graul, Eva — Wider die Zweckverfehlungslehre beim Vermögensschaden; FS Brandner (1996), S. 801-829

Grunst, Bettina — Zum Abrechnungsbetrug bei fehlender ordnungsgemäßer Zulassung zum Vertragsarzt; NStZ 2004, 533-538

Gummert, Hans / Meier, Mareike — Nullbeteiligungsgesellschaften; MedR 2007, 1-10

Hack, Christoph — Probleme des Tatbestandes Subventionsbetrug, § 264 StGB; Berlin 1982

Haft, Fritjof — Reformbedarf beim System der gesetzlichen Sozialversicherungen; ZRP 2002, 457-462

ders. — Strafrecht, Besonderer Teil I; 8. Aufl., München 2004; (zitiert: *Haft* BT 1)

Haft, Fritjof / Imbeck, Martin — Der Fall Schottdorf, Ein jahrelanger Rechtsstreit; gpk Sonder-Nr. 2/2002, 12-16

Hahn, Bernhard — Zulässigkeit und Grenzen der Delegierung ärztlicher Aufgaben – Zur Übertragung von Blutentnahmen, Injektionen, Infusionen und Bluttransfusionen auf nichtärztliches Assistenzpersonal; NJW 1981, 1977-1984

Hahn, Carl [Hrsg.] Die gesammelten Materialien zur Strafprozeßordnung; Berlin u.a. 1880

Halbe, Bernd Berufsrechtliche Konsequenzen von Strafverfahren gegen Ärzte; in: Ratajczak/Schwarz-Schilling [Schriftl.], Medizin und Strafrecht (2000), S. 111-125

Hancok, Heike Abrechnungsbetrug durch Vertragsärzte; Tübingen 2006

Hardwig, Werner Beiträge zur Lehre vom Betruge; GA 1956, 6-21

Hartmann, Wolfgang Das Problem der Zweckverfehlung beim Betrug; Frankfurt u.a. 1988

Hassemer, Raimund Schutzbedürftigkeit des Opfers und Strafrechtsdogmatik; Berlin 1981

Hassemer, Winfried Darf es Straftaten geben, die ein strafrechtliches Rechtsgut nicht in Mitleidenschaft ziehen?; in: Hefendehl/v. Hirsch/Wohlers [Hrsg.], Rechtsgutstheorie (2003), S. 57-64

Hauck, Ernst Gestaltung des Leistungsrechts der gesetzlichen Krankenversicherung durch das Grundgesetz? – Auswirkungen des Beschlusses des BVerfG vom 06.12.2005; NJW 2007, 1320-1325

Hauck, Karl [Begr.] / Noftz, Wolfgang [Hrsg.] Sozialgesetzbuch, SGB V, Gesetzliche Krankenversicherung, Kommentar; Berlin (Loseblattsammlung) Stand: 2007; (zitiert: Hauck/Noftz-*Bearbeiter*)

Heberer, Jörg Das ärztliche Berufs- und Standesrecht; 2. Aufl., Landsberg 2001

Hefendehl, Roland — Vermögensgefährdung und Exspektanzen als Prüfsteine eines normativ-ökonomischen Vermögensbegriffs; in Schünemann [Hrsg.], Strafrechtssystem und Betrug, Herbolzeim 2002, 185-248

Hefendehl, Roland / Hirsch, Andrew von / Wohlers, Wolfgang [Hrsg.] — Die Rechtsgutstheorie – Legitimationsbasis des Strafrechts oder dogmatisches Glasperlenspiel; Baden-Baden 2003

Heinemann, Gustav [Begr.] / Liebold, Rolf / Zalewski, Thomas [Hrsg.] — Kassenarztrecht, Band I; 5. Aufl., Berlin u.a. (Loseblattsammlung) Stand: 2007; (zitiert: *Heinemann/Liebold*)

Hellmann, Uwe — Anmerkung zu dem Beschl. des BGH v. 28.09.1994 – 4 StR 280/94; NStZ 1995, 232-233

ders. — Richterliche Überzeugungsbildung und Schätzung bei der Bemessung strafrechtlicher Sanktionen; GA 1997, 502-524

Hellmann, Uwe / Beckemper, Katharina — Wirtschaftsstrafrecht; 2. Aufl., Stuttgart 2008

Hellmann, Uwe / Herffs, Harro — Der ärztliche Abrechnungsbetrug; Berlin u.a. 2006

Herffs, Harro — Ärztlicher Abrechnungsbetrug bei Beschäftigung von Strohpartnern?; wistra 2004, 281-288

ders. — Der Abrechnungsbetrug des Vertragsarztes; Berlin u.a. 2001; (zitiert: *Herffs* [Abrechnungsbetrug])

ders. — Zur Abgrenzung von Untreue und Betrug gegenüber Krankenkassen und Apothekern beim Bezug kassenärztlich verordneter, aber nicht notwendiger Medikamente (Anmerkung zu BGH wistra 2004, 143); wistra 2006, 63-65

Herzberg, Rolf	Bewußte Selbstschädigung beim Betrug; MDR 1972, 93-97
Hilgendorf, Eric	Zweckverfehlung und Vermögensschaden beim Betrug – BayObLG, NJW 1994, 208; JuS 1994, 466-469
Hippel, Robert von	Deutsches Strafrecht, Band 1, Allgemeine Grundlagen; Berlin 1925
Hohmann, Olaf	Die strafrechtliche Beurteilung von Submissionsabsprachen; NStZ 2001, 566-572
ders.	Gedanken zur Akzessorietät des Strafrechts; ZIS 2007, 38-48
Holtz, Günter	Aus der Rechtsprechung des Bundesgerichtshofs in Strafsachen; MDR 1978, 803-806
Hoyningen-Huene, Gerrick von	Gesellschafter, „Scheingesellschafter" oder Arbeitnehmer?; NJW 2002, 3233-3239
Idler, Martin	Betrug bei Abrechnung ärztlicher Leistung ohne Kassenzulassung; JuS 2004, 1037-1041
Igl, Gerhard / Welti, Felix	Sozialrecht; 8. Aufl., Neuwied 2007
Isensee, Josef	Das Recht des Kassenarztes auf angemessene Vergütung; VSSR 1995, 321-353
Jansen, Johannes	Schadensregulierung aus erkannten Manipulationen; BKK 2007, 363-365
Jecht, Hans	„Überhöhte" Preisforderung und Betrugstatbestand; GA 1963, 41-48
Jescheck, Hans-Heinrich / Weigend, Thomas	Lehrbuch des Strafrechts, Allgemeiner Teil; 5. Aufl., Berlin 1996

Joecks, Wolfgang Zur Schadensfeststellung beim Submissionsbetrug; wistra 1992, 247-252

Jörg, Michael Das neue Kassenarztrecht; München 1993

Kahlert, Helmut Gemeinschaftspraxis: „Scheingesellschaft" doch zulässig? – Anmerkung zur Entscheidung des LSG Niedersachsen-Bremen v. 13.08.2002; GesR 2003, 35-37

Kamps, Hans Rechtsfragen bei Ermittlungsverfahren gegen Ärzte wegen fehlerhafter Honorarabrechnung; MedR 1988, 127-131

Karlsruher Kommentar Kommentar zur Strafprozessordnung mit GVG, EGGVG und EMRK; hrsg. v. Hannich, Rolf; 6. Aufl., München 2008; (zitiert: KK-*Bearbeiter*)

Karras, Rudolf Abrechnungsbetrug bei Privatpatienten (zu Manuel Schubert, ZRP 2001, 154); ZRP 2001, 580

Kasseler Kommentar Sozialversicherungsrecht; hrsg. v. Leitherer, Stephan; München (Loseblattsammlung) Stand: 2009; (zitiert: KassKomm-*Bearbeiter*)

Kaufmann, Arthur Subsidiaritätsprinzip und Strafrecht; FS Henkel (1974), S. 89-107

Kindhäuser, Urs Betrug als vertypte mittelbare Täterschaft; FS Bemmann (1997), S. 339-361

ders. Strafgesetzbuch, Lehr- und Praxiskommentar; 3. Aufl., Baden-Baden 2006; (zitiert: *Kindhäuser* StGB)

ders. Strafrecht, Allgemeiner Teil; 3. Aufl., Baden-Baden 2008; (zitiert: *Kindhäuser* AT)

ders.	Täuschung und Wahrheitsanspruch beim Betrug; ZStW 103 (1991), 398-424
Kölbel, Ralf	Die Einweisungsvergütung - eine neue Form von Unternehmensdelinquenz im Gesundheitssystem? wistra 2009, 129-133
Kondziela, Andreas	Abrechnungsbetrug im Gesundheitswesen; Kriminalistik 2004, 377-385
Krack, Ralf	Anmerkung zu dem Urt. des BGH v. 05.12.2002 – 3 StR 161/02; JR 2003, 384-386
Krafczyck, Wolfgang	Praxisgemeinschaft im Zwielicht – Ein Situationsbericht; MedR 2003, 313-319
Krause, Daniel	Schätzung und Aufklärungspflicht bei der tatrichterlichen Sachverhaltsfeststellung; StraFo 2002, 249-254 (Internet: http://ag-strafrecht.de/archivver/aufsatzkrause, zuletzt aufgerufen im Juni 2009)
Krause, Peter	Die Rechtsbeziehungen zwischen Kassenarzt und Kassenpatient; SGb 1982, 425-432
Krekeler, Wilhelm / Tiedemann, Klaus / Ulsenheimer, Klaus / Weinmann, Günther [Hrsg.]	Handwörterbuch des Wirtschafts- und Steuerstrafrechts, mit Ordnungswidrigkeiten- und Verfahrensrecht; Heidelberg (Loseblattsammlung) Stand: 1990; (zitiert: *Bearbeiter* HWiStR)
Krey, Volker	Deutsches Strafrecht, Allgemeiner Teil, Band 1; 3. Aufl., Stuttgart u.a. 2008; (zitiert: *Krey* AT 1)
ders.	Deutsches Strafrecht, Allgemeiner Teil, Band 2; 3. Aufl., Stuttgart u.a. 2008; (zitiert: *Krey* AT 2)
ders.	Studien zum Gesetzesvorbehalt; Berlin 1977; (zitiert: *Krey* Gesetzesvorbehalt)

Krey, Volker / Hellmann, Uwe — Strafrecht Besonderer Teil, Band 2, Vermögensdelikte; 15. Aufl., Stuttgart 2008

Kühl, Kristian — Strafrecht, Allgemeiner Teil; 6. Aufl., München 2008

Kühne, Hans-Heiner — Geschäftstüchtigkeit oder Betrug? Wettbewerbspraktiken im Lichte des § 263 StGB; zugleich ein Beitrag zur Problematik der unechten Unterlassungsdelikte; Kehl am Rhein 1978; (zitiert: *Kühne* [Geschäftstüchtigkeit])

ders. — Bürgerfreiheit und Verbrecherfreiheit. Der Staat zwischen Leviathan und Nachtwächter; Rechtspolitisches Forum Nr. 21, Institut für Rechtspolitik an der Universität Trier (2003); (zitiert: *Kühne* [Bürgerfreiheit und Verbrecherfreiheit])

ders. — Der erstaunliche Bedeutungszuwachs des Strafrechts: Gibt es Wachstumsgrenzen?; FS Müller Dietz (2001), S. 419-429

ders. — Strafprozessrecht, Eine systematische Darstellung des deutschen und internationalen Strafprozessrechts; 7. Aufl., Heidelberg 2006; (zitiert: *Kühne* [Strafprozessrecht])

Küper, Wilfried — Anmerkung zu dem Urt. des BGH v. 30.06.1970 – 1 StR 127/70; NJW 1970, 2253-2254

Lackner, Karl / Kühl, Kristian — Strafgesetzbuch; 26. Aufl., München 2007

Larenz, Karl — Lehrbuch des Schuldrechts, II. Band, Besonderer Teil, 1. Halbband; 13. Aufl., München 1986

Lauckner, Christian — Abrechnungsbetrug bei Privatpatienten (zu Schubert, ZRP 2001, 154); ZRP 2002, 188

Laufs, Adolf Arztrecht; 5. Aufl., München 1993; (zitiert: *Laufs*)

ders. Die Ärzte-GmbH und das Berufsrecht; MedR 1995, 11-16

Laufs, Adolf / Uhlenbruck, Wilhelm [Hrsg.] Handbuch des Arztrechts; 3. Aufl., München 2002; (zitiert: Laufs/Uhlenbruck-*Bearbeiter*)

Leipziger Kommentar (LK) Strafgesetzbuch, Großkommentar; Bd. 1 (§§ 1-31), hrsg. v. Laufhütte, Heinrich Wilhelm / Rissing-van Saan, Ruth / Tiedemann, Klaus; 12. Aufl., Berlin 2007; Bd. 6 u. 7 (§§ 223-302), hrsg. v. Jähnke, Burkhard / Laufhütte, Heinrich Wilhelm / Odersky, Walter; 11. Aufl., Berlin 2005; (zitiert: LK-*Bearbeiter*)

Lenckner, Theodor Anmerkung zu dem Beschl. des BGH v. 09.02.1966 – 2 StR 528/65 und dem Urt. des OLG Stuttgart v. 14.07.1965 – 1 Ss 360/65; JZ 1966, 320-321

ders. Kausalzusammenhang zwischen Täuschung und Vermögensschaden bei Aufnahme eines Darlehens für einen bestimmten Verwendungszweck; NJW 1971, 599-601

ders. Zum Problem des Vermögensschadens (§§ 253, 263 StGB) beim Verlust nichtiger Forderungen; JZ 1967, 105-110

Lenckner, Theodor / Winkelbauer, Wolfgang Computerkriminalität – Möglichkeiten und Grenzen des 2. WiKG (II); CR 1986, 654-661

Liszt, Franz von / Schmidt, Eberhard Lehrbuch des Deutschen Strafrechts; 25. Aufl., Berlin u.a. 1927; (zitiert: *Liszt/Schmidt*)

Lösche, Wilfried Abrechnungsbetrug aus Sicht des Sozialgerichts; ZaeFQ 1998, 610-613

Löwe-Rosenberg (LR) Die Strafprozessordnung und das Gerichtsverfassungsgesetz, Großkommentar; 1. Band (Einl., §§ 1-47); hrsg. v Erb, Volker u.a.; 26. Aufl., Berlin 2006; 4. Band (§§ 213-295); hrsg. v. Rieß, Peter; 25. Aufl., Berlin u.a. 2001; (zitiert: LR-*Bearbeiter*)

Lüderssen, Klaus Die Wiederkehr der „Befreiung des Strafrechts vom zivilistischen Denken“ – eine Warnung; FS Hanack (1999), S. 487-499

ders. Primäre oder sekundäre Zuständigkeit des Strafrechts; FS Eser (2005), S. 163-180

ders. Submissionsabsprachen sind nicht eo ipso Betrug; wistra 1995, 243-249

Luig, Klaus Der Arztvertrag; in: Gitter [Hrsg.] Vertragsschuldverhältnisse, Band 3, (1974), S. 223-257

Mahnkopf, Hans-Jürgen / Funk, Raban Zur Frage des Anwesenheitsrechtes von Sachverständigen bei strafprozessualen Durchsuchungsmaßnahmen im Zusammenhang mit ärztlichen Abrechnungsbetrügereien; NStZ 2001, 519-525

Maiwald, Manfred Belohnung für eine vorgetäuschte pflichtwidrige Diensthandlung; NJW 1981, 2777-2832

ders. Gutachten zum strafrechtlichen Vorwurf des Betrugs bei fehlerhafter Abrechnung kieferorthopädischer Leistungen; Göttingen 1992

ders. Zum fragmentarischen Charakter des Strafrechts; FS Maurach (1972), S. 9-23

Maunz, Theodor / Dürig, Günter — Grundgesetz, Kommentar, Band II (Art. 6-16a); München (Loseblattsammlung) Stand: 2007; (zitiert: Maunz/Dürig-*Bearbeiter*)

Maurach, Reinhart / Schroeder, Friedrich-Christian / Maiwald, Manfred — Strafrecht, Besonderer Teil, Teilband 1, Straftaten gegen Persönlichkeits- und Vermögenswerte; 9. Aufl., Heidelberg 2005

Maus, Josef / Rieser, Sabine — Ambulante Versorgung, Alle Hoffnungen ruhen jetzt auf dem Euro-EBM; DÄ 2007, A 1201-1203

Medicus, Dieter — Schuldrecht, Besonderer Teil, Band 2; 14. Aufl., München 2007

Meilicke, Wienand — Partnerschaftsgesellschaftsgesetz; 2. Aufl., München 2006; (zitiert: Meilicke-*Bearbeiter* PartGG)

Meinecke, Gunnar — Zur White-Collar-Kriminalität im Gesundheitswesen am Beispiel der Zahnmedizin; Hamburg 2003

Merkel, Adolf — Kriminalistische Abhandlungen II, Die Lehre vom strafbaren Betruge, Erste Abteilung: Die Entwicklung des Thatbestandes; Leipzig 1867; (zitiert: *Merkel* KrimAbh. II)

Mitsch, Wolfgang — Rechtsprechung zum Wirtschaftsstrafrecht nach dem 2. WiKG; JZ 1994, 877-889

ders. — Strafrecht Besonderer Teil 2, Vermögensdelikte, Teilband 1; 2. Aufl., Berlin u.a. 2002; (zitiert: *Mitsch* BT 2/1)

Möller, Karl-Heinz — Rechtliche Probleme von „Nullbeteiligungsgesellschaften“ – wieviel wirtschaftliches Risiko muß sein?; MedR 1999, 493-497

Muckel, Stefan — Sozialrecht; 3. Aufl., München 2009

Mühlhausen, Herbert — Abrechnungsbetrug aus Sicht der Staatsanwaltschaft; ZaeFQ 1998, 614-618

Müller-Dietz, Heinz — Zur Befreiung des Strafrechts vom zivilistischen Denken – am Beispiel der Schadenswiedergutmachung (§ 56b II Nr. 1 StGB); GS Schulz (1987), S. 253-269

Münchener Kommentar zum Bürgerlichen Gesetzbuch — Band 4, Schuldrecht, Besonderer Teil II, §§ 611-704; hrsg. v. Henssler, Martin; 5. Aufl., München 2009; (zitiert: MünchKommBGB-*Bearbeiter*)

Münchener Kommentar zum Strafgesetzbuch — Band 4, hrsg. v. Joecks, Wolfgang / Miebach, Klaus; München 2006; (zitiert: MünchKomm-StGB-*Bearbeiter*)

Nagler, Johannes — Bezugsscheine als Objekt von Vermögensverbrechen; ZAkDR 1941, 294-296

Naucke, Wolfgang — Zur Lehre vom strafbaren Betrug; Berlin 1964; (zitiert: *Naucke* [1964])

Nelles, Ursula — Untreue zum Nachteil von Gesellschaftern; Berlin 1991

Neupert, Michael — Risiken und Nebenwirkungen: Sind niedergelassene Vertragsärzte Amtsträger im strafrechtlichen Sinne?; NJW 2006, 2811-2814

Noak, Torsten — Betrugstäterschaft bzw. -teilnahme von Ärzten beim Bezug von Röntgenkontrastmitteln?; MedR 2002, 76-83

Nomos Kommentar (NK) — Strafgesetzbuch, Band 2; hrsg. v. Kindhäuser, Urs / Neumann, Ulfried / Paeffgen, Hans-Ullrich; 2. Aufl., Baden-Baden 2005; (zitiert: NK-*Bearbeiter*)

Orlowski, Ulrich / Halbe, Bernd / Karch, Thomas — Vertragsarztrechtsänderungsgesetz (VÄndG) – Chancen und Risiken; Heidelberg u.a. 2007

Ossenbühl, Fritz — Richtlinien im Vertragsarztrecht; NZS 1997, 497-503

Otto, Harro — Die neuere Rechtsprechung zu den Vermögensdelikten – Teil 2; JZ 1993, 652-663

ders. — Die Struktur des strafrechtlichen Vermögensschutzes; Berlin 1970; (zitiert: *Otto* [Struktur])

ders. — Grundkurs Strafrecht, Die einzelnen Delikte; 7. Aufl., Berlin 2005; (zitiert: *Otto* GK 2)

Palandt, Otto [Begr.] — Bürgerliches Gesetzbuch; 68. Aufl., München 2009

Papier, Hans-Jürgen — Der Wesentlichkeitsgrundsatz – am Beispiel des Gesundheitsreformgesetzes; VSSR 1990, 123-137

Pawlik, Michael — Das unerlaubte Verhalten beim Betrug; Köln u.a. 1999

Peikert, Peter — Anmerkung zu dem Urt. des BSG v. 06.11.2002 – B 6 KA 37/01 R; GesR 2003, 115

ders. — Persönliche Leistungserbringungspflicht; MedR 2000, 352-359

Plagemann, Hermann — Kassenarztrecht; Frankfurt 1997

Pragal, Oliver — Das Pharma-„Marketing" um die niedergelassenen Kassenärzte, „Beauftragtenbestechung" gem § 299 StGB!; NStZ 2005, 133-136

Preißler, Reinhold — Grenzen des Gestaltungsermessens in Honorarverteilungsmaßstäben; MedR 1996, 162-166

Preißler, Reinold / Sozietät Dr. Rehborn — Ärztliche Gemeinschaftspraxis versus Scheingesellschaft; Köln 2002

Prittwitz, Cornelius — Strafrecht und Risiko: Untersuchungen von Strafrecht und Kriminalpolitik in der Risikogesellschaft; Frankfurt am Main 1993

Puppe, Ingeborg — Anmerkung zu dem Urt. des OLG Karlsruhe v. 06.06.2002 – 1 Ss 277/01; JZ 2004, 102-104

Quaas, Michael — Zur Berufsfreiheit des Freiberuflers, insbesondere der Ärzte; MedR 2001, 34-37

Ranft, Otfried — Betrug durch Verheimlichung von Submissionsabsprachen – eine Stellungnahme zu BGHSt 38, 186; wistra 1994, 41-45

Ratajczak, Thomas / Schwarz-Schilling, Gabriela [Schriftl.] — Medizin und Strafrecht, Strafrechtliche Verantwortung in Klinik und Praxis; Berlin u.a. 2000

Ratzel, Rudolf / Lippert, Hans-Dieter — Kommentar zur Musterberufsordnung der deutschen Ärzte (MBO); 4. Aufl., Berlin u.a. 2006; (zitiert: Ratzel/Lippert-*Bearbeiter*)

Rengier, Rudolf — Gedanken zur Problematik der objektiven Zurechnung im Besonderen Teil des Strafrechts; FS Roxin (2001), S. 811-826

Richter-Reichhelm, Manfred — Abrechnungsbetrug aus Sicht der Kassenärztlichen Vereinigung; ZaeFQ 1998, 605-609

Rieger, Hans-Jürgen — Abrechnungsbetrug bei Chefärzten; in: Tondorf/ Wostry [Hrsg.], Die Ärzteschaft im Spannungsfeld des Strafrechts (1998), S. 61-88

ders. — Die Heilkunde-GmbH in der Rechtsprechung unter besonderer Berücksichtigung des Verfassungsrechts; MedR 1995, 87-90 *ders.* — Lexikon des Arztrechts; Heidelberg (Loseblattsammlung) Stand: 2001; (zitiert: Rieger-*Bearbeiter*)

Rigizahn, Ernest — Die Verfolgung ärztlicher Abrechnungsmanipulationen durch die Sozialverwaltungen im Krankenversicherungsbereich unter besonderer Berücksichtigung der Praxis im Zuständigkeitsbereich der Kassenärztlichen Vereinigung Südwürttemberg; MedR 1990, 253-260

Rixen, Stephan — Die Stellen zur Bekämpfung von Fehlverhalten im Gesundheitswesen; ZFSH 2005, 131-135

Rönnau, Thomas — Täuschung, Irrtum und Vermögensschaden beim Submissionsbetrug – BGH, NJW 2001, 3718; JuS 2002, 545-550

Rompf, Thomas — Der EBM 2008 – der erste Schritt in Richtung Euro-Gebührenordnung; GesR 2008, 57-64

Rose, Frank — Verkaufswerbung mit (unzutreffenden) Gewinnversprechen; wistra 2002, 370-376

Roxin, Claus — Strafrecht, Allgemeiner Teil, Band I; 4. Aufl., München 2006; (zitiert: *Roxin* AT 1)

ders. — Strafrecht, Allgemeiner Teil, Band II; München 2003; (zitiert: *Roxin* AT 2)

Roxin, Claus / Schroth, Ulrich [Hrsg.] — Handbuch des Medizinstrafrechts; 3. Aufl., Stuttgart u.a. 2007; (zitiert: Roxin/Schroth-*Bearbeiter*)

Rudolf, Walter — Rechte des Patienten im Ermittlungsverfahren gegen seinen Arzt wegen Abrechnungsbetruges; NJW 1991, 2337-2338

ders.	Zum Patientendatenschutz bei Betrugsverfahren gegen Ärzte; MedR 1991, 253-254
Rudolphi, Hans-Joachim	Betrug bei Mitgliederwerbung für eine gemeinnützige Organisation, wenn die Werbung entgegen der Annahme der Eintretenden nicht durch ehrenamtliche, sondern durch mit hohen Kosten kommerziell arbeitende Personen geschieht?; NStZ 1995, 289-290
ders.	Das Problem der sozialen Zweckverfehlung beim Spendenbetrug; FS Klug (1983), S. 315-327
ders.	Zur Tatbestandsbezogenheit des Tatherrschaftsbegriffs bei der Mittäterschaft; FS Bockelmann (1979), S. 369-387
Saalfrank, Valentin / Wesser, Sabine	Die Pflicht der Gesetzlichen Krankenversicherung zur Leistung neuer Behandlungsmethoden – Zugleich eine Anmerkung zum LITT-Urteil des Bundessozialgerichts vom 07.11.2006 – B 1 KR 24/05 R; NZS 2008, 17-25
Saenger, Ingo	Gesellschaftsrechtliche Gestaltungen ärztlicher Kooperationsformen; NZS 2001, 234-240
Salditt, Franz	Anmerkung zu dem Urt. des BGH v. 14.12.1989 – 4 StR 419/89; StV 1990, 151-153
Samson, Erich	Grundprobleme des Betrugstatbestandes (3. Teil); JA 1978, 625-630
Schäfer, Gerhard	Praxis der Strafzumessung; 4. Aufl., München 2008

Schallen, Rolf Zulassungsverordnung für Vertragsärzte (Ärzte-ZV), Vertragszahnärzte (Zahnärzte-ZV), Medizinische Versorgungszentren, Psychotherapeuten – Kommentar–; 4. Aufl., Sankt Augustin 2004; (zitiert: *Schallen*)

Schauenburg, Birgit / Behrend, Corinne / Staffeldt, Thomas Honorare ohne Grenzen: Die ärztliche Vergütung nach dem GKV-Wettbewerbsstärkungsgesetz; GSP 1-2/2007, 54-59

Scharf, Florian / Mittendorf, Thomas Betrug im deutschen Arzneimittelsektor, GSP 2/2008, 47-57

Schimmelpfeng-Schütte, Ruth Ansprüche gesetzlicher Krankenkassen gegen Leistungserbringer wegen Fehlverhaltens; GesR 2006, 529-537

Schmidhäuser, Eberhard Strafrecht, Besonderer Teil; 2. Aufl., Tübingen 1983

Schmiedel, Wolfgang Das Recht des Vertrags(zahn)arztes auf angemessene Vergütung in Zeiten der Budgetierung; MedR 2002, 116-122

Schmitt-Homann, Lothar Abrechnung bei Privatpatienten; ZRP 2001, 485

Schmitz-Elvenich, Olaf Fehlverhalten im Gesundheitswesen europaweit bekämpfen; Die Krankenversicherung 2005, 318-320

Schmoller, Kurt Betrug bei bewußt unentgeltlichen Leistungen; JZ 1991, 117-129

ders. Ermittlung des Betrugsschadens bei Bezahlung eines marktüblichen Preises; ZStW 103 (1991), 92-135

Schnapp, Friedrich Die Richtlinien im Kassenarztrecht; FS Krasney (1997), S. 437-463 *ders.* Ein weiter Weg und viele Schritte; ZM 2005, Nr. 20, 34-42

ders. [Hrsg.] Rechtsfragen der gemeinschaftlichen Berufsausübung von Vertragsärzten, Tagungsband zum 9. Fachkolloquium des Instituts für Sozialrecht am 21./22. Juni 2002 in Bochum; Frankfurt am Main u.a. 2002

Schnapp, Friedrich / Düring, Ruth Anzeigepflicht der Krankenkassen und Kassenärztlichen Vereinigungen beim Verdacht auf sogenannten Abrechnungsbetrug; NJW 1988, 738-741

dies. Die Rechtsbeziehungen zwischen Kassenarzt und sozialversichertem Patienten nach dem Gesundheits-Reformgesetz; NJW 1989, 2913-2917

Schnapp, Friedrich / Wigge, Peter Handbuch des Vertragsarztrechts, Das gesamte Kassenarztrecht; 2. Aufl., München 2006; (zitiert: Schnapp/Wigge-*Bearbeiter*)

Schneider, Günther Handbuch des Kassenarztrechts; Köln u.a. 1994

Schönke, Adolf / Schröder, Horst [Begr.] Strafgesetzbuch, Kommentar; 27. Aufl., München 2006; (zitiert: Schönke/Schröder-*Bearbeiter*)

Schröder, Horst Grenzen des Vermögensschadens beim Betrug; NJW 1962, 721-722

Schubert, Manuel Abrechnungsbetrug bei Privatpatienten; ZRP 2001, 154-159

Schünemann, Bernd Das Rechtsgüterschutzprinzip als Fluchtpunkt der verfassungsrechtlichen Grenzen der Straftatbestände und ihrer Interpretation; in: Hefendehl/v. Hirsch/Wohlers [Hrsg.], Rechtsgutstheorie (2003), S. 133-154 *ders.* Haushaltsuntreue als dogmatisches und kriminalpolitisches Problem; StV 2003, 463-471

ders. Zur Stellung des Opfers im System der Strafrechtspflege; NStZ 1986, 439-443

Schulin, Bertram [Hrsg.] Handbuch des Sozialversicherungsrechts, Band 1; München 1994; (zitiert: Schulin-*Bearbeiter*)

Sieber, Ulrich Computerkriminalität und Strafrecht; 2. Aufl, Köln u.a. 1980

Sodan, Helge Das GKV-Wettbewerbsstärkungsgesetz; NJW 2007, 1313-1320

ders. Freie Berufe als Leistungserbringer im Recht der gesetzlichen Krankenversicherung; Tübingen 1997; (zitiert: *Sodan* Freie Berufe)

ders. Verfassungsrechtliche Anforderungen an Regelungen gemeinschaftlicher Berufsausübung von Vertragsärzten; NZS 2001, 169-177

Spoerr, Wolfgang / Fenner, Nicole Rückforderungsrecht der Kassenärztlichen Vereinigungen bei „missglückten" Gemeinschaftspraxisverträgen?; MedR 2002, 109-115

Staudinger, Julius v. [Begr.] Kommentar zum Bürgerlichen Gesetzbuch mit Einführungsgesetz und Nebengesetzen, 2. Buch: Recht der Schuldverhältnisse, Dienstvertragsrecht 1 (§§ 611-615); Neubearbeitung 2005, Berlin 2005; (zitiert: Staudinger-*Bearbeiter*)

Stein, Ulrich Betrug durch vertragsärztliche Tätigkeit in unzulässigem Beschäftigungsverhältnis? Zugleich Besprechung des Beschlusses des OLG Koblenz vom 2.3.2000 – 2 Ws 92-94/00; MedR 2001, 124-131

Steinhilper, Gernot — Stellen zur Bekämpfung von Fehlverhalten im Gesundheitswesen; MedR 2005, 131-134

ders. — Unkorrekte Honorarabrechnung durch Ärzte und die Folgeverfahren; in: Brennpunkte des Sozialrechts 1993, S. 1-24; (zitiert: *Steinhilper* [Honorarabrechnung])

ders. — „Kriminogene Normgebung“ oder mangelnde Kontrolle? Kriminalpolitische Überlegungen zur Eindämmung des ärztlichen Abrechnungsbetruges; FS Schwind (2006), S. 163-174

ders. [Hrsg.] — Arzt und Abrechnungsbetrug, Rechtsfragen zu den Ermittlungsverfahren; Heidelberg 1988

Steinke, Wolfgang — Betrug durch Zeitschriftenwerber; Kriminalistik 1979, 568-569

Stelzl, Stefan — Der Staatsanwalt in der Praxis, Ursachen und Folgen von strafrechtlichen Verfahren wegen vertragsärztlicher Falschabrechnung; Der Internist 2002, M 218-222

Systematischer Kommentar zum Strafgesetzbuch — Hrsg. von Rudolphi, Hans-Joachim u.a.; München (Loseblattsammlung) Stand: 2008; (zitiert: SK-Bearbeiter)

Systematischer Kommentar zur Strafprozessordnung — Hrsg. von Rudolphi, Hans-Joachim u.a.; München (Loseblattsammlung) Stand: 2008; (zitiert: SKStPO-Bearbeiter)

Taupitz, Jochen — Die Standesordnungen der freien Berufe; Berlin u.a. 1991; (zitiert: *Taupitz* Standesordnungen)

ders. — Zur Verfassungswidrigkeit des Verbots, ärztliche Praxen in Form einer juristischen Person des Privatrechts zu führen; NJW 1996, 3033-3042

Taupitz, Jochen / Jones, Emily — Zur Abrechenbarkeit fachfremder Leistungen – am Beispiel der Erbringung von MRTs durch Orthopäden; MedR 2002, 497-503

Teyssen, Johannes — Ermittlungsrechte der Staatsanwaltschaft bei Verfahren gegen Kassenärzte; in: Steinhilper [Hrsg.], Arzt und Abrechnungsbetrug (1988), S. 113-121

Teyssen, Johannes / Goetze, Erik — Vom Umfang staatsanwaltschaftlicher Ermittlungsrechte am Beispiel des kassenärztlichen Abrechnungsbetrugs; NStZ 1986, 529-534

Tiedemann, Klaus — Der Subventionsbetrug; ZStW 86 (1974), 897-920

ders. — Der Vergleichsbetrug; FS Klug Bd. II (1983), S. 405-417

ders. — Subventionskriminalität in der Bundesrepublik; Reinbek bei Hamburg 1974; (zitiert: *Tiedemann* Subventionskriminalität)

ders. — Wirtschaftsstrafrecht, Einführung und Allgemeiner Teil mit wichtigen Rechtstexten; 2. Aufl., Köln u.a. 2007; (zitiert: *Tiedemann* Wirtschaftsstrafrecht AT)

ders. — Wirtschaftsstrafrecht, Besonderer Teil; 2. Aufl., Köln u.a. 2008; (zitiert: *Tiedemann* Wirtschaftsstrafrecht BT)

Tondorf, Günther / Wostry, Harald [Hrsg.] — Die Ärzteschaft im Spannungsfeld des Strafrechts; Essen 1998

Traut, Marcus — Fehlerquellen bei Schadenshochrechnungen in Abrechnungsbetrugsverfahren gegen Ärzte; AusR 2002, 164-167

Tröndle, Herbert Selbstbestimmungsrecht des Patienten – Wohltat oder Plage?; MDR 1983, 881-887

Ulsenheimer, Klaus Arztstrafrecht in der Praxis; 4. Aufl., Heidelberg 2008; (zitiert: *Ulsenheimer* [Arztstrafrecht])

ders. Der Vertragsarzt als Sachwalter der Vermögensinteressen der gesetzlichen Krankenkassen?; MedR 2005, 622-628

Vogel, Joachim Schätzung; in: Krekeler/Tiedemann/Ulsenheimer/Weinmann [Hrsg.], Handwörterbuch des Wirtschafts- und Steuerstrafrechts; Heidelberg (Loseblattsammlung) Stand 1990; (zitiert: *Vogel* HWiStR, Schätzung)

Volk, Klaus Bewirtschaftung öffentlicher Mittel und Strafrecht; Konstanz 1979; (zitiert: *Volk* Bewirtschaftung öffentlicher Mittel)

ders. Haushaltsuntreue; in: Krekeler/Tiedemann/Ulsenheimer/Weinmann [Hrsg.], Handwörterbuch des Wirtschafts- und Steuerstrafrechts; Heidelberg (Loseblattsammlung) Stand 1990; (zitiert: *Volk* HWiStR, Haushaltsuntreue)

ders. Welche typischen Fallgruppen fehlerhafter Mittelverwendung lassen sich aus Berichten der Rechnungshöfe bilden? Reicht der Straftatbestand der Untreue aus, um strafwürdige Fälle zu erfassen? Welche Ansatzpunkte zu einer Reform gibt es?; Konstanz 1978; (zitiert: *Volk* Fallgruppen fehlerhafter Mittelverwendung)

ders. Zum Schaden beim Abrechnungsbetrug; NJW 2000, 3385-3389

Wagner, Klaus / Hermann, Nora	Strafbarkeit aufgrund wirksamer Gesellschaftsverträge? – Zur Fragwürdigkeit behaupteter strafrechtlich zu würdigender „Scheingesellschaftsverträge“ bei ärztlichen Gemeinschaftspraxen –; NZG 2000, 520-526
Waltermann, Raimund	Sozialrecht; 7. Aufl., Heidelberg u.a. 2008
Wartensleben, Herbert	Abrechnungsbetrug aus Sicht des Verteidigers; ZaeFQ 1998, 602-605
Wasserburg, Klaus	Rechtsprechungsübersicht zum Arztstrafrecht – Januar 1997 – Mai 2002; NStZ 2003, 354-363
Weber, Helmut / Droste, Mark	Kassenarztrechtliche Probleme bei manipulierter Honorarabrechnung unter besonderer Berücksichtigung der Rechtsprechung; NJW 1990, 2281-2291
Weidemann, Jürgen	Das Kompensationsproblem beim Betrug; Bonn 1972; (zitiert: *Weidemann*)
ders.	Die funktionale Beziehung zwischen Irrtum und Schaden beim Betrug; GA 1967, 238-243
Weidhaas, Rüdiger	Bandenmäßiger Abrechnungsbetrug durch Vertragsärzte; ZMGR 2008, 196-201
ders.	Der Kassenarzt zwischen Betrug und Untreue; ZMGR 2003, 52-55
Wenzel, Frank [Hrsg.]	Handbuch des Fachanwalts Medizinrecht; Köln 2007; (zitiert: Wenzel-*Bearbeiter*)
Wessels, Johannes / Beulke, Werner	Strafrecht, Allgemeiner Teil; 38. Aufl., Heidelberg 2008
Wessels, Johannes / Hillenkamp, Thomas	Strafrecht, Besonderer Teil/2, Straftaten gegen Vermögenswerte; 31. Aufl., Heidelberg 2008

Wessing, Jürgen / Dann, Matthias — Scheinselbständigkeit als Strafbarkeitsrisiko für Vertragsärzte, zugleich Anmerkung zu LG Lübeck, Beschluss vom 25.8.2005 – 6 KLs 22/04; GesR 2006, 150-154

Wigge, Peter — Vertragsarzt und berufsrechtliche Anforderungen an Gemeinschaftspraxisverträge; NZS 2001, 293-300

Wille, Marion — Die Neuordnung der vertragsärztlichen Vergütung nach dem Vertragsarztrechtsänderungsgesetz und dem GKV-WSG; SdL 2008, 58-103

Wohlers, Wolfgang — Deliktstypen des Präventionsstrafrechts; Berlin 2000

Zieschang, Frank — Mittäterschaft bei bloßer Mitwirkung im Vorbereitungsstadium; ZStW 107 (1995), 361-381

Printed by
CPI books GmbH, Leck

Kolibri 360 GmbH
Ferdinand-Jühlke-Straße 7
99095 Erfurt, Deutschland
produktsicherheit@kolibri360.de